철학 古典 강의

이 도서의 국립중앙도서관 출판예정도서목록(CIP)은 서지정보유통지원시스템 홈페이지(http://seoji.nl.go.kr)와 국가자료공동목록시스템(http://www.nl.go.kr/kolisnet)에서 이용하실 수 있습니다.(CIP제어번호: CIP2016014890)

강유원

철학
古典
강의

사유하는 유한자

존재하는 무한자

라티오

차례

이 책을 읽는 이들에게 9
첫 시간 15

I 희랍 철학의 시작: 세계 전체에 대한 통찰

희랍 우주론의 원형 | 헤시오도스의 《신들의 계보》

제1강 우주론, 철학적 사유의 시작 33
제2강 희랍 사유에서 우주의 구조와 생성 과정 38

세계의 원리에 관한 자연학적 파악 | 《소크라테스 이전 철학자들의 단편 선집》

제3강 존재의 근본 개념(파르메니데스) 55
제4강 일자와 두 세계 이론 59
(파르메니데스에 관한 '전통적' 해석)
제5강 대상 세계에 관한 탐구 77
(파르메니데스에 관한 '현상-법칙' 해석)
제6강 학문 탐구의 방법 84
(파르메니데스에 관한 '학의 시원' 해석)
제7강 세계를 지배하는 원리, 로고스(헤라클레이토스) 90
제8강 변화하는 여러 현상들과 궁극적인 '하나' 96
(헤라클레이토스)

Ⅱ 플라톤:
'좋음' 위에 인간과 공동체를 세우려는 노고

인간의 영혼과 형상이라는 목적 | 《파이돈》

제9강	잘 산다는 것	109
제10강	형상실재론과 형상시원론	119
제11강	합의된 규약에 의지하는 '차선의 방법'	130
제12강	같음과 같음 자체에 관한 논변	138

공동체, 넓은 의미의 인간학 | 《국가》

제13강	참으로 좋은 것에 관한 앎(태양의 비유)	143
제14강	참으로 좋은 것에 관한 앎과 그것의 실천(동굴의 비유)	155
제15강	아는 것과 하는 것, 이론과 실천의 통일	164

Ⅲ 아리스토텔레스:
희랍 형이상학의 체계적 완결

앎의 체계와 궁극적 실재 | 《형이상학》

제16강	《형이상학》의 구성	179
제17강	앎의 종류와 단계들	183
제18강	형상의 분리와 내재	191
제19강	학의 성립에 관한 물음, 보편적 존재론과 신학의 관계	210

제20강 실체론, '이것'(tode ti)과 '무엇'(ti esti)	224
제21강 운동론, 가능태와 현실태	235

Ⅳ 데카르트: 주체인 인간의 세계 구축

데카르트 형이상학의 근본 구도 |《철학의 원리》

제22강 자기의식, 데카르트 철학의 근대성	255
제23강 진리의 원천과 진리 인식의 원천	259

자기의식의 형이상학 |《성찰》

제24강 《성찰》의 구성과 목적	269
제25강 감각적 앎의 부정, 철저한 의심(제1성찰)	276
제26강 자립적 자기의식의 현존, 정신의 우선성(제2성찰)	281
제27강 인간의 유한성에 의거하는 신의 무한성 증명(제3성찰)	297
제28강 참과 거짓을 식별하는 정신, 정신과 신체의 합성체로서의 인간(제4성찰, 제6성찰)	307

Ⅴ 칸트: 인간의 한계 자각과 '장래의 형이상학'

초월론적 이념들에 대한 일반적 주해 |《형이상학 서설》

제29강 '장래의 형이상학'의 성립 가능성	319

제30강	이성의 사변적 사용	330
제31강	플라톤·아리스토텔레스·데카르트·칸트·헤겔 형이상학의 핵심 문제	338

자연과 자유의 통일적 체계 | 《판단력비판》

제32강	판단력의 연원	349
제33강	미감적 판단력, 목적론적 판단력	359
제34강	판단력을 통한 오성과 이성의 결합	369

Ⅵ 헤겔: 신적 입장으로 올라선 인간

절대적인 것의 자기전개 | 《철학백과》

제35강	헤겔 철학 체계의 구성	385
제36강	헤겔 형이상학의 기본 개념들	395
제37강	사변적 사유와 정신철학에 대한 일반적 논의	403

학적 인식으로 올라서는 사다리 | 《정신현상학》

제38강	《정신현상학》의 구성, 의식-자기의식-이성	425
제39강	진리의 역사성, 진리주체론	435
제40강	헤겔 철학의 목적, 역사와 이념의 통일	439

마지막 시간   453

***

이 책을 읽는 이들에게

이 책은 오늘날 철학이라 불리는 학문 영역 중에서도 형이상학 분야의 고전들을 다루고 있습니다. 제가 "철학이라 불리는"이라고 한 것은 무엇보다도 고대의 철학자들, 즉 플라톤이나 아리스토텔레스는 자신들이 철학 연구자라는 의식을 가지고 있지 않았을 것이기 때문입니다. 그들 이전 사람들, 즉 헤시오도스, 파르메니데스, 헤라클레이토스 등은 더욱이나 그러하였을 것입니다. 그렇지만 고대의 '철학자'들뿐만 아니라 스스로가 철학 연구자임을 의식하였던 데카르트, 칸트, 헤겔은 모두 자신들이 세계의 근본원리를 탐구하고 있다는 자각을 뚜렷하게 가졌을 것입니다.

철학은 인간이 세계에 대하여, 그리고 그 세계 안에 살고 있는 자신에 관하여 가장 근본적인 것을 물음으로써 시작됩니다. 이러한 물음은 그저 살고 있다고 해서 생겨나는 것이 아닙니다. 평온하든 혼란스럽든, 나날을 살아가면서도 그러한 나날에서 보이지 않는 그 무엇을 궁금해 하는, 그 나날로부터 한 발짝 물러선 지점에 서 있는 사람에게만 철학적 물음이 생겨나는 것입니다. 흔히들 역사가 끝난 지점에서 철학이 시작된다고들 말합니다. 그러나 역사적 사유도 자신의 몸을 세상과 곧바로 맞대고 살아가는 사람에게는 떠오르지 않습니다. 역사적 사유 역시 반성적 사유이고 철학적 사유와 닮아 있습니다. 다만 철학적 사유는 조금은 더 깊게 내려간 근본적인 것이라 할 수 있습니다. 다시 말해서 인간과 세계의 역사에 관하여 관심을 가진 이들에게만 철학적 관심도 생겨난다는 것입니다.

고대 중국의 역사 책에 《춘추》春秋라는 것이 있습니다. 공자孔子가 지은 것으로 알려진 책입니다. 이 책 이름을 살펴보겠습니다. '봄·가을'입니다. 계절 이름입니다. 굳이 봄·여름·가을·겨울을 다 말하지 않아도 이 두 계절만으로도 한 해를 말할 수 있습니다. 춘추는 자연입니다. 자연自然은 말 그대로 늘 그러합니다. 그러나 우리는 다음과 같이 생각할 수도 있습니다. '올 봄에는 꽃이 예년만 못했고, 이렇게 덥기는 한 10여 년 만에 처음이고, 올해 단풍은 유난히 어여뻤으며, 이번 겨울은 벌써 추위가 사무치는데, 도대체 뭐가 늘 그러하다는 말인가?' 우리 눈에 보이는 것만 들여다본다면 이런 반문이 생겨날지도 모르겠습니다. 해마다 계절은 달랐으니까 말입니다. 그렇지만 우리 눈에 보이지 않는 것은 늘 그러합니다. 봄에 핀 꽃이 아무리 흐드러졌다 해도 겨울까지 피어 있을 리는 없습니다. 반드시 죽습니다. 그것이 늘 그러한 것입니다. 핀다, 죽는다, 다시 핀다, 죽는다, 다시 핀다… 바뀌는 게 있어 보이는데 그 안에 변함없는 것이 있습니다. 있어 '보이는 것'이 있고, 늘 보이는 것은 아니지만 '있는 것'이 있습니다. 둘 다 있습니다. 하나가 다른 하나를 가리키고, 다른 하나가 하나를 드러냅니다. 이렇게 해서 불변(에 가까운 것)을 이룹니다.

"춘추"는 역사책 이름입니다. 자연의 겉모습을 보고 지었는지, 자연 뒤에 있는 것을 겨냥하여 지은 것인지, 둘을 겹쳐 지은 것인지는 알 수 없습니다. 춘추는 사람의 일을 적습니다. 꽃보다 유한한 사람의 일을 적습니다. 사람은 태어난다, 사람은 죽는다, 이걸로 끝입니다. 사람에 관하여 이보다 더 확실한 것은 없습니다. 역사는 그처럼 당연해 보이는 것을 기록하였고, 철학은 인간의 일에서 근원적인 것, 변함없는 것이 무엇인지를 다시금 찾아보려고 합니다. 도대체 무엇을 찾으려고 하는 것일까요?

철학은 그 탐구가 찾아낸 성과물을 가리키는 말이 아니라, 뻔해 보이는 것을 끊임없이 찾아가는 행위를 가리키는 말일지도 모릅니다. 그래서 철학이라는 말보다는 '철학함'이라는 말이 더 적절할 수 있습니다. 이 철학함은, 또는 공부는, 변함 속의 인간이 변함 없음을 향해 가는 행위입니다. 그러한 탐구 행위를 통해서 인간은 자신이 살고 있는 세계가 어떠한지, 그 안에서 자신은 어디에 어떻게 있는지를 막연하게나마 알아차릴 수 있을 것입니다. 그런 점에서 철학은 사람을 철들게 하는 학문입니다.

저는 2009년 2월부터 11월까지 40주 동안 서울시 동대문구정보화도서관에서 인문학 고전들을 강의한 적이 있습니다. 그때의 강의는 《인문 古典 강의》로 묶여 2010년에 출간되었습니다. 2011년에 같은 곳에서 역사 고전들을 강의하고, 《역사 古典 강의》를 출간한 것은 2012년입니다. 그 뒤 이런저런 사정으로 철학 고전들을 읽을 기회가 마련되지 않았습니다. 그러던 중 서울시 서대문구립 이진아기념도서관에서 2014년에 40주 동안 강의를 할 기회가 있었습니다. 이 책은 그 강의에 바탕을 두고 있습니다. 강의 시간에는 더 많은 고전들을 읽었고 자질구레한 논의도 더 있었습니다만, 책으로 묶기에 적절한 것들만을 여기에 적었습니다.

오늘날 철학은 쇠퇴하는 학문이라고들 합니다. 다른 나라의 사정은 잘 모르겠지만 한국에서는 그러한 판단이 널리 받아들여지고 있는 듯합니다. 겪은 바가 적고, 시야가 좁은 탓에 저는 이 판단이 옳은지 그른지를 따져볼 재주는 없습니다만, 이 고전들을 읽는 동안에는 그러한 것을 전혀 감지하지 못하였습니다. 저와 함께 이 고전들을 읽었던 이들은 세상사와 별 관계없어 보이는 이 텍스트들을 읽기 위해 머리를 싸매고 노력하였습니다. 그들을 이끌어간 힘은 세상에 불멸의 이름을 남기려는 명예욕도, 삶의 고통을 잊으려는 도피적 소망도, 주변 사람들에게 어려운 책을 읽고 있음을 보이려는 과시욕도 아닌, 잔잔하면서도 끊이지 않는 학문정신이었을 것입니다. 2014년에 40주 동안 함께 공부했던 그들의 학문정신을 각별히 기억해둡니다. 그리고 세상의 모든 학문의 토대이자 정수精髓인 철학을 공부하는 장을 마련하고 지켜준 도서관 사서들에게 감사의 말을 전합니다.

2016년 7월
강유원 적음

* * *

일러두기

1. 강의에서 주요 교재로 사용했던 고전들의 서지사항은 다음과 같습니다.

- 《신들의 계보》, 헤시오도스, 천병희 옮김, 도서출판 숲
- 《소크라테스 이전 철학자들의 단편 선집》, 김인곤 외 옮김, 아카넷
- 《파이돈》, 플라톤, 박종현 역주, 서광사
- 《국가》, 플라톤, 박종현 역주, 서광사
- 《형이상학 1, 2》, 아리스토텔레스, 조대호 옮김, 나남
- 《아리스토텔레스의 형이상학》, 조대호 역해, 문예출판사
- 《철학의 원리》, 데카르트, 원석영 옮김, 아카넷
- 《성찰》, 데카르트, 이현복 옮김, 문예출판사
- 《형이상학 서설》, 칸트, 백종현 옮김, 아카넷
- 《형이상학의 진보/발견》, 칸트, 최소인 옮김, 이제이북스
- 《판단력 비판》, 칸트, 이석윤 옮김, 박영사
- 《정신현상학》 서문, 헤겔, 강유원 번역문
- 《논리학 서론, 철학백과 서론》, 헤겔, 김소영 옮김, 책세상

2. 그 밖에도 다음 책들을 인용하고 참고하였습니다.

- 《소피스트》, 플라톤, 이창우 옮김, 이제이북스
- 《필레보스》, 플라톤, 박종현 역주, 서광사
- 《성찰_〈성찰〉에 대한 학자들의 반론과 데카르트의 답변 1, 2》, 데카르트, 원석영 옮김, 나남
- 《칸트의 형이상학 강의》, 칸트, 이남원 옮김, 울산대학교 출판부
- 《믿음과 지식》, 헤겔, 황설중 옮김, 아카넷

첫 시간

희랍에서는 철학이라는 말로써 모든 학문을 가리켰습니다. 철학의 탐구 대상은 세상의 모든 것이었습니다. '모든 것'. 오늘날에는 이렇게 생각하는 이가 없습니다. 조금 더 많은 세월이 지나가면 철학은 자신의 영역 안에 가지고 있던 분과 학문들을 다른 개별 학문들에 다 넘겨주고 구체적인 탐구 대상은 아무것도 갖지 않은 학문이 될 수도 있습니다. 철학의 역사가 이러한 앞날을 예견하는 듯합니다. 그때가 되면 철학은 그저 어떤 것에 대해 의심을 품는 태도, 사유하는 방식에 대한 고찰만을 가리키는 말이 될 것입니다. 파르메니데스의 말을 빌리면 "진리의 흔들리지 않는 심장"을 견지하겠다는 태도 그 자체만을 의미할 수도 있는 것입니다. 여기서 우리는 철학의 탐구 대상이 정해져 있지 않다는 것, 철학은 탐구 방법이나 태도만을 가리킬 수도 있다는 것을 확인합니다.

"철학의 탐구 대상은 세상의 모든 것"이라는 말을 좀 더 따져봅시다. 널리 알려져 있듯이 철학을 의미하는 '필로소피'philosophy라는 말은 '사랑하다'라는 뜻을 가진 '필리아'philia와 '지혜'라는 뜻을 가진 '소피아'sophia가 합해진 것입니다. 필리아는 공부하는 태도나 방법을 가리킵니다. 여기서 주목하고자 하는 것은 소피아입니다. 소피아에는 지식(knowledge/Kenntnis)이라는 뜻도 있고 지혜(wisdom/Weisheit)라는 뜻도 있지만 이 구별은 여기서 그리 중요하지 않습니다. '지식/지혜'라는 말 자체가 구체적인 대상을 가리키지 않습니다. 오히려 어떤 태도를 가리킵니다.

이를 상세하게 살펴보기 위해 먼저 아리스토텔레스의 《형이상학》의 한 구절을 잠깐 봅시다.

> 헤시오도스의 추종자들을 비롯해서 모든 신학자들은 자신들의 눈에 그럴듯해 보이는 생각들을 해냈지만, 우리들의 관심사에는 주의를 기울이지 않았다. […] 신화적으로 꾸며낸 생각들에 대해 진지하게 고찰하는 것은 가치 있는 일이 아니다. 하지만 논증을 통해 주장을 내세우는 사람들에게는 우리가 귀를 기울여, 동일한 것들로부터 유래함에도 불구하고 도대체 무엇 때문에 있는 것들 가운데 어떤 것들은 본성상 영원하고 어떤 것들은 소멸하는지 캐물어보아야 한다.
>
> _ 아리스토텔레스, 《형이상학》 1000a

여기서 아리스토텔레스는 인간의 탐구를 그 대상에 따라서 나누지 않습니다. 어떤 방식으로 탐구하느냐를 기준으로 두 종류의 사람들로 나누었습니다. "신학자들", 그리고 "논증을 통해 주장을 내세우는 사람들". 신학자든 논증을 통해 주장을 내세우는 사람이든 탐구의 대상은 똑같습니다. 그것은 바로 내 앞에 있는 것들, 세상의 모든 것들입니다. 이것을 희랍어로 타 온타 ta onta라고 합니다. 이것은 대상 일반(Gegenstand überhaupt)입니다.

소피아가 지식을 뜻하든 지혜를 의미하든 그것의 대상은 세상의 모든 것입니다. 필로-소피아 philo-sophia는 타 온타, 세상의 모든 것,

존재하는 모든 것을 탐구하는 것입니다. 그런 까닭에 철학은 '존재하는 것'에 대한 탐구, 즉 존재론(ontology)입니다. 철학과 존재론은 근원적으로 같은 말입니다. 이런 식으로 따지면 세상의 모든 생물을 탐구 대상으로 하는 생물학도 존재론이고, 세상의 모든 물리적 현상을 탐구 대상으로 하는 물리학도 존재론이고, 기하학도 존재론이라 할 수 있습니다. 모든 학문은 근원적인 의미에서는 존재론입니다. 물론 철학이 세상의 모든 존재를 탐구한다고 해서 생물학, 물리학, 기하학과 같은 것이라 할 수는 없습니다.

존재론의 탐구 영역을 세분해보면, 인간을 포함한 모든 대상 세계, 그리고 존재 자체의 실재성, 대상 세계의 변화를 지배하는 원리 등이 될텐데, 이것은 본래적인 것, 근원적인 것, 원리적인 것이므로 제일 철학(prōtē philosophia)이라 부르기도 합니다. 프로테 필로소피아 prōtē philosophia를 제일 '철학'이라고 옮기기는 하지만, 여기서 필로소피아 philosophia라는 말을 철학이 아니라 '학문'이라는 말로 이해하면, 제일 철학은 으뜸 학문, 가장 근본적인 학문, 가장 먼저 탐구하는 학문이 될 것입니다.

넓은 의미의 존재론에는 두 가지 하위 영역이 있다고 볼 수 있습니다. 바로 형이상학과 좁은 의미의 존재론입니다. 여기서 형이상학과 좁은 의미의 존재론, 이 두 영역의 대상은 타 온타(모든 것)입니다. 이 모든 것들 중에 인간의 감각적 능력의 범위를 넘어서는 것으로 여겨지는 것들을 '초월적인 것'이라 합니다. 이것을 형이상학이 다룹니다. 좁은 의미의 존재론은 초월적인 것을 제외하고 감각적인 것을 따져 묻습니다. 이는 감각에 근거하여 탐구하는 것이므로 자연학이라 할 수 있습니다. 초감각적인 것, 초월적인 것은 '신'이라고도 불립니다. 그것을 탐구하는 학문은 신학 또는 철학적 신론이라 합니다. 아리스토텔레스의 체계에는 이것들이 들어 있습니다. 그의 학문 분류에 따르면 자연 세계의 대상을 탐구하는 학문은 자연학(physica)이고, 자연학 다음에(meta) 나오는 것이 형이상학(metaphysica)입니다. 아리스토텔레스의 《형이상학》이라는 책 안에는 존재자에 대한 탐구도 있고, 철학적 신론도 포함되어 있습니다. 따라서 아리스토텔레스의 《형이상학》은 좁은 의미의 존재론과 형이상학 두 개를 다 포함하고 있는 것입니다.

형이상학은 아주 오래된 학문 분야이므로 '전통적 형이상학'이라 일컬어지기도 합니다. 전통적 형이상학에는 우선 우주론(kosmologia)이 속합니다. 이것은 오늘날 천문학이라 불리는 학문과는 구별되는 것으로, 인간의 삶이 이루어지는 세계 전체에 대한 탐구를 가리킵니다. 인간은 이 우주 안에 살고 있으며, 그런 인간에 대해 탐구하는 것이 인간론, 형이상학에서 사용되는 말로는 영혼론(psychologia)입니다. 그렇다면 인간이 살고 있는 우주와 인간, 이 둘을 꿰뚫는 원리가 있을 텐데 그것을 희랍 사람들은 '신'이라 하였습니다. 이 원리를 탐구하는 것이 신론(theologia)입니다. 전통적 형이상학은 우주론, 영혼론, 신론이라는 세 개의 영역으로 이루어져 있습니다. 전통적 형이상학은 이렇게 세 개의 영역으로 이루어져 있기 때문에 다른 말로 '영역 형이상학'이라 하기도 합니다. 전통적 형이상학자들은 이들 영역을 꿰고 있는, 또는 이들 영역에 관철되어 있는 원리를 찾으려 하는데, 그러한 시도를 '사변적인 것'이라 합니다. 따라서 이 학문을 '사변 형이상학'이라고 부르기도 합니다. 그러니까 전통적 형이상학, 영역 형이상학, 사변 형이상학은 같은 학문 영역을 다른 측면에 따라 부르는 말입니다.

우리가 여기서 다루고자 하는 것은 철학의 전 영역이 아니라 전통적 형이상학과 존재론입니다. 철학의 영역에 속하는 모든 분야를 공부할 수 없으므로 전통적 형이상학과 존재론을 다룸으로써 철학의 전 영역으로 나아가는 기본적인 원리를 터득하려는 것입니다. 앞서 말했듯이 넓은 의미의 존재론은 세상의 모든 것을 꿰뚫고 있는 하나의 원리를 찾아서 수많은 현상들을 설명하려는 시도입니다. 우리는 헤시오도스, 파르메니데스, 헤라클레이토스와 같은 고대의 사상가들에서 시작하여 플라톤과 아리스토텔레스를 거쳐 데카르트, 칸트, 헤겔에서 이러한 시도가 어떻게 이루어졌는지를 검토할 것입니다.

헤시오도스의 《신들의 계보》는 학문적이고 과학적인 개념들을 사용하고 있지는 않습니다. 그 텍스트는 비유나 신화의 형식을 가지고 있습니다. 그러나 헤시오도스는 분명 서구 존재론의 씨앗을 보여줍니다.

파르메니데스와 헤라클레이토스는 세계 존재의 근본원리와 세계가 움직이는 법칙을 탐구합니다. 어쩌면 이들의 존재론에서 세계에 관한 탐구는 완료되었다고 할 수도 있을 것입니다. 세상 만물이 움직이는 법칙을 찾아서 그 법칙에 따라 세상 만물을 질서짓고 설명하는 방법에 관한 주요한 발상들이 그들의 사상에서 충분히 제시되었기 때문입니다. 다시 말해서 그들은 세상을 움직이는 필연적 법칙을 문제삼고 있습니다.

플라톤은 세상 만물을 탐구의 대상으로 삼기는 하지만 무엇보다도 인간을 문제삼습니다. 그가 문제삼는 인간은 고대의 현인들이 밝혀놓은 세계의 법칙에 따라 움직이는 존재들이 아닙니다. 더욱이 플라톤은 세상의 모든 이가 합의할 수도 없고, 자연 세계에서는 찾을 수도 없는 '좋음'이나 '올바름'이라는 가치 위에 인간과 인간의 공동체를 세우려고 합니다. 플라톤은 일반적으로 초월적 형상이라는 목적을 제시하였고, 그것은 이후 두 세계 이론의 확고부동한 토대가 되어왔다고 간주되고 있습니다. 이 견해에 따르면 우리 눈앞에는 변화하는 감각의 세계가 있고 우리의 감각을 넘어서는 불변하는 형상의 세계가 있습니다. 이 불변의 형상만이 참된 것입니다. '좋음'은 이러한 형상들 중에서 가장 위에 있는 것입니다. 좋음의 형상은 우주만물의 참된 원인이며, 바로 그런 까닭에 우주 만물을 움직이는 원리입니다. 플라톤의 이러한 형이상학 원리를 바탕에 깔고 철학적 사유를 전개하는 이들을 '플라톤주의자'라고 합니다. 이들 사상의 세부 내용은 다양할 수 있겠지만, 기본적으로는 인간이 감각 기관을 통해 얻을 수 있는 것은 한정되어 있으며 참된 진리가 아니라고 생각합니다. 참된 것을 얻기 위해서는 신과 같은 초월적인 것을 알아야 하고, 그러한 앎을 철학적 사색의 목적으로 삼아야 한다는 것입니다. 이렇게 함으로써 인간은 질적으로 변화되어서 새로운 삶의 방식을 획득하게 됩니다. 다시 말해서 플라톤주의자들은 이원론적 구조를 진리로 간주한 다음, 인간이 질적으로 변화되어서 신이 되는 것, 또는 신과 합일하는 것을 추구합니다. 그런데 우리는 플라톤의 텍스트들을 읽어나가면서 플라톤의 형이상학이 이러한 초월적인 것을 확고하게 정초하였는지 다시 음미해보아야 할 것입니다. 어쩌면 플라톤은 인간이 그러한 초월적인 것에 이를 가능성을 끝까지 확신하지 못하였고, 그러한 의심을 자신의 대화편에서 스승 소크라테스의 입을 빌려 말하고 있는지도 모르기 때문입니다.

아리스토텔레스의 형이상학에는 신론이 포함되어 있기는 하지만 경험 세계에 관한 앎을 완전히 폐기하지는 않습니다. 오히려 그는 경험 세계에 대한 탐구에서 시작합니다. 이것이 그의 체계에서 자연학입니다. 그에 이어서 경험 세계의 사물을 움직이는 근원들, 즉 원인들에 대해서 탐구합니다. 아리스토텔레스에서는 사물의 근원에 대한 탐구가 존재론이며, 여기서 성립하는 이론은 널리 알려진 4원인(질료인, 형상인, 목적인, 작용인)에 관한 것입니다. 그런데 그는 여기서 그치지 않고, 초월적인 것들을 다루는 신론도 전개합니다. 그의《형이상학》에는 자연학과 존재론과 신론이 들어 있는 것입니다. 더 나아가 아리스토텔레스는 초월적 신도 부인하지 않습니다. 그는 존재의 근원에 대한 탐구인 존재론과 초월적 신론을 어떻게 해서든지 조화시키려고 노력하였습니다. 그런 점에서 이것은 이성과 신앙의 조화라고 하는 중세 사상의 핵심적 논제와 연결될 수 있었다고 할 것입니다. 아리스토텔레스는 감각에서 시작하여 부동의 원동자에 이르는 완결된 체계를 구축하였습니다. 그는 서구 형이상학의 실질적 정초자인 것입니다.

데카르트는 '나는 생각한다. 그러므로 존재한다'라는 말로 널리 알려져 있습니다. 이 명제에서 "나는 생각한다"라는 말은, 진리를 만들어내는 힘이 인간에게 있음을 강하게 주장하는 것이라 하겠습니다. 데카르트가 초월적인 영역에 진리가 있음을 완전히 부정한 것은 아니지만 그래도 진리를 만들어내는 데 있어 '나의 생각'이 중요한 역할을 하고 있다고 말하고 있음은 틀림없어 보입니다. 그렇지만 그는 나의 의식 속에서 생겨난 진리의 확실성을 최종적으로 보장하는 존재가 신이라고 말합니다. 이렇게 보면 데카르트에서는 인간의 자기의식과 초월적 신, 이 두 가지가 진리를 형성하는 주요한 요소가 됩니다. 데카르트는 초월적 신이 진리의 담지자라고 말하고 있기는 하지만 그 신을 아는 것은 분명 인간이라고 합니다. 유한한 존재인 인간은 신의 보장에 힘입어 세계에 대한 확실한 앎을 구축할 수 있다고 자신있게 말할 수 있는 것입니다. 이는 헤겔에서 완성되는 근대 형이상학의 시도, 즉 신적 입장으로 올라선 인간의 자기의식의 출발점일 것입니다.

헤겔은 데카르트를 근대 철학의 시작이라고 평가하면서, 유한한 인간이 역사 속에서 모든 것을 음미하면서 신적 입장에 올라설 수 있음을 체계적으로 밝혀 보이려 합니다. 헤겔은 전통적인 의미에서의 지혜나 목적 등을 버릴 수 없다고 생각합니다. 그렇지만 그는 전통적인 방식으로, 즉 초월적인 것과의 갑작스러운 합일로써 지혜를 성취할 수 없다는 것을 알고 있습니다. 그리하여 헤겔은 세계의 모든 것을 끌어안고 지혜의 영역으로 차곡차곡 올라가는 방법을 구상합니다. 그는 유한한 존재인 인간이 가지고 있는 역사성을 매개로 하여 절대자, 즉 무한자의 입장에 올라선다고 하는 역사 형이상학 또는 역사 존재론을 제시합니다. 그의 이러한 사변적 체계가 장대하기는 하지만 인간이 그것을 성취할 수 있을지는 알 수 없습니다. 인간이 그것을 원하고 있는지도 불분명합니다.

칸트는 종래의 형이상학을 근원적으로 따져 물었습니다. 이렇게 근원적으로 따져 묻는 것을 '비판'(Kritik)이라 합니다. 경계를 짓는다는 것입니다. 이러한 경계짓기를 시도한 다음 칸트는 종래의 형이상학에서 제기되었던 문제들을 초월적 이념이라고 규정하고, 우리는 그것에 대해 알 수 없다고 합니다. 이러한 비판을 통해서 칸트는 전통적 형이상학에서 제시되었던 문제들을 완전히 해소해버렸습니다. 더 이상 문제삼을 필요가 없다는 것입니다. 철학의 탐구 대상이 아니라는 것입니다. 그런데 우리의 삶에서 여전히 필요한 것이 있는데, 그것은 바로 도덕입니다. 도덕적 명령은 우리가 살아가는 경험 세계의 데이터를 쌓아올린 것에서 도출되지 않습니다. 따라서 도덕에 관한 다른 방식의 정당화가 요구됩니다. 이 지점에서 칸트는 새로운 형이상학을 구상합니다. 그것이 '장래의 형이상학'입니다. 칸트가 아무리 종래의 형이상학을 비판하였다 해도 그 역시 일종의 '체계'를 구상하였습니다. 그는 또한 과학적 앎과 무한한 목적에 대한 앎을 통일하려 하였습니다. 그 시도가 얼마나 잘 성취되었는지는 미지수입니다.

철학은, 거듭 말하지만, 근본을 묻는 학문입니다. 그런데 그러한 물음을 전개해나가는 방식은 철학자들마다 다릅니다. 하나의 원리로써 모든 것을 설명하려는 시도, 이것은 고대의 자연철학자들과 아리스토텔레스에서 두드러집니다. 인간이 무한자의 입장에 올라서서 모든 것을 체계적으로 알고자 하는 시도는 데카르트와 헤겔에서 발견할 수 있습니다. 칸트에 따르면 인간은 유한자일 뿐이고, 무한자가 되려는 욕구는 가지고 있으나 그것을 이룰 수 없다는 것이 분명합니다. 플라톤은 괴로운 처지에 있는 듯합니다. 인간은 무한자와 유한자 사이에서 끊임없이 좋음을 찾아 방황하고 있으며 어느 한 쪽도 완전히 버리지 못하는 중간자이기 때문입니다.

우리는 이와 같은 개관을 염두에 두고 텍스트들을 읽어나갈 것입니다. 먼저 희랍 우주론의 원형을 담고 있는 헤시오도스Hēsiodos의 《신들의 계보》(Theogonia)를 읽습니다. 여기서 우리는 희랍인들이 생각한 우주의 구조와 생성 과정을 찾을 수 있습니다. 그에 이어서 세계의 원리를 형이상학적으로 파악한 파르메니데스Parmenides와 자연학적으로 파악한 헤라클레이토스Hērakleitos의 단편들을 읽습니다. 여기서는 존재의 근본원리, 학문 탐구의 방법, 세계의 운동 원리 등을 살펴봅니다.

플라톤Platōn은, 앞서 말했듯이 '좋음' 위에 인간과 공동체의 기초를 세우려 합니다. 그의 대화편 《파이돈》Phaidōn과 《국가》(Politeia)를 읽으면서 그러한 시도가 성취되었는지 찬찬히 검토할 것이고, 이어서 희랍 형이상학의 체계적 완결이라 할 아리스토텔레스Aristotelēs의 《형이상학》(Metaphysica)을 읽습니다. 여기서 우리는 앎의 체계와 궁극적 실재에 관한 체계적 논의를 발견할 수 있을 것입니다. 근대 세계에 들어와서는 먼저 데카르트René Descartes의 《철학의 원리》(Principia philosophiae)를 간략하게 검토합니다. 《철학의 원리》는 말 그대로 데카르트 철학 전반을 개관하는 텍스트입니다. 이어서 《성찰》(Meditationes de prima philosophia)을 상세하게 읽으면서 우리는 데카르트의 자기의식의 형이상학을 살펴볼 것입니다.

칸트Immanuel Kant는 '도덕형이상학'을 주창하였지만 우리가 탐구하는 의미에서는 독자적인 형이상학이 없다고 할 수 있습니다. 그렇지만 그가 제기한 형이상학 비판은 간단하게 지나갈 수 있는 것이 아닙니다. 그의 저작으로는 《형이상학 서설》(Prolegomena)과, 자연과 자유의 통일을 시도한 《판단력비판》(Kritik der Urteilskraft) 서론을 읽을 것입니다. 마지막으로 헤겔Georg Wilhelm Friedrich Hegel 철학 체계의 구성을 보여주는 《철학백과》(Enzyklopädie der philosophischen Wissenschaften) 일부와 학적 인식으로 올라가는 사다리인 《정신현상학》(Phänomenologie des Geistes) 서문을 읽습니다. 헤겔의 이 텍스트들을 읽음으로써 우리는 서구 전통 형이상학의 전체 흐름과 주된 논의들을 살펴볼 수 있을 것입니다.

본격적으로 텍스트들을 읽기에 앞서 어떤 태도로 텍스트를 읽을 것인지 생각해봅시다. 우리가 가져야 할 태도는 '무지無知의 지知', 즉 자신이 무지한 상태임을 아는 것으로 집약할 수 있을 것입니다. 우리는 플라톤의 대화편 《소크라테스의 변론》(Apologia Sōkratous)에서 이러한 태도에 이르는 과정을 발견할 수 있습니다.

플라톤은 《소크라테스의 변론》(22e)에서 무지의 지를 세 단계로 나누어 말합니다. 첫째 단계가 '무지의 무지'입니다. 자기가 무지하다는 것을 알지 못하는 단계. 둘째 단계에서 소크라테스는 유식하다고 알려진 사람들을 찾아다니면서 대화를 나눕니다. 이들은 정치가, 시인 (또는 소피스트들), 물건을 만드는 장인, 이렇게 세 종류입니다. 텍스트를 읽을 때 우리는 소크라테스가 그런 사람들을 만나서 대화를 나눈다고 하면, '왜 정치가를 만났는가? 왜 시인을 만났는가? 왜 장인을 만났는가? 여기서 장인은 무엇을 의미하고, 시인은 무엇을 의미하고, 정치가는 무엇을 의미하는가'를 따져야 합니다. 희랍의 아테나이에서는 정치가와 시인과 장인, 이 세 가지 직업이 사회의 핵심 직업이기 때문입니다. 소크라테스는 그들을 만나고 나서 '그들이 참으로 중요한 것은 모르고 있다'고 판단합니다. 뭔가를 알고 있기는 하지만 정말로 중요한 것은 알고 있지 못한 상태.

그렇다면 정말로 중요한 것은 무엇이겠습니까?《국가》를 잠깐 참조하기로 합니다.《국가》에는 비유가 여럿 나옵니다. 동굴의 비유, 태양의 비유, 선분의 비유는 유명한 것이고, 딱히 비유라고 말하기는 곤란하지만 어쨌든 비유인 것이 하나 있는데, 그것은 선박의 비유입니다. 비유의 내용은 이러합니다. 선박이 있는데, 선주가 있고 선원이 있고 선장이 있습니다. 선주는 민중, 아테나이 시민을 가리킵니다. 아테나이는 민주정체였으므로 시민이 배의 주인이라 할 수 있습니다. 선원은 소피스트들 또는 선동가들(dēmagōgos), 선장은 '철학적 통치자'입니다. 선장은 항해 기술을 가지고 있습니다. 항해 기술은 조타대를 돌리는 것 같이 눈에 보이는 기술, 그리고 그것과 결합되어 있지만 눈에 보이지는 않는 중요한 지식, 이를테면 천문 지식, 바다의 상태에 관한 지식 등으로 이루어져 있는데, 이것을 가지고 있는 자가 진정한 선장, 참된 선장입니다. 그런데 배의 주인인 시민들은 참다운 지식의 관점에서 이것을 생각하지 않고, 자기들이 좋아하는 것을 하고 싶어합니다. 그리고 시민들이 좋아하는 것을 선동하는 선원들이 있다면 배가 제대로 갈 수 있겠는지를 소크라테스는 묻습니다.

정치가, 시인, 장인은 자신들의 직업에서 연마한 지식을 가지고 있습니다. 적어도 그 영역에서만은 무지하지 않습니다. 그런 까닭에 그들은 자신들이 앎을 가진 자라고 생각합니다. 그러나 그들의 앎은 딱 거기까지입니다. 그들은 상위에 있는 것, 이를테면 국가를 다스리는 치술治術에 관한 앎은 가지고 있지 않습니다. '정말로 중요한 것에 대해서는 무지하다'는 말은 이런 경우를 가리킬 것입니다. 이것을 극복하려면 자신이 무지하다는 것을 철저하게 자각해야 합니다. 정말로 모르는 것을 모른다고 말해야 하는 것입니다. 사람이 지금까지 알고 있던 것을 전면적으로 의심하지 않으면 이러한 고백을 할 수가 없습니다.

자기가 알고 있는 것을 전면적으로 의심한다는 것은 자기가 발딛고 서 있는 밑바닥을 무너뜨리는 것입니다. 우리는 우리의 존재가 생명체로 이루어져 있기 때문에 '그냥 먹고살기만 하면 된다, 생물학적인 신체가 유지되기만 하면 된다'고 생각할 수도 있습니다. 그렇지만 먹고살기만 하면, 생명체로서의 몸뚱아리를 유지하기만 하면 살 수 있는 것이 아닙니다. 자기가 자기 스스로에 대해서 의미를 부여하지 못하면 살 수가 없습니다. 우리가 이렇게 의미를 부여하는 행위와 생명체로서의 인간을 유지하는 것, 이 둘은 긴밀하게 붙어 있습니다.

유대인 수용소에서 살아남은 화학자 프리모 레비Primo Levi, 이 사람이 쓴 글을 보면 이와 관련된 이야기들이 있습니다. 강제수용소에 들어가면 사람에게 번호를 붙입니다. 왜 그럴까요. 번호를 붙이면 스스로가 완전히 탈인격화되어 인격이 빠져나가기 때문입니다. 자기 자신에 대해서 아무것도 가지고 있지 못하게 됩니다. 그런데 언제 죽을지 모르지만 규칙적으로 운동하고 아침에 딱 일어나자마자 뭔가 계획을 세워서 포로 생활을 한 사람은 버텨서 나중에 살아남았다고 합니다. 그런 식으로 자신의 삶에 의미를 부여하지 않으면 생명을 유지하는 일 자체가 불가능해진다는 것입니다. 인간은 이처럼 자신의 삶에, 자신이 알고 있는 것에 의미를 부여하는 존재입니다. 그런 까닭에 자신이 지금까지 틀림없이 알고 있다고 여기던 것을 부인하고 전면적으로 재검토하겠다고 결심하는 것은 자신의 삶과 앎에 의미를 다시 부여하겠다고 결심하는 일과 마찬가지라 하겠습니다.

무지의 지, 자신이 무지의 상태임을 자각하는 것은 자신의 전 존재를 위험에 빠뜨리는 것입니다. 존재 자체의 위험에 처하는 것. '나 이것 모릅니다!' 이렇게 선언하는 것은 머릿속에서 일어나는 인지 작용만을 말하는 것이 아닙니다. 대상 세계를 인식하고 더 나아가서 자기 자신에 대한 인식을 만들어내는 존재 자체를 총체적으로 뒤흔드는 것이며, 이 상태로 들어가야만 비로소 앎이 시작되는 것입니다.

일본의 사상사가 후지타 쇼조(藤田省三)의 《유신의 정신》(維新の精神)에는 "다이쇼 데모크라시 정신의 한 측면──근대 일본 사상사에서 보편자의 형성과 그 붕괴"(大正デモクラシー精神の一側面──近代日本思想史における普遍者の形成とその崩壊)라는 챕터가 있습니다. 첫 문단은 이렇게 시작합니다. "근대 일본에는 윤리학이 존재하지 않는다. 경험과학으로서의 윤리학은 물론 윤리의 이론이라는 의미에서의 윤리학도 거의 없다. 존재하는 것은 동서양 여러 국가의 윤리학설──그것들은 각각의 사회적 현실 속에 제도로서 살아 있는 여러 규범의 관계들을 객관화하고, 거기에 있는 체계적 관련을 추상화한 것이지만──에 대한 소개 또는 발췌이거나, 그렇지 않으면 그들의 추상화

된 학설을 자의적으로 수용해 조합한 '국민윤리'의 교설에 지나지 않는다. 이미 잘 알려져 있듯이 일본은 도덕주의 국가임에도 오히려 그렇기 때문에 윤리학이 존재하지 않는다. 여기서 도덕이란, 사람을 대하는 태도를 의미할 뿐이다."

널리 알려져 있듯이 일본의 전통에서는 숙련을 각별히 중시합니다. 오노 지로(小野二郎)라는 스시 장인을 다룬 다큐멘터리를 보면 고도의 숙련을 향한, 지치지 않는 에로스적인 주인공의 태도가 인상적입니다. 그러한 숙련을 통하여 절대적 단순성에 이르려는 면모가 보입니다. 그는 고대 희랍의 '탁월함'(aretē)의 사례로서 부족함이 없습니다. 그런데 소크라테스는 이러한 탁월함을 정면으로 부정하였습니다. 그의 철학적 사색은 삶의 현장에서 고도로 숙련된 절대적 단순성에 대한 순수한 부정성으로서 시작된 것입니다. 소크라테스가 이를 부정하고 '무지의 지'를 주장하는 것은 숙련의 담지자가 지니고 있는, '나는 고도의 숙련을 통하여 앎에 이르렀다'고 하는 개별적 정체성을 전적으로 부인하고 있는 것입니다. 소크라테스가 내세우는 '너 자신을 알라, 네가 무지하다는 것을 알라'는 것은 인간이 자신의 삶과 그것에 결부된 앎 전체를 철저하게 다시 설정하고 그에 따라 전면적으로 다시 형성해나갈 것을 요구하는, 일종의 존재론적 결단을 드러내고 있는 것입니다.

우리가 공부할 때 견지해야만 하는 태도도 바로 이러한 것입니다. 철학에서 가장 근본이 되는 형이상학과 존재론을 공부하는 것은 근본학을 통해서 우리의 앎을 전면적으로 재검토하는 것을 시도하는 것입니다.

* * *

I

희랍 철학의 시작:
세계 전체에 대한 통찰

희랍 우주론의 원형
헤시오도스의 《신들의 계보》

제1강

우주론, 철학적 사유의 시작

이제 우리는 철학의 근본 영역인 형이상학을 본격적으로 공부할 것입니다. 첫 시간에도 살펴보았듯이 형이상학은 세계의 궁극적 근거를 탐구하는 학문입니다. 철학자 크리스티안 볼프가 나눈 분류에 따르면 형이상학은 존재 일반을 다루는 일반 형이상학, 그리고 우주론·영혼론·신론으로 이루어진 영역 형이상학이 있습니다. 그중 우리가 출발점으로 삼는 것은 영역 형이상학의 한 분야인 우주론입니다. 헤시오도스의 우주론을 철학으로 본다면 형이상학의 종류 중 우주론이 가장 먼저 시작된 셈입니다. 우주론의 탐구 대상은 오늘날에 천문학이나 천체물리학에서 다루는 내용들이지만 고대에는 형이상학의 내용을 이루었습니다. 고대의 우주론에는 가장 먼저 우주의 구조에 대한 탐구가 포함되며, 두 번째로는 우주가 어떻게 생성되었는가, 즉 창조와 기원에 관한 논의가 들어갑니다. 어떻게 보면 고대의 우주론은 자연과학 같기도 합니다. 실제로 이런 우주론의 전통이 그대로 이어져서 근대의 자연과학까지 왔다고도 볼 수 있습니다.

아주 오래된 문헌인 헤시오도스의 《신들의 계보》는 우주론의 원형이라 할 수 있습니다. 이 안에는 고대 희랍 사람들이 생각한 우주의 구조와 생성 과정에 관한 논의가 들어 있기 때문입니다. 세계의 시작을 이야기한다는 점에서 《신들의 계보》와 유사해 보이는 문헌도 있습니다. 바로 구약성서의 〈창세기〉입니다. 그러나 〈창세기〉는 신앙 고백입니다. 〈창세기〉에는 고대 히브리 민족이 생각한 우주의 생성에 관한 사변적 이론이 들어가 있지 않습니다. 그러므로 '창조론'이라는 말 자체가 성립하지 않습니다. 창조는 과학 이론이 아니기 때문입니다. 그러므로 진화론과 창조론을 대립의 영역에 놓고 이야기하는 것은 어리석은 것입니다. 〈창세기〉는 '내가 믿는 신은 이러이러한 존재'라는 고백입니다. 《신들의 계보》는 맨 처음에 "카오스가 생겨났다"고 말하는데, 이는 언뜻 생각할 때 〈창세기〉 1장에 나오는 천지창조 설화나 〈요한복음〉 1장 1절에 나오는 구절 "한처음에 말씀이 있었다"라는 내용과 비슷해 보입니다. 그러나 〈창세기〉와 〈요한복음〉의 구절은 '신의 원리가 이 세계를 지배한다'는 말을 우주론의 형식을 빌려서 쓴 것이지, 우주론은 아닙니다. 따라서 〈창세기〉에 등장하는 빛이나 땅과 같은 것들을 자연물의 상징으로 이해하면 안 됩니다. 그와는 대조적으로 《신들의 계보》는 신앙 고백이 아니기 때문에 《신들의 계보》에 나타나는 여러 신들은 인격적인 숭배의 대상으로 보면 안 되고, 자연 사물을 의인화하여 상징으로 만들어 놓은 것이라고 이해해야 합니다. 《신들의 계보》는 우주론이고, 성서 〈창세기〉는 우주론처럼 보이지만 신앙 고백이라는 것을 기억하기 바랍니다.

그러면 우주론은 어떻게 읽어야 할지 《신들의 계보》 옮긴이 서문을 살펴보면서 알아보겠습니다.

우주와 신들의 탄생에 관한 가장 권위 있는 문헌

그리스 로마 신화에 관한 고대 문헌들로는 서사시를 쓴 두 위대한 시인인 호메로스와 헤시오도스, 3대 비극 작가인 아이스퀼로스, 소포클레스, 에우리피데스, 서정시인 핀다로스, 헬레니즘 시대의 대학자인 아폴로도로스, 로마 시인 오비디우스의 작품들이 중요하다. 그중에서도 헤시오도스의《신들의 계보》(일명《신통기》)는 우주와 신들의 탄생에 관한 한 가장 체계적이고 가장 신뢰할 수 있는 문헌이다.

_《신들의 계보》옮긴이 서문

옮긴이 서문의 제목이 "우주와 신들의 탄생에 관한 가장 권위 있는 문헌"입니다. 여기서 중요한 말은 "탄생"입니다. 탄생에 관한 이야기이므로 우주 생성론, 우주 창조와 기원, 전개에 관한 내용이 들어가게 됩니다. 둘째 문단에 "그리스 로마 신화에 관한 고대 문헌들로는 서사시를 쓴 두 위대한 시인인 호메로스와 헤시오도스"라는 말이 있습니다. 헤시오도스는 시인이기 때문에 그의《신들의 계보》는 영역 형이상학의 한 분야인 우주론으로서 시의 형식을 취하고 있는 것입니다.

이것과 관련해서 중국의 고전인《시경》詩經을 잠깐 살펴봅시다.《시경》은 제목에 "시"가 들어가 있는데 이것은 말그대로 '시'입니다.《시경》은 '풍'風, '아'雅, '송'頌으로 이루어져 있습니다. '풍'은 벼슬아치를 풍자하거나 찬양하는 민요입니다. '아'는 대아大雅와 소아小雅로 다시 나뉘는데, 대아는 국가의 중앙 정부와 관련된 대귀족들에 관한 노래이고 소아는 하급 귀족에 관한 노래입니다. 그런 까닭에 '풍'과 소아가 연결되는 지점이 많습니다. '송'은 국가의 제사 때 부르는 노래이지만 그냥 노래 가사만 있는 것이 아니라 악기 연주를 위한 악보가 모두 붙어 있습니다. 말하자면 악사들이 편집한 것입니다. '송'은 종묘제례악에서 사용되었던 것입니다. 그렇다면 아주 자연스럽게 《시경》이라고 하는 이 텍스트 안에는 종묘제례악이 있을 것입니다. 종묘제례악에서 우주가 어떻게 생겼는지, 카오스가 어떻게 벌어졌는지를 노래하지는 않습니다. 그것은 조상의 은덕을 기리는 노래일 것입니다. 귀족을 다루는 '아'는 귀족이 어떠해야 하고 정치는 어떠해야 되는지에 관한 얘기를 할 것입니다. 그러니까 이것은 시의 형식을 띠고 있고 텍스트 제목에도 시라는 것이 밝혀 있지만 내용을 보면 정치론이 되는 것입니다.

공자는 《논어》論語 '태백'泰伯 편에서 "공부는 시에서 일어나고 예에서 서며, 악에서 이룬다"(興於詩 立於禮 成於樂 흥어시 립어례 성어락)고 하였습니다. 미야자키 이치사다(宮崎 市定)의 번역은 이렇게 되어 있습니다. "시를 가르침으로써 학문이 시작되고, 예를 가르침으로써 제 구실을 하는 사람이 되고, 음악을 가르침으로써 인격이 완성된다." 따라서 우리가 "흥어시"라는 구절을 이해할 때 감정적인 측면을 고려해서는 안 됩니다. "흥"이라는 단어와 "시"라는 단어가 선진 시대 공자의 머릿속에 어떤 의미로 쓰였을지, 어떤 함축을 가지고 공자의 머릿속에 이 단어가 들어가 있었을까를 생각해야 합니다. 그것을 고려한다면 이 구절은 '공부라고 하는 것은 일단 정치 사회적인 안목이 있어야 하는 것이다'로 이해할 수 있습니다.

시라고 하는 형식을 띠고 있지만 우주론이기 때문에 헤시오도스의 《신들의 계보》는 아주 당연하게도, 우주 생성 과정에 대해서 다루고 있습니다. 헤시오도스는 시인인데, 아리스토텔레스는 《형이상학》(1000a)에서 이렇게 말합니다. "헤시오도스의 추종자를 비롯해서 모든 신학자들은 자신들의 눈에 그럴 듯해 보이는 생각을 해냈지만 우리들의 관심사에는 주의를 기울이지 않았다. 신화적으로 꾸며낸 생각들에 대해서 진지하게 고찰하는 것은 가치 있는 것이 아니다." 아리스토텔레스에 따르면 헤시오도스는 신화를 말하는 사람이고 아리스토텔레스 자신은 논증을 통해 주장하는 사람인 것입니다. 아리스토텔레스는 헤시오도스 같은 사람들을 그럴듯한 이야기를 꾸며내는 신학자라고 말하고, 이들을 철학자에 포함시키지 않으려고 한 것입니다. 이러한 입장에서 철학을 규정하면 '철학은 신화를 배제하고 이성적으로 탐구하는 학문'이라는 이성주의적 철학관이 성립하게 됩니다. 아리스토텔레스의 규정을 따른다면 우리는 헤시오도스의 텍스트를 읽을 필요가 없을 것입니다. 그러나 철학은 아리스토텔레스의 말처럼 논증을 통해 주장을 내세우는 것만이 아닙니다. 우리 인간과 우주의 전 국면에는 논증을 통해서 해명할 수 없는 부분들이 있으며, 그것까지도 포괄해야만 철학이 될 수 있습니다. 따라서 철학의 한 영역인 형이상학을 공부하면서 《신들의 계보》를 읽는다는 것은 철학에 대한 관점도 달리 가진다는 것을 의미합니다. 우리가 《신들의 계보》를 읽으면서 그것의 내용도 따져봐야 하지만, 종래의 철학이라는 것에 포함시킬 수 있었던 것이 무엇이었는가에 대해서 다시 생각해봐야 할 것입니다. 지금 《신들의 계보》를 읽는 이유는 이러한 우주론 안에 철학적 사색의 맹아가 있다고 생각하기 때문입니다. 그리고 이제 '신화(뮈토스)에서 이성(로고스)으로의 전환, 이것이 철학의 시작이다'라는 말은 일단 배제할 필요가 있겠습니다.

제2강

희랍 사유에서 우주의 구조와 생성 과정

이제《신들의 계보》목차를 보기로 합시다.

목차

1~115행	서사序詞
1~35행	헬리콘 산의 무사 여신들
36~103행	올륌포스의 무사 여신들
104~115행	무사 여신들과 작별하다
116~122행	최초의 세 가지 힘들: 카오스, 가이아(대지), 에로스
123~125행	카오스의 자녀들
126~138행	가이아의 자녀들
126~128행	우라노스
129~132행	산山과 폰토스
133~138행	가이아와 우라노스의 결혼, 그리고 그 자녀들인 티탄 신족
139~154행	퀴클롭스들과 헤카톤케이레스들

154~210행   우라노스의 거세去勢

[…]

453~500행   제우스 남매들의 탄생

[…]

617~735행   티탄 신족과 벌인 전쟁

[…]

720~735행   티탄 신족을 지하에 가두다

736~819행   하계下界

736~745행   상계上界의 토대로서의 하계와 그 엄청난 거리

1행에서 115행까지는 서사입니다. 서사가 제법 길게 이어지는데, 이런 형태는 일반적으로 영어권에서도 많이 취하고 있습니다. 둘째 부분의 시작은 "최초의 세 가지 힘들: 카오스, 가이아(대지), 에로스"입니다. 여기서 "힘들"이라는 용어가 사용된 것에 주의해야 합니다. 이 용어는 우주의 생성 원리를 설명하기 위해서 제시된 것이기 때문입니다. 그리고 나서 "카오스의 자녀들"과 "가이아의 자녀들" 부분들에서 그 힘의 파생물들을 논의합니다. 우리가 집중적으로 읽을 부분은 "서사"부터 "최초의 세 가지 힘들"까지입니다. 여기에 우주 생성론의 핵심이 들어 있습니다. 그다음에는 "제우스 남매들의 탄생" 부분이 중요합니다. 지금은 제우스의 시대라고 할 수 있습니다. 그러므로 제우스가 도대체 어떻게 해서 태어났고 이 신이 어떤 일을 했는지를 알아야 할 것입니다. 이어지는 부분에 "티탄 신족과 벌인 전쟁"이 있고 그다음이 "티탄 신족을 지하에 가두다", 그리고 "하계", "상계의 토대로서의 하계와 그 엄청난 거리"가 있습니다. 여기서는 우주의 구조를 설명하고 있습니다. 하늘이 있고 땅이 있고, 하늘과 땅 사이의 거리만

큼이나 같은 거리로 떨어져서 땅 아래에 하계가 있습니다. 다시 말해서 우주는 삼중 구조로 되어 있습니다.《신들의 계보》는 우주론이므로 신들의 족보만 중요하게 여기면 안 되고, 이 우주가 어떤 구조로 이루어져 있는지도 반드시 살펴보아야 합니다.

713행부터 봅시다.

> 선두 대열에서 참혹한 전투를 불러일으킨 것은
> 콧토스, 브리아레오스, 전쟁에 물리지 않는 귀게스였다.
> 그들은 자신들의 억센 손에서 삼백 개의 바위를 일제히 날려 보내
> 티탄 신족의 하늘을 자신들의 날아다니는 무기로 어둡게 했다.
> 그리하여 그들은 티탄 신족을 길이 넓은 대지 아래로
> 보내 이들이 비록 오만하기는 해도 자신들의 손으로
> 이들을 이긴 다음 쓰라린 사슬로 묶었다, 하늘이 대지에서
> 떨어져 있는 만큼 대지에서 저 아래로 떨어져 있는 곳에다.
> 대지에서 안개 낀 타르타로스까지는 그만큼 멀었다.
> 왜냐하면 하늘에서 떨어진 청동 모루가 아홉 밤
> 아홉 낮을 지나 열흘째 되는 날 대지에 닿고,
> 다시 청동 모루가 대지에서 아홉 밤 아홉 낮을
> 떨어져야 열흘째 되는 날 타르타로스에 닿기 때문이다.
>
> _《신들의 계보》 713~725행

제우스 쪽에서 티탄 신족을 묶었다는 이야기가 나옵니다. 어디에 묶었느냐 하면, "하늘이 대지에서 떨어져 있는 만큼 대지에서 저 아래로 떨어져 있는 곳에다" 묶었다고 합니다. "대지에서 안개 낀 타르타로스까지는 그만큼 멀었다"고 합니다. "하늘에서 떨어진 청동 모루

가 아홉 밤 아홉 낮을 지나 열흘째 되는 날 대지에 닿고 다시 청동 모루가 대지에서 아홉 밤 아홉 낮을 떨어져야 열흘째 되는 날 타르타로스에 닿기 때문"입니다. 이 구절들에 따르면 우주는 하늘, 대지, 타르타로스, 이렇게 삼 층으로 되어 있고, 각각의 거리는 똑같습니다. 그리고 대지가 가운데서 균형추를 잡고 있습니다. 이것이 헤시오도스가 말하는 우주 생성론의 제일 기층입니다. 모든 사태가 하늘-대지-타르타로스의 구조 속에서 벌어지는 것입니다.

우주가 어떤 구조로 이루어졌는지를 살펴보았으니 이제 처음부터 읽어보기로 합시다. 서사는 무사 여신들을 노래하면서 시작하는데 그 여신들은 헬리콘 산에 있는 여신들과 올륌포스의 여신들, 이렇게 두 종류가 있습니다. 처음에는 헬리콘 산의 무사 여신들을 노래합니다.

1행부터 35행을 봅시다.

노래를 헬리콘 산의 무사 여신들로부터 시작하기로 하자.
그분들은 크고 신성한 헬리콘 산을 차지하시고는
검푸른 샘과 크로노스의 강력하신 아드님의
제단 주위에서 사뿐사뿐 춤추신다.
그리고 그분들은 페르멧소스 또는 말(馬)의 샘
또는 신성한 올메이오스에서 고운 살갗을 씻고 나서
헬리콘 산의 꼭대기에서 아름답고 사랑스런 원무를 추신다.
박자에 맞춰 민첩하게 발을 놀리시며.
그곳으로부터 그분들은 짙은 안개에 싸여 앞으로 나아가시되
밤을 거니시며 더없이 고운 목소리로 찬미하신다,
아이기스를 가지신 제우스, 아르고스의 여주인이신 헤라와
황금 샌들을 신고 걷는 이,

아이기스를 가지신 제우스의 따님이신 빛나는 눈의 아테네,
포이보스 아폴론, 활을 쏘는 아르테미스,
대지를 붙들고 있고 대지를 흔드는 포세이돈,
존경스런 테미스, 속눈썹을 잘 깜빡이는 아프로디테,
황금 머리띠의 헤베, 아름다운 디오네,
레토, 이아페토스, 음모를 꿈꾸는 크로노스,
에오스, 강력한 헬리오스, 빛나는 셀레네,
가이아, 위대한 오케아노스, 어두운 밤,
그 밖에 다른 영생불멸하는 신들의 신성한 종족을!
어느 날 그분들은 헤시오도스가 신성한 헬리콘 산기슭에서
양 떼를 치고 있을 때 그에게 아름다운 노래를 가르쳐주셨다.
여신들은, 아이기스를 가지신 제우스의 따님들이신 올륌포스의
무사 여신들은 내게 맨 먼저 이렇게 말씀하셨다. "들에서
야영하는 목자들이여, 불명예스런 자들이며, 배(腹)뿐인 자들이여,
우리는 진실처럼 들리는 거짓말을 많이 할 줄 아노라.
그러나 우리는 원하기만 하면 진실도 노래할 줄 아노라."
이렇게 말씀하시고는 위대하신 제우스의 말 잘하는 따님들은
싹이 트는 월계수의 보기 좋은 가지 하나를 내게 주시며
그것을 지팡이로 꺾어 쓰게 하셨고, 신적인 목소리를 내게
불어넣어 내가 미래사와 과거사를 찬양할 수 있도록 하셨다.
그리고 그분들은 나에게 영생하는 축복받은 신들의 종족을 찬양하되,
처음과 마지막에는 언제나 그분들 자신을 노래하라고 하셨다.
그런데 나무나 바위가 나와 무슨 상관이란 말인가?

_《신들의 계보》 1~35행

얼핏 보기에는 신들의 이름이 나열된 잡다한 이야기 덩어리일 뿐입니다. 신들의 이름을 나열한 것에 이어서 "에오스, 강력한 헬리오스, 빛나는 셀레네, 가이아, 위대한 오케아노스, 어두운 밤"이라고 노래한 부분을 봅시다. 가이아, 오케아노스, 어두운 밤은 모두 다 자연현상입니다. 가이아는 최초의 세 가지 힘 중의 하나입니다. 그다음에 오케아노스는 "대지를 감돌아 흐르는 강"입니다. 어두운 밤, 이것도 자연현상입니다. 그런데 이것들은 단순히 자연현상이 아니라 신비로운 힘을 지닌 것입니다. 여기서 주의해야 할 점이 있습니다. '신들의 계보'라고 했는데, 왜 이 신들의 계보 안에 오케아노스, 어두운 밤 같은 자연과 자연현상이 포함되어 있는가, 그것들은 신이 아니지 않는가 하는 의문이 들 것입니다.《신들의 계보》에서는 형상을 지니고 있는 것만이 신으로 간주되는 것이 아니라, 위대하고도 신비로운 힘을 지닌 자연현상도 신으로 간주됩니다. 여기에는 두 가지 의미가 있습니다. 첫째, "신들의 계보"라는 제목 안에 함축되어 있는 뜻은 '우주의 위대한 힘들의 계보'라고도 할 수 있는 것입니다. 둘째로, '신'이라고 하는 이 단어가 희랍에서는 어떤 뜻이겠는가를 여기서 한번 생각해 볼 필요가 있습니다. 희랍에서는 '신'이라고 하는 단어가 주어로만 사용된 것이 아니라 술어로도 사용되었습니다. 예를 들어 '사랑은 신과 같다'라든가, 호메로스의 서사시를 보면 '누구는 신을 닮았다'라고 말합니다. 신이라고 하는 것이 주어가 아니라 '위대한 또는 신비한, 도대체 감당하기 어려운, 인간의 능력을 넘어서 있는 듯한' 그런 것들을 가리킬 때 '신과 같은'이라는 말을 씁니다. 'S는 신과 같다' 또는 'S는 신이다'라는 형식과 같이 신은 술어로도 사용되었습니다. 탈레스는 "만물은 신들로 가득 차 있다"라는 말을 했습니다. 이 말은 '만물은 말할 수 없이 신비하구나', '말할 수 없이, 인간의 힘으로는 도저히 어찌

해볼 수 없을 정도로 강력하구나, 위대하구나'라는 뜻을 가집니다.

이어지는 구절은 다음과 같습니다. "어느 날 그분들은 헤시오도스가 신성한 헬리콘 산기슭에서 양 떼를 치고 있을 때 그에게 아름다운 노래를 가르쳐주셨다. 여신들은, 아이기스를 가지신 제우스의 따님들이신 올림포스의 무사 여신들은 내게 맨 먼저 이렇게 말씀하셨다." 여기서 "헬리콘 산기슭에서 헤시오도스가 양 떼를 치고 있었다"라는 것은 상황 설명입니다. 양 떼를 치고 있었는데 노래를 가르쳐준 것입니다. 이것은 무엇을 의미할까요? 이를 이해하기 위해서 파르메니데스의 단편을 참조해봐야 할 것입니다. 여기서는 형식적인 유사성만을 보고, 상세한 것은 파르메니데스의 단편을 읽으면서 다시 살펴보겠습니다.

> 충동(thymos)이 미치는 데까지 나를 태워 나르는 암말들이 [나를] 호위해 가고
> 있었다.
> […]
> 그리고 여신(thea)이 나를 반갑게 맞아들였는데, [내] 오른손을 [자신의] 손으로
> 맞잡고는 다음과 같은 이야기(epos)를 하면서 내게 말을 걸었다.
>
> _《소크라테스 이전 철학자들의 단편 선집》 파르메니데스 편, 서사

여기서 파르메니데스는 불사의 말을 타고 올라갑니다. 그렇게 올라가서는 여신이 전해주는 이야기를 듣습니다. 이것은 《신들의 계보》 서사와 유사한 형식을 가지고 있습니다. 파르메니데스는 불사의 말을 타고 올라가서 여신한테 이야기를 듣는 반면에, 헤시오도스는

양 떼를 치고 있는데 여신이 와서 이야기해줍니다.《신들의 계보》만 읽을 때는 "헬리콘 산기슭에서 양 떼를 치고 있을 때 그에게 아름다운 노래를 가르쳐주셨다"라는 말이 별다른 뜻이 없는 듯했는데, 바로 파르메니데스를 연결해서 읽으면 이 구절들에서는 신과 인간의 관계가 표명되고 있음을 알 수 있습니다. 신은 진리를 가진 자입니다. 그러므로 이 구절은 진리를 가진 자인 신이 인간과 어떻게 만나는가에 관한 이야기입니다. 일단 표면적으로 그렇습니다. 그런데 조금 더 자세히 들여다보면, 인간이 어떻게 진리를 알게 되는가에 대해 이야기한 것입니다. 신과 인간이 만나는 지점은, 인간이 어떻게 진리를 알게 되는지를 우리에게 알려주는 것입니다. 따라서 이것은 우주 생성론이면서 동시에 우주 생성론의 기원을 밝혀주는 이야기인 것입니다. 헤시오도스는 자신의 시에 자신을 등장시키는데, 그렇게 등장하여 신으로부터 우주의 생성에 관한 이야기를 전해듣고 그것을 시로 씁니다. 그렇게 쓴 시가《신들의 계보》라는 것입니다. 자신이 말하는 우주의 기원과 생성에 관한 이야기는 신에게 배웠다는 것입니다. 이처럼 신에게 배웠다고 해야 헤시오도스 자신의 이야기가 권위 있는 것이 될 것입니다. 또한 여기에는 우리의 앎은 신에게 배우지 않으면 성립하지 않는다고 하는 인식론적인 태도가 들어 있습니다. 인간은 진리를 가지고 있지 않습니다. 인간은 "진실처럼 들리는 거짓말"인 '진리를 닮은 것' 밖에 가지고 있지 않습니다.

　진실처럼 들리는 거짓말 또는 진리를 닮은 것은 진리도 아니고 거짓말도 아닙니다. 그것은 인간이 가질 수 있는 것입니다. 그러나 그것마저도 신에게 배워야 합니다. 신은 진리를 가지고 있기에 인간은 신에게 진리를 배웁니다. 불멸의 존재인 신에게 진리를 배웠음에도 인간은 필멸의 존재이므로 그것을 진리로서 계속해서 가지고 있을 수 없습니다. 인간은 필멸의 존재이므로 설혹 진리를 가지고 있다 해도 잠깐 가지고 있다가 놓치고 맙니다. 그러니 인간이 가지고 있는 것은 진리를 닮은 것일 뿐입니다.

신들은 진리를 닮은 거짓도 말할 줄 알고 원하기만 하면 진리도 노래할 줄 압니다. 인간은 어떠합니까. 인간은 자신이 원한다 해서 진리를 노래할 수 있는 것이 아닙니다. 다시 정리해서 말하자면 신은 진리를 가지고 있고 인간은 진리를 닮은 것을 가지고 있습니다. 인간이 가진 것은 진리의 모방물입니다.

이어지는 부분에서 헤시오도스는 신들에게 배운 것들을 노래합니다.

> 그분들은 그때 고운 목소리를 자랑하시며 불멸의 노래를 부르시며
> 올륌포스로 가셨다. 그분들이 노래하실 때 주위에서 검은 대지가 환성을
> 올리고, 그분들 발밑에서는 우아하게 발 구르는 소리가 일었다,
> 그분들이 자신들 아버지에게 걸어가실 때, 그분께서는 하늘의 왕이시니,
> 그분께서 자신의 아버지 크로노스를 힘으로 이기신 이후
> 천둥과 불타는 번개가 그분 것이 되었음이라. 그분은 또
> 불사신들에게 일일이 법도를 정해주시고 명예를 정해주셨다.
> 바로 이것을 노래하셨다, 올륌포스의 집들에 사시는 무사 여신들은,
> 위대한 제우스에게서 태어난 아홉 딸들인 클레이오,
> 에우테르페, 탈레이아, 멜포메네,
> 테릅시코레, 에라토, 폴륌니아,
> 우라니아, 칼리오페는. 칼리오페는 그분들 모두 중에서
> 가장 빼어나셨으니, 존경스런 왕들과도 함께하신다.
> 제우스께서 돌보시는 왕들 가운데 누구든 위대한 제우스의 따님들이

명예를 높여주시고 그가 태어날 때 눈길을 주시면,
그분들은 그의 혀 위에 감미로운 이슬을 떨어뜨리시고,
그러면 그의 입에서 달콤한 말이 흘러나온다.
그러면 그가 곧은 판결로 시비를 가릴 때
만백성이 그를 우러러본다. 그는 동요함 없이 말하고,
큰 분쟁도 능숙하게 금세 해결한다.
현명한 왕들이 존재하는 까닭은, 백성들이 거래에서
손해를 보았을 때 그들이 부드러운 말로 설득하여
힘들이지 않고 이들에게 손해배상이 이루어지게 해주기 때문이다.
그리고 그가 집회에 가면, 백성들은 그가 신인 양 감미로운 공경으로
그의 호감을 구하게 되고 그는 모인 자들 중에서 걸출하니,
무사 여신들은 그런 신성한 선물들을 인간에게 주신다.
왜냐하면 가인들과 키타라 연주자들이 지상에
존재하는 것은 무사 여신들과 멀리 쏘는 아폴론에게서 비롯되고,
왕들은 제우스에게서 비롯되기 때문이다. 무사 여신들이
사랑하시는 자는 누구나 행복하도다. 그의 입에서 달콤한 목소리가
흘러나오기 때문이다. 누군가가 최근에 불상사를 당하여
그 슬픔으로 마음이 시들어간다 하더라도, 무사 여신들의
시종인 가인이 옛사람들의 영광스런 행적과
올륌포스에 사시는 축복받은 신들을 찬양하게 되면 그는 금세
슬픔을 잊고 더 이상 자신의 불상사를 생각하지 않기 때문이다.
여신들의 선물이 금세 그의 마음을 다른 곳으로 돌려놓는 것이다.

_《신들의 계보》 68~103행

여기서는 제우스가 권력을 잡고 그것을 확립해나가는 과정을 이

야기합니다. 제우스는 불사신들에게 법도와 명예를 정해줍니다. 법도는 도덕규범이라기보다는 영역을 가리킵니다. 희랍어에서 규범을 가리키는 말은 노모스nomos인데, 이것은 본래 땅의 구획을 가리키는 말입니다. 이것은 영역, 권역(element)을 가리킵니다. 이것을 한자어로 표현해보면 '분'分입니다. 우리는 어떤 사람이 자신의 영역, 자신의 적절한 수준, 적도適度를 넘어갈 때 '분에 넘친다'는 표현을 씁니다. 따라서 불멸의 존재들에게 법도를 정해준다는 것은 그의 권능이 미치는 영역을 정해준다는 것입니다. 이 영역을 넘어가거나 다른 이가 이 영역을 침범하면 부정의한 것이 됩니다. 여기서 우리는 '올바름'에 대해 생각해볼 수 있습니다. 헤시오도스의 이 시에 따르면 올바름은 법도를 지키는 것, 자기 영역을 잘 지키는 것, 영역을 넘보지도 넘어 나오지도 않는 것을 의미할 것입니다.

이어지는 부분에서 중요한 것은 칼리오페에 관한 것입니다. 칼리오페는 서사시를 관장하는 여신입니다. 그 여신은 "존경스런 왕들과도 함께"하시는 분입니다. 인간을 다스리는 왕은 자신의 권력을 정당화해야 하는데, 스스로의 힘으로는 할 수 없고 신의 도움, 특히 칼리오페 여신의 도움을 받아야 합니다. 그때 칼리오페는 왕에게 서사시를 줍니다. 이 서사시는 칼리오페가 왕의 혀 위에 떨어뜨려주는 감미로운 이슬로 인해 생겨나는 "달콤한 말"입니다. 여기서 "말"은 '서사시, 이야기'라는 뜻도 가지는 희랍어 '에포스'epos입니다. 왕은 여신에게 선물받은 달콤한 말로써 인간들을 다스립니다.

현명한 왕들은 "백성들이 거래에서 손해를 보았을 때", 즉 백성들 사이에 쟁투가 일어났을 때 부드러운 말, 달콤한 말로 설득해서 쟁투를 잠재웁니다. 여기서 왕은 부드러운 말, 달콤한 말, 다시 말해서 정당화되는 말, 정의로운 말을 하는 존재로서 규정되고 있습니다. 또한 왕은 신을 닮았습니다. 신에게 달콤한 말을 선물받은 왕의 입에서는 달콤한 목소리가 흘러나옵니다. 그렇다면 왕은 누구입니까? 바로 시인입니다. 서사시인인 것입니다. 왕은 시인이면서 동시에 인간 질서를 창출하는 존재입니다. 이로써 신과 시인, 인간을 다스리는 왕의 관계가 이야기되었습니다. 이 지점에 오면《신들의 계보》는 우주론에 그치는 것이 아니라 그 우주가 인간세계와 어떤 방식으로, 무엇을 통하여 관계를 맺는지를 이야기하고 있는 것입니다.

이어지는 부분에서 우주의 생성에 관한 논의가 제시됩니다.

내게 이것들을 처음부터 말씀해주소서, 올림포스의 집들에 사시는
무사 여신들이여, 그들 중 어떤 것이 처음 생겼는지 말씀해주소서.
맨 처음 생긴 것은 카오스고,
그다음이 눈 덮인 올림포스의 봉우리들에 사시는 모든 불사신들의
영원토록 안전한 거처인 넓은 가슴의 가이아와
[길이 넓은 가이아의 멀고 깊은 곳에 있는 타르타라와]
불사신들 가운데 가장 잘생긴 에로스였으니,
사지를 나른하게 하는 에로스는 모든 신들과
인간들의 가슴속에서 이성과 의도를 제압한다.
카오스에게서 에레보스와 어두운 밤이 생겨나고
밤에게서 다시 아이테르와 낮이 생겨났으니,
밤이 에레보스와 사랑으로 결합하여 이들을 낳았던 것이다.
가이아는 맨 먼저 자신과 대등한 별 많은 우라노스를 낳아
자신의 주위를 완전히 감싸도록 함으로써 우라노스가
영원토록 축복받은 신들에게 안전한 거처가 되게 했다.

_《신들의 계보》114~128행

여기는 서사의 마지막 부분과 둘째 부분이 이어지는 곳입니다. 무사 여신들에게 말씀을 들려달라고 청하는 115행에서 서사는 끝이 납니다. 그리고 바로 이어지는 116행에서 "맨 처음 생긴 것은 카오스"라고 말하면서 우주의 생성 과정에 관한 본격적인 이야기가 시작됩니다. 이 이야기는 형식적으로는 헤시오도스가 무사 여신들에게 들은 것을 우리에게 전해주는 것입니다.

그러면 이제 헤시오도스가 전해주는 우주 생성 과정을 살펴보기로 합시다. "맨 처음 생긴 것은 카오스"입니다. 카오스는 흔히 '혼돈'이라는 뜻으로 쓰이는 말이지만 본래는 '벌어짐', 즉 쪼개진 틈을 의미하며, 뒤에 생겨날 우주가 들어갈 공간을 가리킵니다. 혼돈의 의미로 쓰인 것은 로마의 작가 오비디우스Publius Ovidius Naso 이후입니다. 여기서 주의해야 하는 것은 카오스 이전에는 어떠한 것이 있었는지에 대해서는 알려주지 않는다는 점입니다. 다시 말해서 카오스는 '벌어진 것'이고, 그 벌어짐은 헤시오도스도 알지 못하는 어떤 것으로부터 '생겨난 것'이라는 말입니다. 그것은 그저 텅 빈 공간일 뿐입니다. 빈 공간이므로 뒤에 생겨날 것들이 그 안에 들어갈 뿐입니다. 카오스는 뒤에 생겨날 것들을 지배하는 어떤 원리가 아닌 것입니다.

구약성서 〈창세기〉의 창조 설화와 비교해보면 《신들의 계보》가 가진 특징이 드러납니다. 〈창세기〉에서는 세계가 신에 의해 창조됩니다. 신이 창조의 궁극적인 원인인 것입니다. 동시에 창조된 것들은 신의 뜻의 지배를 받습니다. 신이 피조물의 원리인 것입니다. 묶어서 말하면, 신은 세계의 원인이자 원리입니다. 이 신은 세계가 생겨나기 이전부터 존재했습니다. 반면 《신들의 계보》에서 카오스는 빈 공간일 뿐 이후의 세계가 어떻게 되는지와는 아무 관계가 없습니다. 만약 카오스가 처음에 생겨난 시초이면서 동시에 그 뒤에 이 우주에 형성되는 모든 것들이 카오스에게 일정 정도 영향을 받을 수밖에 없고 카오스로부터 힘을 받는다면, '카오스는 시초이면서 동시에 원리', 즉 시원始原(Anfang)이라고 할 수 있겠지만 여기에서는 분명히 아닌 것입니다.

헤시오도스에서는 카오스가 시초일 뿐입니다. 그러면 우주의 생성을 이끌어 가는 원리는 무엇이겠습니까. "불사신들 가운데 가장 잘생긴 에로스"입니다. 에로스는 우주의 원초적 생식력을 의미합니다. 《신들의 계보》에서는 에로스가 이런 정도의 의미를 가지고 있지만 후대 플라톤의 대화편, 이를테면 《향연》(Symposion)을 보면 에로스는 아주 중요한 개념으로 다루어집니다. 단순한 생식력이 아니라 인간을 형상形相에 이르게 하는 추상적인 원리인 것입니다. 반면에 《신들의 계보》에서 에로스는 "인간들의 가슴속에서 이성과 의도를 제압"하는 것에 지나지 않습니다. 이것을 원리로 하여 우주가 생성되었습니다. 순서는 다음과 같습니다. 카오스가 맨 처음 생겨났고, 거기서 우주의 원초적 생식력, 우주를 지배하는 원리인 에로스가 있었으며, 우라노스는 '영원토록 축복받은 신들에게 안전한 거처가 되었음'을 우리에게 명시적으로 밝혀 보입니다.

《신들의 계보》에 나타나는 이러한 논의들이 어떤 의미를 갖는지 《소크라테스 이전 철학자들의 단편 선집》의 옮긴이 해설을 살펴보겠습니다.

기곤이 이해하는 헤시오도스의 철학함의 계기는 ① 참과 가상적인 것 간의 구분과 ② 신들의 계보를 추적함으로써 세계의 '기원'의 근원을 탐구하려는 물음, 그리고 ③ 이 세계를 구성하는 인간을 포함한 모든 대상을 포괄하는 '전체'에 대한 생각으로 요약된다. 이로써 형식적이고 존재론적인 원리가 이루어지는 것으로 기곤은 이해한다. 스넬도 같은 맥락에서 헤시오도스가 이 세계의 기원을 아르케로 포착하려 했던 철학의 선구자임을 지적한다.

_《소크라테스 이전 철학자들의 단편 선집》옮긴이 해제, 희랍 철학의 여명기

첫째가 기원, 즉 아르케를 묻는다는 것입니다. 다시 말해서 세계가 어디서 생겨났느냐, 어떻게 생겨났느냐를 묻는 것입니다. 둘째로 중요한 것은 그 시초(카오스, 최초의 벌어짐)부터 끝까지, 즉 세계 전체를 설명하려는 시도입니다. 《신들의 계보》는 단순히 신들의 족보 묶음이 아니라 세계에 대한 존재론적 설명인 것입니다. 이렇게 보면 《신들의 계보》는 신화에 그치는 것이 아니라, 해설에 나와 있는 것처럼 "철학의 선구자"가 됩니다. 앞에서도 언급하였듯이 이성주의 철학관에 의하면 신화(뮈토스)에서 이성(로고스)으로 나아가는 것이 철학이지만, 우리는 신화와 철학의 경계선을 그렇게 뚜렷하게 알 수 없으며, 그에 따라 이러한 신화에서도 철학의 단초를 찾아보아야 합니다.

다시 한 번 주의할 것은 여기에 등장하는 신들은 인격적인 존재들이 아니라는 것입니다. 이 신들은 세계의 전체상 또는 전체로서의 세계를 묘사하기 위해 도입된 힘의 상징들, 질서 잡힌 영역 또는 권역들입니다. 우리가 이 신들을 추상화하면 힘(dynamis)을 가리키는 것이 되고 이렇게 힘으로써 사태를 설명하면 소박한 의미의 자연학으로 전개될 수 있습니다. 또한 이 세계 전체에 관철되어 있는 원리는 우주의 원초적 생식력인 에로스라는 것입니다. 이 에로스는 아주 초보적인 의미에서의 운동 원리를 가리킵니다.

마지막으로 《신들의 계보》에는 진리의 개념에 관한 논의도 들어 있습니다. 앞서 보았듯이 신들은 진실처럼 들리는 거짓말을 할 수 있

지만 얼마든지 진리도 이야기할 수 있습니다. 우리 인간은 신에게서 진리를 배울 수도 있고, 진실처럼 들리는 거짓말, 진리 닮은 것도 배울 수 있습니다. '진리와 진리 닮은 것'을 놓고 볼 때 신만이 진리를 가질 수 있는 것이고 인간은 진리 닮은 것만을 가질 수 있는 것입니다. 인간이 가진 것은 신이 알려준 진리를 모방한 것입니다. 따라서 인간의 앎은 신이 알려준 진리를 얼마나 잘 모방했느냐에 따라 확실성이 달라질 것입니다. 헤시오도스에서는 이것이 초보적인 수준으로 제시되었고, 앞으로 우리가 읽을 파르메니데스와 플라톤 등의 철학에서는 이 문제가 진리론과 관련한 논변으로 제시될 것이니, 문제의 연속성이라는 측면에서 미리 유념해두기로 합시다.

세계의 원리에 관한 자연학적 파악
《소크라테스 이전 철학자들의 단편 선집》

제3강

존재의 근본 개념
(파르메니데스)

파르메니데스는 희랍 형이상학의 아버지로 일컬어지는 사람입니다. 그러나 그가 체계적인 저작을 남긴 것은 아니고, 우리에게 전해지는 것도 그의 단편들뿐입니다. 그의 단편들을 읽어나가기 전에 데이비드 갤롭David Gallop이 쓴 파르메니데스 단편 주해서인 《엘레아 사람 파르메니데스》(Parmenides of Elea)의 서론을 간단하게 살펴보기로 합시다. 이것을 살펴보는 것은 파르메니데스의 학적 위치와 의의를 미리 짐작하기 위해서입니다. 서론 첫 문장은 다음과 같습니다. "한때 알프레드 노스 화이트헤드Alfred North Whitehead는 서구철학의 전개는 플라톤에 대한 일련의 주석으로 이루어졌다고 말한바 있다. 아주 유사하게, 그리고 조금의 과장도 없이 플라톤 자신의 저작들은 엘레아 사람 파르메니데스에 대한 주석으로 이루어졌다고 말할 수 있을 것이다." 플라톤의 저작들이 파르메니데스에 대한 주석들로 이루어졌다는 것에 요점이 있습니다. 이 말은 일단 플라톤과 파르메니데스 사이에 깊은 관계가 있다는 정도로 이해할 수 있을 것이고, 조금 더 나아가면 파르메니데스를 어떻게 읽느냐에 따라 플라톤에 대한 파악이 달라진다는 것으로 이해해도 될 것입니다. 이제 파르메니데스를 어떻게 읽을 것인가, 즉 어떤 입각점을 가지고 그를 해석해나갈 것인가를 생각해봅시다.

파르메니데스에 대한 전통적 해석에 따르면, 그가 말하는 일자는 불변의 초월적 실재이며, 그 일자가 속해 있는 형상계와 우리가 살고 있는 현상계 사이에는 건널 수 없는 거대한 단절이 있습니다. 이것은 형상계와 현상계를 상정하는 '두 세계 이론'입니다. 파르메니데스의 이 논의가 플라톤으로 그대로 이어진다고 가정한다면 이것은 플라톤 형이상학에 나타나는 '현상계와 형상계의 단절'에 영향을 준 것으로 간주될 것입니다. 파르메니데스의 형이상학을 이처럼 초월적 실재의 형이상학으로 이해하는 것은 아리스토텔레스에 의해 시작된 것인데, 그만큼 오래된 것이기도 합니다.

파르메니데스의 이른바 '일자 형이상학'을 '현상 세계와 법칙'이라는 관점에서 파악하면 파르메니데스는 과학 이론을 제시한 선구자가 되기도 할 것입니다. 플라톤이 파르메니데스의 이러한 측면에서 영향을 받았다고 가정한다면 그의 형상 이론도 과학 이론의 성격을 띤 것으로 파악할 수 있습니다. 형상은 인간이 닿지 못하는 세계에 있는 초월적인 실재로 해석되지 않고 다만 하나의 법칙으로서 있는 것이고, 우리가 일상에서 만나는 현상은 그 법칙에 따라 움직이는 것으로 이해할 수 있는 것입니다. 이러한 해석은 칼 포퍼Karl Popper가《파르메니데스의 세계》(The World of Parmenides)에서 제시한 것입니다.

또 다른 해석은 나중에 다시 상세하게 살펴볼 것인데, 파르메니데스의 형이상학이 어떤 실재에 대해 논하고 있을 뿐만 아니라 학문의 출발점을 마련하기 위한 기초적인 논의도 포함한다는 것입니다. 즉 파르메니데스의 형이상학이 학의 시원을 마련해준다는 것이지요. 그리고 플라톤의 철학이 이러한 논의에 영향을 받았다면 플라톤의 철학 역시 전체의 성격이 바뀔 것입니다. 다시 말해서 플라톤의 형상은 초월적인 형이상학적 실재가 아니라 우리가 학을 전개하기 위한 하나의 출발점으로 간주될 수 있다는 것입니다. 학적 인식은 어떻게 시작되어야 하고, 어떤 원리에 따라서 전개되어야 할 것인지를 파르메니데스가 논했다면 이는 학문 탐구의 방법을 정초하려는 시도일 것입니다.

지금 우리는 파르메니데스의 단편들을 읽어나가기 전에 그의 단편들에 관한 여러 해석들을 간략하게 살펴보고 있습니다. 어떤 해석을 취하느냐에 따라 파르메니데스 형이상학은 전혀 다른 특징을 갖게 되며, 그에 따라 파르메니데스의 영향을 받았다고 하는 플라톤의 형이상학에 대한 해석도 달라질 것입니다. 그렇다면 왜 이런 해석들을 따져보고 있는 것일까요. 그냥 형이상학을 연구하는 사람들끼리만 떠드는 이야기가 아닐까요. 반드시 그렇지는 않습니다.

파르메니데스에 관한 논의가 다른 학문에서 어떤 방식으로 받아들여지고 있는지를 알아봅시다. 존 헨리John Henry의 《서양 과학 사상사》(A Short History of Scientific Thought)라는 책이 있습니다. 희랍 시대부터 현대에 이르기까지의 과학 사상을 다루고 있는 책입니다. 이 책의 "고대 그리스의 자연철학" 부분에는 다음과 같은 서술이 있습니다. "파르메니데스는 변화의 실재를 부정하는 철학을 발전시켰다. 따라서 어떤 의미에서 (…) 변화 가능성과 관련된 것과 정면으로 부딪혔다." 이어서 "파르메니데스에 따르면 형성이라는 개념은 아무런 의미가 없고, 파르메니데스는 물리적인 변화의 세부 사항을 이해하려는 시도에 대해 '그런 질문의 길에서 마음을 돌려라'"고 말했다는 것입니다.

 존 헨리에 따르면 파르메니데스는 운동을 부정했습니다. 운동을 긍정한 사람들은 레우킵포스Leukippos나 데모크리토스Dēmokritos와 같은 원자론자들입니다. 저자는 "이 두 명의 사상가 레우키포스와 데모크리토스는 오늘날의 과학자들이 물리적 세계의 원자 구조에 대해 믿고 있는 핵심 내용을 간파한 것이다"라고 쓰고 있습니다. 서양 과학의 출발점은 원자론자들이라는 것입니다. 파르메니데스는 운동을 부정한 사람이니까 과학의 적이라는 것이지요. 이것은 파르메니데스를 초월적 실재의 형이상학자로 보는 전통적 해석을 따른 것입니다. 그렇지만 파르메니데스의 형이상학을 '현상 세계와 법칙'이라는 관점에서 이해한다면 그의 단편들은 소박한 의미의 과학론으로 이해되므로 파르메니데스를 과학의 적으로 간주하는 서술은 틀린 것이 됩니다. 존 헨리는 영국 리즈 대학에서 과학사가가 되기 위해 과학과 철학의 기초를 공부했고 에든버러 대학교에서 과학사를 가르쳤습니다. 그리고 지금도 이 대학의 '과학사 교수 겸 과학연구 책임자'입니다. 따라서 《서양 과학 사상사》는 사람들에게 일종의 교과서처럼 읽힐 것이고, 파르메니데스에 대한 해석이 어떠하냐에 따라 이 책의 내용도 바뀔 수 있을 것입니다. 파르메니데스에 대한 해석이 그냥 형이상학 공부하는 사람들끼리 모여서 재미 삼아 읽는 것이 아니라, 다른 학문의 서술에 영향을 끼치는 부분이 있음을 알 수 있습니다.

제4강

일자와 두 세계 이론
(파르메니데스에 관한 '전통적' 해석)

파르메니데스의 단편들에 대한 해석의 문제는 다시 언급하기로 하고, 이제 그의 단편을 읽어보기로 하겠습니다.

충동(thymos)이 미치는 데까지 나를 태워 나르는 암말들이 [나를] 호위해 가고
있었다, 그들이 나를 이끌어 이야기 풍성한(polyphēmos), 여신의
(daimonos) 길로 가게 한 후에.
아는 사람(知者)을 모든 도시들에 두루 데려다주는 그 길로.
거기서 나는 태워 날라지고 있었다. 즉 거기서 아주 명민한(polyphrastoi)
암말들이 마차를 끌면서
[5] 나를 태워 나르고 있었고, 처녀들(kourai)이 길을 인도하고 있었다.
축은 바퀴통들 속에서 열을 내면서 피리 소리를 내고 있었다
(돌아가는 두 바퀴에 의해
양쪽으로부터 힘을 받고 있었기 때문에),

뉙스(밤)의 집을 떠나 빛을 향해 온 헬리오스(태양)의 딸들(Hēliades)인 처녀들이
[10] 머리에서부터 너울을 손으로 밀어젖히고는 [나를] 서둘러 호위해 가고 있을 때.

거기에 뉙스와 에마르(낮)의 길들의 문이 있고,
그 문을, 아래 위 양쪽에서 상인방과 돌로 된 문턱(oudos)이 에워싸고 있다.
그리고 에테르에 있는 그 문은 커다란 문짝들로 꽉 차 있는데,
많은 대가를 치르게 하는(polypoinos) 디케(정의)가 그 문의, 응보의 (amoiboi) 열쇠를 가지고 있다.
[15] 처녀들이 부드러운 말(logoi)로 그녀를 달래면서
영리하게 설득했다, 어서 자기들을 위해 내리잠금목으로 꽉 죄어진(bal-anōtos)
빗장을 문으로부터 밀어내 달라고. 그러자 이 문이
마개못과 핀으로 짜 맞춰진, 청동으로 된 두 회전기둥을 [축받이] 구멍 속에서 번갈아 돌린 후에
활짝 나래 펴듯 열리면서 문짝들의 쩍 벌어진 틈(chasma)을 만들어냈다.
[20] 그러자 그 문을 통해
곧장 처녀들이 마차와 암말들을 마찻길로 이끌었다.

그리고 여신(thea)이 나를 반갑게 맞아들였는데, [내] 오른손을 [자신의] 손으로
맞잡고는 다음과 같은 이야기(epos)를 하면서 내게 말을 걸었다.

불사不死의 마부들과 더불어,

[25] 그대를 태워 나르는 암말들과 함께 우리 집에 온 젊은이(kouros)여! 잘 왔다. 그대를 이 길로 오도록 보내준 것은 나쁜 모이라(운명)가 아니라(실로 이 길은 인간들이 밟고 다니는 길에서 멀리 떨어져 있으니까 하는 말이다),

테미스(옳음)와 디케(정의)이니 말이다. 자, 그대는 모든 것들을 배워야(pythesthai) 한다,

설득력 있는(eupeitheos) 진리의 흔들리지 않는 심장과,

[30] 가사자可死者들의 의견들(doxai)을. 그 속에는 참된 확신(pistis)이 없다.

그렇지만 그대는 이것들도 배우게(mathēseai) 될 것이다. …라고 여겨지는 것들(ta dokounta)이 어떻게,

내내 전부 있는 것들로서(per onta) 받아들여질 만하게(dokimōs) 있어야 했던가를.

_《소크라테스 이전 철학자들의 단편 선집》 파르메니데스 편,
7. 단편 1 섹스투스 엠피리쿠스/심플리키오스 (DK28B1)

튀모스thymos는 플라톤의《국가》에서는 '용기'라는 뜻으로 옮겨지기도 하지만 일반적으로는 '충동'으로 이해됩니다. 인간의 내면에 있는 욕구인데, 방향을 갖추고 있지는 않으나 뭔가를 하려는 힘을 가리킬 때 이 말을 사용합니다. 이것을 어떤 방향으로 이끌고 가느냐에 따라 이 힘은 좋은 것이 되기도 하고 나쁜 것이 되기도 할 것입니다. 대체로 보아 이 힘을 어떤 방향으로 이끄는 것은 이성의 역할일 것입니다. 이 충동을 가진 이는 파르메니데스입니다. 다시 말해서 이 단편은 파르메니데스가 여신들을 만나러 가서 그 여신들에게 들은 이

야기를 우리에게 전해주는 형식으로 전개됩니다. 자신이 주인공인 이야기를 자신이 쓰고 있다고 생각하면 되는 것입니다.

처녀들의 호위를 받아 여신을 만나러 가려면 먼저 "뉙스(밤)의 집을 떠나"야 합니다. 뉙스는 어두움을 가리킵니다. 그것을 떠나는 것은 비진리를 떠나는 것입니다. 비진리를 떠나 "빛을 향해 온 헬리오스(태양)의 딸들인 처녀들"이 "머리에서부터 너울을 손으로 밀어젖히고" 있습니다. 비진리를 벗어나서 진리로 나아가기 위해 머리에서 베일을 밀어젖히고 있는 것입니다. "뉙스와 에마르(낮)의 길들의 문", 즉 '밤과 낮의 길들의 문'은 비진리와 진리의 문입니다. "많은 대가를 치르게 하는 디케(정의)가 그 문의, 응보의 열쇠를 가지고" 있습니다. 디케는 '올바름'입니다. "응보의 열쇠"는 죄에 대한 벌이나 천국의 열쇠 같은 것을 뜻하는 것이 아니라 밤낮이 법칙에 따라 바뀌는 것을 뜻합니다. 낮이 끝날 때쯤 되면 밤이 되는 것을 '응보를 치른다'고 말합니다. 디케는 도덕적인 올바름을 가리키기 위해 사용하고 있는 술어가 아니라 본래의 영역을 지키고 있는 상태를 가리키는 것입니다. 여기서 디케의 여신들이 응보의 열쇠를 가지고 있다는 것은 낮과 밤이 자연의 법칙에 따라 바뀐다는 뜻입니다. 그리고 올바르게, 제대로, 타당하게 바뀐다는 말입니다. 올바름, 정의로운 인간, 이런 것들을 생각하면 안 됩니다. 파르메니데스는 인간입니다. 인간은 신들의 영역으로 들어가면 안 됩니다. 그 곳은 인간에게 허용된 곳이 아니기 때문에 "처녀들이 부드러운 말(logoi)로 그녀를 달래면서 영리하게 설득"해야만 합니다. 설득이 끝나니 문이 "쩍 벌어진 틈을 만들어"내고 "곧장 처녀들이 마차와 암말들을 마차길로 이끌"었으며, 거기서 디케의 여신이 "나를 반갑게 맞아들였"습니다.

여기까지가 서사이고 파르메니데스가 여신을 만나는 과정입니다.

이제부터는 여신이 그에게 이야기합니다. "그대는 모든 것들을 배워야 한다." 그가 배워야 하는 것은 우선 '모든 것들'입니다. 그리고 "설득력 있는 진리의 흔들리지 않는 심장"을 배워야 합니다. 이것은 설득력 있는 진리와 흔들리지 않는 심장, 이렇게 둘로 나누어 생각할 수 있습니다. 앞의 것은 말 그대로 진리이고, 뒤의 것은 흔들리지 않는 심장을 갖는 방법, 진리를 대하는 태도로 이해할 수 있습니다. 셋째로 배워야 할 것은 "가사자可死者들의 의견들"입니다.

배워야 할 것은 이것들만이 아닙니다. "…라고 여겨지는 것들이 어떻게, 내내 전부 있는 것들로서 받아들여질 만하게 있어야 했던가"도 배워야 합니다. 얼핏 보기에는 무엇을 배워야 하는지를 알 수가 없습니다. "…라고 여겨지는 것들"을 바로 앞서 말한 셋째 것, 즉 "가사자들의 의견들"과 같은 것이라고 한다면 굳이 따로 거론할 필요가 없을 것입니다. 따로 이것을 말한 까닭은 어디에 있을까요. 여기서 여신이 가르쳐주려고 하는 것은 "…라고 여겨지는 것들"이 어떻게 해서 "있는 것들로서 받아들여질 만하게 있어야 했던가"를 가르쳐주려는 것은 아닐까요. 달리 말해서 가사자들의 의견이 어떻게 해서 진리로 받아들여지고 있는가도 배워야 한다는 것입니다. 사람들은 거짓을 진리로 착각하여 받아들이는 경우가 있습니다. 이것은 오류입니다. 이러한 오류가 일어나는 이유, 이러한 오류를 식별하는 방법도 가르쳐주겠다는 것입니다. 이들 네 가지가 여신이 가르쳐주려는 것입니다.

자신이 가르쳐주려는 것을 정리한 다음, 여신은 진리가 무엇인지를 말합니다. 그것은 단편 2에 나와 있습니다.

자, 이제 내가 말할 터이니, 그대는 이야기(mythos)를 듣고 명심하라,
탐구의 어떤 길들만이 사유를 위해(noēsai) 있는지,

그중 하나는 있다(estin) 라는, 그리고 있지 않을 수 없다 라는 길로서,
페이토(설득)의 길이며(왜냐하면 진리를 따르기 때문에),
[5] 다른 하나는 있지 않다 라는, 그리고 있지 않을 수밖에 없다 라는 길로서,
그 길은 전혀 배움이 없는 길이라고 나는 그대에게 지적하는 바이다.
왜냐하면 바로 이 있지 않은 것을 그대는 알게 될(gnoies) 수도 없을 것이고(왜냐하면 실행 가능한 일이 아니니까)
지적할(phrasais) 수도 없는 것이기에.
(《플라톤의 〈티마이오스〉 주석》 I. 345)

_《소크라테스 이전 철학자들의 단편 선집》 파르메니데스 편,
8. 단편 2 프로클로스(DK28B2)

여기서 여신은 두 가지 길을 말합니다. "하나는 있다(estin) 라는, 그리고 있지 않을 수 없다 라는 길"이고 "다른 하나는 있지 않다 라는, 그리고 있지 않을 수밖에 없다 라는 길"입니다. '있다 라는 길'은 "페이토(설득)의 길"이고 '있지 않다 라는 길'은 "전혀 배움이 없는 길"입니다. 있음은 인간이 알 수 있고, 있지 않음은 인간이 알 수 없습니다. 여기서 여신은 '있음'만이 있고, '있지 않음'은 있지 않다고 하는, 어찌보면 동어반복 같은 말을 하고 있습니다. 이것이 여신의 출발점입니다. 이렇게 출발한 다음, 단편 3, 4, 5, 7에서는 이것을 보충해서 설명하고 단편 8은 있음을 식별하는 "아주 많은 표지들(sēmata)"을 제시합니다. 단편 6을 제외하고 단편 1부터 단편 8까지 한 묶음입니다.

이제 우리는 이 묶음이 무엇을 의미하는지 이해해야 합니다. 이것을 이해하는 방식은 앞서 말한 파르메니데스 철학에 대한 해석의 방

향들과 마찬가지로 대략 세 가지가 있습니다. 첫째 방식은 전통적인 관점에서 파르메니데스 철학을 초월적 형이상학의 출발점으로 파악한 해석입니다. 이 해석의 관점에 따라 여신이 가르쳐주는 것이 무엇인지를 살펴보려면, 이 해석을 처음으로 제시한 것으로 알려진 아리스토텔레스의 주장을 검토해봐야 합니다.

> 그들 가운데 어떤 사람들은 생성과 소멸을 완전히 제거했다. 있는 것들 가운데 어떤 것도 생겨나거나 소멸하지 않고, 다만 그렇다고 우리에게 여겨질 뿐이라는 것이다. 멜리소스와 파르메니데스 주변 사람들이 그러한데, 그들이 물론 다른 여러 훌륭한 말들을 하긴 했지만, 적어도 자연학에는 걸맞지 않은 방식으로(ou physikōs) 말했다고 우리는 생각해야 한다. 왜냐하면 있는 것들 가운데 어떤 것들이 생겨나지 않는다는 것, 아니 더 정확히 말해 어떤 식으로도 움직이지 않는다는 것은 자연학적 탐구와는 다른, 더 앞선 탐구에 속하기 때문이다. 그런데 저 사람들은 감각되는 것들의 실체(ousia) 너머에 다른 어떤 것이 있다고 상정하지 않지만, 만일 어떤 인식 또는 사고가 있으려면 그런 부류의 것들(physeis)[이 있어야 함]을 최초로 통찰하였기 때문에, 그런 식으로 저것들에 해당되는 말(logos)들을 이것들에다 옮겨놓았다.
> 《천체에 관하여》 III. 1. 298b14
>
> _《소크라테스 이전 철학자들의 단편 선집》 파르메니데스 편,
> 30. 아리스토텔레스(DK28A25)

"그들 가운데 어떤 사람들"은 파르메니데스나 멜리소스나 파르메니데스의 제자인 제논입니다. 이들은 생성과 소멸을 완전히 제거하고, 생성과 소멸, 변화, 운동을 부정합니다. 파르메니데스는 자신의

눈앞에 놓인 세계를 봅니다. 그것은 끊임없이 변화합니다. 대상 세계가 끊임없이 변화하는데, 그 변화하고 있는 대상 세계에 맞춰서 우리도 끊임없이 판단합니다. 판단을 계속 해나가다 보면, 어제의 판단과 오늘의 판단은 다를 것입니다. 대상 세계가 변함에 따라 대상 세계에 대한 우리의 판단도 당연히 변합니다. 그러므로 우리의 판단은 일관성을 가질 수가 없습니다. 대상 세계에 대한 판단이 계속 달라진다면 그것은 참이 아니기 때문입니다. 변화 안에는 진리가 담겨 있지 않은 것입니다. 이것을 파르메니데스는 "움직이는 것, 변화하는 것은 없다"라는 말로 표현합니다. '생성 소멸은 없다, 변화는 없다, 운동은 없다'고 말하는 것은 우리 눈앞에 벌어지고 있는 운동 자체가 없다는 것이 아니라, '운동이 실체성을 가지고 있음을 인정할 수 없다'는 것입니다. 이 논의가 가진 의미를 뚜렷하게 이해하기 위해서 31과 39를 읽어봅시다.

파르메니데스와 멜리소스 주변 사람들은 [운동이] 있지 않다고 [말]했다. 아리스토텔레스는 그들을 [자연을] '멈추게 하는 자들'(stasiōtai), '자연 부정론자들'(aphysikoi)로 불렀다. '멈추게 하는 자들'은 멈춤(stasis)으로부터, 그리고 '자연 부정론자들'은 자연이 운동의 원천이기 때문에 그렇게 불렸는데, 아무것도 움직이지 않는다고 말함으로써 그들은 이 자연을 제거한 것이다.
《학자들에 대한 반박》X. 46)

_《소크라테스 이전 철학자들의 단편 선집》파르메니데스 편,
31. 섹스투스 엠피리쿠스(DK28A26)

하나의 있는 것이 '잘 둥글려진 공의 덩어리와 흡사하다'[단편 8.43]고 그가

말한다고 해서 놀랄 것 없다. 왜냐하면 시로 쓰고 있기 때문에, 그리고 일종의 신화적인 허구에 매달리고 있어서 그런 것이니까. 그렇다면 그가 이것을 이야기한 것이 오르페우스가 '은백색 달걀'을 이야기한 것과 무슨 차이가 있는가?

《아리스토텔레스의 〈자연학〉 주석》 146)

_《소크라테스 이전 철학자들의 단편 선집》 파르메니데스 편,

39. 심플리키오스(DK28A20)

31에 따르면 파르메니데스와 멜리소스 주변 사람들은 운동이 있지 않다고 말했습니다. 아리스토텔레스는 그들을 자연을 멈추게 하는 자들, 자연 부정론자들이라고 불렀습니다. 이렇게 자연을 부정하는 것은 파르메니데스 일파가 일종의 신화적인 허구에 매달리고 있기 때문이라고 합니다. 아리스토텔레스가 보기에 파르메니데스는 현실적으로 눈앞에서 펼쳐지고 있는 운동이 실체를 갖지 않는다고 말하면서 상식에 반하는 주장을 펴고 있다는 것입니다. 우리의 상식에 비추어 보아도 운동을 부정하는 것은 명백한 자연현상을 부정하는 것입니다.

앞서 우리는 단편 8이 '있음을 식별하는 표지들'에 대해 논의하고 있다고 언급했습니다. 이것을 통해서 파르메니데스가 주장하고자 하는 바가 무엇인지 알아봅시다.

… 길에 관한 이야기(mythos)가 아직 하나 더
남아 있다, 있다 라는. 이 길에 아주 많은 표지들(sēmata)이
있다. 있는 것은 생성되지 않고 소멸되지 않으며,
온전한 한 종류의 것(oulon mounogenes)이고 흔들림 없으며 완결된 것
(ēde teleston)이라는.

[5] 그것은 언젠가 있었던 것도 아니고, 있게 될 것도 아니다. 왜냐하면 지금 전부 함께

하나로 연속적인 것으로 있기에. 그것의 어떤 생겨남을 도대체 그대가 찾아낼 것인가?

어떻게, 무엇으로부터 그것이 자라난 것인가? 나는 그대가 있지 않은 것으로부터 라고

말하는 것도 사유하는 것도 허용하지 않을 것이다. 왜냐하면 있지 않다라는 것은

말할 수도 없고 사유할 수도 없기 때문이다. 그리고 어떤 필요가

[10] 먼저보다는 오히려 나중에 그것이 아무것도 아닌 것에서 시작해서 자라나도록 강제했는가?

따라서 전적으로 있거나 아니면 전적으로 없거나 해야 한다.

또 확신의 힘은 있지 않은 것으로부터 도대체 어떤 것이

그것 곁에(para) 생겨나도록 허용하지도 않을 것이다. 그것을 위해 디케(정의)는

족쇄를 풀어서 생겨나도록 또 소멸하도록 허용하지 않았고,

[15] 오히려 꽉 붙들고 있다. 이것들에 관한 판가름(krisis)은 다음의 것에 달려 있다.

있거나 아니면 있지 않거나이다. 그런데 필연인 바 그대로,

한 길은 사유될 수 없는 이름 없는 길로 내버려두고 (왜냐하면 그것은 참된

길이 아니므로) 다른 한 길은 있고 진짜이도록 허용한다는 판가름이 내려져 있다.

그런데 어떻게 있는 것이 나중에 있을(epeita peloi) 수 있겠는가? 또 어

떻게 그것이 생겨날 수 있(었)겠는가?
[20] 왜냐하면 생겨났다면 그것은 있지 않고, 언젠가 있게 될 것이라면
역시 있지 않기에.
이런 식으로 생성은 꺼져 없어졌고 소멸은 들리지 않는다.

[그것은] 나뉠 수 있는 것도 아니다. 왜냐하면 전체가 균일하기에.
또 여기에 조금도 더 많이 있지도 않고(그런 상태는 그것이 함께 이어져
있지 못하도록 막게 될 것이다),
조금도 더 적게 있지도 않으며, 오히려 전체가 있는 것으로 꽉 차 있다.
[25] 이런 방식으로 전체가 연속적이다. 왜냐하면 있는 것이 있는 것에
다가가기 때문이다.

그러나 [그것은] 커다란 속박들의 한계들 안에서 부동不動이며
시작이 없으며 그침이 없는 것으로 있다. 왜냐하면 생성과 소멸이
아주 멀리 쫓겨나 떠돌아다니게 되었는데, 참된 확신이 그것들을 밀쳐냈
기 때문이다.
같은 것 안에 같은 것으로 머물러 있음으로써, 그 자체만으로 놓여 있고
[30] 또 그렇게 확고하게 그 자리에 머물러 있다. 왜냐하면 강한 아낭케
(필연)가
그것을 빙 둘러 에워싸고 있는 한계의 속박들 안에 [그것을] 꽉 붙들고
있기 때문이다.

그러므로 있는 것이 미완결이라는 것은 옳지(themis) 않다.
왜냐하면 결핍된 것이 아니며, 만일 결핍된 것이라면 그것은 모든 것이
결핍된 것일 테니까.

같은 것은 사유되기 위해 있고 또 그것에 의해 사유가 있다.

[35] 왜냐하면 있는 것 없이 ([사유가] 표현된 한에서는 그것에 의존하는데)

그대는 사유함을 찾지 못할 것이기에. 왜냐하면 있는 것밖에 다른 아무 것도

있거나 있게 될 것이 아니기 때문에. 왜냐하면 모이라(운명)가 바로 이것을 온전하고

부동의 것이게끔 속박하였기에 그러하다. 이것에 대해 모든 이름들이 붙여져왔다,

가사자들이 참되다고 확신하고서 놓은 모든 이름들이,

[40] 즉 생겨나고 있음과 소멸되어감, 있음과 있지 않음,

그리고 장소를 바꿈과 밝은 색깔을 맞바꿈 등이.

그러나 맨 바깥에 한계가 있기에, 그것은 완결된 것,

모든 방면으로부터 잘 둥글려진 공의 덩어리와 흡사하며,

중앙으로부터 모든 곳으로 똑같이 뻗어나와 있는(isopales) 것이다. 왜냐하면 그것이

[45] 저기보다 여기에서 조금이라도 더 크다든가 조금이라도 더 작다든가 해서는 안 되기 때문이다.

왜냐하면 그것이 같은 것(homon)에로 도달하는 것을 막을 만한 있지 않은 것이란

있지 않고, 또한 있는 것은 있는 것 가운데 더 많은 것이 여기에, 그리고 더 적은 것이

저기에 있게 될 길이 없기 때문에. 왜냐하면 그것은 전체가 불가침이기에. 왜냐하면 모든 방면으로부터 자신과 동등한 것으로서, 한계들 안에 균일하게 있기에.

_《소크라테스 이전 철학자들의 단편 선집》 파르메니데스 편,
14. 단편 8 심플리키오스(DK28B8)

파르메니데스에 따르면 '있음'은 항상 있는 것입니다. 그것은 언젠가 있었던 것도 아니고, 있게 될 것도 아닙니다. 지금 전부 함께 하나로 연속적인 것으로 있는 것입니다. 이것이 있음의 첫째 표지라고 할 수 있습니다. 있음은 무시간적인 것입니다. 있음의 둘째 표지는 생성 소멸하지 않는다는 것입니다. 우리는 그것의 생겨남을 찾아낼 수 없고, 어디에서 생겨났는지를 알아낼 수 없습니다. 있음은 나뉠 수도 없습니다. 있음은 움직이는 것도 아니고 변화하는 것도 아닙니다. 있음은 빙 둘러 에워싸고 있는 경계 안에 꽉 차 있습니다. 있음은 완결된 것입니다. 그렇기 때문에 있음은 불변의 실재입니다. 세계는 일자一者로서, 딱 하나로 가득 차 있는 것입니다. 이것은 세계에 관한 합리적 설명이라기보다는 일종의 신념 고백처럼 여겨집니다. 있음 또는 일자만이 있고, 우리 눈앞에 펼쳐지고 있는 운동과 변화는 거짓된 것이고 실체를 가지고 있지 않다고 말하고 있기 때문입니다. 이런 신념을 파르메니데스가 고백하고 있는 듯합니다.

파르메니데스가 보기에 지금 눈앞에 펼쳐지고 있는 것들이 비실체적인 것인데도 우리는 그것들을 실체적인 것이라 착각하고 있습니다. 운동은 거짓된 것이고, 운동은 전혀 배움이 없는 길인데도 설득의 길이라고 착각하고 있습니다.

우리 인간은 진리 닮은 것도 가지고 있지 않습니다. 거짓을 가지고 있을 뿐입니다. 우리는 "가사자可死者들"이므로 "의견들"만을 가지고 있습니다. 이 의견들에는 "참된 확신"이 없고 오히려 일자가 아닌 것, 변화하는 것을 진리로 받아들이고 있습니다. 왜 가사자인 인간은 비

진리를 진리로 받아들이고 있는 것일까요? 있는 것만 있고, 없는 것은 없고, 빈 공간은 있을 수도 없고, 세계는 가득 차 있고, 일자는 무시간적이고, 불변하며, 움직이지 않으며, 생성되지 않는 것인데, 이것을 알아차리지 못한 채 왜 가사자인 인간은 변화하고 움직이고 생성되는 것들을 진리로서 받아들이는 것일까요? 여신은 이러한 착각이 일어나는 까닭을 가르쳐준다고 하였습니다. 단편 6에 그 까닭의 실마리가 들어 있습니다.

말해지고 사유되기 위한 것은 있어야만 한다. 왜냐하면 그것은 있을 수 있지만,
아무것도 아닌 것(mēden)은 그렇지 않으니까. 이것들을 곰곰이 생각해 보라고 나는 그대에게 명한다.
왜냐하면 그대를 탐구의 이 길로부터 우선 〈내가 제지하는데〉(eirgō)
그러나 그 다음으로는 가사자들이 아무것도 알지 못하면서
[5] 머리가 둘인 채로 헤매는 (왜냐하면 그들의
가슴 속에서 무기력함이 헤매는 누스를 지배하고 있기에) 그 길로부터 [그대를 제지하기에]. 그들은
귀먹고 동시에 눈먼 채로, 어안이 벙벙한 채로, 판가름 못하는 무리로서, 이끌려다니고 있는데,
그들에게는 있음과 있지 않음이 같은 것으로, 또 같지 않은 것으로 통용되어 왔다.
그리고 [그들에게는] 모든 것들의(pantōn) 길이 되돌아가는 길이다.
《아리스토텔레스의 〈자연학〉 주석》117)

_《소크라테스 이전 철학자들의 단편 선집》 파르메니데스 편, 12. 단편 6 심플리키오스(DK28B6)

단편 6에 따르면 가사자인 인간이 거짓을 거짓으로 식별해내지 못하고 참이라고 착각하는 것은 "머리가 둘인 채로 헤매"고 있기 때문입니다. 인간의 "가슴 속에서 무기력함이 헤매는 누스를 지배하고 있기" 때문에 진리로 들어가는 그 길을 제지당하고 있는 것입니다. 귀먹고 눈먼 채로, 어안이 벙벙한 채로 제대로 판단하지 못하는 무리로서 이리저리 끌려다니면서 거짓에 불과한 것을 진리로 여기고 있습니다. 이것을 극복하려면, 진리에 이르려면 누스를 제대로 사용해야 합니다. 그 방법은 단편 7에서 제시되고 있습니다.

그 이유는 이렇다. 이것, 즉 있지 않은 것들이 있다는 것이 결코 강제되지 않도록 하라.
오히려 그대는 탐구의 이 길로부터 사유를 차단하라.
그리고 습관(ethos)이 [그대를] 많은 경험을 담은(polypeiros) 이 길로 [가도록],
즉 주목하지 못하는 눈과 잡소리 가득한 귀와 혀를 사용하도록 강제하지
[5] 못하게 하라. 다만 나로부터 말해진, 많은 싸움을 담은 테스트(polydēris elenchos)를
논변으로(logōi) 판가름하라(krinai).
(1~2행: 플라톤《소피스트》237a, 258d / 2~6행: 섹스투스 엠피리쿠스《학자들에 대한 반박》Ⅶ.111)

_《소크라테스 이전 철학자들의 단편 선집》파르메니데스 편,
13. 단편 7 플라톤/ 섹스투스 엠피리쿠스(DK28B7)

진리에 이르려면 인간은 먼저 "있지 않은 것들이 있다는 것이 결코 강제되지 않도록" 해야 합니다. 있지 않은 것들은 있지 않다고 말

해야지 그것이 있다고 강제해서는 안 된다는 것입니다. 진리와 비진리를 혼동해서는 안 되며, 비진리의 길로 생각이 나아가는 것 자체를 차단해야 합니다. 그다음에는 습관 때문에 이쪽 길로 들어가지 않도록 해야 합니다. 우리는 눈과 귀와 혀를 사용하는 습관을 조심해야 하고, 이러한 감각기관을 벗어나야 합니다. 우리가 비진리로 들어가게 되는 것은 감각기관 때문이며, 감각기관이 우리의 사유를 지배하면 누스가 머리가 둘인 채로 헤매게 됩니다. 있음과 참다운 것은 누스가 지배하는 것이고, 있지 않은 것들이 있는 것으로 착각되는 것은 감각기관의 지배를 받기 때문입니다.

있음은 진리이고, 있지 않음은 거짓입니다. 있음은 누스의 영역이고, 있지 않음은 감각기관의 영역입니다. 가사자인 인간 안에서 이 둘이 싸우고 있습니다. "많은 싸움을 담은" 논박이 벌어지는 것이지요. 번역문에는 "논박"이 "테스트"로 쓰여 있습니다만, 여기서는 '논박'이라는 말이 적합합니다. 누스와 감각기관의 싸움, 그것들 사이에 다툼이 벌어지면 무엇이 옳은지를 판단해야 하고, 이 판단을 위해서는 판단의 도구가 필요합니다. 이에 파르메니데스는 "논변으로 판가름하라"고 합니다. 참된 누스에 의한 사유로써 분별하라는 것입니다.

있음에 관한 파르메니데스의 주장은 운동을 부정하는 것입니다. 그에 의하면 운동이 있다고 말하는 자는 참된 누스에 의해 사유하고 분별할 줄 모르는 자입니다. 파르메니데스의 이 주장을 플라톤이 받아들였다고 해봅시다. 플라톤의 이데아(형상)는 불변의 초월자입니다. 그것은 우리의 감각기관을 통해서 알 수 있는 것이 아니라 누스를 통해서만 알 수 있습니다. 그런 점에서 플라톤의 형상은 파르메니데스가 말하는 초월적 일자를 염두에 두고 구상된 것이라 할 수 있습니다. 파르메니데스의 일자는 플라톤의 형상론의 이론적인 선행 모형인 것입니다. 파르메니데스에서는 누스로만 파악될 수 있는 초월적인 일자의 세계와 감각기관에 알려지는 거짓 세계, 두 개의 세계가 분명히 대립됩니다. 이것은 이원론입니다. 이원론이 파르메니데스부터 시작되는 셈입니다.

이제 파르메니데스의 형이상학에 대한 전통적 해석에 포함된 의미를 살펴보기로 합시다. 전통적인 해석에 따르면 파르메니데스의 있음은 하나밖에 없는 일자이고, 일자는 생성 변화하지 않는 것입니다. 아리스토텔레스는 이 주장에 근거하여 파르메니데스가 운동을 부정한 사람이라고 비판했고, 플라톤은 파르메니데스의 일자 형이상학을 수용했다고 합니다. 그런 까닭에 플라톤은 파르메니데스와 함께 전통적인 초월적 형이상학자로 분류되기도 합니다.

파르메니데스와 플라톤에는 초월적인 실재의 세계가 있고, 그와는 별개의 감각 세계가 있습니다. 그 두 세계는 전혀 다른 영역입니다. 인간이 감각 세계로부터 얻는 것은 의견(doxa)일 뿐이고, 초월적 실재에 대한 앎은 플라톤 철학에서 에피스테메epistēmē입니다. 여기서 칸트를 잠깐 생각해봅시다. 칸트는 세계를 예지계와 현상계로 나눕니다. 그런 점에서 그는 두 세계 이론을 주장합니다. 이것은 파르메니데스나 플라톤과 동일하게 보입니다. 파르메니데스와 플라톤은 우리가 초월적 실재를 '알 수 있다'고 했습니다. 여신이 알려줘서 알 수 있게 되든(파르메니데스) '갑자기' 알 수 있게 되든(플라톤) 초월적 실재를 알 수 있다는 것입니다. 그러나 칸트는 인간이 예지계를 알 수 없다고 했습니다. 그것을 초월적 실재라고 이름 붙이지도 않았습니다. 알지 못하는 것이니 적극적으로 규정하지 않은 것입니다.

그렇다면 플라톤과 파르메니데스가 분명히 알 수 있다고 말한 초월적 실재는 과연 초월적 실재라고 할 수 있을까요? 초월적 실재라는 것은 인간이 알 수 없는 것이어야 하지 않을까요. 여신이 알려주는 것이나 갑자기 알게 되는 것이나 인간의 감각기관을 거치는 것은 초월적 실재가 아니지 않는가 하는 의문이 듭니다. 감각기관이 아니라 누스(정신)를 거친다고 해도, 정신은 감각기관과는 다른 그 무엇인가를 묻지 않을 수 없습니다.

예지계에 대해서는 인간이 앎을 가질 수 없으니, 감각기관을 통해 들어오는 데이터에 기반한 앎, 즉 현상계에 대한 앎으로 만족하자는 것이 칸트의 주장입니다. 칸트는 예지계에 대해 인간이 무엇을 말할 때 그것은 "초월적 이념超越的 理念에 대한 가상假象"일 뿐이라고 말했습니다. 그저 인간이 상상하는 것을 이념이라 해두고서 그것을 알 수 있다고 스스로 속이고 있는 것에 지나지 않는다는 것입니다.

제5강

대상 세계에 관한 탐구
(파르메니데스에 관한 현상 – 법칙 해석)

지금까지 파르메니데스에 대한 전통적인 해석을 살펴보았습니다. 이제는 그것을 다른 측면에서 이해하는 논의를 살펴보겠습니다. 우리는 이것을 잠정적으로 '현상 – 법칙 해석'이라 부르기로 합시다.

아리스토텔레스는 파르메니데스의 핵심 주장이 운동의 부정이라고 규정하고, 파르메니데스 등을 '자연을 멈추게 하는 자들', '자연부정론자들'이라 하였습니다. 자연의 본성은 운동인데 그것을 부정하기 때문에 그렇게 규정한 것입니다. 앞서 우리는 파르메니데스의 단편들을 읽으면서 이 해석을 이해하였습니다. 그런데 다른 방식으로 파르메니데스의 단편들을 읽을 수도 있습니다. 다르게 읽기는 아리스토텔레스가 파르메니데스를 지나치게 단순하게 초월적 형이상학으로 규정한 것이 아닌지를 의심하는 것에서 시작합니다. 이 의심은 파르메니데스가 말하는 '있음'을 존재론적으로 보지 않으려는 것입니다. 있음을 자연 세계에 대한 탐구에서 얻어지는 추상적인 법칙이 있다는 것으로 이해하는 것입니다. 이렇게 이해하는 것은 상당히 합리적인 것으로 여겨지지만 파르메니데스의 단편들 중에서 많은 부분을 해석하지 않은 채 남겨두게 됩니다. 단편에 대한 전반적인 이해에 이르지 못하게 되는 것입니다.

그러면 법칙-현상 해석에서 집중적으로 분석하는 단편 16을 읽어 봅시다. 전통적 해석에서는 단편 16을 분석하지 않습니다. 이 단편에는 "인간의 인식에 대하여"라는 제목이 따로 붙어 있습니다. 두 해석이 서로 다른 것은 분석 대상으로 삼는 단편의 차이에서 기인하는 것이기도 할 것입니다.

> 왜냐하면 많이 헤매는 지체들의 혼합이 매번 어떤 상태에 처하느냐에 따라
> 그렇게 누스가 인간들에게 다가오기 때문에. 왜냐하면
> 사람들 모두에게 그리고 그들 각각에게 있어서 [누스가] 생각하는 (phroneei) 것은 동일한 것,
> 즉 지체들의 본성(physis)이기 때문에. 왜냐하면 더 많은 것(to pleon)이 사유(noēma)니까.
> (아리스토텔레스《형이상학》 Γ5. 1009b22 / 테오프라스토스《감각에 관하여》3)
>
> _《소크라테스 이전 철학자들의 단편 선집》파르메니데스 편,
> 23. 단편 16 아리스토텔레스/테오프라스토스(DK28B16)

"많이 헤매는 지체들"에서 "지체"는 인간의 사지를 말합니다. 다시 말해서 감각기관입니다. 인간은 대상을 손으로 만지고, 눈으로 보고, 귀로 듣고, 코로 냄새를 맡으면서 압니다. "많이 헤매는 지체"는 감각기관들이 갈피를 잡지 못하고 있다는 것입니다. 혀는 같은 것을 맛

보면서도 어떤 때는 달다고 말하고 어떤 때는 쓰다고 말합니다. 이것은 감각기관이 오류에 빠졌기 때문에 생겨나는 일입니다. 인간은 오류에 빠지기 쉬운 감각기관, 잘못을 저지르기 쉬운 감각기관을 가지고 있습니다. 이 오류는 그것들 하나에서만 일어나는 일이 아닙니다. 인간의 감각기관은 눈으로 보는 것 하나만 움직이는 것이 아니라, 눈으로 보고 귀로 듣고 손으로 만져보고 코로 냄새 맡아보고 해서 혼합적으로 대상을 알아내는 것입니다. 일반적으로 이러한 지知를 '지각'이라 하는데, 지각은 감각기관으로부터 인간에게 주어진 인상을 합하여 만들어집니다. 바로 이 지각이 "많이 헤매는 지체들의 혼합"입니다. 감각기관들의 혼합이라 하여 인간의 몸통이라고 생각하면 안 됩니다. 그것은 감각지입니다. 지각 또는 감각지는 "어떤 상태에 처하느냐에 따라" 누스에 의한 사유로 착각하게 됩니다. 한때 많은 잘못을 저지르는 감각기관들의 혼합이었던 것들이, 인간에게는 누스에 의한 사유로 보입니다. 즉 진정한 앎으로 보인다는 것이지요.

"사람들 모두에게 그리고 그들 각각에게 있어서 [누스가] 생각하는 (phroneei) 것은 동일한 것, 즉 지체들의 본성(physis)이기 때문에"에서 "사람들 모두에게 그리고 그들 각각에게 있어서"는 '사람들 모두에게'라는 말입니다. "누스가 생각하는 것은 동일한 것, 즉 지체들의 본성이기 때문에"는 '누스가 생각한 것은 지체들의 본성과 동일한 것으로 간주되기 때문에'라고 읽습니다. '인간은 모두 다 지적으로 파악한 것, 누스가 파악한 것과 지체들의 본성, 즉 감각지, 감각에 의해서 얻은 것을 동일한 것으로 생각하기 때문에'라는 말입니다. 달리 말하면 사람들은 누스에 의한 사유와 감각지에 의한 사유를 구별하지 않고 착각하기 쉽다는 것이지요. 이것은 혼돈 상태입니다. 인간은 감각기관을 가지고 있고, 누스도 가지고 있으므로 그런 혼돈의 상태에 처해 있습니다. 이러한 착각이 세상에 꽉 차 있는 것입니다. 참다운 사유에 이르려면 감각기관에서 얻어진 것을 누스에 의해서 얻어진 것이라고 착각하지 않아야 합니다. 감각기관에서 얻어진 지각에 귀를 기울이지 말고 진정한 사유에 귀를 기울여야만 합니다. 진정한 사유에 귀를 기울이는 것에 관해서는 앞에서 분석한 단편 7에 나와 있습니다. 그것을 다시 한 번 봅시다.

단편 7은 인간에게 "많은 싸움을 담은 테스트[논박]를 논변으로 판가름하라"고 권유합니다. 인간은 감각지를 누스에 의해서 얻은 정신지라고 착각하는 상황에 처해 있습니다. 그렇게 해서 얻은 것들을 가지고 많은 싸움이 벌어지고 있고, 그런 싸움이 벌어지고 있는 것은 '논박'입니다. 그렇게 벌어지고 있는 논박은 누스를 통한 사유로써 분별해내야만 합니다. 이 사유는 법칙을 탐구하는 사유입니다. 감각기관을 통해서 알게 되는 것을 믿지 말고 정신에 들어오는 것을 믿어야 하는데, 이제부터 할 일은 정신을 통해서 알게 되는 것이 무엇인지를 따져 묻는 일입니다.

감각기관이 되었든 누스가 되었든 그것들이 마주하는 것은 세계입니다. 인간의 눈앞에는 수다한 현상(the many)이 펼쳐져 있습니다. 이 수다한 세계를 누스로써 파악하면, 수다한 것으로부터 일자에 해당하는 법칙을 얻어낼 수 있습니다. 여기까지의 논의를 바탕으로 단편 8의 60행을 봅시다.

[60] 이 배열(diakosmos) 전체를 그럴듯한(eoikōs) 것으로서 나는 그대에게 설파한다.

_《소크라테스 이전 철학자들의 단편 선집》 파르메니데스 편,
14. 단편 8 심플리키오스(DK28B8)

"이 배열 전체"는 세계입니다. 세계는 그럴듯한 것입니다. "그럴듯한 것"은 무엇일까요. 그것은 진리를 닮은 것, 진리와 흡사한 것입니다. 잘 배열된 이 세계가 진리와 닮았다는 것입니다. 진리를 닮은 것이란 무엇입니까. 진리 자체는 아닙니다. 인간은 진리를 가질 수 없습니다. 인간은 거짓을 가질 수는 있습니다. 인간이 아주 많이 노력하면 진리 닮은 것을 가질 수는 있습니다. 인간은 많은 싸움을 담은 논박 속에서 누스를 이용하여 잘 배열되어 있는 전체인 세계로부터 그럴듯한 것, 진리 닮은 것을 얻어낼 수 있고, 신은 인간에게 그것을 준다는 것입니다. 진리 닮은 것은 자연에 대한 법칙입니다. 그러나 법칙은 진리가 아닙니다. 법칙은 불변의 것이 아니기 때문입니다. 그렇다고 해서 아주 틀린 거짓은 아닙니다. 법칙은 거짓도 진리도 아닌, 진리를 닮은 것입니다. 법칙은 자연을 누스로써 파악하는 인간이 얻어낼 수 있는 것입니다. 이렇게 이해해도 되는 것인지, 이러한 파악을 뒷받침하는 논거들을 찾아봅시다.

> 아니면 멜리소스도 파르메니데스도 자신들의 책에 '자연에 관하여'라는 표제를 붙였기 때문인가? … 그리고 실로 바로 이 책들에서 그들은 자연을 넘어선 것들(ta hyper physin)에 관해서만이 아니라 자연에 속하는 것들(ta physika)에 관해서도 논의하였으며, 아마도 이 때문에 그들은 '자연에 관하여'라는 표제를 붙이는 일을 주저하지 않았을 것이다.
> 《아리스토텔레스의 〈천체에 관하여〉 주석》 556)
>
> _《소크라테스 이전 철학자들의 단편 선집》 파르메니데스 편,
> 32 심플리키오스(DK28A14)

이 단편에 따르면 파르메니데스나 멜리소스는 자신들의 책에 "자

연에 관하여"라는 표제를 가지고 있는데, 그러한 표제를 가지고 있기 때문에 당연하게도 그들의 책에서는 "자연에 속하는 것들"이 논의되고 있습니다. 그러나 자연에 속하는 것들을 논의하면서도 "자연을 넘어선 것들"도 논의합니다. 자연을 넘어선 것들은 자연에 대해 반성적으로 사유하는 것이 아닙니다. 말 그대로 자연을 넘어선, 초자연적인, 초월적인 것들입니다. 다시 말해서 파르메니데스의 단편에는 자연적인 것과 초자연적인 것들이 모두 들어 있습니다.

> 바로 그가 실제로 배열(diakosmos)을 만들어 놓은바 있는데, 그는 밝은 것과 어두운 것이라는 원소들(stoicheia)을 섞어 이것들로부터, 그리고 이것들을 통해, 모든 나타나는 것들(ta phainomena)을 완성해내고 있다. 그는 땅에 관해서만이 아니라 하늘, 태양, 달, 별들에 관해서도 많은 이야기들을 했으며, 인간의 생성에 관해서도 자세히 설명했다. 그리고 그는 자연학(physiologia)에 몸담고 있으면서, 남의 저술을 난도질하는 것이 아니라 자신의 저술을 지은 옛 사람으로서, 중요한 것들 가운데 아무것도 말하지 않은 채 넘어간 것이 없었다.
> 《콜로테스에 대한 반박》114b)
>
> _《소크라테스 이전 철학자들의 단편 선집》파르메니데스 편,
> 46 플루타르코스(KRS 304)

플루타르코스에 따르면 파르메니데스는 밝은 것과 어두운 것, 서로 대립되는 원소들을 섞어 배열하고 이것들로부터 현상을 완성합니다. 그는 현상의 배열을 완성했습니다. 현상의 배열을 완성하려면 현상을 꿰고 있는 법칙을 알아야만 합니다. 파르메니데스는 자연에 대해서 많은 이야기를 했으며, 인간의 생성에 관해서도 자세히 설명했

습니다. 그러므로 그는 자연학에 몸담고 있었다고 할 수 있습니다. 아리스토텔레스가 말한 것과는 전혀 다른 일을 한 것입니다. 이렇게 보면 파르메니데스는 초월적 형이상학을 주장한 것이 아니라 자연 현상을 누스로써 파악하여 그것이 움직이는 법칙을 탐구할 것을 촉구한 사람으로 간주할 수 있을 것입니다.

제6강

학문 탐구의 방법
(파르메니데스에 관한 '학의 시원' 해석)

지금까지 우리가 탐구한 것은 파르메니데스의 단편들을 파악하는 방식에 관한 것이었습니다. 이제부터는 그것과는 조금 다른 것을 살펴보려 합니다. 우리가 살펴볼 것은 파르메니데스가 학을 어떻게 탐구해야 하는지를 알려주고 있다는 해석입니다. 다시 말해서 학의 출발점은 어떻게 마련되어야 하는지를 우리에게 알려주려는 내용이 그의 단편에 들어 있다는 것입니다. 이를 우리는 '학의 시원 해석'이라고 규정해둡시다. 이 해석은 앞서도 언급했던 단편 2에서 시작합니다.

    자, 이제 내가 말할 터이니, 그대는 이야기(mythos)를 듣고 명심하라,
      탐구의 어떤 길들만이 사유를 위해(noēsai) 있는지.
      그 중 하나는 있다(estin) 라는, 그리고 있지 않을 수 없다 라는 길로서,
      페이토(설득)의 길이며(왜냐하면 진리를 따르기 때문에),
      [5] 다른 하나는 있지 않다 라는, 그리고 있지 않을 수밖에 없다 라는 길로서,

그 길은 전혀 배움이 없는 길이라고 나는 그대에게 지적하는 바이다.
왜냐하면 바로 이 있지 않은 것을 그대는 알게 될(gnoiēs) 수도 없을 것이고(왜냐하면 실행 가능한 일이 아니니까)
지적할(phrasais) 수도 없는 것이기에.
(《플라톤의 〈티마이오스〉 주석》 I. 345)

_《소크라테스 이전 철학자들의 단편 선집》 파르메니데스 편,
8. 단편 2 프로클로스(DK28B2)

이 단편에서 여신은 "탐구의 어떤 길들만이 사유를 위해(noēsai) 있는지"를 말하고 있습니다. 여기서 중요한 것은 "길들"입니다. 탐구 방법이 적어도 두 개는 있다는 것입니다. 그중 하나는 있다 라는 길, 즉 설득의 길이고, 다른 하나는 있지 않다 라는 길로서 전혀 배움이 없는 길입니다. 이 길들은 사유를 위해서 있는 길들입니다. 사유를 위해서 있는 것은 사유하는 방법을 위해서 있는 것이고, 사유에 대한 길들입니다. 단편에는 이 길들이 두 개라고 쓰여 있습니다. 그런데 명시적으로 말하고 있지 않은 길이 하나 더 있습니다. "탐구의 어떤 길들만이 사유를 위해 있는지"라는 구절을 생각해봅시다. 이것은 진리로 나아가는 길과 거짓으로 나아가는 길을 따져보자는 것입니다. 다시 말해서 지금 내 앞에 길이 몇 개 있는가, 어떤 길을 가야 하는가를 미리 생각하자는 것입니다. 그렇다면 여기서 "사유의 대상이 되는 길들은 어떤 길들인지"를 묻는 자는 누구입니까. 그리고 그렇게 묻는 사유는 어떤 사유입니까. '있다'라는 길을 택한 자의 사유일까요, 아니면 '있지 않다'라는 길을 택한 자의 사유일까요. 그것은 바로 이 길을 갈 것인가, 저 길을 갈 것인가를 따져보고 있는 자의 사유입니다. 이것이 하나 더 있는 길입니다.

"탐구의 어떤 길들만이 사유를 위해 있는지"라고 생각하는 사유는 무엇일까요. 이 사유를 하는 이에게는 '있음'이라고 하는 길로 갈 것인지 아닌지는 나중의 일일 것입니다. 그는 아직 아무 데도 가지 않았습니다. 사람이 무엇을 하다 말고, 또는 뭘 하기 전에 '내가 지금 이렇게 하고 있는 것이, 이렇게 하려는 것이 잘하는 것일까'라고 의심하면서 물러날 때가 있지 않습니까. 그렇게 의심하는 순간에는 어떤 특정한 길을 벗어나 있는 것입니다. 있다 라는 길에 들어선 것도 아니고 있지 않다 라는 길에 들어서 있는 것도 아닙니다. 자신이 지금 처해 있는 시공간에서 딱 빠져나와 있는 것입니다. 잠정적으로 관찰자의 입장에 서 있는 자리가 있습니다. 이 입장을 철저하게 밀고나가면 완전한 관찰자의 입장을 사유로써 취할 수 있을 것입니다. 그 어느 것에도 관여하지 않은 철저한 관조자의 입장에 서는 것이 학의 근원적 입장입니다. 학을 하고 있는 자는, 학을 하려는 자는 이러한 태도가 있다는 것을 알고 그것을 취할 줄 알아야 합니다. 학의 출발에서만이 아니라 학을 전개하는 과정에서도 끊임없이 자신의 방향과 방법이 옳은지를 따져 물어야 하는 것입니다. 그런 점에서 단편 2는 학의 시원에 관한 논의, 의심하고 반성하는 태도를 담고 있다고 말할 수 있을 것입니다. 이로써 파르메니데스는 세 가지 사유를 제시한다고 볼 수 있습니다. 첫째는 어떤 길로 갈 것인지를 반성하는 사유, 즉 반성을 매개로 하는 사유입니다. 둘째는 '있음'을 선택하는 사유입니다. 셋째는 '있지 않음'을 선택하는 사유입니다. 사실 '있지 않음'을 선택하는 일은 불가능할 것입니다. 그것은 말 그대로 있지 않은 것이니까요.

 인간은 반성적 사유를 거쳐서 있음을 선택하는 사유로 나아갑니다. 그것은 설득의 길입니다. 그것을 상세하게 따져봅시다. '있음'은 무엇인가, '무엇이 있다'고 말하는 것은 무엇을 뜻하는가. 그것은 눈앞에 놓인 대상을 규정하는 것입니다. 무엇이 있는 것은 막연히 있는 것이 아니라 규정되어 있는 것입니다. 한정적 대상으로 있는 것입니다. 막연히 있는 것에 대해서는 생각을 할 수가 없습니다. 어떤 방식으로든 규정되어 있는 것에 대해서만 생각을 할 수 있습니다. 한정적 대상과 그것에 상응하는 규정적 사유가 맞물려야 사유가 이루어질 수 있습니다. 어떤 대상에 대해서 규정을 하고 그것을 바탕으로 인간은 대화를 합니다. 대상을 규정하지 않으면 인간의 머릿속은 혼란으로 가득 차게 됩니다. 어떤 것이 있다고 말하는 것은 그것이 존재한다는 것만을 뜻하는 것이 아닙니다. 그 어떤 것이 어떤 것임을, 그 어떤 것이 어떻게 규정되어 있음을 말하는 것입니다.

이쯤에서 단편 7을 이전과는 다른 방식으로 읽어봅시다.

그 이유는 이렇다. 이것, 즉 있지 않은 것들이 있다는 것이 결코 강제되지 않도록 하라.
오히려 그대는 탐구의 이 길로부터 사유를 차단하라.
그리고 습관(ethos)이 [그대를] 많은 경험을 담은(polypeiros) 이 길로 [가도록],
즉 주목하지 못하는 눈과 잡소리 가득한 귀와 혀를 사용하도록 강제하지
[5] 못하게 하라. 다만 나로부터 말해진, 많은 싸움을 담은 테스트(poly-dēris elenchos)를
논변으로(logōi) 판가름하라(krinai).
(1~2행: 플라톤《소피스트》237a, 258d / 2~6행: 섹스투스 엠피리쿠스 《학자들에 대한 반박》Ⅶ.111)

_《소크라테스 이전 철학자들의 단편 선집》파르메니데스 편,
13. 단편 7 플라톤/ 섹스투스 엠피리쿠스(DK28B7)

"있지 않은 것들이 있다는 것"은 한정되지 않은 것들, 무규정적인 것들입니다. 규정되어 있지 않은 것들이 바로 그렇게 규정되어 있지 않음을 분명히 알아야 한다는 것입니다. 규정되어 있지 않은 것들이 규정되어 있다고 여겨서는 안 됩니다. 그렇게 여기도록 "강제되지 않도록" 해야만 합니다. 인간이 사유를 하려면 그 대상이 무엇인지를 일단 규정적으로 따져 물으면서 시작해야만 배움이 가능합니다. 그런 방식으로 규정을 하지 않으면 반드시 "많은 싸움을 담은 테스트[논박]"가 생겨날 것입니다. 싸움을 담은 논박이 벌어지면 어떻게 해야 할까요. 파르메니데스가 가르쳐준 대로 하면 될 것입니다. 먼저 어떤 길들이 사유의 대상으로 있는지, 우리가 생각해볼 수 있는 길들이 무엇이 있는지를 생각해보아야 합니다. 올바른 길로 가든 그릇된 길로 가든, 진리의 길로 가든 거짓의 길로 가든 그것들이 사유의 대상이 되는지를 음미해보아야 합니다.

파르메니데스는 그릇된 길에 대해서는 애초에 생각조차 하지 말아야 한다고 하지 않습니다. 그릇된 길, 있지 않은 길에 대해서도 생각해봐야 합니다. 있음의 길만을 생각할 것이 아니라 그릇된 길, 잘못된 길도 생각해봐야 됩니다. 그래야 완전한 생각이 됩니다. 그렇지 않으면 독단에 빠지게 됩니다. 존재에 대해서만 생각하고 무에 대해서 생각하지 않으면 그것은 독단인 것입니다. 있음의 길과 없음의 길, 완전한 양극단을 다 생각해보아야 독단에 빠지지 않습니다. 있음과 없음은 서로 모순입니다. 하나가 성립하면 다른 하나는 절대로 성립할 수 없는 관계에 있는 것들입니다. 그렇다면 어떤 길로 갈 것인지를 반성하는 최초의 사유는 모순되는 것들에 대한 생각인 것입니다. 이것들은 현실에서는 동시에 있을 수 없지만 인간의 사유 속에서는 동시에 있을 수 있습니다. 인간은 이러한 모순된 상황을 견디면서 생각을 해보아야 합니다. 있음도 생각하고 동시에 없음도 생각하는 것, 이것이 바로 가장 근원에 놓여 있는 사유입니다.

파르메니데스는 이러한 사유를 할 수 있는 이를 "진리의 흔들리지 않는 심장"을 가진 사람이라고 말합니다. 이 심장을 가진 사람은 있음의 길을 가는 사람도 아니고, 있지 않음의 길을 가는 사람도 아니고 있음의 길과 있지 않음의 길을 모두 생각하는 사람입니다. 이 사람은 사유에 대한 사유를 학적인 출발점으로 삼고 있는 사람입니다.

지금까지 우리는 파르메니데스의 단편들을 추려 읽으면서 그의 일자 형이상학, 자연학에 관한 논의, 학의 시원에 관한 견해를 살펴보았습니다. 이제 남은 것은 기본이 되는 몇 가지 개념들을 정리하는 것입니다.

먼저 대상에 관한 것입니다. '학의 시원 해석'에서 언급했듯이 우리는 무규정적인 대상에 대해서는 사유할 수 없습니다. 즉 규정된 대상만이 사유의 대상이 됩니다. 여기서 규정은 여러 가지 차원에서 이루어집니다. 불변하는 대상도 있고 그에 대립하는 가변적 대상도 있습니다. 그것이 우리 앞에 있느냐 아니면 배후에 있느냐도 따져보아야 합니다. 우리는 과연 그것을 알 수 있는가, 알 수 없는가. 알 수 있기는 하지만 확실하게 알 수 없다면 그것은 진리를 닮은 것일 것입니다. 이것들은 우리의 앎에 대한 규정입니다. 후대의 철학자들과는 달리 파르메니데스에서는 이런 개념들이 정교하게 다듬어지지 않은 상태로 막연하게 제시되었으나 그렇다고 해서 그의 단편들이 가지고 있는 학적인 의의가 줄어드는 것은 아닙니다.

제7강

세계를 지배하는 원리, 로고스
(헤라클레이토스)

우리는 파르메니데스 단편들을 읽으면서 형이상학에 있어서의 기본적인 논제가 무엇인지를 짐작할 수 있었습니다. 그것은 우리의 학적 탐구의 대상, 그 대상의 성격 및 그것과 관련한 우리의 앎의 성격, 우리의 앎이 이루어지는 방법 등입니다. 헤라클레이토스 또한 이러한 문제들을 다루지만 그가 좀 더 집중하는 문제는 운동 또는 변화에 관한 것입니다. 그의 단편들은 대체로 다음과 같은 순서로 논의를 전개하고 있습니다. 가장 먼저 그것들은 인간의 무지의 상태에 대해 비판하고, 선행하는 이론들에 대해 검토합니다. 그에 이어서 지혜로운 자가 파악하는 로고스와 그 로고스에 따라 파악된 우주에 관한 논의가 전개됩니다. 이 과정에서 변화하는 세계에서 불변하는 것이 무엇인지를 집중적으로 논의하게 됩니다.

먼저 인간의 무지의 상태에 대한 비판을 살펴보겠습니다. 헤라클레이토스는 사람들에 대해 다음과 같이 말합니다. "이 로고스logos는 언제나 그러한 것으로 있지만, 사람들은 듣기 전에도, 일단 듣고 나서도 언제나 이해하지 못한다"(DK22B1). 로고스는 진리를 가리킵니다. 그것은 언제나 그러한 것으로 있는데, 사람들은 그것을 알지 못한다는 것입니다. 심지어 듣고 나서도 그것을 이해하지 못합니다. 로고스는 "공통의 것(xynōi)"(DK22B2)입니다. 사람들은 이것을 따라야만 하는데, 그러지 않고 "많은 사람들은 마치 자신만의 생각(phronēsis)을 지니고 있는 듯이"(DK22B2) 살아갑니다. "많은 이들은 그들이 어떠한 것과 마주치든 간에 그러한 것들을 생각하지(phronēousi) 못하고, 배우고서도 알지(ginōskousin) 못하지만, 자신들이 (안다고) 여긴다(dokeousin)"(DK22B17)는 것입니다.

과연 헤라클레이토스가 말하는 로고스가 무엇을 가리키는지, 그것이 어떤 속성을 가지는 것인지는 아직 잘 알 수 없습니다. 인간들은 그것을 모르고 있으면서도 알고 있다고 여기고 있는 것만은 분명해 보입니다. 이제 그 로고스가 무엇인지 규정해야 합니다. 이 규정을 위해서 다음 단편을 읽어보기로 합시다.

> 그들은 가장 지속적으로 친밀한 관계를 갖는(homilousi) 것, 즉 전체를 다스리는 로고스와 갈라선다(diapherontai). 그리고 날마다 마주치는 것들이 그들에게는 낯선 것으로 보인다.
> (《자성록》IV. 46)
>
> _《소크라테스 이전 철학자들의 단편 선집》헤라클레이토스 편,
> 9. 마르쿠스 아우렐리우스(DK22B72)

"전체를 다스리는 로고스"라는, 로고스에 관한 규정이 있습니다. 앞에서는 로고스에 관한 규정이 없었습니다. "전체를 다스린다"는 것은 무슨 뜻일까요? 로고스가 진리이고, 그 로고스가 전체를 다스린다

는 뜻입니다. "전체"는 우주를 가리킵니다. 이것을 알지 못하면 "날마다 마주치는 것들이 그들에게는 낯선 것으로 보인다"는 것입니다. 이것이 무슨 말인지 생각해봅시다. 그들은 "전체를 다스리는 로고스와 갈라선" 사람들입니다. 로고스와 갈라섰다는 것은 로고스를 모른다는 것입니다. 전체를 다스리는 로고스를 모르는 사람들에게는 날마다 마주치는 것들이 낯선 것으로 보일 수밖에 없습니다. 어떤 자연현상이 있다고 가정해봅시다. 이를테면 봄이 되어 나무에 꽃이 피었다고 해봅시다. 그것을 처음 보는 사람은 꽃이 피었다면서 호들갑을 떨 것입니다. 그것을 여러 해 겪어서 이맘때면 꽃이 핀다는 것을 알고 있는 사람은 그것이 대수롭지 않게 보일 것입니다. 익숙한 일이기 때문입니다. '이맘때면 꽃이 핀다는 것'은 단순한 자연현상이 아니라 그 현상들을 겪은 이가 알게 된 자연의 법칙입니다. 눈에 보이는 현상이 아니라 눈에 보이지 않는 법칙인 것입니다. 이것이 로고스입니다. 이것을 아는 사람에게는 꽃이 피는 것이 놀라운 일이 아닙니다. 자연 법칙을 알지 못하는 자, 로고스를 알지 못하는 자들에게는 꽃이 피는 현상이 놀라울 것입니다.

세상의 모든 현상의 배후에는 그것을 움직이는 로고스가 있습니다. 그 로고스를 아는 사람은 세상을 움직이는 법칙을 아는 것입니다. 어떤 사람은 자신이 알고 있는 것이 로고스가 아닌데도 로고스라고 착각하기도 합니다. 그렇게 "어리석은 사람은 어떤 말(logos)에도 흥분하기 십상"(DK22B87)입니다. 어떤 것은 로고스라는 이름을 가지고 있지만 진리로서의 로고스가 아닙니다. 그냥 사람들이 지껄이는 말을 로고스라 부르는 경우도 있기 때문입니다. 심지어 그런 사람들은 심하게 짖어대기까지 합니다. 그들은 동물이나 마찬가지입니다. 헤라클레이토스는 그들에 대해 이렇게 말합니다. "개들은 알아보지 못하는 것들을 향해서 짖는다"(DK22B97). 참다운 로고스를 알지 못하는 자들이 혼자 있을 때에는 짖어대기만 할 뿐이지만 여럿이 모이면 다른 행동을 합니다. 그들은 "어떤 지성(noos)이나 생각(phrēn)"도 가지고 있지 않으면서 "대중의 시인들을 믿고 군중을 선생으로" 삼습니다. "다수의 사람들은 나쁘고, 소수의 사람들이 좋다'는 것은 알지도 못하면서"(DK22B104) 그렇게 합니다. 이런 언급을 두고 헤라클레이토스가 엘리트주의적인 생각을 가지고 있었고 사람들을 무시했다고 해석할 필요는 없습니다. 이것은 인간의 무지를 비판하는 과정에서 자연스럽게 도출된 것입니다.

　인간은 무지한 상태에 있습니다. 그 무지는 헤라클레이토스 이전 학자들이라고 해서 크게 다르지 않습니다. 헤라클레이토스가 먼저 비판의 대상으로 삼는 이는 헤시오도스입니다. 헤시오도스는 "대부분의 사람들을 가르친 자"입니다. 사람들은 "그가 가장 많이 안다고 알고 있"지만 헤라클레이토스가 보기에 헤시오도스는 "낮과 밤도 알지 못"하는 사람입니다. 낮과 밤은 "하나인데도"(DK22B57) 그것을 알지 못하고 있다는 것입니다. 헤라클레이토스는 헤시오도스가 "모든 날들의 본성이 하나라는 사실은 모르고 있다"(DK22B106)고 말합니다.

　헤시오도스가 모르는 것의 핵심은 "하나"라는 것입니다. 이 "하나"는 파르메니데스에서도 문제가 되었던 것입니다. 파르메니데스는 '일자만이 있다'고 주장하였습니다. 사실 이 문제를 먼저 제기한 것은 헤라클레이토스라 할 수 있습니다. 연대순으로 보면 헤라클레이토스가 앞서기 때문입니다. 헤라클레이토스에서 이 문제가 어떤 의미로 어떤 맥락에서 제기되었는지를 살펴보기로 합시다. 헤라클레이토스의 논의는 '하나'와 로고스를 둘러싸고 헤시오도스를 비판하면서 자연스럽게 로고스의 본성에 관한 논의로 전개됩니다.

앞서 예로 들었던 꽃을 가지고 다시 생각해봅시다. 봄이 되어 꽃이 피었습니다. 꽃이 피니까 누군가 꽃이 피었다 말하면서 흥분합니다. 개처럼 짖기도 합니다. 그는 진리를 알지 못하는 사람입니다. 어떤 이는 '이맘때면 꽃이 핀다'고 말합니다. 이것은 진리입니다. 즉 그것은 '하나'입니다. 그는 이 진리를 알고 있으므로 흥분하지 않습니다. 흥분하던 이가 흥분하지 않는 이에게 그것을 어떻게 알았느냐고 묻습니다. 진리를 아는 이는 여러 해 동안 관찰해왔기에 알았다고 대답합니다. 그가 여러 해 동안 꽃이 핀 것을 본 것은 '많음'입니다. '많은' 관찰이 '하나'의 법칙으로 귀결된 것이라 할 수 있습니다. 여기서 '많음'과 '하나'의 관계가 성립되었습니다.

또한 여러 해 동안 꽃이 피는 것을 봐왔던 두 사람이 있다고 해봅시다. 한 사람은 그러한 관찰을 통해서 '이맘때면 꽃이 핀다'는 법칙에 이르렀습니다. 방금 말했듯이 이것은 '많음'에서 '하나'로 귀결된 것입니다. 이 '하나'는 반드시 숫자 하나를 가리키지는 않습니다. 많은 사례들에서 이끌어진 보이지 않는 법칙을 가리키는 것입니다. 이 사람은 법칙을 이끌어내는 힘을 가지고 있습니다. 그는 로고스를 아는 사람입니다. 다른 한 사람은 여러 해 동안 꽃이 피는 것을 보았어도 그것으로부터 하나의 법칙에 이르지 못했습니다. 그가 가진 것은 여러 해의 많은 경험뿐인 것입니다. 그는 많음에 머물러 있는 '힘없는 사람'이라 할 수도 있습니다. 이 사람에게는 꽃이 피는 현상이 여전히 낯설 것입니다.

헤라클레이토스가 지금까지 말한 것은 로고스와 그것을 만들어내는 힘에 관한 것입니다. 헤라클레이토스는 이어지는 여러 단편들에서 이 주장을 다양한 방식으로 되풀이하고 있습니다. 몇몇 부분을 읽어봅시다. "깨어 있는 자들에게는 하나이고 공통의 세계(kosmos)

가 있다. 반면에 잠들어 있는 자들 각각은 자기만의 세계로 돌아간다"(DK22B89). 깨어 있는 자들은 세계가 하나이고 공통의 것임을 알고 있습니다. "지성을 가지고(xyn noōi) 말하려는 사람들은 모든 것에 공통된 것(xynōi)에 확고히 기반을 두어야만"(DK22B114) 합니다. 이것은 자연 세계의 이치일 뿐만 아니라 인간의 일에도 영향을 미칩니다. "모든 인간의 법들은 하나인 신의 법에 의해서 양육되기 때문이다. 왜냐하면 그것은 하고자 하는 만큼 지배하고(kratei), 모든 것들을 충족시키고, 그러고도 남음이 있기 때문이다"(DK22B114). 이러한 이치는 "잠들어 있는 자들"에게는 드러나지 않습니다. 세계의 "본성(physis)은 스스로를 감추곤(kryptesthai)"(DK22B123) 합니다. 깨어 있지 않은 자들은 본성을 알 수 없을 것입니다.

제8강

변화하는 여러 현상들과 궁극적인 '하나'
(헤라클레이토스)

헤라클레이토스는 단편들 넷째 부분부터 본격적으로 로고스에 대한 논의를 시작합니다. 그의 사상의 핵심으로 알려진 것이 여기서 제시됩니다. 몇몇 단편들을 읽어봅시다.

> 함께 잡혀진 것들(syllapsies) ─ 전체이며 또한 전체가 아닌 것, 한곳에 모이며 또한 따로 떨어지는 것, 함께 부르며 또한 제각기 부르는 것, 그리고 모든 것으로부터의 하나, 그리고 하나로부터의 모든 것.
> (《우주에 관하여》 396b7)
>
> 《소크라테스 이전 철학자들의 단편 선집》 헤라클레이토스 편,
> 49. 위-아리스토텔레스(DK22B10)

> 그것이 어떻게 자신과 불화하면서도(diapheromenon) 그 자신과 일치하는지를(homologeei) 사람들은 이해하지 못한다. 그것은 마치 활과 뤼라의 경우처럼, 반대로 당기는 조화(palintropos harmoniē)이다.

《《모든 이교적 학설들에 대한 논박》IX. 9)

_《소크라테스 이전 철학자들의 단편 선집》헤라클레이토스 편,
50. 히폴뤼토스(DK22B51)

대립하는 것(antixoun)은 한곳에 모이고(sympheron), 불화하는 것들(tōn diapherontōn)로부터 가장 아름다운 조화가 이루어진다. 그리고 모든 것은 투쟁에 의해 생겨난다.
(《니코마코스 윤리학》1154b4)

_《소크라테스 이전 철학자들의 단편 선집》헤라클레이토스 편,
52. 아리스토텔레스(DK22B8)

어떤 것 하나가 있는데, 그 하나는 스스로와 불화하면서도 스스로와 일치합니다. 달리 말하면 그것이 다른 것과 불화하고 다른 것과 일치하는 것이 아니라, 자기 안에서 불화하고 자기 안에서 일치한다는 것입니다. 이것은 자기내 분열(대립)과 자기내 통일입니다. 이 말은 무슨 뜻이겠습니까? 빨간 색 옷이 있다고 해봅시다. 세월이 지나 그 옷의 색깔이 바랬습니다. 왜 색이 바랬을까요? 얼핏 생각하기에는 세월이 지나가니까 당연히 그렇게 된 것입니다. 달리 생각해보면 빨간 색이 공급되지 않으니까 그런 것입니다. 그 세월 동안 빨간 색으로 염색을 해주면, 다시 말해서 빨간 색을 계속 공급해주면 빨간 색은 여전히 빨간 색일 것입니다. 빨간 색이 그것의 정체성, 즉 '빨강임'을 유지하려면, 빨간 것을 만들어내는 어떤 짓을 해야 합니다. 그렇지 않으면 그 색은 유지될 수 없습니다.

다른 예를 생각해봅시다. '공부하다'와 '놀다'는 대립되는 것입니다. 내가 '공부하다'의 상태를 유지하려면 '놀다'라는 대립되는 상태

를 이겨내야 합니다. 대립을 이겨내는 운동이 '공부하다'를 유지하는 필수적인 조건인 셈입니다. 하나 더 이야기해봅시다. 존재에 근원적으로 대립되는 것은 무無입니다. 존재하려면 무와의 싸움을 이겨야 합니다. '사는 게 뭔가'라는 물음에 대한 가장 근원적인 차원의 대답은 '무와 싸워 이기는 것'입니다. 날마다 무와 싸워서 이겨야 살 수 있습니다. 순간순간 싸워 이겨야 순간순간 생을 유지할 수 있습니다. 모든 생명체에게는 날마다 순간순간 무가 대립합니다. 존재(있음)의 계기는 무입니다. 존재는 가만히 있다고 유지되는 것이 아닙니다. 그렇지만 '존재하려면 무를 이겨야 한다'는 것은 소극적으로 말하는 것입니다. 적극적으로 말하자면, 존재가 존재이려면 존재를 계속 낳아 놓아야 한다는 것입니다. 존재를 생성해야만 합니다. 누군가가 아프다가 건강을 회복했다면 그가 건강을 계속 생성해냈기 때문에 회복한 것입니다. 존재와 무가 서로 대립하면 생성이 등장합니다. 생성은 존재와 무의 대립의 통일로서 등장한 것입니다.

　존재와 무는 "함께 잡혀진 것들"입니다. 그것은 대립되는 것들이지만 두 가지를 동시에 파악할 때에만 알 수 있는 것들입니다. 존재는 존재만으로는 알 수 없고, 무는 무만으로는 알 수 없습니다. 그것들은 "불화하는 것들"이지만 일치하는 것들이기도 합니다. "함께 잡혀진 것들"이라는 것은 조화를 이루는 것들이라는 말입니다. 그것들은 대립하지만 '생성'이라는 "한곳"으로 모입니다. 생성에 모이기 위해서 존재와 무는 끊임없이 대립합니다. 이것은 투쟁입니다. 생성이라는 조화는 "투쟁에 의해 생겨"납니다.

　투쟁은 단순한 싸움질이 아닙니다. 그것은 만물을 존재하게 하는 근본원리입니다. 모든 것은 자신의 대립물을 가집니다. 대립물이 있어야 자신의 정체성을 유지할 수 있습니다. 존재는 존재 자체만으로는 존재일 수 없습니다. 반드시 무라고 하는 대립물이 있어야만 존재가 존재일 수 있습니다. 존재의 편에서만 보면 무는 존재가 존재하기 위해 반드시 없애야만 하는 것입니다. 무의 편에서만 보면 존재는 무를 위해서 반드시 없애야만 하는 것입니다. 이것은 투쟁이요, 전쟁입니다. 존재와 무는 자신의 정체성을 유지하기 위해 상대를 없애려 합니다. 앞서 말했듯이 이것은 소극적인 측면에서 본 것입니다. 존재와 무는 자기 자신을 계속해서 생성해야만 합니다. 이것은 적극적인 측면에서 본 것입니다. 지혜로운 자는 존재와 무가 이러한 전쟁 상태에 있다는 것을 알고 그것을 생성이라는 상위의 입장에서 관상합니다. 전쟁은 만물의 생성의 원리가 되는 것입니다. "전쟁은 모든 것의 아버지이고, 모든 것의 왕"(DK22B53)입니다. "전쟁(polemos)은 공통된 것이고 투쟁(eris)이 정의이며, 모든 것은 투쟁과 필연(chreōn)에 따라서 생겨난다는 것을 알아야만"(DK22B80) 합니다.

지금까지의 논의를 정리하는 것이 '보리 음료의 비유'와 '강물의 비유'입니다. 먼저 보리 음료의 비유부터 살펴보도록 합시다.

보리 음료도, 젓지 〈않으면〉, 분리된다.
《《현기증에 관하여》9)

_《소크라테스 이전 철학자들의 단편 선집》헤라클레이토스 편,

84. 테오프라스토스(DK22B125)

텍스트의 각주에 보리 음료에 관한 설명이 있습니다. "보리 음료로 번역한 퀴케온은 보리, 치즈 가루, 포도주를 섞어서 만든 희랍의 전통적인 음료이다. 그 성분을 보면 알 수 있듯이 이 음료는 마실 때마다 섞어주어야 하고, 그렇지 않으면 각각 층층이 분리된다." 누군가

젓지 않은 보리 음료를 마시게 되었다고 합시다. 그는 이 음료를 무엇이라고 할까요? 처음 마셔본 사람은 치즈 가루라고 말할 것입니다. 보리라고 말하기도 할 것이며, 포도주라 말하기도 할 것입니다. 보리 음료를 마셔본 적이 있는 사람은 "보리 음료가 아니네!"라고 말할 것입니다. 저어서 준다면? "보리 음료네"라고 말할 것입니다. 보리 음료를 이루고 있는 요소가 세 가지인데, '젓는다'라는 은유로써 '대립자의 투쟁'을 표현한 것입니다. 대립자가 투쟁해야, 조화를 이루듯이 저어야 보리 음료의 맛이 제대로 나는 것입니다. 엄밀하게 말하면 보리 음료의 치즈 가루, 보리 가루는 서로 대립되는 것은 아닙니다. 대립자라는 말을 곧이곧대로 서로 대립하는 것으로 이해하면 안 되고, 전체인 보리 음료를 구성하고 있는 여러 계기들로 이해해야 합니다.

보리 음료를 보리 음료이게 하려면, 보리 음료 안에서 보리 음료를 구성하고 있는 요소들을 서로 휘저어야 합니다. 그와 꼭 마찬가지로, 살아 있는 사람이 살아 있으려면 살아 있음을 구성하고 있는 계기들, 살아 있음의 정체성을 이루는 계기들이 서로 부딪히고 뒤섞여야 합니다. 이를 헤라클레이토스는 '대립자의 투쟁'이라고 말합니다. 이러한 투쟁이 있어야만 자기 정체성이 생겨나고 유지됩니다. 특정한 것을 구성하고 있는 계기들을 끊임없이 서로 운동하게 하여 그 계기가 본래 구성하고 있었던 하나의 조화로운 전체로서 존재할 수 있게 해야 합니다. 다르게 말하면 하나이자 전체인 것에서 전체에 해당하는 계기를 계속해서 운동하게 해야만 하나가 유지되는 것입니다. 하나는 한 개를 가리키는 것이 아니라 자기 정체성을 유지하는 것, 즉 자기동일성을 의미합니다.

'보리 음료'라는 것은 보리 음료라는 '동일성'을 유지하고 있는 한에서 보리 음료입니다. 보리 음료를 구성하고 있는 것들 하나하나는 보리, 치즈 가루, 포도주이지만 이런 것들은 보리 음료가 아닌 것들입니다. 그건 비동일성입니다. 그것들을 섞어야 보리 음료가 됩니다.

이제 '강물의 비유'를 살펴봅시다.

> 같은 강에 발을 담근 사람들에게 다른 강물이, 그리고 또 다른 강물이 계속해서 흘러간다. 그리고 혼들은 젖은 것들로부터 증발되어 나온다.
> (에우세비오스의 《복음의 준비》 XV. 20에 인용됨)
>
> _《소크라테스 이전 철학자들의 단편 선집》 헤라클레이토스 편,
> 69. 아레이오스 디뒤모스(DK22B12)

위 인용 구절에서 헤라클레이토스의 것으로 유명한 "모든 것은 흐른다"(panta rhei)라는 표현이 나왔습니다. 이 구절에는 강 하나와 강물 두 개가 있습니다. "같은 강"은 하나의 강입니다. "다른 강물"과 "또 다른 강물", 이렇게 강물은 두 개입니다. 앞의 것을 '강물 1'이라 하고 뒤의 것을 '강물 2'라 해봅시다. 사람들이 강에 발을 담그고 있는데 강물 1이 흘러가고 나니 강물 2가 흘러왔습니다. 계속해서 서 있으면 강물들이 계속해서 흘러올 것입니다. 강은 하나인데 강물들은 무수히 많고, 계속해서 흘러갑니다. 사실상 '강'은 없습니다. 흘러가는 강물들만 있습니다. 강은 로고스입니다. 그것은 발을 담근 사람들의 머릿속에 있는 것입니다. 실제로는 강물들만 있는 것이고 그 강물들을 다 묶어서 '강'이라고 부르는 것입니다. 이렇게 강물들을 묶어서 '강'이라고 부를 줄 아는 사람이 지혜로운 자입니다. 남한강물들, 북한강물들, 낙동강물들은 분명히 있습니다. 남한강, 북한강, 낙동강은 있지 않습니다. 그 강물들을 묶어서 '강'이라고 이름붙였을 뿐입니다. 어떤 것이 강으로 불리려면, 강물들이 계속 흘러야 합니다. 흐르지 않는다

면 그것은 더 이상 강이 아닙니다. 흐르지 않으면 강이라 불릴 수 없고, 호수라 불립니다. 강물 1, 강물 2는 서로 다른 강물들입니다. 그것들 각각은 대립자들입니다. 대립하는 강물들이 계속해서 흘러야, 즉 대립자가 계속 생성이 되어야 그 대립자들 전체를 총괄하는 개념인 강이 유지되는 것입니다. 즉 운동을 계속해야만 강이라고 하는 정체성을 유지할 수 있습니다. 강이라는 존재는 강물들이라는 계기를 지속적으로 생성함으로써, 지속적으로 운동함으로써 강일 수 있는 것입니다.

"모든 것은 흐른다"는 말도 이런 식으로 이해하면 됩니다. 모든 것은 흘러야만, 모든 것은 운동을 해야만, 모든 것은 생성을 해야만 하나(hen)의 정체성을 유지할 수 있습니다. 모든 것은 하나이고, 하나는 모든 것입니다. 하나는 모든 것이 있어야만 있을 수 있고, 모든 것은 하나로 모입니다. 하나와 전체(hen kai pan)인 것입니다.

세계는 이 원리의 지배를 받고 있습니다. "이 세계(kosmos)는, 모두에게 동일한데, 어떤 신이나 인간이 만든 것이 아니라 언제나 있어왔고 있고 있을 것이며, 영원히 살아 있는 불(pyr aeizōon)로서 적절한 만큼 타고 적절한 만큼 꺼진다"(DK22B30). 이 구절에서 "영원히 살아 있는 불"은 이 세계가 움직이는 원리를 상징합니다. 세계의 운동 원리인 불은 "적절한 만큼 타고 적절한 만큼 꺼"집니다. 그것은 적당한 것입니다. 불은 태양과도 같습니다. 태양 역시 적당한 만큼 비춥니다. 그것을 움직이는 원리는 변함이 없습니다. "태양은 적도(metra)를 뛰어넘지 않을 것이다. 만일 뛰어넘는다면 디케를 보좌하는 에리뉘에스Erinyes가 그를 찾아낼 것이다"(DK22B94). 적도를 지키는 것은 자연의 원리이고, 이 원리를 벗어나는 것은 불의입니다. 즉 정의正義를 훼손하는 것입니다. 정의가 훼손되면 정의의 여신인 디케를 보좌하는 복수의 여신 에리뉘에스가 그것을 찾아낼 것입니다.

　우리는 지금까지 헤라클레이토스의 단편들을 읽었습니다. 그가 주장하고자 하는 바는 무엇이었습니까? 하나인 전체가 있고, 그것의 계기들은 서로 대립되면서, 끊임없이 운동하면서 전체의 자기정체성을 유지한다는 것입니다. 이는 단순하게 '만물은 변한다'라는 주장으로 환원될 수 있는 것이 아닙니다. '강물의 비유'에서 그가 말하고자 하는 것을 곰곰이 생각해보면 강물의 운동에 관한 것이 아니라 강이 강으로서의 정체성을 유지하기 위한 조건에 관한 것입니다. 그런 점에서 우리는 그가 일종의 일원론자라고 말할 수 있을 것입니다. 달리 말해서 헤라클레이토스는 변화가 전부라고 말한 것이 아니라 '변화를 통해서 하나가 유지된다'고 주장한 것입니다.
　헤라클레이토스가 전제하고 있는 것은 같은 강, 하나의 강입니다. 이 하나의 강은 여러 개의 강물들로 이루어집니다. 헤라클레이토스는 그 하나의 강의 정체성이 유지되려면 그 강을 구성하고 있는 강물들이라고 하는 계기들의 지속적인 운동이 절대적으로 요구된다고 주장하는 것입니다. 여기서 우리는 하나의 함축을 이끌어낼 수 있습니다. 그가 '만물은 끊임없이 유전한다'고 주장한 것은 사실이기는 하지만 그 유전은 '하나'라고 하는 조화를 향하고 있고 그것을 창출하기 위한 것이라는 것입니다. 그런 까닭에 우리는 그를 극단적인 유전론자라고 말할 수 없거니와, 이는 바로 헤라클레이토스에 관한 플라톤의 견해를 다시 생각해야 할 필요가 있다는 것을 의미합니다. 다음 단편을 봅시다.

　어디에선가 헤라클레이토스는 모든 것은 나아가고 아무것도 제자리에 머무르지 않는다고 말하고, 있는 것들을 강의 흐름에 비유하면서 "너는 같은 강물에 두 번 들어갈 수 없을 것이다"라고 말한다.

《크라튈로스》 402a)

《소크라테스 이전 철학자들의 단편 선집》 헤라클레이토스 편, 68. 플라톤(DK22A6)

이 단편에 따르면 플라톤은 헤라클레이토스를 알고 있을 뿐만 아니라 그를 만물유전론자로 이해하고 있습니다. 그리고 이러한 이해가 제시된 플라톤의 대화편은《크라튈로스》Kratylos 편인데, 크라튈로스는 소피스트이자 극단적인 헤라클레이토스주의자입니다. 이 대화편에서 플라톤은 극단적인 헤라클레이토스주의자 소피스트를 논박하려고 합니다. 거칠게 규정하자면 소피스트들은 진리가 불변의 것이 아닌 상대적인 것이라고 주장하는데, 그 근거는 바로 헤라클레이토스에 있습니다. 다시 말해서 소피스트 상대론의 이론적인 근거는 헤라클레이토스이고, 소피스트를 논박하려면 헤라클레이토스를 논박해야 하므로 헤라클레이토스의 주장을 어떤 식으로든 규정해야만 하는데, 그것을 극단적인 만물유전론으로 규정한 것입니다. 플라톤은 이것에 대립하여 불변의 형상形相을 내세웁니다. 따라서 극단적인 유전론자인 헤라클레이토스와 플라톤은 철저하게 대립되는 상황에 놓여 있습니다. 플라톤과 헤라클레이토스의 대립이라는 주제는 플라톤을 다루면서 다시 생각해보아야 합니다. 다만 우리는 여기서 헤라클레이토스를 어떻게 규정하느냐에 따라 이러한 대립의 여부가 달라진다는 것, 그리고 헤라클레이토스를 반드시 극단적인 만물유전론자로 규정할 수는 없다는 것만을 염두에 두기로 합시다.

* * *

II

플라톤:
'좋음' 위에 인간과 공동체를 세우려는 노고

인간의 영혼과 형상이라는 목적
《파이돈》

제9강

잘 산다는 것

우리가 헤시오도스의 《신들의 계보》, 파르메니데스와 헤라클레이토스의 단편들을 읽으면서 탐구했던 것은 우주의 질서, 참으로 존재하는 것 등이었습니다. 이것은 우리가 몸 담고 있는 객관적 세계에 관한 것들입니다. 인간과 관련된 것이기는 하지만 직접적으로 인간 자신에 대한 것은 아니라는 뜻입니다. 객관적 세계를 명석판명하게 안다는 것은 우연적인 것을 용납하지 않는다는 것을 뜻하기도 합니다.

우리 인간의 삶에는 우연적인 것이 있습니다. 바로 열정과 고난(pathos)입니다. 앞서 우리가 다룬 형이상학자들에서는 이러한 열정에 대한 탐구를 찾아볼 수가 없습니다. 이제부터는 이 문제에 대해 생각해보아야 합니다. 희랍의 격언에 '파테이 마토스'pathei mathos라는 것이 있습니다. 이는 '경험을 통해서 배운다', '고생해봐야 안다', '뭐든지 다 겪어봐야 안다', '고난을 겪으면서 배운다'와 같은 뜻으로 이해할 수 있습니다. 소포클레스Sophoklēs의 비극 《안티고네》Antigonē 의 마지막 말은 "오만한 자들의 큰 소리는, 그 벌로 큰 타격들을 받게 되어, 늙어서 지혜를 가르쳐준다네"인데 이것이 바로 그 격언을 드러내는 것입니다. 이 격언이 처음 등장한 곳은 아이스퀼로스Aischylos의 비극 《아가멤논》Agamemnōn입니다. "고뇌를 통하여 지혜를 얻게 하셨으니, 그분께서 세우신 이 법칙 언제나 유효하다네"(177~178행). 여기서 지혜(sophia)는 논증을 통해서 얻어지는 것이 아니라 삶의 겪음을 통해서 얻어지는 것입니다. 우리는 이것을 논증으로써 해명할 수 있는 것이 아니라 그저 상세하게 설명할 수 있을 뿐입니다. 특정한 관점에서 상술을 시도하면 그것은 역사라 할 수도 있을 것입니다. 겪음을 상술하는 역사에는 진리가 있을 수 없습니다. 일종의 교훈만이 있을 뿐입니다.

철학사에서는 소크라테스를 거론하면서 그가 '자연학으로부터 인간학으로의 전환'을 이루었다고 말합니다. 그가 논증적인 앎이 아니라 바로 이러한 겪음을 통한 앎에 관심을 가졌다는 말일 것입니다. 분명히 파르메니데스와 헤라클레이토스는 겪음으로써 알게 되는 지혜에 대해서는 이야기하지 않았습니다. 그들은 확실성이라는 속성을 가진 객관적 세계의 지식을 추구하였습니다. 그렇지만 과연 우리는 자연과학적인 확실성 —근대의 용어를 빌려서 말해보자면— 만 가지면 충분할 것인가, 아니면 그러한 확실성에 더해서 삶의 지혜도 가져야만 하는 것인가 고민이 아닐 수 없습니다. 가장 이상적인 것은, 겪어서 얻어낸 지혜와 객관적 세계에 관한 명석판명한 지식을 결합해서 사람들에게 받아들여질 만한 지혜와 지식의 형이상학을 구축하는 것일 것입니다. 그렇게 하려면 겪음을 통해서 얻게 되는 지혜도 확실한 방법을 통해서 알아야만 할 것입니다. 다시 말해서 인간사人間事에 대한 학적 체계적 정초를 내려놓는 일이 필요할 것입니다. 우리는 이것을 소크라테스가 시도했던 '자연학에서 인간학으로의 전환'으로 규정할 수 있습니다. 이때에 가장 중요한 것은 정초를 위한 궁극적 근거를 마련하는 일입니다. 달리 말해서 인간사에 있어 가장 중요한 것이 무엇인가를 물었을 때 내놓을 근거를 찾는 것입니다. 소크라테스와 그의 제자인 플라톤은 그것을 '좋음'이라 보았습니다. '좋음'은 '착함', '아름다움', '올바름'을 포괄하는 것입니다.

 '좋음'이 궁극적인 것이라 한다면, 겪으면 지혜로워진다는 것도 다른 방식으로 이해할 수 있습니다. 누군가 '내가 겪어봐서 안다'고 말하면 '좋은 것을 겪었는가, 좋음을 목표로 한 겪음이었는가'라고 고쳐 물을 수 있습니다. 아무리 객관적으로 확실한 것이라 해도 좋음이라고 하는 목적이 없으면 무의미한 것입니다. 그러나 좋음을 추구한다고 해도 문제는 남습니다. 그 좋음이 과연 진정한 좋음인가에 대한 의심이 있기 때문입니다. 우리는 현실 세계에서 좋음을 추구하는 사람이나 집단을 목격합니다. 그들은 흔히 자신들이 추구하는 것이 참된 좋음이라 말하면서 사람들을 끌어들입니다. 그런데 그것이 집단학살로 귀결되는 경우가 있습니다. 역사 속에서 벌어진 수많은 악한 행위들이 행위 당사자들에 의해 악이라고 명백히 인정받는 경우는 없습니다. 모두가 그것이 선한 것이라 간주했기에 수단과 방법을 가리지 않고 맹목적으로 목적을 실현하려고 했던 것입니다. 그렇다면 우리는 이들이 주장한 이상적인 것인 좋음에 대해서 역사적인 시행착오라는 잣대를 가지고 판별해볼 필요가 있을 것입니다.

 플라톤이 말하는 좋음에 대해서도 마찬가지로 말할 수 있습니다. 그는 겪음만으로는 참다운 지혜에 이를 수 없다고 생각하였습니다. 뭔가를 많이 겪는다 해도 그것이 좋음을 목적으로 삼지 않으면 그저 악한 행위를 겪는 것일 따름이고 이는 악을 쌓아올리는 귀결에 이를 것입니다. 좋음을 목적으로서 정립하기 위해서는 그 좋음을 알아야 합니다. 그런 까닭에 플라톤은 좋음을 아는 철학자가 있어야 한다는 것을 자신의 형이상학의 중요한 명제로서 내놓았습니다. 그러나 앞서 의심하였듯이 우리는 그가 제시한 좋음이 과연 참다운 좋음인지 물어보지 않을 수 없습니다. 후대의 많은 이들이 비판하였지만, 그가 주장하는 것은 독단에 불과한 것일 수도 있습니다. 날마다 우리가 겪어가는 시행착오를 통해서 하나하나 개선해나가는 것 외에는 그 어떤 것도 좋은 것일 수 없다는 생각은 역사적 관점에서 내놓을 수 있는 것이라 할 수 있습니다. 다시 말해서 불변의 좋음에 관한 철학적 통찰과, 시행착오를 거쳐서 잠정적으로 내놓은 역사적 지혜는 양립 불가능한 것입니다. 이 둘을 놓고 우리는 고민에 빠질 수밖에 없습니다. '자연학에서 인간학으로의 전환'이라는 주제에는 이처럼 복잡한 문제들이 얽혀 있습니다. 이것을 근본적인 차원에서 따져보는 것이 우리가 플라톤을 읽는 까닭입니다.

이런 문제들과 관련하여 플라톤의 대화편 중의 하나인 《파이돈》을 읽겠습니다. 먼저 《파이돈》의 구조부터 살펴봅시다. 아래 구조는, 설명할 내용에 따라 전체를 재구성한 것입니다.

I. 서사
 1. 파이돈과 에케크라테스의 대화, 장소는 플레이우스, 아테나이 바깥에 있는 동조자들에게 소크라테스의 죽음에 관한 소식을 전함(57a~59c)
 2. 소크라테스와 친구·제자들의 대화, 장소는 감옥. 아이소포스에 관한 이야기, "사람들이 즐겁다고 하는 것"과 "괴로운 것"(59c~61c)

II. 철학자와 죽음 — 소크라테스의 논의 제기[대화·변증술 시작]
 1. 철학자는 죽음을 반긴다. 자살에 관한 논의(61c~64a)

2. 철학자에게 죽음의 의미: 참된 삶, 혼의 순수화(카타르시스, 엘렌코스, 67b), 사후의 문제와 관련된 낙관적 희망(64a~69e)

* 형상에 관한 논의(65d~66a)

III. 혼의 불멸성에 관한 세 논변들

1. 케베스의 반론: 왜 죽음 이후에도 혼이 불멸의 실체로서 살아남아야 하는가?(69e~70c)

2. '순환' 논변[산파술 시작](70c~72e)

3. '상기' 논변(72e~77a)

* 형상에 관한 논의(72e~76c)

4. 심미아스와 케베스의 요구(77b~78a)

5. '유사성' 논변(78b~84d)

* 형상에 관한 논의(78c~80b)

6. 심미아스의 반론에 대한 준비(84d~85e)

7. 심미아스와 케베스의 반론(85e~88b)

IV. 막간

1. 소크라테스 면전의 대화자들의 낙담(88c)

2. 플레이우스 청중들의 낙담(88c~89a)

3. 논변을 싫어하는 사람들에 대한 소크라테스의 경고(89a~91c)

V. 심미아스와 케베스의 반론에 대한 답변 — 마지막 논변에 대한 예비적 고찰

1. 심미아스의 반론에 대한 답변(91c~95a)

2. 케베스의 의문과 요구: 혼의 불멸성, 사물의 생성과 소멸의 원인

(95b~96a)

3. 소크라테스의 탐구 방법에 관한 논의: '차선의 방법'(두번째 항해)
(96a~102a)

* 형상에 관한 논의(100b~100e)

4. 에케크라테스가 다시 끼어듦: 소크라테스에 대한 찬사와 마지막 논변 재촉(102a)

VI. 혼의 불멸성에 관한 마지막 논변

1. '형상' 논변(102a~107b)

* 이데아 논의(102d~105b)

2. 신화: 저승 또는 참된 지구에 관한 이야기(107c~115a)

VII. 소크라테스의 죽음

파이돈이 에케크라테스에게 소크라테스의 최후에 관하여 말함(115b~118a)

얼핏 보아도 《파이돈》의 구조에서 눈에 들어오는 특징이 있습니다. "IV. 막간"을 가운데에 놓고 그 위로 세 개, 그 밑으로 세 개의 묶음이 있다는 것입니다. 막간을 중심으로 하여 상응하는 구조로 되어 있습니다. "I. 서사"와 "VII. 소크라테스의 죽음"이 상응하고, "II. 철학자와 죽음"과 "VI. 혼의 불멸성에 관한 마지막 논변"이 상응합니다. 특히 "II. 2. 사후의 문제와 관련된 낙관적 희망"과 "VI. 2. 신화: 저승 또는 참된 지구에 관한 이야기"가 상응하는 것에 유념해야 합니다. 다음으로 주목해야 하는 것은 형상에 관한 논의들이 있다는 점입니다. 플라톤의 대화편 중에서 형상에 관한 논의가 본격적으로 시작되는 것이 바로 《파이돈》입니다. 《파이돈》에는 형상에 관한 논의가 네 번 나옵니다. 또한 《파이돈》에는 소크라테스의 방법론도 등장합니다. 소크라테스의 대화의 방법론인 변증법은 엘렌코스elenchos(논박)와 마이에우티케maieutikē(산파술)로 이루어져 있습니다. "II. 2. 혼의 순수화(카타르시스, 엘렌코스, 67b)"와 "III. 2. 순환 논변[산파술 시작](70c~72e)"이 그것을 보여줍니다.

《파이돈》의 대화가 펼쳐지는 장소는 플레이우스입니다. 에케크라테스가 플레이우스에서 파이돈에게 소크라테스의 소식을 묻고, 파이돈이 그 소식을 전해줍니다. 대화편 《파이돈》은 파이돈이 에케크라테스에게 말하는 것에서 시작되어 파이돈이 에케크라테스에게 말하는 것으로 끝납니다. 그렇게 말하는 것 안에 소크라테스가 다른 사람들과 나눈 대화가 들어 있습니다. 시작과 끝은 파이돈과 에케크라테스의 대화이고, 그 대화의 내용은 소크라테스와 지인 및 제자들이 감옥에서 나눈 대화입니다. 파이돈과 에케크라테스의 대화가 이루어지는 플레이우스는 피타고라스 학파의 중심지로 알려져 있는 곳입니다. 이 대화의 핵심 내용인 혼의 불멸은 피타고라스 학파의 중요한 학설이며, 대화에 등장하는 에케크라테스나 심미아스, 케베스 등은 피타고라스 학파와 관련된 사람들입니다. 장소와 대화의 내용, 등장인물을 두고 《파이돈》이 플라톤 사상의 피타고라스주의적 성격을 보여주는 텍스트라 해석하는 이들도 있습니다.

소크라테스가 처음 거론하는 주제는 "사람들이 즐겁다고 하는 것"과 "괴로운 것"입니다. 그에 이어서 혼의 불멸성, 형상에 관한 논의들이 전개됩니다. 이것으로부터 《파이돈》의 주제는 혼의 불멸성이고, 그것의 전거로서 제시되는 것이 형상임을 추론할 수 있습니다. 이 주제와 근거는 인간의 삶의 즐거움과 괴로움에 관련된 것입니다. 즐거움과 괴로움은 인간이 '잘 사는 것'과 관련되어 있습니다. 어떻게 살아야 잘 사는 것인가, 어떻게 사는 것이 즐거운 것인가에 대답하면서 혼의 불멸을 이야기하는 것입니다.《파이돈》마지막 문장은 다음과 같습니다.

> 에케크라테스! 이것이 우리 동지의 최후가 되었습니다. 우리가 당대에 알게 된 사람들 가운데서 가장 훌륭하였으며, 그 밖에도 가장 지혜로웠으며 가장 올발랐다(정의로웠다)고 우리가 말해야 할 그런 분의 최후 말입니다.
>
> _《파이돈》118a

소크라테스는 "가장 훌륭하였으며"(aristou), "가장 지혜로웠으며"(phronimōtatou), "가장 올발랐다(정의로웠다)"(dikaiotatou)고 말할 수 있는 사람입니다. 그는 가장 잘 살아간 사람이고, 가장 잘 산 사람의 본本입니다.《파이돈》의 표면적인 주제는 '혼의 불멸'이고, 혼의 불멸을 논증하기 위해서는 형상이 요구됩니다. 그러나 이를 통해 플라톤이 말하고자 하는 바는 사는 동안 영혼을 잘 돌보아야 한다는 것입니다.《파이돈》에서는 실천적 차원에서 잘 사는 것을 목적으로 삼고 그것을 밝히는 논변들이 제시되고 있는 것입니다. 형상론을 중심으로, 이것들을 살펴보는 것이《파이돈》읽기의 첫째 과제입니다.

둘째 과제는 변증법이라는 방법론을 살펴보는 것입니다. 그것은 앞서 말했듯이 논박술과 산파술로 되어 있습니다. 논박술이 나타나는 부분은 "Ⅱ. 2. 철학자에게 죽음의 의미: 참된 삶, 혼의 순수화(카타르시스, 엘렌코스, 67b)"입니다. 여기서 혼의 순수화가 논박술이라고 할 수 있습니다. 순수화는 어떤 과정을 통해서 이루어지는지를 봅시다. 소크라테스는 사람을 만나면 대화를 시작합니다. 그는 상대방에게 계속해서 묻습니다. 상대방이 알고 있다고 주장하는 것을 과연 확실하게 알고 있는지를 묻습니다. 상대방은 계속해서 대답을 하다가 어느 순간 자신이 아무것도 알고 있지 못하다는 것을 깨닫게 됩니다. 자신이 무지의 상태임을 알게 되는 것입니다. 무지의 상태, 이것은 혼이 깨끗하게 되는 것입니다. 종교적인 차원에서는 혼의 정화이겠지만 철학적인 차원에서는 인식론적 무지의 상태가 됩니다. 다시 정리하면 이렇습니다. 질문을 받았을 때 자신이 그것을 알고 있다고 생각하여 대답을 하면 그것은 '무지의 무지' 상태입니다. 소크라테스가 계속 질문을 하여 자신이 사실은 모르고 있었음을 알게 되면 그것은 '무지의 지' 상태입니다. 이 무지의 지 상태가 바로 정화가 일어난 상태인 것입니다. 이렇게 완전히 비워내고 무지의 상태가 되어야 비로소 참된 진리를 채워넣을 수 있습니다. 참된 진리를 채워넣는 것은 산파술을 통해서입니다. 부정적 과정으로서의 논박술과 긍정적 과정으로서의 산파술이 결합된 것이 소크라테스의 변증법인데, 이것이 어떤 과정을 거쳐서 성립되었는지는 "V. 3. 소크라테스의 탐구 방법에 관한 논의: '차선의 방법'(두번째 항해)"에 나와 있습니다. 이 과정은 '자연학에서 인간학으로의 전환'과 관련되어 있습니다.

《파이돈》에서 다루는 논변들은 《국가》와도 연결됩니다. 《국가》를 읽으면서 상세하게 논의하겠지만 미리 언급해두자면, 자연학에서 인간학으로 전환이 시도되었을 때 그것에 대한 답으로서 먼저 제시된 것이 《파이돈》입니다. 이 대화편에서는 한 인간의 영혼에 대해서만 다룹니다. 이는 좁은 의미에서의 인간학입니다. 《국가》는 여러 인간들이 모여 사는 공동체에 대해서 다룹니다. 《국가》에서 공동체는 인간의 혼과 유사한 것으로 이해됩니다. 정치 공동체는 넓은 의미의 인간학이며, 이는 정치학의 영역입니다. 좁은 의미의 인간학이 《파이돈》이라면, 이것과 《국가》에서 다루는 정치학을 묶으면 넓은 의미의 인간학이 될 것입니다.

제10강

형상실재론, 형상시원론

첫째 과제인 형상론을 검토해보겠습니다. 《파이돈》에서는 형상에 관한 세 종류의 논의가 등장합니다. 그것들이 "Ⅵ. 혼의 불멸성에 관한 마지막 논변"의 첫번째 부분인 "'형상' 논변(102a~107b)"에서 집약됩니다. 형상에 관한 첫째 논의(65c~65d)를 읽어봅시다.

"하지만 적어도 혼이 가장 훌륭하게 추론을 하게 되는 것은 아마도, 이것들 중의 어떤 것도, 즉 청각도 시각도 또는 어떤 고통이나 즐거움도 혼의 주의를 돌려놓으며 괴롭히는 일이 없고, 혼이 몸과 결별하여 최대한으로 그 자체로만 있게 되며, 혼이 가능한 한 몸과 관계하지도 접촉하지도 않는 상태에서, 존재하는 것(진실: to on)에 이르고자 하는 그때일 걸세."
"그러니까 이 경우에도 지혜를 사랑하는 사람(철학자)의 혼은 몸을 최대한 무시하고서, 이에서 달아나, 그 자체로만 있게 되는 걸 추구하지 않겠는가?"
"그런 것 같습니다."

"그러면 시미아스, 이런 것들은 어떤가? 우리는 올바른 무엇인가(ti dikaion)가 그 자체로(auto) 있다고 말하는가, 아니면 전혀 없다고 말하는가?"

"물론 단연코 있다고 말합니다."

"그리고 아름다운 무엇인가(kalon ti)와 좋은 무엇인가가 또한?"

"어찌 없다고 하겠습니까?"

_《파이돈》 65c~65d

"청각도 시각도 또는 어떤 고통이나 즐거움도" 감각적인 것들입니다. "혼이 몸과 결별하여 최대한으로 그 자체로만 있게 되"는 것은 감각적인 것과 정신적인 것이 서로 떨어져 있는 상태입니다. 이 상태에 있을 때에만 인간은 "존재하는 것(진실: to on)에" 이를 수 있습니다. "존재하는 것"은 참된 진리를 가리킵니다. 지혜를 사랑하는 사람인 철학자는 감각적인 것에서 벗어나 정신적인 것만으로써 진리를 추구하여야 합니다. 진리는 "그 자체로만 있게 되는" 것입니다. "올바른 무엇"인가는 바로 이런 것 중의 하나입니다.

"올바른 무엇" 또는 "어떤 올바른 것"이 무엇인지 생각해봅시다. 이것은 형상으로 짐작되는 것입니다. 플라톤은 그것을 어떤 의미로 사용했을까요. 우선 그것은 실제로 있는 것을 의미할 수 있습니다. "저기에 진짜로 있는 것"입니다. '진리는 우리 눈(이것은 감각기관이다)에는 보이지 않지만 정신이나 혼으로 파악하면 실제로 있다'고 말하는 사람들이 있습니다. 신을 믿는 이들은 그렇게 말합니다. 우리가 살고 있는 이 세상이 아닌 저기 어딘가에 있다고 말을 합니다. 이것은 형상실재론形相實在論입니다. 인간의 감각을 통해서 알 수 없는 것이므로 누군가 '그걸 어떻게 알 수 있는가'를 물으면 기도를 하면 알 수 있다거나 정신을 온전히 맑게 하면 '갑자기' 알 수 있다고 말할지도 모릅니다. 플라톤의 형상은 대체로 이런 것으로 간주되어왔습니다.

다른 한편, 형상은 그처럼 실제로 있는 것이 아니라는 해석도 있습니다. 《파이돈》 100a의 각주에 이런 말이 있습니다. "그것이 도대체 무엇인가? 끊임없는 물음의 제기를 통해 그런 것들의 의미 규정定義(horismos)을 확보하는 것이다." 그에 이어서 번역자는 아리스토텔레스의 《형이상학》 한 구절을 덧붙여두었습니다. "소크라테스의 공적으로 돌려서 옳은 것들이 두 가지가 있는데, 그건 귀납적 논구(hoi epaktikoi logoi)와 보편적 정의(to horizesthai katholou)이다." 그런 다음 "이 둘은 실로 학문의 시작과 관련된다"고 합니다. 이는 형상의 다른 의미를 생각해볼 수 있는 실마리입니다. 이 해석에 따르면 형상은 실제로 있는 것이 아니라 사람들이 어떤 것에 관하여 논의를 할 때 출발점으로 삼기 위해 확보한 "의미 규정"입니다. 이를테면 '올바른 것'에 대해 논의를 하고자 한다면, 사람들마다 그것에 관하여 규정하는 내용이 다를 것입니다. 각자가 자신의 의견을 내놓는다면 논의는 더 이상 진전될 수 없습니다. 이때 소크라테스는 "끊임없는 물음의 제기를 통해", "귀납적 논구"를 통해서 그 말의 "보편적 정의"를 세우려고 하였습니다. 그렇게 할 때에만 비로소 논변이 가능해질 것이기 때문입니다. 이는 논의의 출발점, 즉 학의 시원이고 이것을 형상이라 하는 것입니다. 이렇게 해석한다면 형상은 실제로 저기에 있는 어떤 것이 아니라 사람들 사이의 논의를 위해 '의미 규정이 된 말들'(logoi)이 됩니다. 이것이 형상시원론形相始原論입니다.

형상이 실제로 있는 것(형상실재론)이든 아니면 논의의 출발을 위한 보편적 규정(형상시원론)이든 플라톤은 왜 이것을 문제삼고 있는 것일까요? 《파이돈》의 주인공은 소크라테스이고, 《파이돈》과 같은 대화편은 소크라테스의 주장이 담겨 있다고 하니 소크라테스가 제기한 문제라고도 할 수 있겠는데, 그는 왜 이러한 형상에 관한 논의를 하게 되었을까요. 왜 소크라테스는 감각에서 벗어나 순수한 정신만으로 탐구를 해야 한다고 주장하는 걸까요.

소크라테스가 자신의 탐구 과정을 언급하는 97b~97c 부분을 읽어봅시다.

> "그렇지만 언젠가 나는 누군가가, 그가 말하는 바로는, 아낙사고라스가 지은 것이라는 책의 구절을 읽는 것을 들었는데, 그건 모든 것에 '질서를 부여하는 것'(ho diakosmōn)이며 그것들의 원인으로 되는 것은 결국 정신(지성: nous)이라 주장하는 것이었네. 바로 이 원인에 대해 나는 반가워했으며 정신(지성)이 모든 것의 원인으로 되는 것이라는 건 어느 면에서는 잘 된 일로 내게는 여겨졌네. 그리고 나는, 만일 이게 이렇다면, 질서를 지어주는 정신(지성)은 모든 것에 질서를 지어주고(kosmein) 각각의 것이 최선의 상태에 있도록 하는 방식으로 자리잡게 해준다고 생각했네."
>
> _《파이돈》 97b~97c

소크라테스는 언젠가 "아낙사고라스가 지은 것이라는 책의 구절을 읽는 것을 들었"다고 말합니다. 그 책의 구절에 따르면 아낙사고라스는 모든 것에 질서를 부여하는 것은 "정신(지성: nous)"이라고 주장했습니다. 정신은 모든 것에 질서를 부여하는 것이므로 "모든 것의 원인"이기도 하다는 것입니다. 소크라테스는 아낙사고라스의 주장을 두 가지 측면에서 이해하고 있습니다. 하나는 모든 사물에 질서를 부여하는 것은 정신이라는 것, 다른 하나는 정신은 모든 것에 질서를 부여하는 것이므로 바로 그런 까닭에 정신은 모든 것의 원인이라는 것입니다. 여기서는 원인이라는 말을 어떤 것의 발생 근거가 되는 것이라는 뜻으로 이해할 수는 없습니다.

소크라테스가 이해한 아낙사고라스의 사상을 풀어서 생각해보면, 소크라테스는 아낙사고라스의 정신을 뉴턴의 '만유인력萬有引力 법칙'과 같은 것으로 이해하고 있습니다. 이 법칙은 모든 것(만유)에 질서를 부여합니다. 이 법칙은 자연 세계에 있는 것이 아니라 인간의 정신에 있는 것입니다. 자연은 움직이고 있는 것이고, 그 자연물이 움직이는 법칙은 인간 정신이 만들어내는 것입니다. 이 법칙은 어떤 형태를 띠고 있지 않습니다. 인간이 자연에 관하여 생각할 때 논의의 출발점으로 삼고 있는 것입니다. 소크라테스는 이러한 법칙을 모든 것의 원인이라 말합니다.

소크라테스는 정신이 "모든 것에 질서를 지어주는" 역할만 하는 것이 아니라 "각각의 것이 최선의 상태에 있도록 하는 방식으로 자리잡게 해준다고 생각"하였습니다. 여기에는 주목해야 할 도약이 있습니다. 질서를 지어주는 것은 일종의 자연과학의 법칙을 의미할 것입니다. 만유인력의 법칙 같은 것이겠지요. 자연과학자는 이쯤에서 만족할 것입니다. 소크라테스는 여기에서 전혀 다른 방향으로 나아갑니다. 그는 "최선의 상태"에 대해서 묻습니다. 이는 자연과학적 법칙으로는 대답할 수 없는 것입니다.

아낙사고라스가 말한 정신은 자연의 법칙을 파악하는 힘입니다. 자연의 법칙은 최선 또는 좋음을 알려주지 않습니다. 사람들은 지구가 태양의 둘레를 도는 것을 알고 있습니다. 어떤 궤도를 그리며, 어느 정도의 속도로 도는지를 안다는 것입니다. 지구는 그것이 최선인지 아닌지에 관계 없이 그렇게 움직이고 있습니다. 자연의 법칙에는 마땅히 어떠해야 한다는 요구가 있을 수 없습니다. 그것은 그저 그럴 뿐입니다. 자연의 법칙을 인간의 정신이 파악하고 있다 해도 가치판단을 할 수는 없습니다. 여기서 소크라테스는 정신이 자연법칙만이 아니라 좋음에 대해서도 파악하여야 한다고 요구하고 있습니다. 자연 세계의 법칙을 알아내는 것만으로는 우리의 탐구가 완결될 수 없다는 것입니다. 소크라테스의 '불만'은 99b에서 다음과 같이 집약됩니다.

> 그렇지만, 내가 행하는 것들을 이것들 때문에 행하며, 또한 그것들을 지성에 의해서 하지만, 가장 좋은 것의 선택(tou beltistou hairesis)에 의해서 하는 것은 아니라고 하는 건, 이건 몹시 그리고 아주 경솔한 주장일 게야. 왜냐하면 그건 진짜 원인(to aition)과 그것 없이는 원인이 결코 원인일 수 없는 것이 별개의 것임을 구별할 수 없는 것이기 때문이네.
>
> _《파이돈》 99b

가장 좋은 것을 선택하는 것은 "진짜 원인"(to aition)에 의한 것입니다. 이것은 '좋음'입니다. "그것 없이는 원인이 결코 원인일 수 없는 것"은 자연의 물질적 원인입니다. 아낙사고라스의 주장에서 발견되는 원인인 것입니다. 앞의 것은 '아이티아'aitia(일반적인 의미에서 원인을 가리키기도 합니다), 뒤의 것은 '쉰아이티아'synaitia라고 합니다. 이를 달리 말해보면, 인간이 어떤 사태를 파악할 때 자연적 원인을 규명하는 것에 관심을 가지고 감각적 지식에서 얻을 수 있는 것에 만족한다는 것입니다. 더 나아가, 지성을 통해서 알 수 있는 것들이나 가치판단에 의한 것은 소홀히 하면서 그것과 자연적 법칙에 대한 판단을 구별하지 않는다는 것입니다.

지금까지 《파이돈》에서 읽은 바를 파르메니데스, 헤라클레이토스 등과 관련지어 정리해봅시다. 소크라테스에 의해 자연학에서 인간학으로의 전환이 시도되었고, 파르메니데스나 헤라클레이토스는 인간의 문제를 다루지는 않았습니다. 다룬다 해도 인간의 앎의 확실성에 대해 다루었을 뿐 인간의 삶에서 생겨나는 최선의 상태, 좋음에 대해서는 논의하지 않았습니다. 그들의 학문적 태도를 그대로 밀고나가면 자연학이 성립합니다. 그렇지만 소크라테스가 자연학에서 인간학으로의 전환을 시도하면서 심각한 문제가 생겨났습니다. 바로 인간의 파토스 때문입니다. 인간이 살아가면서 구체적으로 겪는 일들 말입니다. 그것은 인간의 열정과 고통입니다. 인간의 행위와 그 행위로써 이루어지는 삶은 법칙으로 추려낼 수가 없습니다. 인간이라는 종은 규정할 수 없는 존재, 한정을 지을 수 없는 존재, 무한정자無限定者(apeiron)가 되는 것입니다. 자연학에서 인간학으로의 전환은 획기적인 시도인데, 이 시도가 시작부터 난관에 처하였습니다. 인간에 대한 규정을 만들어내는 것이 무척이나 어렵기 때문입니다.

인간의 눈앞에는 수다한 것이 쫙 펼쳐져 있습니다. 많은 것들(다多)이 있습니다. 그것을 있는 그대로만 보고 있는 사람은 헤라클레이토스가 말한 것처럼 "개처럼 짖기만" 할 것입니다. 진리를 모르는 자들에게는 무엇이든 낯설 것입니다. 인간이 그 낯선 것들을 파악하여 법칙을 만들어내지 못하면, '하나'를 만들어내지 못하면 그것은 언제까지나 낯선 '여럿'일 뿐입니다. 봄이 와도 봄이라고 이름 붙일 줄도 모를 것입니다. 첫째 강물, 둘째 강물, 셋째 강물, 이렇게 강물들이 계속해서 흘러가도 그것에 '강'이라는 이름을 붙일 줄 모를 것입니다. 강물들이 흘러가다 더 이상 흐르지 않으면 '웅덩이'라고 이름을 붙여야 하는데 그렇게 할 줄도 모를 것입니다. 이렇게 개념을 바꾸어 쓸 줄 모를 것이고, 이렇게 이름을 붙이지 않으면 그것은 한정되지 않은 것, 규정되지 않은 것입니다.

아리스토텔레스는 《형이상학》 첫머리에서 "모든 사람은 본성적으로 알고 싶어 한다"고 말합니다. 이를 달리 말하면 '인간이 인간의 본성을 가지고 있는 한, 그는 자신 앞에 놓여 있는 것들을 규정하고 싶어한다'입니다. 수다한 것들을 정리해서 개념을 만들어내거나 법칙을 만들면 이것이 '한정된 것'(peras)입니다. 이 한정된 것에는 규정(horismos)이 상응합니다. 헤라클레이토스는 이렇게 만들어진 규정을 로고스logos라 하기도 하고, 그러한 규정을 만드는 힘(dynamis)도 로고스라고 말합니다. 헤라클레이토스에서 로고스는 대상에 대한 규정이면서 동시에 규정을 만들어내는 힘입니다. 그러나 이 규정과 규정을 만드는 힘은 자연 세계에 속하지 않습니다. 그것은 인간이 가지고 있습니다. 이 힘은 자연 세계 위에 있는 힘입니다. 앞에서 말했듯이 헤라클레이토스보다 후대의 사람인 파르메니데스는 세 가지 길이 있다고 했습니다. 그중에서 셋째 길은 반성하는 사유의 길입니다. 사람들은 눈앞에 펼쳐진 수다한 것들을 보고 확신에 차서 자신의 의견을 말합니다. 확신들이 넘쳐나니 수없이 많은 싸움들이 벌어집니다. 파르메니데스는 이 상황에서 사람들이 제대로 사유하고 있는지를 음미하는 반성적 사유를 제시한 것입니다.

헤라클레이토스나 파르메니데스는 '인간의 사유가 자연의 사물과 현상을 파악하고 규정하는 것'에 관하여 말하였습니다. 그리고 그들은 거기에서 그쳤습니다. 그들은 인간이 사유를 잘해야 한다고 말했습니다. 그들은 어떻게 살아야 하는지에 대해서는 말하지 않았습니다. 그들은 최선의 상태에 대해서는 말하지 않은 것입니다.

헤라클레이토스나 파르메니데스의 시도를 끝까지 밀고가 봅시다.

세계에 있는 수다한 만물을 하나도 남김없이 규정하는 것입니다. 원리적으로는 모든 것이 규정될 것입니다. 더 이상 무규정적인 것은 없습니다. 나눔(diairesis)과 모음(synagōgē)을 끝없이 해나가면 그것에 상응해서 끝없이 말이 만들어질 것입니다. 그런 상태에 이르면 인간의 눈앞에 놓여 있는 사물과 그것에 대한 규정은 정확하게 대응하게 될 것입니다. 사유의 세계와 존재의 세계가 일대일 대응하는 것입니다. 말과 사물이 상응하는 것입니다. 사물 세계를 나누고 그것을 사유로 가져오면 범주가 됩니다. 이 범주를 배열하면 논리학입니다. 이 논리학만 있으면 세상의 모든 것에 대해 알게 됩니다. 아리스토텔레스의 논리학에서 하위에 있는 것은 종種이고 그것 위에 있는 것은 유類입니다. 맨 위에는 최고 유가 있습니다.

동물에 대해서도 이런 방식을 사용합니다. 이를테면 한국 동물 생태'계'가 있다고 합시다. 이 "계"에서 '생태계 최고 포식자'는 삵입니다. 동물을 규정할 때는 그 동물이 속해 있는 계와 그 계에서의 위치를 가지고 설명합니다. 생물학은 생물을 배열하는 방식을 연구하는 학문입니다. 무생물을 종과 유에 따라 배열하는 방식을 연구하는 학문은 화학입니다. 물은 'H_2O'라 합니다. 이는 H 영역에 두 개, O 영역에 하나가 있고 그것이 연결되어 있음을 보이는 것입니다. 이것은 사물에 귀속되는 본성(physis)입니다. 이 본성이 사물을 규정합니다.

그렇다면 인간은 어떻게 규정할 수 있겠습니까. 아리스토텔레스는 '인간은 이성적 동물'이라고 말합니다. '정치적 동물'이라고도 표현합니다. 인간에 대해서는 하나의 특성만 가지고 규정하지 않습니다. 물론 생물학적 규정만 가지고 인간의 위치를 정할 수도 있습니다. 그것을 그대로 밀고가도 됩니다. 그런 경우에는 '심리과학', '생물과학'의 도움을 빌리면 됩니다. '인간이란 무엇인가'를 생물과학만으로 규정할 수 없다면 인간은 무한정자인 것입니다. 자연학에서 인간학으로의 전환은 무한정자로서의 인간이 철학적 사유의 대상으로 등장하였음을 의미합니다.

    소크라테스는 인간을 본격적인 탐구 대상으로 삼기 시작했습니다. 그리고 탐구를 위한 방법론을 찾기 위해 아낙사고라스를 읽었습니다. 그 방법으로는 좋음을 규정할 수가 없었는데, 좋음은 사람마다 다르기 때문입니다. 소크라테스가 분석하고 종합해야 할 대상은 '눈에 보이는 존재의 세계'가 아니라 '눈에 보이지 않는 가치의 세계'였습니다. 좋음은 고정된 것일 수 없고 시대에 따라 변합니다. 좋음이 고정 불변의 실재로 있으려면 인간에 대한 규정도 불변의 실재로 해두어야 할 것입니다. 이것은 좋음의 존재론이라 할 수 있겠습니다. 여기서 좋음의 존재론은 좋음의 논리학과 같은 의미가 될 것입니다. 불변의 좋음이 저기에 있고, 그것에 상응하는 불변의 논리학이 여기에 있습니다. 좋음의 존재론(좋음의 논리학)이 성립할 수 있으려면 인간에게 우연적인 것이 결코 일어나지 않음을 보여주어야 합니다. 그렇지 않다면 이 존재론과 논리학은 성립하지 않습니다. 여기서 타협책으로 생각해볼 수 있는 것이 좋음의 유형론일 것입니다. 다양한 경우의 수를 상정하여 유형을 만들어놓고 그때그때 꿰어맞춰 보는 것입니다. 불변의 좋음이 있다면 그것의 법칙을 파악하여 좋음의 논리학을 만들고 그것을 예외없이 적용하면 될 것이지만, 좋음의 유형론에서는 이런 방식을 적용할 수가 없습니다. 좋음의 유형론은 파라데이그마paradeigma, 즉 잠정적 모형을 전제할 수밖에 없습니다. 모형을 만들어두고 그때그때 상황에 맞춰 적용해야 합니다. '상황에 맞춰' 적절함을 찾아내는 능력이 있어야만 합니다. 이 능력은 일종의 본本을 가지고 현실의 구체적인 상황을 살펴보는 힘을 가리킬 것입니다.

이렇게 살펴보는 힘은 본을 모방(mimēsis)하는 것입니다. 인간은 진리를 가질 수 없고 진리 닮은 것을 가질 수밖에 없습니다. 즉 모방할 수밖에 없습니다. 그것이 인간의 한계입니다.

제11강

합의된 규약에 의지하는 '차선의 방법'

일단 여기까지 논의를 해두고 《파이돈》에서 '인간학으로의 전환' 부분을 계속해서 읽어보도록 합시다. 소크라테스는 "진짜 원인"을 얻을 수 없었습니다. 아낙사고라스의 방법을 통해서는 좋음에 대한 통찰을 얻을 수 없었던 그는 다른 방법을 찾아보려고 합니다. 《파이돈》 99c~99e를 봅시다.

"[…] 그러나 나는 이 원인을 얻지 못하고 말았기에, 내 자신이 그걸 찾게 되지도 남한테서 배우게 되지도 못했기에, 내가 그 원인의 탐구를 위한 차선의 방법을 어떻게 수행했는지를, 케베스, 자네는 내가 보여주는 걸 바라는가?" 그분께서 말씀하셨습니다.
[…]
"[…] 나 또한 그와 같은 유의 것을 생각하게 되었으니, 육안으로 사물들(pragmata)을 바라보고 각각의 감각(aisthēsis)들에 의해서 그것들을 파악하려 시도하다가, 나의 혼(psychē)이 아주 눈멀어버리지나 않을까

두려웠네. 그래서 내게는 로고스들(logoi)에 의지하여 이것들 속에서, 존재하는 것들(있는 것들: ta onta)의 진리(진실: alētheia)를 고찰해야만 한다는 생각이 들었네. […]"

_《파이돈》 99c~99e

소크라테스는 세계를, 모든 것(ta onta)을, 좋음의 관점에서 파악하려 했으나 실패했습니다. 좋음을 놓고, 최선의 상태라는 것을 놓고, 모든 것을 그 아래로 묶고 결합시켜 하나의 전체로 꿰려고 했는데, 아낙사고라스의 방법을 통해서는 그것이 불가능함을 알았습니다. 사실 그 어떤 철학적 사유도 이것을 성취하지 못하였습니다. 종교만이 이것을 성취했습니다. 이를테면 기독교의 '선한 하느님'은 최상위 존재입니다. 불변의 신을 최상위에 두고 그 아래 전 우주를 꿰어서 배열하면 됩니다. 우리의 선택지는 간단할지도 모릅니다. 종교에 귀의하든지, 차근차근 자연과학의 탐구에 나서든지, 모든 야망을 포기하든지. 아무튼 소크라테스가 여기서 하고자 하는 것은 목적론적 원인을 아는 것입니다. 세계에 대한 가치 목적론적 원인을 아낙사고라스의 방법에서는 얻을 수 없었던 그는 그 원인의 탐구를 위한 "차선의 방법"을 수행하겠다고 나섭니다. 이것은 '둘째 항해'라고도 합니다. 그렇다면 자연스럽게 첫째 항해는 소크라테스가 아낙사고라스의 방법에 따라 세계를 탐구한 것이 됩니다. 첫째 항해로는 안 되니까 둘째 항해에 나선 것입니다. 사실 이것은 둘째 항해라기보다는 다른 방식에 따르는 항해라고 하는 것이 적절할 것입니다.

둘째 항해는 첫째 항해에 대한 반성에서 시작합니다. "육안으로 사물들(pragmata)을 바라보고 각각의 감각(aisthēsis)들에 의해서 그것들을 파악하려고 시도하다가, 나의 혼(psychē)이 아주 눈멀어버리지

나 않을까 두려웠네." 이는 감각에 의존하는 방법으로는 안 되었다는 뜻입니다. "그래서" 소크라테스는 "로고스들(logoi)에 의지하여" 진리를 찾으려고 합니다. 이것은 무엇을 의미하는 걸까요? 우리가 읽고 있는 번역본 각주에 따르면, 여기에서 문제가 되는 것은 로고스의 복수 형태인 "로고스들"이 무슨 뜻으로 쓰였는가 하는 것입니다. 이는 소크라테스의 철학적 방법 및 철학사적 의의의 문제와도 직결되는 것입니다. 소크라테스는 하나의 형상을 말하는 것이 아니라 "로고스들"이라 하면서 여러 개의 뭔가를 말하고 있습니다. 이것은 무엇일까요. 소크라테스가 이에 대해서 설명하는 부분 《파이돈》 100a 이하를 살펴봅시다.

"[…] 그야 어쨌든 나는 이런 식으로 시작했네. 나는 그때마다 가장 건실한 것으로 내가 판단하는 것을 원칙(logos)으로 가정하고서(삼고서: hypothemenos), 이와 합치하는 것으로 내게 생각되는 것들은, 그것들이 원인에 관련된 것이든 또는 그 밖의 다른 모든 것에 관련된 것이든 간에, 나는 참된 것들인 걸로 간주하되, 그렇지 않은 것들은 참된 것들이 아닌 것들로 간주하네. […]"

[…]

"한데, 내 말은 이런 걸세. 이건 전혀 새로운 게 아니고, 다른 때도 늘 그랬지만 이미 지난 논의에서도 끊임없이 말해왔던 바로 그것들일세. […] 아름다운 무엇인가가 그것 자체로(auto kath' hauto) 존재한다(einai)고 … 가정하고서 말일세. […]"

[…]

"그러면 그것들 다음의 것들에 대해서도 나와 같은 생각인지 보게. 만약에 아름다움 자체(auto to kalon) 이외에 다른 아름다운 것이 있다면, 이것이 아름다운 것은, 이것이 그 아름다움 자체에 관여하기(metechei) 때문이지, 그 밖의 다른 어느 것 때문도 아닌 것으로 내겐 보이네. […]"
[…]
"[…] 즉 그것을 아름답도록 만드는 것은 다른 것이 아니라 저 아름다움의 나타나 있게 됨(parousia)이거나 결합(koinōnia)이거나 또는 그것이 어떤 방식으로 어떻게 이루어지는 것이건 간에 말일세. 왜냐하면 내가 아직은 이것이다 하고 자신 있게 단언하지는 못하지만, 모든 아름다운 것이 아름다운 것은 아름다움(to kalon)으로 인해서라는 건 자신있게 단언하는 바이기 때문일세. […]"

_《파이돈》 100a~100d

소크라테스는 앞서 로고스들에 의지한다고 말한 것을 여기서 반복하고 있습니다. 그것은 "가장 건실한 것으로 내가 판단하는 것을 원칙으로 가정"한다는 것입니다. 일단 자신이 생각하기에 가장 건실한 원칙들을 이것저것 세우고, 그것을 다른 것들과 비교하면서 원칙에 부합하는 것들을 추론해나간다는 것입니다. 이는 일종의 추론 규칙인데, 소크라테스가 새롭게 만들어낸 방법은 아닙니다. 아름다움에 관해 논의를 한다면 일단 "아름다운 무엇인가가 그것 자체로 존재한다고" 가정합니다. 그런 다음 뭔가가 아름다운 것은 그 뭔가가 "아름다움 자체"의 나타남이거나 아름다움 자체와 "결합"되어 있는 것이라고 생각합니다. 마지막으로 이러한 판단들로부터 아름다움 자체가 있다고 "단언"합니다. 이것에 모두 동의한다면 아름다움 자체가 있다고 결론을 내립니다. 이 추론에서 소크라테스는 아름다움 자체가 있다는 것을 증명하고 있는 것이 아닙니다. 그가 설명하는 것은, 사람들이 아름다움에 대해 동의할 수 있는 것은 아름다움 자체에 동의하고 있기 때문이라는 것뿐입니다.

소크라테스의 이 논변은 어떻게 이해할 수 있을지 아리스토텔레스가 《형이상학》에서 정리한 바를 살펴보도록 합시다.

6. 플라톤의 철학. 이 철학은 질료인과 형상인만을 활용한다

지금까지 말한 철학들에 뒤이어 플라톤의 연구가 출현했는데, 이 연구는 많은 점에서 앞 사람들을 따랐지만 이탈리아의 철학자들과 구별되는 고유한 점들이 있다. 플라톤은 젊은 시절 처음으로 크라튈로스와 헤라클레이토스의 의견들에 친숙하게 되었다. 이런 의견들에 따르면 모든 감각물은 언제나 흘러가는 상태에 있어서 이것들에 관한 학문적 인식은 존재하지 않는데, 그는 나중까지 이런 생각을 그대로 견지했다. 하지만 소크라테스는 윤리적인 것들에 대해서 연구하면서 자연 전체에 대해서는 아무 관심도 두지 않았지만, 윤리적인 것들에서 보편자를 찾고, 최초로 정의들에 생각의 방향을 맞추었다. 플라톤은 그의 가르침을 받아들이면서 다음과 같은 이유 때문에 정의는 감각물들이 아니라 그와 다른 것들에 대해서 성립한다고 생각했다. 즉 그는 감각물들은 언제나 변화하고 있기 때문에 그것들 중 어떤 것에 대해서도 공통의 정의가 있을 수 없다고 생각했던 것이다. 플라톤은 그런 종류의 있는 것들을 이데아들이라고 불렀고, 모든 감각물은 그것들과 떨어져 있으면서 그것들에 따라서 이름을 얻는다고 말했다. 형상들과 같은 이름의 여러 사물들은 관여에 의해 있기 때문이라는 것이다. 그러나 그는 '관여'란 말을 쓰면서 이름만 바꿨을 뿐이다. 왜냐하면 피타고라스학파는 있는 것들이 수들의 모방에 의해서 있다고 말하는데, 플라톤은 이름만 바꾸어, 관여에 의해서 있다고 말하기 때문이다. 그렇지만 형상들에의 관여나 모방이 어떤 것인지는 공동의 탐구과제로 남겨두었다.

_《형이상학》 987a~987b

　　아리스토텔레스에 따르면 "플라톤은 젊은 시절 처음으로" 크라튈로스와 헤라클레이토스의 의견들에 친숙하게 되었습니다. 그들의 의견은 감각 사물이 끊임없이 변한다는 것입니다. 끊임없이 변하므로 인간은 일관성 있는 판단을 가질 수 없습니다. 여기서 플라톤은 학문 인식에 있어 불변의 것을 찾았을 것입니다. 아리스토텔레스에 따르면 소크라테스는 자연 전체에 대해 관심을 두지 않았습니다. 다시 말해서 "윤리적인 것들", 즉 인간학으로 관심을 전환하였습니다. 소크라테스는 "보편자"를 찾았고, "최초의 정의들에 생각의 방향을 맞추었"습니다. 플라톤은 이것을 받아들여 "공통의 정의"를 탐구하였으며, 그런 종류의 것을 "이데아들"이라고 불렀습니다. 아리스토텔레스가 이데아들이라 한 것은 《파이돈》에서 소크라테스가 "로고스들"이라 한 것과 같은 것을 가리킵니다. 아리스토텔레스의 《형이상학》에는 이에 관한 또다른 상세한 설명이 있습니다.

　　([…] 반면 소크라테스는 정당한 근거에서 '무엇'을 찾았으니, 그가 찾은 것은 추론 활동이고 '무엇'은 추론들의 시작이기 때문이다. 왜냐하면 그 때는 아직 변증술의 능력이 갖추어지지 않아서 '무엇'을 고려하지 않고서는 반대자들을 탐색할 수 없었고, 반대자들에 대해 동일한 학문이 있는지 알 수 없었기 때문이다. 마땅히 소크라테스의 공적으로 돌려야 할 것이 둘이 있는데, 귀납적 추론과 보편적 정의가 그렇다. 이것들은 둘 다 학문의 출발점과 관계한다). — 하지만 소크라테스는 보편자들도, 정의들도 분리시키지 않은 반면, 그들은 그것들을 분리시켰고 그런 것들을 있는 것들의 이데아들이라고 천명했으며, 이에 따라 거의 동일한 논변에 의해

서 그들은 보편적으로 일컬어지는 모든 것들에 대해 이데아들이 있다는 결론에 이르렀으니, 이는 마치 수를 세려고 하는 사람이 (여기) 있는 것들의 수가 적으면 셈을 할 수 없다고 생각하고서 셈할 것을 더 많이 만들어 수를 세려 하는 것과 비슷하다.

_《형이상학》1078b

소크라테스가 찾은 것은 '무엇'이고, 이것은 추론의 시작점입니다. 소크라테스가 찾은 것은 불변의 실재가 아니라, 논의의 출발점으로 삼을 수 있는 로고스들입니다. 이를 아리스토텔레스는 "귀납적 추론과 보편적 정의"라고 말합니다. 이는 소크라테스의 둘째 항해를 달리 설명한 것입니다. 이것은 학문의 시작과 관련된 것입니다. 일단 누구나 동의할 수 있는 논의의 출발점을 찾는 것이 소크라테스가 말한 차선의 방법입니다. 이 방법은 "의미 규정이 된 말들(logoi)을 매개로 이성(logos)에 의해 존재하는 것들의 진리를 고찰을 하는 것"입니다. 소크라테스의 변증법(dialektikē)은 여기서 시작합니다.

지금까지 살펴본 것을 바탕으로 "차선의 방법", 둘째 항해에 관하여 다시 한 번 생각해봅시다.

아낙사고라스의 자연 탐구의 방법에서 아무것도 얻어내지 못한 소크라테스가 자신의 탐구방법으로 내놓은 것은, 감각을 벗어나는 방법입니다. 감각을 이용하면 혼이 혼란스러워진다는 것입니다. 혼이 혼란스럽다는 것은 판단이 그때그때 달라진다는 것을 말합니다. 판단이 그때그때 달라지는 건 무엇 때문일까요. 감각의 대상들이 바뀌기 때문일까요, 인간의 감각이 바뀌기 때문일까요. 헤라클레이토스의 만물유전론을 받아들인다면 감각의 대상들 때문일 것입니다. 모든 게 변하기 때문이라는 것이지요. 소크라테스는 감각 때문이라고 생각합니다. 감각 때문에 판단이 달라지므로 감각을 멀리하고 "로고스들에 의지"해야 한다고 말합니다. 이렇게 하면 뭐가 달라질까요? 판단이 그때그때 바뀌지 않으므로, 잠정적이기는 하지만 '규정'이 가능하게 됩니다. 이렇게 해서 '의미 규정'(horismos)을 확보하게 됩니다. 이것은 아리스토텔레스에 따르면 "학문의 출발점"입니다. 이 규정은 사람들의 의견들을 검토하기 위해 가정하는 사유의 내적 기준입니다. 이것이 바로 "의미 규정된 말들을 매개로 이성[추론]에 의해 존재하는 것들의 진리를 고찰하는 것"입니다.

이 고찰은 어떤 절차를 따르는지 살펴봅시다. 먼저 가장 견실한 것으로 여겨지는 것으로 내가 판단하는 것을 원칙으로 가정하고서, 이와 합치하는 것으로 내게 생각되는 것들은 참된 것들로 간주합니다. 그다음에는 앞서 세운 원칙과 어긋나는 것들을 식별합니다. 이렇게 식별하는 것이 '앎'입니다. 이것은 불변의 실재인 형상을 아는 것이 아닙니다. 분별 능력을 가지는 것일 뿐입니다. 분별 능력을 가지지 못하는 것은 무지無知입니다. 무지는 불변의 실재인 형상을 모르는 것이 아닙니다. 논의를 진전시키기 위해 출발점을 합의하는 힘이 없는 상태입니다.

제12강

같음과 같음 자체에 관한 논변

지금까지 《파이돈》에서 소크라테스가 인간학으로 전환하면서 제시한 방법론을 논의하였습니다. 이제 《파이돈》에 나오는 다른 형상 논변을 검토해보도록 합시다.

"[…] 같은 나무토막들이나 돌들은 똑같은 것들이면서도, 때로 어떤 이에게는 같아 보이지만, 어떤 이에겐 같아 보이지 않지 않겠는가?"
"물론 그렇습니다."
"그럼 이건 어떠한가? 같은 것들 자체(auta ta isa)가 때로는 같지 않은 것들로 또는 같음(동일성: isotēs)이 같지 않음(anisotēs)으로 자네에게 보이기라도 했는가?"
"결코 그런 적은 없습니다, 소크라테스 선생님!"
"그렇다면 저 같은 것들과 같음 자체는 동일한 것(tauton)이 아닐세." 그분께서 말씀하셨습니다.
"제겐 전혀 같은 것으로 보이지 않습니다, 소크라테스 선생님!"

"하지만 이들 같은 것들은 그 같음 자체와는 다른 것들인데도, 어쨌든 이 것들로 해서 자네는 그것에 생각이 미치게 되었으며 또한 그것에 대한 앎(지식: epistēmē)도 얻게 되었겠지?" 그분께서 물으셨습니다.

_《파이돈》 74b~74c

"그렇다면 저 같은 것들과 같음 자체는 동일한 것(tauton)이 아닐 세"라는 문장을 보면 "같음 자체"와 "같은 것들"은 서로 다른 것입니다. 같음 자체가 하나 있는데, 그 같음 자체는 "동일한 것", 자기동일성을 유지하는 불변의 것입니다. 이것은 실재로서의 형상입니다. 그리고 같은 것들, 닮은 것들이 있습니다. "이들 같은 것들은 그 같음 자체와는 다른 것들인데도, 어쨌든 이것들로 해서" 같음 자체를 닮은 것들입니다. 인간은 여러 개의 이 닮은 것들로 인해 같음 자체, 즉 동일성을 유지하는 것에 "생각이 미치게" 되고, "그것에 대한 앎(지식: epistēmē)도 얻게" 됩니다. 이를테면 여러 개의 아름다운 것'들'을 통해서 '하나'인 아름다움 자체에 대한 앎에 이를 수 있다는 것입니다.

"[…] 그것들이 같은 것 자체(auto to ho estin ison)와 마찬가지로 우리에게 같아 보이는가? 같음(to ison)과 같은 그런 것이 되기에는 뭔가 그것에 못 미치는가 아니면 전혀 모자람이 없는 건가?" 그분께서 물으셨습니다.
"그야 많이 모자랍니다." 그가 대답했습니다.
"그렇다면, 누군가가 뭔가를 보고서 스스로 이런 생각을 할 경우에, 즉 지금 내가 보고 있는 이것이 다른 어떤 것과 같은 그런 것으로 되려고 하지만, 그것과 같은 그런 것으로 되기에는 부족하기도 하고 또한 될 수도 없거니와 훨씬 하찮은 것이라는 그런 생각을 하게 될 경우에, 그런 생각을 하게 된 사람은, 이것이 닮기는 했으되(proseoikenai) 훨씬 모자란다고 그가 대비하여 말하고 있는, 그 대상을 먼저 알고 있었을 것임이 어쩌면 필연적일 거라는 데 대해 우리는 동의하고 있는가?"

_《파이돈》 74d~74e

여기에서는 하나인 "같음(to ison)과 같은 그런 것"이 되기에는 많은 같은 것들이 "그것에 못 미치는가 아니면 전혀 모자람이 없는 건가?"를 묻습니다. 당연히 같은 것들, 즉 하나의 같은 것을 모방한 것들은 모자라는 것입니다. 이것은 어떻게 알겠습니까? 지금 자신이 보고 알고 있는 것이 모자라다는 것을 어떻게 알 수 있을까요? 분명히 완전한 것을 알고 있어서 그것과 비교해보아야 알 수 있을 텐데 말입니다. "그가 대비하여 말하고 있는, 그 대상을 먼저 알고 있었을 것임"이 전제되어야 하지 않을까요? 하나의 같음을 미리 알고 있어야만 합니다. 이것은 분명히 실재로서의 형상을 인간이 알고 있었음을 의미하는 것입니다. 이것이 플라톤의 인식론인 상기설입니다. 인간이 나면서부터 이것을 알고 있어야 하고, 같은 것들을 보면서 그것을 떠올려야만 합니다. 플라톤의 형상 논변은 상기설과 밀접한 관련을 가지고 있는 것입니다. 이는 인간의 영혼이 형상에 관한 앎을 미리 가지고 있음을 주장하는 것입니다.

《파이돈》의 형상 논변은 인간의 영혼이 불멸한다는 것을 주장하는 과정에서 등장한 것입니다. 인간이 확실한 앎을 가지기 위해서는 나면서부터 확실한 것에 대한 앎을 가지고 있어야만 합니다. 그러기 위해서는 영혼이 불멸해야 합니다. 인간은 불멸하는 이 영혼을 잘 단련해야 형상에 대한 앎을 가질 수 있습니다. 《파이돈》에서 형상에 관한 논의는 인간의 영혼에 관한 논의에 부수적인 것입니다.

우리는 플라톤의 《파이돈》을 인간 개인의 영혼에 관한 논의로 이해합니다. 《파이돈》에서 제시하고 있는 인간의 전형은 소크라테스입니다. 소크라테스는 어떤 사람입니까? 《파이돈》의 마지막은 소크라테스에 대한 찬양으로 끝납니다. "에케크라테스! 이것이 우리 동지의 최후가 되었습니다. 우리가 당대에 알게 된 사람들 가운데서 가장 훌륭하였으며, 그 밖에도 가장 지혜로웠으며 가장 올발랐다(정의로웠다)고 우리가 말해야 할 그런 분의 최후 말입니다." 이것이 《파이돈》의 인간학인 것입니다.

우리는 여기서 한 가지 물어볼 수 있습니다. 《파이돈》에 등장한 소크라테스와 같은 삶을 살면 인간으로서 완성될 수 있겠는가, 인간은 자족적일 수 있겠는가 하고 말입니다. 플라톤은 이에 대해 어떻게 대답을 하고 있을까요? 플라톤은 개인으로서의 인간은 완성 상태에 이를 수 없다고 생각했을 것입니다. 플라톤은 인간은 정치적 공동체(koinōnia)에 살 때에만 완성 상태에 가까워진다고 주장하기 때문입니다. 인간이 완성태에 이르려면 공동체에서 남들과 만나야만 합니다. 공동체를 다루는 《국가》나 공동체를 이끌어가는 정치가를 다루는 《정치가》(Politikos)는 정치학이지만, 여기까지 진전될 때에라야 인간이 완성된 상태에 가까워질 것이므로 넓은 의미의 인간학이기도 합니다. 그러나 이것은 완성이 아니라 완성을 닮은 것일 뿐입니다. 플라톤에서는 완성이 불가능합니다. 플라톤이 보기에 인간이 사는 공동체는 끊임없는 내분 상황에 처해 있고, 그것을 해소하기 위해서는 불변의 것이 지상에 실현되어야만 합니다. 인간은 이것을 실현할 수 없습니다. 이것은 천상에서나 실현될 수 있을 것입니다. 중세적인 의미에서의 신국神國에서나 가능할 것입니다.

| 정치 공동체, 넓은 의미의 인간학
《국가》 |

제13강

참으로 좋은 것에 관한 앎
(태양의 비유)

《파이돈》에서 우리는 인간의 영혼불멸과 관련한 논변들을 살펴보았습니다. 플라톤은 소크라테스가 시도한 자연학에서 인간학으로의 전환을 본격적으로 진전시킵니다. 이러한 진전은 좋음의 이데아에 관한 논의에서 살펴볼 수 있습니다. 플라톤에 따르면, 인간의 삶에서 가장 중요한 것은 대상 세계에 대한 확실한 앎이 아니라 참으로 좋은 것에 관한 앎입니다. 이 앎의 대상은 배움의 최고 대상으로서의 '좋음의 이데아'(hē tou agathou idea)입니다. 이에 관한 논의가《국가》에서 전개됩니다. 이것은 플라톤 형이상학의 핵심 논변이라 할 수 있습니다.

《국가》에서 좋음의 이데아에 관한 탐구는 태양의 비유, 선분의 비유, 동굴의 비유로 이루어져 있습니다. 좋음의 이데아에 관한 논의는 506c~507a에서 다음과 같이 시작합니다.

"어떤가? 인식(앎)이 결여된 의견(판단: doxa)들은 모두가 창피스런 것이라는 걸 자넨 깨닫지 못하고 있었는가? 그 가운데 제일 나은 것들조차도 맹목적인 것들일세. 혹시 자네한텐 지성(nous)은 갖추지 못한 채 참된 것에 대한 의견(판단)을 갖는 사람들이 눈은 멀었어도 길을 바로 가고 있는 사람들과 어떤 점에서건 다르다고 생각되는가?" 내가 물었네.

"아무것도 다를 게 없습니다." 그가 대답했네.

"그러면 자네는 밝고 아름다운 것들을 남들한테서 들을 수 있으면서도, 창피스럽고 맹목적이며 일그러진 것들을 보기를 원하는가?"

그러자 글라우콘이 말했네. "소크라테스 선생님! 마치 다 끝나기라도 한 것처럼, 물러서시는 일은 단연코 없도록 하십시오. 선생님께서 올바름과 절제 그리고 그 밖의 것들에 관해서 상세히 말씀하신 것처럼, '좋음'(善: to agathon)에 관해서도 그렇게 상세히 말씀해주신다면, 저희는 정말 만족해 할 것입니다."

"여보게나, 실은 나 역시 몹시 만족해 할 걸세. 그러나 내가 그렇게 한다는 것이 불가능하지는 않을지, 애는 쓰고서도 망신한 꼴이 되어, 비웃음을 자초하게 되지나 않을지. 하지만 여보게들! 도대체 '좋음(善) 자체'가 무엇인가 하는 문제는 지금 상태로 그냥 두어두기로 하세나. 내가 보기에, 현재의 열의로써는 그것과 관련해서 지금의 내가 갖고 있는 생각에 이르는 것조차도 넘치는 일일 것 같기 때문일세. 하나, '좋음'의 소산所産(소생所生: ekgonos) 같고 그것을 가장 닮아 보이는 것을 내가 말하도록 하세. 자네들 역시 마음에 든다면 말일세. 만약에 마음에 들지 않는다면, 그만두기로 하겠네만." 내가 말했네.

"말씀해주세요. 그 아버지에 대한 이야기 빚은 나중에 갚아 주실 테니까요." 그가 말했네.

"나로서도 그 이야기 빚을 다 갚을 수 있게 되기를, 그리고 자네들 역시, 지금처럼 이자만 받을 게 아니라, 그걸 다 받게 되길 바라네. 그러니 좋음(善) 자체(auto to agathon)의 이자(tokos)와 소산부터 받도록 하게나. 하지만 내가 엉터리로 이자 계산을 해줌으로써 본의 아니게 자네들을 어떻게든 속이는 일이 없게끔 조심들 하게." 내가 말했네.

_《국가》506c~507a

글라우콘은 소크라테스에게 "선생님께서 올바름과 절제 그리고 그 밖의 것들에 관해서 상세히 말씀하신 것처럼, '좋음'(善: to agathon)에 관해서도 그렇게 상세히 말씀해"달라고 요청합니다. "올바름과 절제 그리고 그 밖의 것들" 위에 "좋음"이 있습니다. 소크라테스는 이것이 상당히 심각한 논의임을 알고 있습니다. 동시에 그는 이 문제를 쉽게 다룰 수 없다는 것도 알고 있습니다. "하지만 여보게들! 도대체 '좋음(善) 자체'가 무엇인가 하는 문제는 지금 상태로 그냥 두어두기로 하세나"라고 말하며 섣불리 문제 해결에 나서지 않는 것입니다. 그렇다 해도 문제 해결에 나서지 않을 수는 없습니다. 그가 제시한 것은 일종의 타협안입니다. "좋음(善) 자체(auto to agathon)의 이자(tokos)와 소산부터 받도록 하게나"에서 "좋음 자체의 이자와 소산"은 좋음에서 생겨난 것입니다. 일단 좋음을 닮은 것들만 탐구해보자는 것입니다.

"그런가 하면 아름다운 것 자체니, 좋은 것 자체니 하고, 그리고 그때 우리가 '많은 것'(polla)으로 상정한 모든 것과 관련해서도 이런 투로 말하며, 이번에는 각각의 것(x)에 한 이데아가 있는 것으로 상정하여, 이 한 이데아에 따라 이 각각을 '실재하는 것'(ho estin)이라 우리가 일컫네."
"그렇습니다."
"그리고 앞엣것들은 [눈에] '보이기는'(horasthai) 하되 '지성(nous)에 알

국가 **145**

려지지는'(지성에 의해서[라야] 알게 되는: noeisthai) 않는다고 우리가 말하는 반면에, 이데아들은 지성에 알려지기는(지성에 의해서[라야] 알게 되기는) 하나 [눈에] 보이지는 않는다고 말하네."

"전적으로 그렇습니다."

"그러면 보이는 것들(ta horomena)을 우리가 보는 것은 우리 자신의 무엇으로써 하는가?"

"시각으로써 합니다." 그가 대답했네.

"그러니까 들리는 것들은 역시 청각으로써 듣고, 그 밖의 '감각에 의해 지각될 수 있는 것들'(ta aisthēta) 모두도 다른 감각(aisthēsis)들로써 지각하지 않겠는가?" 내가 물었네.

"물론입니다."

"그러면 자네는 감각들을 '생기게 한 자'(dēmiourgos)가 '봄'(horan)과 '보임'(horasthai)의 '힘'(dynamis)을 생기게 하는 데 있어서 얼마나 낭비적으로 했는지 생각해보았는가?" 내가 물었네.

"전혀 생각해보지 않았습니다." 그가 대답했네.

"자, 이렇게 생각해보게나. 청각과 소리가 한쪽이 듣고 다른 쪽이 들리게 되려면, 다른 부류의 것을 추가로 요하는가? 즉 제3의 것으로서, 이것이 없으면, 한쪽은 듣지를 못하게 되고, 다른 쪽은 들리지 않게 될 그런 걸 말일세."

"아무것도 요하지 않습니다." 그가 말했네.

_《국가》 507b~507d

첫째 문장이 태양의 비유의 출발점입니다. 그것에 따르면 하나의 이데아가 있고 "많은 것으로 상정한 모든 것"이 있습니다. 하나가 있고 여러 개가 있습니다. "앞엣것들은" 많은 것으로 상정한 모든 것입니다. "앞엣것들은 [눈에] '보이기는'(horasthai) 하되 '지성(nous)에 알려지지는' 않는" 것은 가시계可視界에 있는 것들입니다. "이데아들은 지성에 알려지기는(지성에 의해서[라야] 알게 되기는) 하나 [눈에] 보이지는 않는다." 이것은 가지계可知界에 있는 것들입니다. 여기서 도출되는 것은 가시계와 가지계의 구별입니다. 이렇게 출발합니다. "그러면 보이는 것들(ta horomena)을 우리가 보는 것은 우리 자신의 무엇으로써 하는가?" "시각으로써 합니다." 이 대화에서 미리 염두에 두어야 하는 것은 인간이 뭔가를 잘 보려면 무엇의 도움이 있어야 하는지를 탐구하는 방향으로 논의가 진행된다는 점입니다.

"아마도 눈 속에 시각이 있고 이를 가진 자가 이를 이용하려고 꾀할지라도, 그리고 그 대상들(보이는 것들)에 색깔이 있을지라도, 만약에 성질상 특이하게 바로 이 목적을 위한 것인 제3의 부류가 없게 되면, 시각 또한 아무것도 보지 못하게 되고 색깔들 또한 보이지 않게 될 것이라는 걸 자네는 알고 있네."
"그건 어떤 부류의 것을 두고 말씀하시는 겁니까?" 그가 물었네.
"그건 바로 자네가 빛(phōs)이라 부르는 것일세." 내가 말했네.
"참된 말씀입니다." 그가 말했네.
"그러니까 '보는' ('봄'의) 감각과 '보이는' ('보임'의) 힘은 결코 사소하지 않은 종류의 것에 의해, 즉 서로를 연결해주는 다른 어떤 멍에들보다도 더 귀한 멍에에 의해 연결되어 있다네. 빛이 정녕 귀하지 않은 게 아니라면 말일세."
"그렇지만 그건 귀하지 않은 것과는 확실히 인연이 멉니다." 그가 말했네.
"그러면 하늘에 있는 신들 중에서 어느 신을 이의 주인으로 자네는 내세울 수 있겠는가? 즉 어느 신의 빛이 우리의 시각으로 하여금 최대한으로 잘 보게끔 하며, 또한 보이는 것들이 최대한으로 잘 보이게끔 하는지를 말일세."

"선생님께서도 그리고 다른 이들도 내세우는 바로 그것이죠. 선생님께서는 태양을 두고 묻고 계시는 게 분명하니까요." 그가 말했네.

_《국가》 507d~508a

인간이 무엇을 보고자 할 때, 눈에 보이는 것들을 눈이 잘 보게 하려면 빛이 필요합니다. 빛이라고 하는 제3의 부류는 어디에서 옵니까. 태양에서 옵니다. 빛은 보는 행위에 힘을 준다는 것, 이것이 핵심입니다.

"그러니까 태양을 '좋음'(善)의 소산(소생)으로, 즉 '좋음'이 이것을 자기와 '유비類比 관계에 있는 것'(analogon)으로서 생기게 했다고 내가 말하고 있는 것으로 보게나. 다시 말해, '좋음'이 '지성에 의해서[라야] 알 수 있는(지성에나 알려질 수 있는) 영역'(知的領域, 思惟領域: ho noētos topos)에 있어서 지성(정신: nous)과 지성에 알려지는 것들(ta nooumena)에 대해서 갖는 바로 그런 관계를 태양은 '가시적 영역'可視的領域(ho horatos topos)에 있어서 '시각'과 '보이는 것들'에 대해서 갖는다고 말일세." 내가 말했네.

"어떻게 말씀입니까? 더 자세히 제게 말씀해주십시오." 그가 말했네.

"누군가가 눈길을 그 대상들에 보낼 경우에, 이를 그것들의 빛깔(표면) 위로 낮의 빛이 퍼져 있는 동안에 하지 않고, 밤의 어두운 빛이 퍼져 있는 동안에 할 때, 눈은, 마치 그 속에 맑은 시각이 없기라도 한 것처럼, 침침해서 거의 눈먼거나 마찬가지인 것처럼 보인다는 사실을 자네는 알고 있겠지?" 내가 물었네.

"바로 그렇습니다." 그가 대답했네.

"그렇지만 태양이 대상들의 빛깔을 비출 때는, 눈이 또렷이 보게 되고, 또한 같은 이 눈 속에도 맑은 시각이 있는 것처럼 보일 것이라 나는 생각하네."

"물론입니다."

"그러니 마찬가지로 혼의 경우도 이렇게 생각해보게. 진리(alētheia)와 실재가 비추는 곳, 이곳에 혼이 고착할 때는, 이를 지성에 의해 대뜸 알게 되고 인식하게 되어, 지성을 지니고 있는 것으로 보이네. 그러나 어둠과 섞인 것에, 즉 생성되고 소멸되는 것에 혼이 고착할 때는 '의견'(판단: doxa)을 갖게 되고, 이 의견들을 이리저리 바꾸어 가짐으로써 혼이 침침한 상태에 있게 되어, 이번에는 지성을 지니지 못한 이처럼 보인다네."

_《국가》 508b~508d

"태양을 '좋음'(善)의 소산(소생)으로, 즉 '좋음'이 이것을 자기와 '유비類比 관계에 있는 것'(analogon)으로서 생기게 했다고 내가 말하고 있는 것으로 보게나." 이 말은 태양을 좋음의 소산으로 비유하자는 뜻입니다. 태양이 주는 것은 빛이며, 이 빛은 가시적 영역에서 힘입니다. 그러므로 이 말은 가시적 영역의 '태양-봄 또는 시각-보이는 것들'의 관계를, 가지계 영역의 '좋음-지성-앎의 대상'의 관계와 비유해보자는 것입니다. 태양이 빛이라는 힘을 주어서 사물이 눈에 잘 보이는 것과 마찬가지로 좋음이 지성에게 힘을 주어서 지성이 앎의 대상을 알게 되는 것입니다. 우리가 무엇인가를 잘 보려면, 잘 보게 할 수 있고 잘 알게 할 수 있는 힘이 있어야 한다는 것입니다. 그 힘은 좋음에서, 태양에서, 외부에서 옵니다. 이것이 첫 번째로 태양의 비유가 함축하고 있는 의미입니다. 시각에 있어 힘이 필요한 것처럼 앎을 만들어낼 때도 힘이 필요하다는 것입니다. '태양-봄-보이는 것들'과 '좋음-지성-앎의 대상'은 각각이 상응관계에 있습니다.

낮의 빛이 퍼져 있는 동안이 아니라 밤의 어두운 빛이 퍼져 있는 동안에는 뭔가를 보려 해도 잘 보이지 않습니다. 태양으로부터 빛이 나와서 시각에 힘을 주는데, 낮에는 빛이 많이 오고 밤에는 빛이 적게 옵니다. 많이 오면 잘 보이고, 적게 오면 잘 안 보입니다. 태양 빛이 많이 오느냐, 조금 오느냐의 차이입니다. 태양이 대상들의 빛깔을 비출 때는, 눈이 또렷이 보게 됩니다. 가시계에서는 태양에서 오는 빛의 정도에 따라 보는 것에 확실하게 차이가 생겨납니다. 이제 가지계에 대한 논의로 나아갑니다.

"그러니 마찬가지로 혼의 경우도 이렇게 생각해보게. 진리(alētheia)와 실재가 비추는 곳, 이곳에 혼이 고착할 때는, 이를 지성에 의해 대뜸 알게 되고 인식하게 되어, 지성을 지니고 있는 것으로 보이네. 그러나 어둠과 섞인 것에, 즉 생성되고 소멸되는 것에 혼이 고착할 때는 '의견'(판단: doxa)을 갖게 되고, 이 의견들을 이리저리 바꾸어 가짐으로써 혼이 침침한 상태에 있게 되어, 이번에는 지성을 지니지 못한 이처럼 보인다네."

"정말 그런 것처럼 보입니다."

"그러므로 인식되는 것들에 진리를 제공하고 인식하는 자에게 그 '힘'(dynamis)을 주는 것은 '좋음(善)의 이데아'라고 선언하게. 이 이데아는 인식(앎: epistēmē)과 진리의 원인(aitia)이지만, '인식되는 것'이라 생각하게나. 반면에 이 둘이, 즉 인식(앎: gnōsis)과 진리가 마찬가지로 훌륭한 것들이기는 하지만, 이 이데아는 이것들과도 다르며 이것들보다 한결 더 훌륭한 것이라 믿는다면, 자넨 옳게 믿게 되는 걸세. 그러나 인식과 진리를, 마치 가시적 영역에 있어서의 빛과 시각을 태양과도 같은 것으로 간주하는 것은 옳지만, 태양으로 믿는 것은 옳지 않듯, 마찬가지로 여기에서도 이들 둘을 '좋음'(善)을 닮은 것으로 간주하는 것은 옳으나 어느 쪽 것도 [바로] '좋음'이라 믿는 것은 옳지 않다네. 오히려 '좋음'(善)의 처지(상태: hexis)를 한층 더 귀중한 것으로 존중해야만 하네."

_《국가》 508d~509a

여기서 주의해야 합니다. 소크라테스는 "그러니 마찬가지로 혼의 경우도 이렇게 생각해보게"라고 말하고 있습니다. 이 말은 가지계는 가시계와 "마찬가지로" 논의할 수 있다는 의미로 들립니다. 가시계와 가지계에 있어 작용하는 힘은 기본적으로 마찬가지입니다. 그러나 그 힘이 작동하는 방식은 다릅니다. 이것을 주의해야 합니다. 다음 문장을 유심히 봅시다. "진리(alētheia)와 실재가 비추는 곳, 이곳에 혼이 고착할 때는"에서 "이곳"은 장소입니다. "이를 지성에 의해 대뜸 알게 되고 인식하게 되어, 지성을 지니고 있는 것으로 보이네. 그러나 어둠과 섞인 것에, 즉 생성되고 소멸되는 것에 혼이 고착할 때는 '의견'(판단: doxa)을 갖게 되고, 이 의견들을 이리저리 바꾸어 가짐으로써 혼이 침침한 상태에 있게" 된다고 말합니다. 혼이라고 하는 것이 "진리와 실재가 있는 곳"에 가서 닿으면 진리를 알게 되고, "생성되고 소멸되는 것[곳]"에 가면 진리를 모른다는 것입니다. 이것은 장소의 차이입니다. 이것은 가시계에서와 다른 방식이라고 할 수 있습니다. 가시계에서는 빛의 세기가 중요하였는데 여기서는 그렇지 않습니다. 진리와 실재가 있는 곳에서는 진리가 얻어지고, 생성과 소멸이 있는 곳으로부터는 의견이 얻어집니다. 가시계에서는 대상은 동일하지만 태양빛의 정도가 센가 약한가에 따라서 잘 보이고 잘 보이지 않고가 결정됩니다. 그러나 가지계에서는 비추는 장소가 다르면 아예 다른 것이 도출되어 나오는 것입니다. 가지계는 대상의 차이이고 가시계는 정도의 차이를 보여줍니다. 이것은 상응관계가 아닙니다. 그러므로 "마찬가지로 혼의 경우도 이렇게 생각해보게"라고 말하면 혼동을 불러일으키는 것입니다. 그러나 "힘을 주는 것은 좋음의 이데아"라는 말은 가시계와 마찬가지로 작용하는 힘을 말합니다. 가시계의 영역에서는 진리를 많이 주느냐 덜 주느냐의 차이가 있지만, 가지계에서는 진리를 주느냐 아니면 진리 아닌 것을 주느냐의 차이가 있습니다.

"그러나 인식과 진리를, 마치 가시적 영역에 있어서의 빛과 시각을 태양과도 같은 것으로"라는 구절에서 "같은 것"이라고 하는 것은 '닮은 것으로'라고 이해해야 합니다. 이를테면 햇빛이 비추면 '태양을 닮은 것이 비춘다'라고 이해해야 한다는 것입니다. 다시 말해서 빛은 "태양과도 같은 것", 즉 태양 닮은 것으로 간주하는 것은 옳지만, 태양이라 믿는 것은 옳지 않다는 것입니다. 태양 빛은 태양 자체가 아니고 태양의 소산입니다. 태양 닮은 것입니다. '빛과 시각을 태양 닮은 것, 진리 닮은 것으로 간주하는 것은 옳지만 태양으로 믿는 것은 옳지 않듯이,' "이들 둘을 '좋음'(善)을 닮은 것으로 간주하는 것은 옳으나, 어느 쪽 것도 [바로] '좋음'이라 믿는 것은 옳지 않다"는 것입니다. 인간은 좋음을 닮은 것밖에 알지 못하는 것입니다.

"굉장한 아름다움(kallos)을 말씀하고 계시군요. 그것이 인식과 진리를 제공하지만, 그것 자체는 아름다움에 있어서 이것들을 넘어선다면 말씀입니다. 선생님께서는 그걸 즐거움이라고 말씀하시지는 않으실 게 틀림없겠기 때문입니다." 그가 말했네.

"쉿! 하지만 이에 대한 비유(eikōn)를 이런 식으로 더 고찰해보게나." 내가 말했네.

"어떻게요?"

"태양은 보이는 것들에 '보임'의 '힘'을 제공해줄 뿐만 아니라, 또한 그것들에 생성과 성장 그리고 영양을 제공해준다고 자네가 말할 것으로 나는 생각하네. 그것 자체는 생성(생성되는 것: genesis)이 아니면서 말일세."

_《국가》 509a~509b

소크라테스의 비유에 대해 글라우콘은 "굉장한 아름다움(kallos)을 말씀하고 계시군요"라고 말합니다. 이것은 약간의 비웃음입니다. 소크라테스는 좋음 자체에 대해 논의하기로 했었고, 글라우콘은 그것을 기대하였으나 아직 좋음 자체에 대한 논의가 나오지 않았기 때문에 이렇게 비꼬는 것입니다.

그러자 글라우콘이 "아폴론이시여! 얼마나 놀라운 우월성입니까!" 하고 몹시도 익살스레 말했네.
"그건 실은 자네 탓일세. 그것에 대한 내 의견을 말하지 않을 수 없도록 한 건 자네이니 말일세." 내가 말했네.
"그뿐더러 어떻든 남겨두신 게 있다면, 다른 건 몰라도, 적어도 태양과의 유사성(homoiotēs)만은 다시 자세히 말씀해주시는 걸 결코 그만두지 않도록 해주세요." 그가 말했네.
"그러나 실은 많이 남겨두었네." 내가 말했네.
"그러시다면 조그만 것도 빠뜨리지 않도록 해주십시오." 그가 말했네.
"역시 많이 빠뜨릴 것으로 나는 생각하네. 그렇지만 현재로선 가능한 한은 일부러 남겨두지는 않을 걸세." 내가 말했네.
"정말 그러시는 일이 없도록 해주세요." 그가 말했네.

_《국가》 509c

글라우콘은 아직 논의가 충분하지 않았음을 지적합니다. 글라우콘이 "아폴론이시여! 얼마나 놀라운 우월성입니까!" 하고 몹시도 익살스레 말한 것이 바로 그러한 지적입니다. 글라우콘은 더 깊이 있는 논의를 원합니다. "어떻든 남겨두신 게 있다면, 다른 건 몰라도, 적어도 태양과의 유사성(homoiotēs)만은 다시 자세히 말씀해주시는 걸 결코 그만두지 않도록 해주세요." 이에 대해 소크라테스는 논의를 많이 남겨두었다고 합니다. 이 논의는 뒤에 동굴의 비유에서 다시금 거론될 것입니다.

태양의 비유를 다시 정리해봅시다. 눈에 보이는 것들을 잘 보려면, 즉 보는 힘을 가지려면 빛이 필요합니다. 빛은 어디서 옵니까. 태양에서 옵니다. 다시 말해서 태양은 보는 힘을 제공합니다. 태양은 가시계에 힘을 주는 원인이 됩니다. 힘(dynamis)인 태양 빛이 강할 때는 또렷하게 보입니다. 이것은 낮의 빛에서 보는 것이고, 빛이 약할 때는 밤처럼 어스름하게 보입니다. 대상은 같은데, 즉 같은 대상을 태양 빛으로 보는데, 그 강도가 다릅니다. 가시계가 작동하는 방식은 이러합니다. 지성에 의해서 알 수 있는 영역은, 보는 장소가 다릅니다. 좋음이 주는 힘에 의해서 보는 장소가 다른 것입니다. 태양의 비유에서는 힘만이 서로 상응한다는 것을 잘 알고 있어야 합니다.

제14강

참으로 좋은 것에 관한 앎과 그것의 실천
(동굴의 비유)

이제 동굴의 비유를 살펴보기로 합시다. 플라톤의 《국가》는 앞에서도 언급했듯이 태양의 비유, 선분의 비유, 동굴의 비유를 가지고 좋음에 대해 논의합니다. 우리는 그중에서 태양의 비유와 동굴의 비유만 살펴보겠습니다.

"그러면 다음으로는 교육(paideia) 및 교육 부족(apaideusia)과 관련된 우리의 성향을 이런 처지에다 비유해보게나. 이를테면, 지하의 동굴 모양을 한 거처에서, 즉 불빛 쪽으로 향해서 길게 난 입구를 전체 동굴(spēlaion)의 너비만큼이나 넓게 가진 그런 동굴에서 어릴 적부터 사지와 목을 결박당한 상태로 있는 사람들을 상상해보게. [⋯]"
[⋯]
"이상한 비유와 이상한 죄수들을 말씀하시는군요." 그가 말했네.
그래서 내가 말했네. "우리와 같은 사람들일세. 글쎄, 우선 이런 사람들이 불로 인해서 자기들의 맞은편 동굴 벽면에 투영되는 그림자들 이외에 자기들 자신이나 서로의 어떤 것인들 본 일이 있을 것으로 자네는 생각하는가?"

_《국가》 514a~515a

"교육(paideia) 및 교육 부족(apaideusia)과 관련된 우리의 성향"에서 동굴의 비유가 시작되었습니다. 이것은 앎의 문제가 아닙니다. 교육과 교육 부족은 실천적 맥락에서 제기되는 것들입니다. 앎이 어떠한 맥락에서 중요한지를 밝히는 것이 동굴의 비유에서 하고자 하는 것임을 짐작할 수 있습니다. 또한 동굴의 비유에서는 "사람들"이 등장합니다. 태양의 비유나 선분의 비유에서는 사람이 등장하지 않습니다. "우리의 성향"이나 "우리와 같은 사람들"이라는 말은 이 동굴에 있는 사람들이 '우리들'과 다르지 않음을 암시합니다. 여기서 플라톤은 자신을 포함해서 아테나이에 살고 있는 모든 사람들을 죄수의 상태로 설정한 것입니다. 이는 앎의 문제를 포괄하면서도 그것을 넘어선 실천의 문제가 여기에 포함되어 있음을 뜻합니다.

"그러므로 만일에 이들이 서로 대화(토론)를 할 수 있다면, 이들은 자신들이 [벽면에서] 보는 이것들을 실물들(실재들: ta onta)로 지칭할(onomazein) 것이라고 자네는 생각지 않는가?"
"그야 필연적입니다."
"그러면 이 감옥의 맞은편 벽에서 또한 메아리가 울려 온다면 어떻겠는가? 지나가는 자들 중에서 누군가가 소리를 낼 경우에, 그 소리를 내는 것이 지나가는 그림자 아닌 다른 것이라고 이들이 믿을 것으로 자넨 생각하는가?"
"저로서는 단연코 그렇게 생각하지 않습니다." 그가 말했네.

"그러니까 이런 사람들이 인공적인 제작물들의 그림자들 이외의 다른 것을 진짜라 생각하는 일은 전혀 없을 걸세." 내가 말했네.
"다분히 필연적입니다." 그가 말했네.

_《국가》 515b~515c

동굴은 안과 밖이 있습니다. 먼저 동굴 안쪽에 대해 설명합니다. 동굴 안에는 우선 감각 사물이 있습니다. 그리고 사람들이 벽면에서 보는 것들인 그림자가 있습니다. 그 그림자에 대해서 "지칭"을 하면 이는 이름이 됩니다. 동굴 안에는 감각 사물, 그림자, 명칭, 이렇게 세 가지가 있습니다. "이런 사람들이 인공적인 제작물들의 그림자들 이외의 다른 것을 진짜라 생각하는 일은 전혀 없을" 것입니다. 그들은 진짜를 볼 수가 없습니다. 고개를 돌릴 수가 없기 때문입니다. 동굴 안에 대한 설명은 이것뿐입니다.

그래서 내가 말했네. "그러면 생각해보게. 만약에 이들에게 다음과 같은 식으로 사태가 자연스레 진행된다면, 이들이 결박에서 풀려나고 어리석음에서 치유되는 것이 어떤 것이겠는지 말일세. 가령 이들 중에서 누군가가 풀려나서는, 갑자기 일어서서 목을 돌리고 걸어가 그 불빛 쪽으로 쳐다보도록 강요당할 경우에, 그는 이 모든 걸 하면서 고통스러워할 것이고, 또한 전에는 그 그림자들만 보았을 뿐인 실물들을 눈부심 때문에 볼 수도 없을 걸세. 만약에 누군가가 이 사람에게 말하기를, 전에는 그가 엉터리를 보았지만, 이제는 진짜(실재: ta on)에 좀은 더 가까이 와 있고 또한 한결 더한 실상을 향하여 있어서, 더욱 옳게 보게 되었다고 한다면, 더군다나 지나가는 것들 각각을 그에게 가리켜 보이며 그것이 무엇인지를 묻고서는 대답하도록 강요한다면, 그가 무슨 말을 할 것으로 자네는 생각하는가? 그는 당혹해 하며, 앞서 보게 된 것들을 방금 지적받은 것들보다도 더 진실된 것들로 믿을 것이라 생각하지 않는가?"

"훨씬 더 진실된 것들로 믿을 겁니다." 그가 말했네.

"또한, 만약에 그로 하여금 그 불빛 자체를 보도록 강요한다면, 그는 눈이 아파서, 자신이 바라볼 수 있는 것들로 향해 달아날 뿐만 아니라, 이것들이 방금 지적받은 것들보다도 정말로 더 명확한 것들이라고 믿지 않겠는가?"

"그럴 것입니다." 그가 대답했네.

_《국가》 515c~515e

"만약에 이들에게 다음과 같은 식으로 사태가 자연스레 진행된다면"에서 "자연스레"는 사실과 다른 말입니다. 결박에서 풀려나는 것이 그냥 일어나는 일이 아니기 때문입니다. 어쨌든 결박에서 풀려난 죄수는 "목을 돌리고 걸어가 그 불빛 쪽으로 쳐다보도록 강요당할 경우에, 그는 이 모든 걸 하면서 고통스러워할 것이고, 또한 전에는 그 그림자들만 보았을 뿐인 실물들을 눈부심 때문에 볼 수도 없을 것"입니다. 동굴 안의 불빛을 보면서 눈이 부시다는 것입니다. 고통과 눈부심은 인간이 진리를 향하여 나아갈 때 겪게 되는 것입니다. 그 인간은 모형이라도 보면, 그것을 그림자보다 훨씬 더 진실된 것으로 믿을 것입니다. 여기까지가 일단 동굴 안쪽에서 일어나는 일입니다. 고개를 돌린 다음에 일어나는 일에 관한 설명이 벽면에 있는 것을 보는 것에 관한 설명 분량보다 훨씬 많습니다. 이 과정이 동굴의 비유에서는 상세하게 설명되어 있는데, 이것은 교육과 관련되어 있기 때문입니다.

"그러나, 만약에 누군가가 그를 이곳으로부터 험하고 가파른 오르막 길을 통해 억지로 끌고 간다면, 그래서 그를 햇빛 속으로 끌어내올 때까지 놓아주지 않는다면, 그는 고통스러워하며 또한 자신이 끌리어온 데 대해 짜증을 내지 않겠는가? 그래서 그가 빛에 이르게 되면, 그의 눈은 광휘로 가득 차서, 이제는 진짜들이라고 하는 것들 중의 어느 것 하나도 볼 수 없게 되지 않겠는가?" 내가 물었네.

"적어도 당장에는 볼 수는 없겠죠." 그가 대답했네.

_《국가》 515e~516a

그러고 나서 이제 "누군가가 그를 이곳으로부터 험하고 가파른 오르막 길을 통해 억지로 끌고" 가게 되고 여기서 갑자기 동굴을 올라갑니다. 동굴 바깥으로 가는 것입니다. "햇빛 속으로 끌어내올 때까지 놓아주지 않는다면, 그는 고통스러워하며 또한 자신이 끌리어온 데 대해 짜증을 내지" 않을 수 없게 됩니다. 여기서 고통스러워 하며 언짢아 하는 원인은 무엇일까요? 진리를 아는 것은 고난을 겪어가는 것임을 말하는 것입니다. 고난을 겪는 것은 자신에게 익숙한 것으로부터 벗어나는 것입니다. 익숙한 것으로부터 벗어난다는 것은 자기가 잘 알고 있다고 여기는 것에서 벗어나는 것입니다. '익숙한 것이라 하여 인식된 것은 아님'을 아는 것입니다.

"그러기에, 그가 높은 곳의 것들을 보게 되려면, 익숙해짐(synētheia)이 필요하다고 나는 생각하네. 처음에는 그림자들을 제일 쉽게 보게 될 것이고, 그 다음으로는 물 속에 비친 사람들이나 또는 다른 것들의 상(eidōlon)들을 보게 될 것이며, 실물들은 그런 뒤에야 보게 될 걸세. 또한 이것들에서 더 나아가, 하늘에 있는 것들과 하늘 자체를 밤에 별빛과 달빛을 봄으로써 더 쉽게 관찰하게 될 걸세. 낮에 해와 햇빛을 봄으로써 그것들을 관찰하는 것보다도 말일세."

"어찌 그렇지 않겠습니까?"

"마지막으로는 그가 해를, 물속이나 다른 자리에 있는 해의 투영投影으로서가 아니라 제자리에 있는 해를 그 자체로서 보고, 그것이 어떤 것인지를 관찰할 수 있게 될 것이라고 나는 생각하네."

_《국가》 516a~516b

이것은 동굴 바깥으로 나가서 그곳에서 뭔가를 하는 과정입니다. 익숙한 것에서 벗어나서, 그다음에 동굴 바깥으로 나가니까 또 새로운 것에 "익숙해짐(synētheia)이 필요하다"는 것입니다. 익숙해지는 순서는 다음과 같습니다. "처음에는 그림자들을 제일 쉽게 보게 될 것이고, 그 다음으로는" 익숙해짐의 둘째 단계가 있습니다. 둘째 단계에는 "물속에 비친 사람들이나 또는 다른 것들의 상(eidōlon)", 즉 모상이 있습니다. 그런 다음에는 "실물들"이 있습니다. 여기서 더 나아가면 "하늘에 있는 것들과 하늘 자체를 밤에 별빛과 달빛을 봄으로써 더 쉽게 관찰하게" 됩니다. "하늘에 있는 것들과 하늘 자체" 이것이 형상들입니다. 그리고 "마지막으로는 그가 해를" 보게 됩니다. 진리를 보게 된 사람은 동굴 안에 있는 동료들을 불쌍히 여길 것입니다. 그리하여 그는 동굴로 돌아갑니다. 동굴로 돌아간 상황에 대해 플라톤은 다음과 같이 논의합니다.

"어떤가? 이 사람이 최초의 거처와 그곳에 있어서의 지혜 그리고 그때의 동료 죄수들을 상기하고서는, 자신의 변화로 해서 자신은 행복하다고 여기되, 그들을 불쌍히 여길 것이라고 자넨 생각지 않는가?"

"그러고말고요."

[…]

그래서 내가 말했네. "그러면 이 점 또한 생각해보게. 만약에 이런 사람이 다시 동굴로 내려가서 이전의 같은 자리에 앉는다면, 그가 갑작스레 햇빛에서 벗어나왔으므로, 그의 눈은 어둠으로 가득 차 있게 되지 않겠는가?"

"물론 그럴 것입니다." 그가 대답했네.

"그렇지만, 만약에 그가 줄곧 그곳에서 죄수 상태로 있던 그들과 그 그림자들을 다시 판별해봄에 있어서 경합을 벌이도록 요구받는다면, 그것도 눈이 제 기능을 회복도 하기 전의 시력이 약한 때에 그런 요구를 받는다면, 어둠에 익숙해지는 이 시간이 아주 짧지는 않을 것이기에, 그는 비웃음을 자초하지 않겠는가? 또한 그에 대해서, 그가 위로 올라가더니 눈을 버려 가지고 왔다고 하면서, 올라가려고 애쓸 가치조차 없다고 하는 말을 듣게 되지 않겠는가? 그래서 자기들을 풀어주고서는 위로 인도해 가려고 꾀하는 자를, 자신들의 손으로 어떻게든 붙잡아서 죽일 수만 있다면, 그를 죽여버리려 하지 않겠는가?"

"물론 그러려 할 것입니다."

_《국가》 516c~517a

동굴 바깥에 나온 사람은 동굴 안에 있던 것들을 떠올립니다. "그곳에 있어서의 지혜"는 과거에 그들이 지혜로 알고 있던 것입니다. 동굴 바깥에 나온 사람은 동굴 안에 있는 "그들을 불쌍히 여길" 것입니다. 그가 "다시 동굴로 내려가서 이전의 같은 자리에 앉는다면" 진리를 전파하러 가는 것입니다. 내려가서 그는 동굴 안에 있는 사람들에게 경멸을 받을 것입니다. 환한 빛을 보았기 때문에 어둠에 익숙하지 못하니 동굴 안에서 그들은 더듬거리게 될 것입니다. 진리를 전파하러 갔지만 그곳에 있는 동료들은 그를 내버려두지 않습니다. 오히려 "죽여버리려" 할 것입니다. 여기까지가 동굴의 비유입니다.

"그러면, 여보게나 글라우콘! 이 전체 비유(eikōn)를 앞서 언급된 것들에다 적용시켜야만 하네. 시각을 통해서 드러나는 곳을 감옥의 거처에다 비유하는 한편으로, 감옥 속의 불빛을 태양의 힘에다 비유함으로써 말일세. 그리고 위로 '오름'(anabasis)과 높은 곳에 있는 것들의 구경(thea)을 자네가 '지성에 의해서[라야] 알 수 있는 영역'으로 향한 혼의 등정登程(anodos)으로 간주한다면, 자네는 내 기대에 적중한 셈이 될 걸세. 자네는 이걸 듣고 싶어하니 말일세. 그렇지만 그게 진실인지 어쩐지는 아마도 신이나 알 걸세. 아무튼 내가 보기에는 이런 것 같으이. 즉 인식할 수 있는 영역에 있어서 최종적으로 그리고 각고 끝에 보게 되는 것이 '좋음(善: to agathon)의 이데아'이네. 그러나 일단 이를 본 다음에는, 이것이 모든 것에 있어서 모든 옳고 아름다운(훌륭한) 것의 원인(aitia)이라고, 또한 '가시적 영역'에 있어서는 빛과 이 빛의 주인을 낳고, '지성에 의해서[라야] 알 수 있는 영역'에서도 스스로 주인으로서 진리와 지성을 제공하는 것이라고, 그리고 또 장차 사적으로나 공적으로나 슬기롭게 행하고자(prattein) 하는 자는 이 이데아를 보아야만(idein) 한다고 결론을 내려야만 하네." 내가 말했네.

"저로서 할 수 있는 한은 저 역시 생각을 같이합니다." 그가 말했네.

"자, 그러면 이 점에 대해서도 의견을 같이하여, 놀라는 일이 없도록 하게. 즉 이 경지에 이른 사람들은 인간사에 마음쓰고(prattein) 싶어하지 않고, 이들의 혼은 언제나 높은 곳에서 지내기를 열망한다는 사실을 말일세. 그건, 이 경우 앞서 말한 비유대로라면, 아마도 그럴 것이라고 생각되기 때문일세." 내가 말했네.

_《국가》 517a~517d

　동굴의 비유를 끝마친 플라톤은 지금까지 언급된 것들인 태양의 비유, 선분의 비유, 동굴의 비유를 종합하여 해석할 것을 요청합니다. 그 방식에 따라 해석을 해봅시다. "시각을 통해서 드러나는 곳"은 태양의 비유에서의 가시계입니다. 그곳은 "동굴 안"에 상응합니다. "감옥 속의 불빛을 태양의 힘에다 비유"하라고 했습니다. 감옥 속의 불빛으로 보는 것은 그림자일 뿐입니다. 태양의 힘으로 보면 실물부터 형상들까지 다 볼 수 있습니다. 그렇게 볼 수 있는 것은 지성의 영역으로 혼이 올라서는 것이지만 과연 확실한 것인지는 아직 알 수 없습니다. 플라톤은 소크라테스의 입을 빌려 그것이 "진실인지 어쩐지는 아마도 신이나 알" 것이라고 말합니다. 그렇다 해도 그는 설명을 포기하지 않고 계속합니다. "일단 이를 본 다음에는, 이것이 모든 것에 있어서" 참된 원인, 좋음의 이데아가 되는 것입니다. 이렇게 비유를 종합하고 나서, 교육에 관한 중요한 언급이 이어집니다. 이는 동굴의 비유가 처음부터 의도하고 있던 점입니다. 태양의 비유는 인간에게 참된 진리를 알 수 있는 힘이 있음을 밝혔습니다. 선분의 비유는 그 참된 진리가 어떠한 단계를 거쳐가는 것인지를 논증하였습니다. 동굴의 비유는 누가, 어떤 방식으로 진리를 알아내는지를 이야기했고, 그렇게 알아낸 진리를 무지한 이들에게 가르쳐주는 실천을 이야기하였습니다. 동굴의 비유 첫머리는 교육이라는 실천을 암시하면서 시작하였던 것입니다.

제15강

아는 것과 하는 것, 이론과 실천의 통일

"그런데 만일에 이게 진실이라면, 우리는 이것들에 대해서 이렇게 생각해야만 하네. 즉 교육이란 어떤 사람들이 공언하여 말하는 그런 것이 아니라고 말일세. 그들은 주장하길, 혼 안에 지식(인식: epistēmē)이 있지 않을 때, 마치 보지 못하는 눈에 시각을 넣어주듯, 자신들이 지식을 넣어준다고 하네." 내가 말했네.

"아닌 게 아니라 그렇게들 주장합니다." 그가 말했네.

"그러나 적어도 지금의 논의는 각자의 혼 안에 있는 이 '힘'(dynamis)과 각자가 이해하는 데 있어서 사용하는 기관器官(수단: organon)을, 이를테면 눈이 어둠에서 밝음으로 향하는 것은 몸 전체와 함께 돌리지 않고서는 불가능하듯, 마찬가지로 혼 전체와 함께 생성계에서 전환해야만 된다는 걸 시사하고 있네. 또한 이는 '실재'(to on) 그리고 그중에서도 가장 밝은 것을 관상하면서도 견디어낼 수 있게 될 때까지 해야만 된다는 걸 말일세. 한데, 이것을 우리가 '좋음'(善)이라 말하겠지?" 내가 말했네.

"네."

"그러니까 바로 이것의 전환(periagōgē)에는 방책(기술: technē)이 있음직하네. 그것이 어떤 방식으로 하면 가장 쉽게 그리고 가장 효과적으로 전환을 하게 될 것인지와 관련된 방책 말일세. 이는 그것에다 보는 능력을 생기게 해주는 것이 아니라, 이미 그 능력을 지니고는 있되, 바르게 방향이 잡히지도 않았지만, 보아야 할 곳을 보지도 않는 자에게 그러도록 해주게 될 방책일세." 내가 말했네.

_《국가》 518b~518d

일반 사람들이 생각하는 교육은 혼 안에 지식을 넣어주는 것입니다. 그렇지만 플라톤이 생각하는 교육은 그런 것이 아닙니다. 인간은 누구나 "각자의 혼 안에 있는 이 '힘'(dynamis)"을 가지고 있습니다. 인간은 누구나 "각자가 이해하는 데 있어서 사용하는 기관"이 있습니다. 이 힘과 기관이 올바른 방향을 향하게 하는 것이 교육입니다. 동굴의 비유에서 죄수들은 벽면의 그림자를 보고 있었습니다. 벽면을 보고 있던 사람들이 고개를 돌려서 동굴을 기어올라 갔습니다. 이것이 교육의 시작입니다. 거짓을 보고 있는 사람들의 고개를 돌리게 하는 것이 시작입니다. "몸 전체와 함께", "혼 전체와 함께 생성계에서", '일시적인 것들', '덧없는 것들'에서 전환하는 것입니다. 이것은 자신이 처해 있는 실제 상태인 정재定在의 변경, 즉 실천입니다. 인간은 진리인 상재相在를 파악할 수 있는 힘을 가지고 있습니다. 그것에 비추어 자신의 정재를 변경할 수 있습니다. 플라톤은 바로 그 점을 말하고 있는 것입니다. 이것은 플라톤이 가지고 있는 낙관주의라고 할 수 있습니다.

이론은 본질 존재인 상재를 지적으로 파악하는 것입니다. 그렇게 파악한 상재를 전거로 삼아서, 또는 그것을 완전히 파악하지 못했다

해도 그것을 닮은, 하나의 본이라도 만들어서, 그 본을 바라보면서 정재를 바꾸어나가는 것이 실천입니다. 실천은 겪음의 과정입니다. 아무리 겪는다 해도 좋음이라고 하는 상재가 없으면 그 겪음은 경험의 축적일 뿐입니다. 악한 것도 쌓이면 탁월함에 이를 수 있습니다. 좋은 것이 쌓여도 탁월함이 됩니다. 참된 탁월함은 좋은 것이 쌓이는 것입니다. 좋은 것을 쌓는 탁월함은 어떻게 가능할까요. 그림자를 진리로 알고 있는 무지의 상태에서 벗어나는 것은 어떻게 가능할까요. 정재의 변경은 어떻게 일어나는 걸까요. 첫째는 가장 밝은 것을 관상하는 것입니다. 그렇게 관상하는 것은 어떤 식으로 가능하겠습니까. "그러니까 바로 이것의 전환에는 방책이 있음직"한데, 그 방책은 무엇이겠습니까. "보는 능력을 생기게 해주는 것이 아니라, 이미 그 능력을 지니고는 있되, 바르게 방향이 잡히지도 않았지만, 보아야 할 곳을 보지도 않는 자에게 그러도록 해주게 될 방책"입니다. 이것은 상재를 보도록 해주는 것입니다. 보는 능력이 생기게끔 해주는 것이 아니라, 그 능력은 가지고 있으니까 보아야 할 곳을 보게 해준다는 것입니다. 바로 그 전환, 즉 타고난 힘의 방향을 바로잡아주는 것이 실천입니다.

"[…] 그건 변변찮은 시력을 가져서가 아니라, 이를 '나쁨'(kakia)에 봉사토록 하지 않을 수 없게 되어서, 그것이 더 날카롭게 볼수록 그만큼 더 나쁜 일들을 하게 되기 때문이란 걸 말일세."

[…]

"그러니까 나라의 수립자들인 우리의 할 일은 가장 훌륭한 성향(자질)을 지닌 자들로 하여금 앞서 우리가 가장 큰(중요한) 것이라고 말한 배움에 이르도록, 그래서 '좋음'(善)을 보게끔 그 오르막을 오르지 않을 수 없도록 하되, 이들이 일단 이 길을 올라, 그것을 충분히 보게 되면, 이제 이들이 허용받고 있는 걸 이들에게 더 이상 허용하지 않는 것일세." 내가 말했네.

"그게 어떤 것인데요?"

"바로 거기에 머물러(katamenein) 있으려 할 뿐, 저들 죄수들 곁으로 다시 내려가서(katabainein) 저들과 함께 노고와 명예를, 이게 다소 하찮은 것이건 대단한 것이건 간에, 나누어 가지려 하지 않는 것일세." 내가 말했네.

_《국가》 519a~519d

악한 행위는 왜 하게 되는 걸까요? "변변찮은 시력을 가져서가 아니라, 이를 '나쁨'(kakia)에 봉사토록 하지 않을 수 없게 되어서" 하게 되는 것입니다. 악을 행하지 않게 하려면 "가장 훌륭한 성향(자질)을 지닌 자들로 하여금 앞서 우리가 가장 큰(중요한) 것이라고 말한 배움에 이르도록, 그래서 '좋음'(善)을 보게끔 그 오르막을 오르지 않을 수 없도록" 하여야 합니다. 교육이라는 실천을 행할 사람을 먼저 양성해야만 한다는 것입니다. 문제는 그들이 좋은 것을 "충분히 보게 되면" "거기에 머물러 있으려 할 뿐, 저들 죄수들 곁으로 다시 내려" 가지 않으려 한다는 것입니다. 여기서 또다른 방책이 요구됩니다. 진리를 깨달은 자들이 그 진리를 전파하러 가도록 강제할 방책이 있어야만 하는 것입니다.

"그렇게 되면, 우리는 이들에 대해 올바르지 못한 짓을 하게 되며, 이들로서는 더 나은 삶을 살 수 있는데도 우리가 이들로 하여금 더 못한 삶을 살도록 만들게 될 텐데요?" 그가 말했네.

"여보게, 자넨 또 잊었네. 법(nomos)은 이런 것에, 즉 나라에 있어서 어느 한 부류가 각별하게 잘 지내도록(살도록) 하는 것에 관심을 갖는 게 아니라, 온 나라 안에 이것이 실현되도록 강구하는 데 관심을 갖는다는 걸 말일세. 법은 시민들을 설득과 강제에 의해서 화합하게 하고, 각자가 공동체(to koinon)에 이롭도록 해줄 수 있는 이익을 서로들 나누어줄 수 있도록 만듦으로써 그런다네. 또한 법은 나라에 그런 사람들이 생기도록 하는데, 이는 각자가 내키는 대로 향하도록 내버려두기 위해서가 아니라, 법 자체가 나라의 단합을 위해 이 사람들을 십분 이용하기 위해서일세." 내가 말했네.

_《국가》 519d~520a

글라우콘은 소크라테스에게 항의합니다. 진리를 깨달은 이들에게 동굴로 다시 돌아가라고 강제하는 것은 그들에게 더 나은 삶을 빼앗고 더 못한 삶을 살게 하는 것은 아닌가 하고요. 소크라테스는 이에 대해 중요한 답변을 내놓습니다. "나라에 있어서 어느 한 부류가 각별하게 잘 지내도록(살도록) 하는 것에 관심을 갖는 게 아니라 온 나라 안에 이것이 실현되도록 강구하는 데 관심을 갖는다"고 말합니다. 진리를 깨달은 자는 전체로서의 사회에 대한 의무를 가져야 한다는 것입니다. 철학적 통치자는 특정한 계층이나 계급이 아니라 전체로서의 사회에 대해서 의무를 집니다. 철학적 통치자들의 첫째 사회적 책무는 온 나라 안에 법이 실현되도록 강구하는 데 관심을 갖는 것입니다. 그다음은 "시민들을 설득과 강제에 의해서 화합하게 하고, 각자가 공동체(to koinon)에 이롭도록 해줄 수 있는 이익을 서로들 나누어줄 수 있도록" 만드는 것입니다. 이것은 "법"에 의한 것입니다. 법이 시키는 것입니다. 철학적 통치자는 관상적觀想的인 삶(theōrētikos bios)과 실천적인 삶(praktikos bios)을 동시에 살아가는 사람입니다. 이론(관상)과 실천은 말로는 나뉘지만 삶 안에서는 하나가 됩니다. 이론적 삶과 실천적 삶은 따로 있는 것이 아닙니다. 그것들은 인간의 삶이라는 생동적 영역에서 혼융되어 있습니다.

이러한 삶을 살아가야 할 철학적 통치자는 어떤 교육을 받아야 하는가, 이제부터 그것이 논의됩니다.

"그러면 이제는 이 문제를, 즉 그런 사람들이 이 나라에 어떤 방식으로 생기게 되며, 또한 어떻게 이들을 광명으로 인도하게 될 것인지를 우리가 생각해보기를 자네는 원하는가? 마치 어떤 이들이 지하 세계(저승: Haidēs)로부터 신들에게로 올라갔다고 전하듯 말일세."
"왜 원하지 않겠습니까?" 그가 반문했네.
"이건 물론 '조가비(도편) 돌려 던지기'가 아니라, 밤과도 같은 낮에서 진짜 낮으로 향하는 '혼의 전환'(psychēs periagōgē)이며, 이것이야말로 진정한 철학(지혜의 사랑)이라고 우리가 말하게 될 실재(to on)로 향한 등정(오름: epanodos)일 것 같으이."

_《국가》521c

교육에는 목적이 있어야 합니다. 철학적 통치자의 교육 목적은 "밤과도 같은 낮에서 진짜 낮으로 향하는 '혼의 전환'(psychēs periagōgē)"입니다. 이것은 "진정한 철학(지혜의 사랑)이라고 우리가 말하게 될 실재(to on)로 향한 등정(오름: epanodos)"입니다. 교과 과정의 기본 목표가 세워진 것입니다. 이러한 목표 아래 수론數論, 평면 기하학, 입체 기하학, 천문학, 그리고 화성학 교육이 이루어집니다. 이 교육 과정의 마지막 과목은 '변증술적 논변'(to dialegesthai)입니다. 앞의 여러 가지 과목이 '서곡'이라면 변증술적 논변은 '본 악곡'에 해당합니다. 변증술적 논변을 익히게 되면 철학적 통치자는 "일체의 감각(aisthēsis)은 쓰지 않고서 '이성적 논의'(이성: logos)를 통해서 '각각인(-ㄴ, x인) 것 자체'(auto ho estin hekaston)로 향해서 출발하려 하고, 그래서 '좋은 것 자체'(auto ho estin agathon)를 '지성에 의한 이해(앎) 자체'(autē noēsis)에 의해서 파악하게 되기 전에는 물러서지 않을 때, 그는 '지성에 의해서[라야] 알 수 있는 것'(to noēton)의 바로 그 끝에 이르게"(532a~532b) 됩니다. 이 말만으로는 변증술적 논변이 무엇인지 정확하게 알기는 어렵습니다. 글라우콘은 "변증술적 논변이 갖는 힘의 특성이 무엇이고, 또한 이것이 어떤 유형들로 분류되며, 그 길(방식: hodos)들 또한 어떤 것인지"를 밝혀달라고 합니다.

글라우콘의 요청에 대하여 소크라테스는 딱 잘라서 설명을 하지 못합니다.《국가》에서는 그것에 관한 단편적인 논의들만이 제시될 뿐입니다. 그것들을 찾아보기로 합시다.

"그러니까 이 기간 뒤에, 스무 살이 된 자들 중에서 남들에 앞서 선발된 자들이 남들보다도 더 큰 영예를 누리게 될 것이며, 또한 이 아이들이 순서 없이 교육받게 된 교과들을 결집해서, 이들 교과 상호간의 친근성 및 '실재'(to on)의 본성(physis)에 대한 '포괄적인 봄'(synopsis)을 갖도록 해야만 되네." 내가 말했네.

"어쨌든 이런 배움만이 이를 얻게 된 사람들에게 있어서 확고한 것입니다." 그가 말했네.

"또한 그것은 변증술적 자질(dialektikē physis)인지 아닌지에 대한 최대의 시험이 되기도 한다네. '포괄적으로 보는 사람'(ho synoptikos)은 '변증술에 능한'(dialektikos) 자이지만, 그러지 못하는 사람은 그런 이가 아니기 때문일세." 내가 말했네.

_《국가》 537b~537c

여기는 철학적 통치자 교육의 진행 과정을 이야기하는 부분입니다. 소크라테스는 일정한 과정을 마친 이들이 "교과 상호간의 친근성 및 '실재'의 본성에 대한 '포괄적인 봄'을 갖도록 해야만" 한다고 말합니다. 선행하는 교육 과정에서는 실재의 본성을 배울 것입니다. 그것은 세부적인 것, 개별적인 것, 특수한 것을 배우는 과정입니다. 이걸 다 배운 다음에는 그것들 각각이 서로 어떻게 연관되어 있는지를 파악해야 합니다. 이것이 '포괄적인 봄'입니다 이렇게 포괄적으로 볼 줄 아는 자는 '변증술에 능한' 자입니다. 철학적 통치자는 변증술에 능한 자여야 한다는 것입니다. 이제 철학적 통치자의 자질은 변증술에 능한 것이 핵심이 되었음을 알 수 있습니다. 플라톤은 여러 대화편들에서 이것을 탐색합니다. 《파이드로스》Phaidros, 《소피스트》(Sophistes), 《정치가》 등의 핵심 주제가 '변증술에 능한 자'입니다. 《파이드로스》에서는 '모음과 나눔을 사랑하는 사람'에게 변증가라는 이름을 붙입니다. 《소피스트》는 철학자와 소피스트를 구별하면서 참다운 논변을 하는 자, 변증술에 능한 자를 철학자라 합니다. 《정치가》의 목적은 변증술에 더 능해지는 것입니다. 변증술에 능하다는 것은 이론적인 탐구를 잘한다는 것만을 의미하지 않습니다. 플라톤이 제시하는 철학적 통치자의 교육은 오랜 세월의 겪음을 포함하고 있습니다.

"상관없으이. 5년으로 정하게. 그다음에는 이들이 다시 저 동굴 속으로 내려가 있도록 되어야만 하며, 또한 이들은 전쟁에 관련된 일들을 지휘하며 또한 젊은 사람들에 맞는 관직들도 맡도록 강제 당해야만 하는데,

이는 이들이 경험에 있어서도 남들에 뒤지지 않도록 하기 위해서일세. 그리고 여전히 이런 것들을 통해서도, 이들을 어느 쪽에서 끌어당겨도 이들이 꿋꿋이 제자리를 지키는지 아니면 제자리를 옮기는지 시험받아야만 되네." 내가 말했네.

"그럼 이 기간을 얼마나 잡으십니까?" 그가 물었네.

"15년일세. 이들이 쉰 살이 되었을 때, 이들 중에서도 [시험들을] 무사히 치렀으며 실무에 있어서나 학식에 있어서 두루 모든 면에서 가장 훌륭했던 자들을 이제 최종 목표로 인도해서, 이들로 하여금 고개를 젖히고서 혼의 눈으로 하여금 모든 것에 빛을 제공하는 바로 그것을 바라보지 않을 수 없게끔 만들어야만 하네. 그리하여 '좋음(善) 자체'(to agathon auto)를 일단 보게 되면, 이들은 그것을 본(paradeigma)으로 삼고서, 저마다 여생 동안 번갈아가면서 나라와 개개인들 그리고 자신들을 다스리지 않을 수 없도록 만들어야만 하네. 이들은 여생의 대부분을 철학으로 소일하지만, 차례가 오면 나라일로 수고를 하며, 저마다 나라를 위해 통치자로도 되는데, 이들이 이 일을 하는 것은 이것이 훌륭한 것이어서가 아니라 불가피한 것이어서일세. 그리고 이처럼 언제나 자기들과 같은 또 다른 사람들을 교육시켜서는 나라의 수호자들로서 자기들 대신에 남긴 다음, '축복받은 자들의 섬들'로 떠나가서 살게 되도록 해야만 할 걸세."

_《국가》 539e~540b

이 논의에 따르면 철학적 통치자가 되려는 이들은 5년 동안 예비 교과를 익혀야 합니다. 그런 다음 "다시 저 동굴 속으로 내려가"야만 합니다. 이론적 탐구가 끝나면 삶의 구체적인 영역으로 들어가야 한다는 것입니다. 현실 세계에서 그들이 해야 하는 일은 "전쟁에 관련된 일들을 지휘하며 또한 젊은 사람들에 맞는 관직들"도 맡아야 합니다. 이러한 일은 15년 동안 수행해야 합니다. 이는 최고 통치자가 되기 위한 실무 기간일 것입니다. 이렇게 실무 기간에 남들에 뒤지지 않는 경험을 쌓은 이들 중에서 다시 일부를 선발합니다. 쉰 살이 된 이 사람들에게 비로소 변증술을 익히게 하는 것입니다. 이들은 이론적인 것만 아는 사람들이 아니라 삶의 쓰라림을 아는 사람들일 것입니다. 이론과 실천이 삶 속에 완전히 녹아들어서 통일된 사람들일 것입니다. 변증술은 단순한 이론적 탐구가 아니라 삶의 모든 국면에서 균형을 잡는 힘이기도 할 것입니다.

변증술에 능한 이들, 철학적 통치자들은 좋음 자체를 "본(paradeigma)으로 삼고서" 공동체를 다스립니다. 그들은 번갈아 다스림을 행하다가 나이가 들면 '축복받은 자들의 섬들'에 가서 살게 됩니다. 그렇다면 그들이 본으로 삼는 나라는 어디에 있는 것일까요.

"그렇지만 그것은 아마도 그걸 보고 싶어하는 자를 위해서, 그리고 그것을 보고서 자신을 거기에 정착시키고 싶어하는 자를 위해서 하늘에 본(paradeigma)으로서 바쳐져 있다네. 그러나 그게 어디에 있건 또는 어디에 있게 되건 다를 게 아무것도 없으이. 그는 이 나라만의 정치를 하지, 다른 어떤 나라의 정치도 하지 않을 것이기 때문이네."

_《국가》 592b

"이 나라"는 "본으로서 바쳐진 나라"입니다. 그 나라는 현실에 있지 않습니다. 그것은 하늘에 있습니다. 그것이 하늘에 있건 현실에 있건 철학적 통치자는 그것을 본받아서 통치를 합니다. 이것은 아테나이의 현실에서는 실현할 수 없는 본이었을지도 모릅니다.

지금까지 우리는 《국가》에서 비유들을 읽으면서 플라톤이 주장하는 좋음의 이데아가 무엇인지, 그것을 바탕으로 인간의 삶을 훌륭한 것으로 만들기 위한 방책은 어떠한 것인지를 살펴보았습니다. 이제 《파이돈》에서 제기되었던 '인간학으로의 전환'이라는 주제와 연관하여 이것들을 재정리하여 봅시다.

《파이돈》에서 소크라테스는 아낙사고라스의 방법론을 비판하면서 자신의 고유한 학문 방법론을 찾습니다. 그가 이것을 탐구한 것은 아낙사고라스의 방법론으로는 인간의 삶에서 제기되는 문제를 해결할 수 없다고 여겼기 때문입니다. 그는 인간의 삶과 행위 전체에 관철되는 진정한 원인을 찾고자 하였지만 아낙사고라스의 방법으로는 그것이 불가능하였던 것입니다. '진정한 원인'은 자연 세계에서 얻어지는 원인과는 다른 것이었기 때문입니다. 소크라테스는 진정한 원인으로서 좋음의 이데아를 제시합니다. 이것을 제시함으로써 그는 철학의 탐구를 자연학에서 인간학으로 전환한 것입니다.

플라톤은 개인의 영혼이 완성된다고 하여 좋음의 이데아에 이를 수는 없다고 보았습니다. 그는 좋음의 이데아를 탐구하기 위하여 논의의 범위를 정치적 공동체로 확장시켰습니다. 그는 좋음의 이데아의 파악이라는 이론적 작업이 정치적 공동체에서의 실천적 삶을 통해서만 가능하다고 생각하였던 것입니다. 플라톤이 이 논의를 위해 제시하는 대표적인 논변은 태양의 비유, 선분의 비유, 동굴의 비유 등인데, 이들 비유에 제시된 설명을 통하여 우리는 좋음의 이데아가 모든 것의 궁극적 원리이며, 그것은 변증술적 논변의 힘에 의해서 파악할 수 있는 것임을 알게 되었습니다. 변증술적 논변의 힘을 가진 자는 철학적 통치자입니다. 철학적 통치자는 단순한 이론적 인식만을 가진 자가 아니라 공동체의 다양한 직무를 통해서 실천적 삶을 겪은 자이기도 합니다. 철학적 통치자뿐만 아니라 인간은 '힘'(dynamis)을 가지고 있어서 상재相在, 즉 본질적 존재를 파악할 수 있지만, 이를 위해서는 자신이 처해 있는 상태, 즉 정재定在를 변경시켜야만 합니다. 상재의 파악은 이론이고, 정재의 변경은 실천인데, 이러한 이론과 실천, '실천을 통한 이론', '이론을 위한 실천'은 인간 개인이 아닌 정치적 공동체에서만 가능한 일입니다. 좋음의 이데아를 중심으로 한 플라톤의 형이상학은 이처럼 이론과 실천이 중첩되는 차원에 놓여 있습니다.

III

아리스토텔레스:
희랍 형이상학의 체계적 완결

| 앎의 체계와 궁극적 실재
《형이상학》 |

제16강

《형이상학》의 구성

우리가 아리스토텔레스의 형이상학을 공부하고자 할 때는 그의 스승으로 알려진 플라톤의 형이상학과 관련된 논의를 하지 않을 수 없습니다. 특히 플라톤과 아리스토텔레스가 어떤 주장들을 공유하고 있는지, 두 사람이 어느 점에서 다른지 등을 거칠게라도 비교하여야 합니다. 플라톤에서는 이론학과 실천학의 구별이 없었습니다. 더 엄밀하게 말하면 이론과 실천이 중첩되었습니다. 어디까지가 이론의 차원이고 어디부터가 실천의 영역인지를 딱 잘라 말할 수 없었다는 것입니다. 아리스토텔레스에서는 분명하게 이론학과 실천학과 제작학의 구별이 있습니다. 그렇다고 해서 언제나 이론학과 실천학이 엄밀하게 구별되는 것도 아닙니다. 아리스토텔레스의 형이상학을 읽을 때에는 이러한 점들, 즉 플라톤과의 관계, 이론과 실천의 구별 문제 등이 계속해서 참조되어야 할 것입니다.

이론학, 실천학, 제작학에 선행하는 것으로는 아리스토텔레스가 '오르가논'Organon이라는 이름으로 전개한 논리학이 있습니다. '오르가논'은 '기관'이라는 뜻을 가진 말이며, 몇몇 논리학 관련 저서들로 이루어졌습니다. 프란시스 베이컨의 《신기관》(Novum organum)은 오랫동안 서구 학문 세계를 지배해온 아리스토텔레스의 학문 방법론을 전복한다는 의도로 쓰인 책입니다. 그만큼 아리스토텔레스의 영향력이 컸다는 것을 역설적으로 반영한다고 하겠습니다. 논리학의 영역에 해당되는 저서들로는 《범주론》(Categoriae), 《명제론》(De interpretatione), 《소피스트적 논박》(De sophisticis elenchis), 《변증론》(Topica), 《분석론》(Analytica) 등이 속합니다. 이론학에 속하는 것은 수학과 자연학과 신학(theologikē)입니다. 실천학에 속하는 것은 《니코마코스 윤리학》(Ethica Nikomacheia), 진위 논쟁이 있어왔으나 현재는 아리스토텔레스의 저작으로 인정받고 있는 《에우데모스 윤리학》(Ethica Eudemia)과 《정치학》(Politika)입니다. 제작학에 속하는 것이 《시학》(Poetica)과 《수사학》(Ars rhetorica)입니다.

이론학에 속하는 것 중에서 신학에 관하여 설명을 해둘 필요가 있습니다. 여기서 신학은 우리가 일반적으로 알고 있는 '초월적인 인격신에 대한 탐구'가 아닙니다. 아리스토텔레스가 말하는 신(theos)은 제1의 원인입니다. 달리 말하면 '첫째가는, 가장 지배적인 원인'이라고도 합니다. 신은 첫째가는 가장 지배적인 원인이기 때문에 초월적인 것이 아닙니다. 신은 존재의 세계에 있습니다. 그런 점에서 신학이라 해도 모든 존재들(ta onta)을 다루는 존재론에 통합되는 것입니다. 이러한 성격을 가지는 신을 논의하는 저작이 《형이상학》입니다. 형이상학은 일반적으로 '초월적인 것'을 다룬다고 알려져 있지만, 아리스토텔레스에서는 책 제목이 그러하다 해도 내용은 그렇지 않다는 것을 유념해두어야 합니다. 무엇보다도 "형이상학"이라고 하는 제목 자체가 아리스토텔레스가 붙인 것이 아닙니다. 후대의 학자가 편집

할 때《자연학》다음에 이 책을 배치하면서 그렇게 명명한 것입니다.

《형이상학》이라는 책을 후대의 학자가 편집했다는 말은《형이상학》이라는 책이 독립된 단행본(또는 강의록)들의 묶음임을 의미합니다. 아리스토텔레스가 처음부터 끝까지 하나의 완결된 저작을 의도하고 쓴 것이 아닙니다.《형이상학》은 제1권부터 제14권으로 이루어져 있는데 이 중에서 가장 먼저 쓰인 것으로 알려진 부분이 제12권입니다. 있음과 운동 원리에 관한 독립적으로 완결된 강의로 이루어져 있고, 영원한 원동자라든가, 질료인, 형상인 등과 같이 아리스토텔레스 형이상학의 핵심 개념들을 다루고 있습니다. 그렇기 때문에《형이상학》을 읽는다고 하면 무엇보다도 제12권을 열심히 읽어야 합니다.

제1권은 앎, 지혜(sophia)가 무엇인지를 규정하고 있는 부분입니다. 그것에 더하여 선대 철학자들에 관한 논의가 들어 있습니다. 아리스토텔레스는 많은 경우 자신의 저작에서 선대 철학자들의 학설을 소개합니다. 물론 선대 이론을 있는 그대로 소개한 것은 아닐 것입니다. 그렇다 해도 이런 소개를 통해서, 자신의 저작을 남기지 않았거나 남겼다 해도 망실된 이들의 이론을 알 수 있습니다. 제2권은 철학연구에 대한 일반적 고찰과 탐구 내용에 따른 방법을 다루고 있습니다. 간단히 말해서 철학 공부는 무엇이고 어떻게 공부해야 하는가를 논하고 있는 부분입니다. 제3권은 일종의 강의 노트입니다. 철학이 다루어야 할 의문들에 대한 개관이 담겨 있습니다. 제4권은 흔히 말하는 존재론에 관한 기초를 다루고 있습니다. 존재론 일반 및 제일실체론이라 할 수 있습니다. 제4권은 형이상학을 공부하고자 할 때 제12권 다음으로 열심히 읽어야 할 부분입니다. 제5권은 아리스토텔레스가 편집한, 일종의 철학용어 사전입니다. 제6권은 제일 철학의 성격과 대상에 대해서 다룹니다. 제7권, 제8권, 제9권, 이 셋은 따로따로 떨어져 있기는 하나 한 묶음이라 할 수 있습니다. 모두 실체에 관한 논의를 담고 있기 때문입니다. 제10권은 존재, '하나' 등에 관한 강의록입니다. 제11권은 《자연학》 제3권과 제4권에 있는 글을 가져다 모아둔 것입니다. 제13권은 플라톤의 이데아에 대해서 집중적으로 논증하고 있습니다. 제14권에서도 이 논의가 계속되고 있습니다.

앞에서도 말했듯이 아리스토텔레스와 플라톤은 형이상학의 문제에 접근하는 태도가 다릅니다. 아리스토텔레스는 선과 악의 문제 등을 형이상학적으로 다루지 않습니다. 달리 말해서 플라톤에서처럼 좋음의 이데아 등이 초월적인 것으로 논의되지 않습니다. '자연학에서 인간학으로 전환'한 플라톤 철학에서는 무한정자로서의 인간이 문제가 되었습니다. 인간에 대해 논의하면서 인간 공동체(koinonia)를 다루게 되었고, 이는 좋음의 이데아가 상정되는 《국가》에서의 논의로까지 전개되었습니다. 아리스토텔레스의 《형이상학》은 가치의 문제를 초월적으로 논의하지 않습니다. 그 점을 염두에 두고 읽을 필요가 있습니다.

제17강

앎의 종류와 단계들

이제 《형이상학》을 읽기로 합시다. 제1권부터 필요한 부분들을 발췌하여 읽겠습니다. 먼저 《형이상학》의 첫 부분을 읽습니다. 여기서 아리스토텔레스는 우리 인간의 앎의 종류와 각각의 특징에 관하여 이야기합니다.

1. 앎은 감각에서 시작해서 기억과 경험과 기술을 거쳐 학문적 인식에 이른다

모든 사람은 본성적으로 알고 싶어 한다. 다양한 감각에서 오는 즐거움이 그 징표인데, 사람들은 필요와 상관없이 그 자체로서 감각을 즐기고 다른 감각보다 특히 눈을 통한 감각을 즐기기 때문이다. 왜냐하면 우리는 행동을 하기 위해서뿐만 아니라 아무 행동 의도가 없을 때도 ― 사람들 말대로 ― 만사를 제쳐두고 보기를 선택하기 때문이다. 그 이유는 감각들 가운데 시각이 우리가 사물을 아는 데 가장 큰 구실을 하고 많은 차이점들을 밝혀준다는 데 있다.

동물들은 본성적으로 감각을 가지고 태어나지만, 그중 몇몇의 경우에는 감각으로부터 기억이 생겨나지 않는 데 반해, 몇몇의 경우에는 생겨난다.

_《형이상학》 980a~980b

"모든 사람은 본성적으로 알고 싶어 한다"(pantes anthropoi tou eidenai oregontai physei). 철학의 역사에서 가장 유명한 말을 들어보라고 하면, 그것은 플라톤의 그 어떤 말도 아니고 바로 이 말일 것입니다. "판테스 안트로포이"pantes anthropoi가 '모든 사람', 맨 뒤에 "퓌세이"physei가 '본성적으로', "에이데나이"eidenai는 '알다', "오레곤타이"oregontai는 '~하고 싶다'라는 뜻입니다. 그야말로 단어 순서 그대로 뜻을 생각하면 됩니다. 여기서 "본성적으로"라는 말을 어떻게 해명할 것인지가 중요합니다. 영어판을 보면 '바이 네이처'by nature라고 써놓았습니다. '네이처'라는 단어는 아주 다양한 뜻을 가지고 있습니다. 철학 용어 사전을 보면, '퓌시스'physis가 매우 많은 뜻을 가지고 있는 것과 마찬가지입니다.

그리고 나서 곧바로 다음 문장이 이어집니다. "다양한 감각에서 오는 즐거움이 그 징표인데, 사람들은 필요와 상관없이 그 자체로서 감각을 즐기고 다른 감각보다 특히 눈을 통한 감각을 즐기기 때문이다." 다시 말해서 구경하는 것을 좋아한다는 얘기입니다. 그것을 "알고 싶어 한다"에 연결시킨 것입니다. 여기서 아리스토텔레스가 "다양한 감각"이라고 하는 말에서 논의를 시작한 이유는 그가 감각을 통한 앎도 앎이라고 말하기 위해서입니다. 이 점에 주의해야 합니다. '저급한 앎과 고급한 앎'의 차이만 있을 뿐이지 아리스토텔레스는 감각을 통한 앎도 앎에 집어넣습니다. 플라톤과 달라지는 지점이 이런 것입니다. 플라톤에서는 앎이라고 하는 말, 즉 '에피스테메'epistēmē라고 하는 말을 될 수 있으면 '지성적인 앎'의 의미로 쓰려 합니다. 그런데 아리스토텔레스는 감각적인 것에서부터 이 말을 쓰기 시작합니다. 시각을 통해서 우리에게 주어지는 것부터 인간이 아는 것들 모두를 남김없이 다 설명하려는 것입니다.

그다음에는 "시각이 우리가 사물을 아는 데 가장 큰 구실을" 한다고 되어 있습니다. 아리스토텔레스는 가장 직접적인 것부터 시작합니다. 이것은 말 그대로 '느끼는 것'입니다. 어떤 정신적인 것이 작용하지 않은 것처럼 보이는, 전적으로 수동적인, 겪는 것을 말할 때 쓰는 것입니다. 이러한 것들에 대해서는 감각적 확실성이라는 말을 쓸 수 있을 것입니다. 감각을 통한 앎이 없다면 아무것도 성립하지 않습니다. 그것을 바탕으로 해서, 그것부터 쌓아올려서, 그것들을 전환시켜가면서 위로 올라가는 것입니다.

감각지 다음에는 무엇이 있겠습니까. "동물들은 본성적으로 감각을 가지고 태어나지만, 그중 몇몇의 경우에는 감각으로부터 기억이 생겨나지 않는 데 반해, 몇몇의 경우에는 생겨난다." 둘째 단계가 기억입니다. 아리스토텔레스에 따르면, 앎의 단계는 감각에서 시작해서 기억(mnēmē)과 경험(empeiria)을 거쳐 기술(technē)과 학문적 인식(epistēmē)으로 발전합니다. 우리의 앎이 이런 구조로 되어 있다는 것입니다. 그런데 아리스토텔레스에서 에피스테메는 논증적 지식인데, 이 논증적 지식에 누스, 즉 제일원리를 파악하는 직관을 합하면 그것들보다 상위의 앎인 소피아sophia, 즉 지혜가 됩니다. 물론 논증적 앎과 직관적 앎 중에서 어떤 것이 더 우위에 있다고 말하기는 어렵습니다. 같은 차원에 있는 것이지만 종류가 다른 앎입니다. 아리스토텔레스는 감각적인 앎을 버리고 갑자기 위로 올라가는 것이 아니라 감각적 앎도 가지고 시작하는 것입니다. 최종 단계인 지혜 속에는 감각적 앎도 들어 있습니다. 이는 모든 것을 남김없이 망라하려는 태도입니다.

우리가 감각지부터 시작해서 기억, 경험, 기술, 논증적 앎, 직관적 앎을 거쳐서 지혜에 이르면 어떤 상태가 될까요. 그것은 보편적 개별자라 할 수 있을 것입니다. 모든 특수한 것에 대해 알면서 동시에 가장 보편적인 것도 아는 상태일 것입니다.

반면 인간종족은 기술과 추론에 의해 살아간다. 사람들에게는 기억으로부터 경험이 생겨나는데, 왜냐하면 똑같은 일에 대한 여러 번의 기억은 마침내 하나의 경험능력을 낳기 때문이다. 그리고 경험은 학문적 인식이나 기술과 거의 동질적인 것처럼 보이지만, 사실 학문적 인식과 기술은 경험을 통해 사람들에게 생겨난다.

_《형이상학》 980b~981a

여기서 아리스토텔레스는 "학문적 인식"(epistēmē)과 "기술"(technē)을 엄밀하게 구별하지 않은 채 말을 모호하게 하고 있습니다. 우리가 먼저 구별해야 하는 것도 기술과 학문적 인식입니다. 물론 학문적 인식과 기술은 모두 경험을 통해 생겨납니다. 그리고 아리스토텔레스는 경험, 기술, 학문적 인식, 이것이 거의 동질적인 것처럼 보인다고 했습니다. 그렇지만 사실은 경험, 기술, 학문적 인식의 순서로 앎에는 단계가 있습니다.

그런데 실제행동과 관련해서 보면, 경험은 기술과 아무 차이가 없어 보이며, 오히려 우리는 유경험자들이 경험 없이 이론을 가지고 있는 사람들보다 더 능숙하게 일을 처리하는 것을 보게 된다(그 이유는, 경험은 개별적인 것에 대한 앎이지만, 기술은 보편적인 것에 대한 앎이요,

모든 행동과 생성은 개별적인 것과 관계하기 때문이다. 말하자면 의사는—부수적인 뜻에서가 아니라면—사람을 치료하는 것이 아니라 칼리아스, 소크라테스 또는 그렇게 불리는 것들 가운데 어떤 사람, 곧 사람임이 속하는 것을 치료한다. 그래서 만일 어떤 사람이 경험 없이 이론만 가지고 있다면, 그는 보편적인 것은 알지만 그에 속하는 개별적인 것은 알지 못해서, 치료할 때 자주 잘못을 범하게 되는데, 치료받아야 할 대상은 개별적인 사람이기 때문에 그렇다). 하지만 그럼에도 불구하고 우리는 학문적인 앎과 전문적인 앎이 경험보다 기술에 더 많이 속한다고 생각하며, 기술자들이 유경험자들보다 더 지혜롭다고 믿는데, 지혜는 어떤 경우에나 학문적인 앎을 따른다고 생각하기 때문이다. 왜냐하면 앞의 사람들은 원인을 알지만, 뒤의 사람들은 그렇지 않기 때문이다. 왜냐하면 유경험자들은 사실은 알지만 이유를 알지 못하는 반면, 다른 사람들은 이유와 원인을 알기 때문이다.

_《형이상학》 981a

"경험은 개별적인 것에 대한 앎"이고 "기술은 보편적인 것에 대한 앎"입니다. 경험은 특수지이고 기술은 보편지입니다. 물론 여기서 말하는 경험(empeiria)은 단순히 감각기관을 통해서 얻어지는 정보가 아니라 어떤 개별적인 사태에 대한 앎입니다. 기술은 보편적인 것에 대한 앎일 뿐만 아니라 방법을 아는 것도 포함합니다. "학문적인 앎과 전문적인 앎이 경험보다 기술에 더 많이 속한다고 생각하며, 기술자들이 유경험자들보다 더 지혜롭다고 믿는데", 이 기술자들은 '~할 줄 아는 사람', '하는 방법을 아는 사람'입니다. 개별적 사태에 대한 앎은 경험이고 이 경험을 가진 자들, 즉 "유경험자들은 사실은 알지만 이유를 알지 못"합니다. 이유를 알지 못하는 것이 경험의 한계입니다. 반면에 기술자들, 즉 "다른 사람들은 이유와 원인"을 압니다. 유경험자들은 특수지를 가지고 있지만 이유와 원인은 모릅니다. 되풀이해서 쌓은 경험만 가지고 있을 뿐입니다. 기술자들(technitai)은 이유와 원인, 즉 보편적인 것에 대한 앎을 가지고 있습니다. 이로써 경험과 기술이 구별되었습니다.

"의사는——부수적인 뜻에서(kata symbebēkos)가 아니라면——사람을 치료하는 것이 아니라 칼리아스, 소크라테스 또는 그렇게 불리는 것들 가운데 어떤 사람, 곧 사람임이 속하는 것을 치료한다"는 문장도 잠깐 해명을 하고 가겠습니다. 우리가 '의사는 사람을 치료합니다'라고 말하는 것은 부수적인 뜻에서 한다는 것입니다. 의사는 '사람'을 치료하는 것이 아니라 '어떤 사람'을 치료합니다. 이를테면 '강유원이라는 사람'을 치료합니다. '의사가 사람을 치료한다'는 것은 엄밀하게는 성립할 수 없는 언명입니다. '사람'은 치료할 수 없는 것이고, 볼 수도 없는 것입니다. '사람'은 우리의 머리 속에 들어 있는 개념일 뿐입니다. 개념은 치료할 수 없으므로, 부수적인 뜻에서 사람을 치료한다고 말할 수는 있어도 일차적인 의미에서 사람을 치료한다고 말할 수는 없습니다.

여기서 한 가지 생각해볼 것이 있습니다. 의사는 사람을 치료하는 것이 아니라 어떤 사람을 치료합니다. 그런데 의사가 특정한 사람을 치료하려면 '특수한 앎'만 가지고 있으면 될 것인가, 다시 말해서 개별적인 사태에 관한 경험만 있으면 되는가 하면, 그렇지 않습니다. 사람 일반에게 어떤 질병이 생겨나는지에 관한 '보편적인 앎', 즉 기술이 그 특정한 사람을 치료할 수 있습니다. 의사가 하는 일은 특정한 사람에 관여하지만 의술을 행하는 데에는 보편적인 앎이 필요합니다.

또한 어떤 학문 분야에서나 더 엄밀하고, 원인들에 대해 가르치는 능력이 더 뛰어난 사람이 더 지혜롭고, 학문들 중에서는 자기 목적적이요 앎을 목적으로 선택된 것이 파생적 결과들을 위해서 있는 것보다 지혜에 더 가까우며, 더 지배적인 위치에 있는 것이 예속된 것보다 지혜에 더 가까우니, 그 까닭은 지혜로운 자는 지시를 받는 것이 아니라 지시를 내리고 그가 다른 사람의 말을 따르는 것이 아니라 지혜가 부족한 사람이 그의 말을 따르기 때문이다.

우리는 지혜와 지혜로운 자들에 대해 이런 종류의 관념들을 가지고 있다. 그런데 그 가운데 모든 것을 안다는 특징은 필연적으로 보편적인 학문을 가장 많이 소유한 사람에게 속해야 하는데, 왜냐하면 이 사람은 어떤 방식으로든 그 밑에 놓여 있는 것들을 모두 알기 때문이다.

_《형이상학》 982a

지혜는 '자기 목적적이고 앎 자체를 목적으로 하는 것'입니다. 그런데 이 지혜는 갑자기 생겨나는 것이 아닙니다. 앞에서 형이상학은 '모든 것'을 탐구한다고 하였습니다. '모든 것'에 대한 탐구는 있는 것(on)에 대한 탐구, 즉 존재론(ontology)을 말합니다. 그러므로 형이상학이나 존재론에 관한 탐구를 하게 되면 '모든 것'을 알게 될 것입니다. 아리스토텔레스에 따르면 "모든 것을 안다는 특징은 필연적으로 보편적인 학문을 가장 많이 소유한 사람에게 속해야 하는데, 왜냐하면 이 사람은 어떤 방식으로든 그 밑에 놓여 있는 것들을 모두 알기 때문"입니다. "밑에 놓여 있는 것들을 모두 안다"는 것은 감각지부터 시작하여 상위로 올라가는 모든 것을 두루두루 안다는 것입니다. 그런 사람은 "보편적인 학문을 가장 많이 소유한 사람"입니다. 여기서 "학문"이라는 말을 '앎'이라는 말로 바꿔서 이해하면 가장 보편적 앎,

최상위의 보편적 앎에 이른 사람은 밑에 놓여 있는 것을 모두 안다는 뜻이 됩니다. 다시 말해서 감각적 지부터 시작해서 전 체계를 다 알고 있는 것입니다.

전 체계를 다 알고 싶으면 어떻게 하면 되겠습니까. 가장 좋은 방법은 신이 되는 것입니다. 그 아래 방법은 모든 사물의 원인에 대한 이론적인 앎, 즉 "원인들에 대한 이론적인 학문"(982a 29행)을 가지면 될 것입니다. 각각의 사물들이 어떤 식으로 생겨나고 어떤 식으로 전개되어서 어떤 식으로 소멸하는가, 시초부터 결과에 이르는 전 과정을 원리적으로 파악하면 그것이 모든 것을 아는 방법일 수 있습니다. 그것이 바로 보편적인 앎입니다. 모든 사람이 이런 앎을 원하지는 않겠지만 어떤 사람들은 원하는 앎입니다. 가장 보편적인 것을 아는 사람은 모든 것을 아는 사람입니다.

아리스토텔레스에서 학문의 출발점은 '놀라움'(thaumazein)입니다. 놀라움에서 시작된 학문의 영역에는 이론학, 실천학, 제작학, 세 가지가 있습니다. 그리고 인간의 앎이라고 하는 것은 감각적인 앎부터 시작해서 기억, 경험, 그다음에 기술이 있고, 논증적 지식(입증 가능한 지식)과 제일원리를 파악하는 직관적 지식이 있으며, 그 둘을 합한 지혜에 이릅니다. 거듭 말하지만 아리스토텔레스에서 감각지부터 시작하여 지혜에 이르는 과정은 누적적인 앎의 과정입니다. 대체로 보아서 세 단계로 이루어져 있는데, 첫째가 감각지의 단계이고, 그다음이 경험과 기술의 단계이며, 마지막이 논증적 지식, 직관적 지식, 지혜의 단계입니다.

제18강

형상의 분리와 내재

지금까지 우리는 아리스토텔레스의 앎에 관한 정의와 각각의 앎들의 단계에 대해 읽었습니다. 이제부터는 Ⅲ권 "1. 철학이 다루어야 할 의문들에 대한 개관"에서 제시한 문제들을 전반적으로 살펴보도록 합시다. 그 문제들은 다음과 같습니다.

(vi) 유들이 사물들의 첫째 원리들인가, 아니면 사물들에 내재하는 부분들이 첫째 원리들인가?
(vii) 유들이 원리들이라면, 최상의 유들이 그런가 아니면 불가분적인 것들이 그런가?
(viii) 개별적인 것들과 떨어져 있는 어떤 것이 있는가?
(ix) 첫째 원리들은 각각 종이 하나인가 아니면 수가 하나인가?
(x) 가멸적인 것들과 불멸적인 것들의 원리들은 같은가?
(xi) 있는 것과 하나는 실체들인가 아니면 속성들인가?

이 문제들은 형상에 관한 논의에서 제기되는 것인데, 형상실재론, 형상시원론, 형상의 분리와 내재 등을 둘러싼 것입니다. 이는 플라톤과 아리스토텔레스의 형이상학의 차이를 밝히는 데 중요한 주제입니다. 이 문제들을 제시된 순서대로 풀지 않고 8번(viii) 문제부터 풀겠습니다. 그런 다음 10번(x) 문제를 풀고, 6번(vi)문제와 7번(vii) 문제를 풉니다.

8번(viii) 문제를 봅시다. 이 문제는 "가장 절실한 의문"이고, 그만큼 중요합니다.

(viii) 이런 물음들과 이어져 있으면서 모든 것 가운데 가장 어렵고 이론적인 고찰의 필요성에서 볼 때 가장 절실한 의문이 있는데, 이제 이것에 대해 논의할 차례이다. 만일 개별자들과 떨어져서 아무것도 없고 개별자들은 무한하다면, 그 무한한 것들에 대해 어떻게 학문적 인식을 얻을 수 있을까? 왜냐하면 하나이자 동일한 어떤 것이 있고 보편적인 어떤 것이 주어져 있는 한에서 우리는 모든 것을 알기 때문이다.

하지만 만일 이것이 필연적이고, 마땅히 개별자들과 떨어져서 어떤 것이 있어야 한다면, 필연적으로 개별자들과 떨어져서 유들이 ― 최종적인 것들이든 첫째 유들이든 ― 있어야 할 것이다. 그런데 이것이 불가능하다는 사실과 관련해서는 방금 의문을 제기한바 있다.

《형이상학》 999a

위 구절에서 "개별자들과 떨어져서"는 개별자들과 '무관하게'라는 뜻이 아닙니다. "떨어져서"라는 말은 '개별자들과 관련이 있는데 그 개별자들과 다른 곳에'라는 말입니다. "하나이자 동일한 어떤 것", 모든 개별자들에 "보편적"으로, 공통적으로 주어진 어떤 것이 있다는 것입니다. 지금 여기서 아리스토텔레스의 형이상학을 공부하고 있는 사람들을 나열해봅시다. 이 사람들은 개별자들입니다. 그런데 이 사람들과 관계가 있으면서도 이 사람들과 떨어져서 이 사람들에게 공통적으로 적용할 수 있는 것을 한번 생각해봅시다. 그것은 '형이상학 공부'입니다. 이 사람들이 떨어져 있어도 '형이상학 공부'라고 하는 하나이자 동일한 어떤 보편적인 것을 통해서 결합되어 있는 것입니다.

이 '형이상학 공부'라는 것이 없고 그 사람들, 즉 개별자들만 무한히 있다면 우리는 개별자들에 대한 무한한 경험만 가지게 될 것입니다. 그 개별자들을 이어주는, 하나이자 동일한 어떤 보편적인 것이 없으면, 개별자에 대한 경험만 쌓일 뿐입니다. 이런 경우에는 개별자들을 꿰는 보편적인 원리와 법칙이 없으므로 학문적 인식이 성립하지 않습니다. 8번 문제는 이것에 관한 것이었습니다. "(viii) 개별적인 것들과 떨어져 있는 것은 어떤 것이 있는가?" 있는지 없는지는 알 수 없지만, 적어도 그 어떤 것이 있어야 학문이 성립합니다. 아리스토텔레스가 보편적인 것이 개별자와 떨어져서 있어야 학문이 성립한다는 입장을 취하는 것인지, 아니면 그것을 부정하고 있는지는 알 수 없습니다. 여기서 우리가 알 수 있는 것은 다음과 같은 것입니다. 즉 '하나이자 동일한 어떤 것', '동일한 어떤 공통적인 것', 그것이 없다면 개별적인 것들만 있을 뿐이요, 그러한 경우에는 학문적 인식이 성립하지 않는다는 것입니다.

다음 문장으로 넘어가봅시다. "하지만 만일 이것이 필연적이고, 마땅히 개별자들과 떨어져서 어떤 것이 있어야 한다면, 필연적으로 개별자들과 떨어져서 유들이 ─최종적인 것들이든 첫째 유들이든─ 있어야 할 것이다. 그런데 이것이 불가능하다는 사실과 관련해서는 방금 의문을 제기한바 있다." 앞에서도 말씀드렸듯이 여기서 "떨어져서"라는 말은 '전혀 관련이 없다', '절연되어 있다'는 뜻이 아닙니다. 어쨌든 '그런 것들이 있어야 한다면', 그리고 "필연적으로 개별자들과 떨어져서 유들이" 있다고 할 때 그것들은 "최종적인 것들"이거나 아니면 "첫째 유들"입니다. 첫째 유는 우리가 논의의 출발점, 시원으로 삼을 수 있는 유이고, 최종적인 것들은 우리 논의의 마지막에 도달한 것입니다. 이것이 있어야 학문적 인식이 성립할 수 있는데, 이것은 사실상 "불가능"하다는 것입니다. 왜 그럴까요.

개별자들과 떨어진 유가 없다면 학문적 인식은 성립할 수 없게 됩니다. 낱낱이 흩어진 특수한 것들에 대한 앎만 있을 것입니다. 특수한 것들에 대한 앎을 개념적으로, 상위로 포괄해 나아가지 않으면 학문적인 것은 불가능합니다. 지성적인 것은 전혀 성립할 수 없고 우리는 감각적 앎의 단계에 머물러 있게 될 뿐입니다. 따라서 학문적인 것이 성립하기 위해서는 "개별적인 것들과 떨어져 있는 어떤 것"이 있어야 한다는 것입니다.

이에 대해 아리스토텔레스는 답을 내놓지 않습니다. 아직은 형상이라고 하는 것이 있는가, 있어야만 하는가, 있지 않으면 어떤 문제가 생기는가 등에 대해 문제를 제기하고 있을 뿐입니다. 이것이 8번 문제입니다. 우리가 알아낸 해명은 이러합니다. 모든 것에 공통된 어떤 하나가 없으면 학문적 인식은 불가능하니까 형상이 있어야 하겠지만, 그것이 있으면 그것으로부터 이 개별적인 것이 나왔다고 말할 수도 없다는 것입니다.

8번 문제는 일단 여기까지 답을 해두고 이제 10번 문제로 들어가 보겠습니다. 이 문제는 형상이 있다면, 그것은 어떤 원리에 따라 있는지, 그것은 개별적인 것과 어떤 관계에 있는지, 즉 8번 문제에서 살펴본 것처럼 떨어져 있는지 아니면 개별적인 것에 어떻게 관여하는

지에 관한 것입니다.

(x) 지금 사람들에게나 이전 사람들에게나 어떤 것 못지않게 어려운 문제가 남아 있는데, 그것은 가멸적인 것들과 불멸적인 것들의 원리들이 동일한가 다른가라는 의문이다. 만일 그것들이 동일하다면, 어떻게 어떤 것들은 가멸적이고 어떤 것들은 불멸적인가, 어떤 이유 때문에 그런가? 헤시오도스의 추종자들을 비롯해서 모든 신학자들은 자신들의 눈에 그럴 듯해 보이는 생각을 해냈지만, 우리들의 관심사에는 주의를 기울이지 않았다. 왜냐하면 그들은 신들을 원리들로 삼으면서 신들로부터 모든 것이 생겨났고 넥타와 암브로시아를 먹지 않은 것들은 죽는다고 말하는데, 이들은 분명 자신들에게는 친숙하게 이런 말들을 사용하고 있지만, 그런 주장은 당장 이 원인들을 다른 데 적용하는 문제와 관련해서 볼 때 우리의 이해능력을 벗어나게 된다. 그 이유는 이렇다. 만일 불멸하는 것들이 즐거움 때문에 그것들에 손을 댄다면, 넥타와 암브로시아는 결코 그들의 있음의 원인이 아니다. 반면 그것들이 (살아) 있기 위해 그것들에 손을 댄다면, 어떻게 영원한 것들이 음식을 필요로 하겠는가? 신화적으로 꾸며낸 생각들에 대해 진지하게 고찰하는 것은 가치 있는 일이 아니다. 하지만 논증을 통해 주장을 내세우는 사람들에게는 우리가 귀를 기울여, 동일한 것들로부터 유래함에도 불구하고 도대체 무엇 때문에 있는 것들 가운데 어떤 것들은 본성상 영원하고 어떤 것들은 소멸하는지 캐물어보아야 한다.

_《형이상학》 1000a

10번 문제는 상식적이고 당연한 것입니다. "그들은 신들을 원리들로 삼으면서 신들로부터 모든 것이 생겨났고 넥타와 암브로시아를 먹지 않은 것들은 죽는다고 말하는데"에서 "넥타와 암브로시아"는 신들이 먹는 음식입니다. 신들은 왜 넥타와 암브로시아를 먹겠습니까. 살기 위해서입니다. 그런데 신들이라면, 불멸의 존재라면 그런 것들을 먹지 않아도 불멸할 수 있지 않을까요. 그래야 신 아닐까요. 지금 이런 의문을 제기하는 것입니다. 아리스토텔레스는 우리의 상식과 다르지 않게 추론합니다. '어떻게 영원한 것들이 음식을 필요로 하겠는가?'라고 의문을 제기하는 것이지요. 음식만이 문제가 아닙니다. 조금은 추상적인 것이지만 아리스토텔레스에 선행하는 자연철학자 엠페도클레스Empedokles에 관한 의문이 제기됩니다. 그 부분을 한번 읽어봅시다.

> 엠페도클레스에 따르면 싸움은 소멸의 원인이면서 그에 못지않게 있음의 원인이라는 결론이 따라 나온다. 이와 마찬가지로 사랑도 있음의 원인에 그칠 수 없는데, 왜냐하면 그것은 다른 것들을 하나의 상태로 끌어모음으로써 그것들을 소멸하게 하기 때문이다. 그리고 동시에 그는 변화 자체의 원인에 대해 아무 말도 하지 않은 채 그저 그것들이 본성상 그렇다고 말할 뿐이다.
>
> _《형이상학》 1000b

엠페도클레스는 "싸움은 소멸의 원인이면서 그에 못지않게 있음의 원인"이라고 주장합니다. 아리스토텔레스는 이것에 대해 의문을 제기합니다. 싸움은 소멸의 원인인데, 왜 동시에 소멸의 정반대 것인 있음의 원인일까요. 소멸은 가변적인 것이고 없어지는 것입니다. 있음은 불변하는 것입니다. 가변적인 것과 불변적인 것의 원리들은 서로 달라야 할 것입니다. 그런데 어떻게 하나의 원리가 동시에 소멸과 불멸의 원리일 수 있을까요.

여기서 형상(eidos)을 생각해봅시다. 플라톤에서 개별적인 것들과 떨어져 있는 하나의 형상이 있다고 할 때 그것은 불변하는 것입니다. 그것은 불변하는 것인데, 어떻게 불변하는 것으로부터 소멸하는 것이 나오겠습니까. 불변하는 것이 소멸하는 것의 원인이라고 할 수는 없습니다. 콩 심은 데 콩 나는 것이지 콩 아닌 것이 날 수는 없습니다. 이것이 우리의 상식인데, 이러한 상식에 어긋나게도 플라톤은 형상과 같은 불멸의 것이 있어야 한다고 주장합니다. 차라리 기독교의 창조론처럼 하느님은 완전 존재이고, 인간들은 하찮은 존재들이며, 하느님은 아무것도 없는 것, 즉 무로부터 만물을 창조했다고 말하는 것이 더 그럼직해 보이기도 합니다. 이것은 합리적인 인과를 완전히 무시하고 믿음으로써 성립하는 언명이니까 차라리 나은 것일지 모릅니다.

"개별적인 것과 떨어져 있는 어떤 것"은 플라톤에서 말하는 형상입니다. 플라톤은 그 형상이 실재로서 있다고 주장합니다. 그것이 있어야 개별적인 것들과 그것을 엮은 학문적 앎을 설명할 수 있을지는 몰라도 그것이 실제로 있다고 말하기는 어렵습니다. 설명을 위한 개념으로서는 있다고 할 수 있을지는 몰라도 그것이 실재로서 있다고 말하기는 어렵다는 것입니다. 아리스토텔레스는 헤시오도스와 엠페도클레스를 조금은 비웃으면서 이제 본격적으로 플라톤의 형상론을 겨냥합니다. 6번, 7번 문제가 그에 관한 것들입니다.

(vii) 더욱이 설령 유들이 최고 수준의 원리들이라고 하더라도, 다음과 같은 의문이 생긴다. 유들 가운데 첫째가는 것들을 원리들이라고 불러야 하는가 아니면 불가분적인 것들에 대해 술어가 되는 최종적인 것들

을 원리들이라고 불러야 하는가? 왜냐하면 이 문제에 대해서는 논란의 여지가 있기 때문이다. 왜냐하면 만일 언제나 보편자들이 더 높은 수준의 원리들이라면, 유들 가운데 최상의 것들이 원리들일 것인데, 왜냐하면 이것들은 모든 것들에 대해서 술어가 되기 때문이다.

_《형이상학》 998b

앞서 예를 들어 이야기했던 것처럼 지금 여기서 아리스토텔레스의 형이상학을 공부하는 사람들 각각은 개별자들인데 이 사람들에게 공통적이고 동일하고 하나인 것은 '아리스토텔레스의 형이상학 공부'입니다. 이는 최종적인 것이며 유입니다. 이것이 아리스토텔레스의 형이상학을 공부하는 사람들 안에 내재하는 것인지, 아니면 따로 있는 것인지, 이것도 따져 물어봐야 합니다.

아리스토텔레스의 물음부터 해명해보겠습니다. "유들 가운데 첫째가는 것들을 원리들이라고 불러야 하는가 아니면 불가분적인 것들에 대해 술어가 되는 최종적인 것들을 원리들이라고 불러야 하는가?" "첫째가는 것들"(ta prōta)은 모든 것들에 대해 술어가 되는 '있는 것'이나 '하나' 등을 가리킵니다. '있는 것'은 존재를 말합니다. 우리가 알고 있는 것들 중 가장 범위가 넓습니다. "최종적인 것들"은 더 이상 쪼개질 수 없고, 제일 마지막에 이른 것입니다. 즉 개별적인 것들에 대해 술어가 되는 '사람', '말', '소' 같은 것들입니다.

이제 이 문제를 본격적으로 논의하기 위해 플라톤의 《필레보스》 Philēbos의 한 구절에 대한 역자의 주석(부록)을 인용하고, 그 인용에서 거론되는, 이 내용과 관련된 아리스토텔레스의 《형이상학》 부분을 인용해보겠습니다.

좀 더 효과적인 설명을 위해서, 비록 플라톤이 든 것은 아니지만, 인위적인 산물들 중의 하나로서, 아리스토텔레스가 사람들이 그 형상을 부인하는 것으로 언급하고 있는 집(oikia, oikos)의 경우를 예로 들어보자.452) 집에 대한 사전적 의미 규정은 '사람이 살도록 지은 건물'일 것이고, 말을 갓 배운 아이들도 그런 건물에 대해 몇 번 '집'이라는 지칭을 하는 걸 듣게 되면, 집에 대한 개념을 그 나름으로 형성해서 갖게 될 것이다. 그렇다면 '집'은 사람들이 그 안에서 살기 위해 지었다 허물어버릴 수 있는 단순한 건물들에 대한 지칭이어서, 그런 건물들에 대해 우리가 갖는 공통된 이해나 관념은 단순히 개념에 불과한 것인가? 만약에 이 물음에 대해 "그렇다"고 대답하는 것으로 끝내버리면, 플라톤 철학은 없다. 그런데도 왜 플라톤 철학은 오늘날까지도 연명하고 있는가? 이런 생각을 해보자. 저 원시 시대의 태곳적부터 인간은 주거 공간을 가져왔다. 그러나 그들이 처음부터 집은 물론 집이라는 이름을 갖고 있었던 게 아닐 건 분명한 일이다.

각주 452) 아리스토텔레스는 《형이상학》 1080a5~1080a6에서 사람들이 집이나 반지의 형상은 없는 것으로 말하고 있다고 했다.

_《필레보스》 부록

또한 생각건대 실체와 그 실체가 속하는 것은 분리가능하지 않을 텐데 어떻게 이데아들이 사물들의 실체들이면서 그것들과 분리되어 있을 수 있겠는가? 《파이돈》에서는 이런 방식으로 형상들이 있음과 생성의 원인이 된다고 말한다. 하지만 형상들이 있다고 하더라도, 운동을 낳는 것이 없다면 생성이 일어나지 않을 것이고, 그들이 그것들에 대해서는 형상들을 인정하지 않는 다른 많은 사물, 예컨대 집과 반지도 생겨나는데, 그렇다면 그들이 이데아들을 인정하는 다른 것들 역시, 방금 말한 것들을 낳는 원인들과 같은 종류의 원인들에 의해서 있거나 생겨날 수 있음이 분명하다.

_《형이상학》 1080a

아리스토텔레스가 말한 부분부터 보겠습니다. "실체와 그 실체가 속하는 것은 분리가능하지 않을텐데 어떻게 이데아들이 사물들의 실체들이면서 그것들과 분리되어 있을 수 있겠는가?" 여기서 "실체"는 '형상'으로 이해할 수 있습니다. 그것은 '진짜 원인'이라 부를 수 있습니다. 그것이 있음으로 해서 어떤 것이 비로소 본질을 갖게 되는 것입니다. 그 원인으로 인하여 있을 수 있는 어떤 사물이 있을 것입니다. 예를 들어보겠습니다. '강유원은 곱슬머리이다'라고 한다면 강유원이 곱슬머리일 수 있게 해주는 그 무엇이 있을 것입니다. 그것을 '곱슬머리의 형상'이라 합시다. 강유원이 곱슬머리이려면 곱슬머리의 형상이 곱슬머리인 강유원이라는 사람 안에 있어야 할 것입니다. 곱슬머리의 형상이 강유원의 곱슬머리의 실체라면 어떻게 강유원과 분리되어 있을 수 있겠습니까. 아리스토텔레스가 플라톤의 형상론에서 가장 심각하게 제기하는 질문이 이것입니다. 그 사물을 그 사물이게 해주는 것은 형상인데, 그 형상이 어떻게 그 사물 밖에 따로 있느냐는 것입니다. 당연히 형상은 그 사물 안에 있어야 합니다. 이것이 우리의 상식에 부합한다 할 수 있습니다.

다시 《필레보스》의 부록 부분을 읽어보겠습니다. 역자는 묻습니다. "'집'은 단순한 건물들에 대한 지칭이어서, 그 건물들에 대해 우리가 갖는 공통된 이해와 관념은 단순히 개념에 불과한 것인가?" '집'은 우리가 살고 있는 공간을 가리킬 때 사용하는 말입니다. 그런데 '집'이라는 이 말은 우리가 살고 있는 공간 안에 있지 않습니다. 우리가 살고 있는 집은 구체적으로는 콘크리트나 철근, 내장재 등으로 이루어진 건물일 뿐이지 '집'이라는 개념을 담고 있는 것이 아닙니다. '곱슬머리임'이라고 하는 것이 강유원 안에 있기 때문에 강유원은 곱슬머리일 수 있겠는데, '곱슬머리임'이라는 것이 강유원 안에 있지 않고 떨어져 있으면, 즉 강유원 안에 들어와 있지 않으면 강유원은 곱슬머리일 수 없다는 것과 마찬가지입니다.

《필레보스》의 부록에서 역자는 "단순한 건물들에 대한 지칭이어서, 그 건물들에 대해 우리가 갖는 공통된 이해와 관념은 단순히 개념에 불과한 것인가?"라는 물음에 대해서 "그렇다"라고 대답하면 플라톤 철학은 없다고 말합니다. 플라톤 철학에서 '집'이라는 것은 그저 개념이 아니라, 말로만 있는 것이 아니라 형상으로서 실재하는 것이기 때문입니다. 플라톤은 형상이 실재한다는 것, 즉 형상실재론을 주장하는 것입니다. 형상이 실재하는 것이 아니라 단순한 개념에 불과하다고 말하는 것은 형상을 논변의 출발점인 시원으로만 파악하는 형상시원론입니다. 아리스토텔레스는 이 논의가 플라톤의 《파이돈》에서 시작되었다고 말합니다. 우리는 어떻게 파악해야 할까요. 형상은 실재한다고 해야 할까요, 아니면 형상은 그저 개념에 불과한 것이라고 해야 할까요. 아리스토텔레스도 묻습니다.

> 무엇 때문에 우리는 개별적인 것들과 떨어져서 그런 성질의 것이 있다고 생각해야 할까? 그런 것은 모든 것들에 대해 보편적으로 술어가 된다고 말하는 데 그쳐서 안 되는 이유는 무엇일까?
>
> _《형이상학》 999a

플라톤이 형상은 단순한 개념이 아니라 실재로서 있다라고 말하는 것은 형상이 "보편적 술어가 된다고 말하는 데 그치면 안" 된다는 것입니다. 이는 "개별적인 것들과 떨어져서 그런 성질의 것이 있다"고 생각하는 것이기도 합니다. 플라톤은 왜 그렇게 생각했을까요? 아리스토텔레스는 이것을 묻고 있습니다. 플라톤에게 묻는 것입니다. '곱슬머리임', 이런 것은 보편적 술어입니다. 플라톤은 곱슬머리임에 실체성을 부여합니다. 논변의 출발점인 형상시원론이면 충분할 것 같은데 플라톤은 도대체 왜 형상이 따로 떨어져 있는 '형상실재론'을 주장하는 것일까요.

형상에 관한 플라톤의 입장은 일관적이지 않습니다. 물론 아리스토텔레스는 플라톤이 '사물 바깥에 실체인 형상이 따로 떨어져 있다'고 주장한다고 봅니다. 그렇지만 플라톤의 대화편들을 살펴보면,《파이돈》에서는 형상실재론과 형상시원론이 혼재하고《국가》를 거쳐서《필레보스》등에 이르면 형상실재론의 입장이 고수됩니다. 아리스토텔레스는 플라톤의 후기 형상론을 플라톤의 일관된 주장으로 파악합니다. '사물과 따로 떨어져서 사물 외부에 실체인 형상이 실제로 있다', 이것이 플라톤의 입장이라고 정리하였습니다. 아리스토텔레스는 형상이 사물들의 실체이려면 그것이 사물들과 분리되지 않고 사물 안에 있어야 한다는 형상내재론을 주장하려 합니다. 이로써 우리는 형상(외부)실재론, 형상시원론, 형상내재론, 이렇게 형상에 관한 세 가지 입장을 알게 되었습니다.

이에 관한 일반적인 논의를 살펴봅시다. '침대는 가구이다'라는 말을 희랍 사람들의 어법으로 다시 써보면 '침대에는 가구임이 속한다'입니다. 여기서 "가구", "가구임", 이것을 플라톤 방식으로 말하면 유(genos)라고 할 수 있습니다. 즉 테이블, 의자, 탁자, 침대, 소파, 이런 개별자들이 있는데 그것을 다 그러모아서 유로 올라갑니다. 그런데

'침대에는 가구임이 속한다'를 '침대가 침대이려면 가구라고 하는 특징, 즉 가구임이 들어가야 한다'고 하면 말이 안 됩니다. 침대를 침대일 수 있게 해주는 것은 '침대임'입니다. 침대를 침대일 수 있게 해주는 것, 그것은 과연 '가구임'일까요? '침대임에는 가구임이 속한다'가 말이 되는 걸까요? 아리스토텔레스의 말처럼 실체와 그 실체가 속하는 것은 분리가능하지 않습니다. 따라서 침대를 침대일 수 있게 해주는 그 무엇, 즉 '침대임'은 침대 안에 있습니다. 침대를 침대일 수 있게 해주는 것은 가구라고 하는 유가 아닙니다. 이것은 틀림없는 것입니다.

  우리는 상식적으로 '침대는 가구류'라고 합니다. 이것은 플라톤의 방식으로 침대에 대해 말하는 것입니다. 이 방식은 침대의 본질을 드러내 보여주지 않습니다. 아리스토텔레스는 이 유를 거론하지 않고 말합니다. '장미를 뭐라고 부르든 장미는 장미'라고 말하는 것도 이런 식의 논의입니다. 장미과에 속하는 식물이라고 우리가 분류를 하든, 우리 눈앞에 보이는 꽃의 유를 장미라고 하든 말든, 장미는 장미라는 것입니다. '장미'는 이름일 뿐입니다. 이 입장이 유명론唯名論(nominalism)입니다. 침대가 침대이기 위해 반드시 가구라는 유에 속해야 할 필요는 없습니다. 우리가 침대라는 물건을 이해하는 데에 있어서, 가구라는 유에 속한다는 것을 반드시 알아야 하는 것은 아닙니다. '침대는 가구다'라는 것은 침대의 유를 말하는 것에 불과합니다. 침대라고 하는 사물, '침대라는 존재', 침대라고 하는 물건이 반드시 있으려면 가구라고 하는 유가 반드시 있어야 하는 것은 아니라는 뜻입니다. 달리 말하면 가구임 또는 가구라는 유는 침대의 존재 원리가 아닙니다. 그런데 왜 우리는 가구라는 말을 사용할까요? 침대를 설명하기 위해서입니다. 다시 말해서 가구는 침대의 설명 원리(또는 인식 원리)

입니다. '테이블도 있고, 탁자도 있고, 소파도 있고, 침대도 있다. 우리는 이것을 묶어서 가구라고 한다'라는 식으로 말하기 위해서 가구라는 말을 사용하는 것입니다. 설명 원리는 규정(horismos)입니다. 아리스토텔레스 철학에 따라 말해보자면 '가구는 침대를 설명하는 하나의 보편적 술어에 불과하다'가 될 것입니다.

이제 6번 문제를 검토하겠습니다.

(vi) 이런 문제들과 관련해서 진리에 이르기 위해 어떤 설명을 제시해야 하는지는 커다란 의문이지만, 원리들과 관련해서도 마찬가지다. 즉 우리는 유들이 요소들이자 원리들이라고 생각해야 할까 아니면 각 사물에 내재하는 첫째 구성부분들이 원리들이라고 생각해야 할까? 예컨대 목소리의 요소들과 원리들에 해당하는 것은 목소리들을 이루는 첫째 구성부분들이지, '목소리'라고 하는 공통적인 것이 아니다.

_《형이상학》998a

앞에서 '침대는 가구다'라는 언명을 놓고 '가구'는 '설명 원리로서의 유(genos)'임을 살펴보았습니다. 이번에는 사람의 목소리를 예로 들어 설명하고 있습니다. 우리의 목소리가 있습니다. '강유원의 목소리'가 있고 누군가의 목소리가 있습니다. 이것을 묶어서 '목소리'라 부릅니다. 이는 개념으로서의 목소리입니다. 그러나 실제로 사람의 목에서 나는 소리도 있습니다. 우리는 이것을 '목소리'라고 합니다. 누가 '창밖에서 목소리가 들리네'라고 말할 때, 그 사람이 사용한 그 말은 '목소리'라는 말을 보편적 술어로서 사용한 것입니다. 우리가 목소리에 대해 알려면 '목소리'라는 개념("공통적인 것")을 분석하지는 않습니다. 목소리를 분석해야 합니다. 목소리들을 이루는 것은 "첫째 구성부분들", 이를테면 발성 기관 같은 것들이지 '목소리'라고 하는 보편적 술어가 아닙니다.

'침대는 가구다'를 다시 떠올려봅시다. 가구라고 하는 보편적 술어를 열심히 분석하고 다시 그 술어에 속하는 것, 즉 종種들을 나눈다고 해서 침대의 본성을 알 수 있는 것은 아닙니다. 우선, 침대는 무엇으로 이루어져 있는지, 침대의 구성성분인 물, 플라스틱, 나무, 쇠 등을 알아야 합니다. 물, 플라스틱, 나무, 쇠 등을 안다고 해서 침대에 대해 완전히 알 수 있는 것도 아닙니다. 똑같은 나무이고 똑같은 쇠인데 이것들을 어떻게 조립하느냐에 따라서 침대가 되기도 하고 소파가 되기도 하고 탁자가 되기도 할 것입니다. 똑같은 재료, 질료가 있는데, 그 질료를 결합하는 방식이 다르면 다른 물건이 될 것입니다. 그 결합 방식이라고 하는 것에는 목적인이라든가 형상인 등과 같은 원인이 포함될 것입니다. 어떤 사물의 본성을 알고자 한다면 그 사물에 공통적인 개념을 분석할 것이 아니라 사물을 구성하고 있는 요소들과 그 요소들이 결합되어 있는 방식을 분석해야만 합니다. 이렇게 함으로써 아리스토텔레스는 플라톤의 논변을 깨뜨리려고 합니다. 다시 말해서 플라톤처럼 개별자들을 모아서 유로 올라갔다가 그것들을 다시 종으로 나누는 개념적 분석을 한다고 해서 사물의 본성을 알 수 있는 것은 아님을 주장하려는 것입니다.

유는 존재의 원리도 아니고 원인도 아니고 단순히 개념일 뿐입니다. 개별적인 것들과 떨어져서 따로 있기는 한데 개념적으로만 있는 것입니다. 즉 지칭으로서만 있는 것입니다. 있기는 있는데, 실재로서 있는 것은 아닙니다. 그 개념을 안다고 해서 그 개별적인 것을 아는 것은 아닙니다. 사물을 이루는 요소, 구성성분과 구성방식을 알 때에만 그것을 알 수 있습니다. 이는 사물을 내재적 구성성분에 의해 규정하는 것입니다. 이것이 아리스토텔레스가 주장하고자 하는 내재적 규정론의 뼈대입니다.

'소크라테스는 사람이다'라는 문장을 생각해봅시다. 이 문장을 다시 쓰면 '소크라테스임에는 사람임이 속한다'입니다. 여기서 '사람임'은 보편적 술어일 뿐이라는 입장을 그대로 받아들이면, 우리가 소크라테스에 대해 알고자 한다면 '소크라테스임'만 알면 됩니다. 소크라테스라는 사람이 무엇으로 이루어져 있고, 그것이 어떻게 조직되어 있는지, 내재적 구성성분과 구성방식만 알면 소크라테스에 대해서 알 수 있습니다. 그런데 '소크라테스임'은 소크라테스의 생성과 소멸에 따라서 생겨나고 사라집니다. 내재하는 구성성분이, 소크라테스에게는 '소크라테스임'이고 강유원에게는 '강유원임'입니다. 이 내재적 구성성분은 생성 소멸하는 것이니까, 불변의 것이 아니니까 탐구될 수 없습니다. 정체성을 유지할 수 없기 때문에 탐구될 수 없다는 것입니다. 여기 강유원이라는 사람이 있습니다. 이 사람에 대해 확실한 것은 무엇입니까. 그의 본성을 이루고 있는 것은 계속해서 변화하고 있습니다. 누군가가 강유원에게 물었습니다. '어제의 강유원이십니까?' 그러면 강유원은 이렇게 대답할 것입니다. '오늘의 나는 어제의 내가 아닙니다. 저를 잘못 아셨어요. 저에 대해서 많이 모르시는 모양인데, 어제의 제가 아닙니다.' 이렇게 말하면, '그래도 사람 아닙니까'라고 대답한 사람에게 다시 강유원이 '사람은 보편적 술어에 불과합니다.' 이렇게 말하면 어떻게 대답하겠습니까. 우리는 '사람이 그럴 수 있어?'라는 말을 할 것입니다. '사람이라고 다 사람인가?' 이런 말도 할 수 있겠지요. 이것은 앞에서 보편적 술어로 규정했던 '사람'이 단순한 보편적 술어가 아니라 어떤 내용을 가진 규정임을 전제하고 쓰는 것입니다. 우리는 여기서 난관에 봉착합니다. 보편적 술어는 설명의 원리에 불과한 것이 아닌가, 내용을 가진 보편적 형상이 반드시 있어야만 하는 것인가 하는 물음이 생깁니다. 아리스토텔레스는 이에 대한 해명을 시도합니다.

(A) 그런데 만일 개별자들과 떨어져서 아무것도 없다면, 지성적인 것은 전혀 없고 모든 것은 감각가능할 것이며 어떤 것에 대해서도 학문적 인식이 존재할 수 없을 것이다. 누군가가 감각을 학문적 인식이라고 말하지 않는다면 말이다. 더욱이 영원한 것도 운동하지 않는 것도 없을 터인데, 그 이유는 모든 감각물은 소멸하고 운동 가운데 있기 때문이다. 하지만 영원한 것이 전혀 없다면, 생성도 불가능하다. […] 더욱이 만일 질료가 생겨나지 않는다는 이유에서 (복합체에 앞서) 있다면, 어떤 특정한 시점에서 그 질료가 생성을 통해 되는 것, 즉 실체가 (처음부터) 있어야 한다는 것은 더욱더 이치에 맞는데, 왜냐하면 이것도 질료도 없다면, 전혀 아무것도 없을 것이기 때문이다. 하지만 만일 이것이 불가능한 일이라면, 복합체와 떨어져서 어떤 것, 즉 형태나 형상이 반드시 존재해야 한다.

_《형이상학》 999b

"그런데 만일 개별자들과 떨어져서"라는 말은 '개별적인 것들, 낱낱의 하나의 것들과 떨어져서'라는 뜻이며, "떨어져서 아무것도 없다면"은 '형상이 없다면', 즉 '보편 형상이 없다면' 또는 '실재하는 형상이 없다면'이라는 뜻입니다. "지성적인 것은 전혀 없고"라는 이 말은 '학문이 불가능하고'라는 뜻입니다. "모든 것은 감각가능할 것이며"라는 말은 '눈앞의 보이는 것들만 있고, 모든 우리의 앎이라고 하는 것이 감각적인 앎에 머무른다'는 것입니다. 이러한 상황에서 무엇을 탐구할 수 있을까요. "어떤 것에 대해서도 학문적 인식이 존재할 수 없을" 것입니다. 다시 말해서, 학문 자체가 불가능할 것입니다. "누군가가 감각을 학문적 인식이라고 말하지 않는다면" 말입니다. 학문적 인식이 가능하려면 형상을 인정할 수밖에 없다는 것입니다. 그 형상은 불변의 것으로 있어야 합니다. 아리스토텔레스는 그냥 단순한 술어가 아닌 형상이 있어야 한다는 것을, 형상실재론을, 따로 떨어져서 있는 형상을, 긍정할 수밖에 없게 되었습니다. 그것은, 특수한 것들, 즉 개별적인 것들과 떨어져 있어야 하고 분리되어야 합니다. 떨어져 있고 분리되어 있어야 불변성을 가지기 때문입니다.

여기까지 논의를 전개하면 '무엇 때문에 우리는 개별적인 것들과 떨어져서 그런 성질의 것이 있다고 생각해야 할까?'라는 물음에 대한 답을 얻을 수 있습니다. 답은, 그런 성질의 것이 없으면 인식 자체가 불가능하다는 것, 앎 자체가 성립하지 않는다는 것입니다. 형상은 보편적 술어일 뿐이라고 말해서는 안 되고, 따로 떨어져서 불변적으로 있어야 합니다.

형상의 내재와 분리에서 제기되었던 핵심적인 문제를 다시 정리해보겠습니다. 생성, 소멸, 즉 변화하고 있는 것들, 우연적인 것들이 우리 눈앞에 놓여 있습니다. 그런데 아리스토텔레스는 모든 것이 우연적인 것이고, 그것을 집약하고 있는 유(genos)는 단순히 보편적인 술어에 불과하다면 학문은 성립하지 않는다고 했습니다. 특수한 것들만 있다면 학문적인 인식은 불가능합니다. 학문적인 인식이 불가능하다면 매 시간, 매 번, 매 순간, 우리는 특수한 것들 각각을 탐색해야 합니다. 우리 눈앞에 수다하게 있는 특수한 것들을 보편적 술어로써 설명하는 것은 물론이고 그것들 안에 내재해 있는 본질을 찾아서 그 본질 연관을 살펴서 묶으려는 시도 자체가 불가능하다고 여긴다면, 그것들을 우연적인 것으로 보는 것입니다. 그리고 그것들을 우연적인 것으로 간주한다면 인식 자체를 포기하는 것입니다. 따라서 학적 인식이 성립하려면 각각의 특수한 것들에 내재해 있는 실체를 찾아야 하고, 특수한 것들에 내재해 있는 실체적인 것은 불변해야 합니다. 불변한다는 것은 움직이지 않는다는 것입니다. 실체적인 것은 불변과 부동이라는 성질을 동시에 가지고 있어야 합니다. 그런데 이 실체적인 것이 특수자들 안에만 들어 있다면, 특수자들이 생성 소멸함에 따라 그것도 변화될 것입니다. 그런 까닭에 이 실체는 특수한 것들에 내재해 있기만 해서는 안 됩니다. 특수자 안에 내재해 있음과 동시에 그 생성 소멸의 변화를 겪고 있는 특수자와 분리되어 있어야 할 것입니다. 그러나 이처럼 형상이 특수자에 내재해 있으면서도 동시에 분리되어 있다고 하면, 특수자와 형상의 관계 문제가 해결되지 않습니다. 어떻게 형상은 특수자 안에 있으면서 동시에 특수자 밖에 있을 수 있는가, 아리스토텔레스는 이 문제를 해결해야 학이 성립한다고 생각하였습니다. 이는 '형상의 내재와 분리에 관한 아리스토텔레스의 물음', 더 나아가 '학의 성립 가능성에 관한 아리스토텔레스의 물음'입니다.

제19강

학의 성립에 관한 물음,
보편적 존재론과 신학의 관계

학의 성립에 관한 아리스토텔레스의 물음은 《형이상학》 제4권과 제6권에서 탐구되고 있습니다. 우리가 읽을 부분은 제4권 1장, 2장, 그리고 제6권의 1장입니다.

1. 우리의 목적은 있는 것 자체에 대한 탐구이다

있는 것을 있는 것인 한에서 그리고 그것에 그 자체로서 속하는 것들을 이론적으로 고찰하는 어떤 학문이 있다. 하지만 그것은 개별 학문들 가운데 어느 것과도 같지 않은데, 그 이유는 다른 학문들 가운데 어떤 것도 있는 것을 있는 것인 한에서 보편적으로 탐색하지 않기 때문이다. 그런 학문들은 있는 것의 한 부분을 떼어내서 그것에 속하는 부수적인 것을 이론적으로 고찰하는데, 예컨대 수학적인 학문들이 그렇다. 우리는 원리들과 최고의 원인들을 찾고 있기 때문에, 분명 그 자체로서 이런 것들을 갖는 어떤 자연적인 것이 반드시 있어야 한다. 그래서 만일 있는 것들의 요소들을 찾는 사람들이 찾았던 것이 바로 그런 원리들이라면, 그 요소들은 필연적으로 있는 것에 속하되, 부수적인 뜻에서가 아니라 그것이 있는 것인 한에서 속해야 한다. 그러므로 우리는 있는 것인 한에서 있는 것에 속하는 첫째 원인들을 파악해야 한다.

_《형이상학》 1003a

텍스트를 하나하나 짚어가면서 읽고 그다음에 이것이 어떤 의미가 있는지 살펴보고, 그다음에 그것이 형이상학, 근본학에 있어서 어떤 의미를 가지고 있는지 한번 살펴보겠습니다. "있는 것을 있는 것인 한에서", 어떤 존재를, 어떤 '있는 것'을, 우연히 그것에 붙어 있는 것을 다 제거하고 그것이 가지고 있는 필연적이고도 본질적인 규정만을 따져 묻는 것, 그것을 '있는 것 자체'에 대한 탐구라고 합니다. 가령 '강유원을 있는 것 자체에서 탐구'한다면 무엇을 따지는 것일까요. 기본적으로는 생물체로서의 염색체를 따져야 하고, 그다음에 지금의 강유원을 강유원일 수 있게 하는 것을 다 따져서 물어봐야 할 것입니다. 그러면서 강유원이라는 사람에게 우연히 붙어 있는 것들을 다 제거해야 할 것입니다. 이를테면 '강유원'이라는 이름은 우연히 붙은 것이니까, 다른 이름이 붙을 수도 있었으니까 제거해야 하는 것입니다.

"있는 것을 있는 것인 한에서", 모든 존재를 존재인 한에서, 존재를 존재 자체로서 이론적으로 고찰하는 학문을 존재론이라고 합니다. 존재론의 고찰 방식은 '이론적'이며 탐구의 대상은 '모든 존재'입니다. '모든'이라는 말에 착안해서 존재론 앞에 형용사를 하나 붙이면 '보편적 존재론'이 됩니다. 이 보편적 존재론은 개별 학문들과 다릅니다. 다른 어떤 학문도 있는 것을 있는 것인 한에서 보편적으로 탐색하지 않습니다. 개별 학문들은 '모든 있는 것'을 다루는 것도 아니고,

'있는 것'을 이론적으로 다루는 것도 아닙니다. 그렇지만 다른 학문들도 있는 것을 다룬다는 점에서는 넓게 보아 존재론입니다. 개별 학문들의 대상도 '있는 것'입니다. 개별 학문들도 없는 것을 다루지는 않기 때문입니다. 다시 말해서 존재론이라고 하는 말을 아주 넓게 쓰면 세상의 모든 학문이 다 존재론인 것입니다. 물리학도 존재론이고, 생물이라고 하는 존재를 다루니까 생물학도 존재론입니다. 생물 존재가 유기체의 원리에 따라 어떻게 생성 변화하는지에 대해 다루는 학문, 그것이 생물학인 것입니다. 달리 말하면 생물 존재론이라 할 수 있습니다. 따라서 우리는 개별 학문을 '개별 존재론'이라 이름 붙일 수도 있을 것입니다.

그렇다면 개별 학문들은 어떤 방식으로 존재를 탐구하는 걸까요. "그런 학문들은 있는 것의 한 부분을 떼어내서 그것에 속하는 부수적인 것을 이론적으로 고찰"합니다. 이론적으로 고찰하기는 하는데, 한 부분을 떼어내서, 즉 특수한 부분을 이론적으로 고찰합니다. 예를 들면 수학과 자연학은 이론학에 속하지만 보편적 학은 아닙니다. 수학적인 학문들은 있는 것을 다루되, 그 있는 것을 양적이고 연속적인 측면에서 다룹니다. 이것은 수학이 '있는 것'을 다루는 방식입니다. 이러한 방식으로 수학은 있는 것의 양적이고 연속적인 부분, 있는 것의 그러한 측면을 대상으로서 다룹니다. 따라서 학문의 방식은 그 학문의 대상을 규정하는 것이기도 합니다. 학문의 방식이 학문의 대상을 규정하므로 학문의 방식이 학문의 분류 기준이 됩니다. 아리스토텔레스에서는 있는 것을 "운동에 관여하는 한에서" 다루면 그것을 자연학이라 합니다(《형이상학》 1061b). 여기서 운동은 넓은 의미에서 변화라고 생각하여야 합니다. 즉 대상을 변화의 측면에서 다루는 학문이 자연학입니다.

이론학에 속하는 또다른 학문은 신학입니다. "우리는 원리들과 최고의 원인들을 찾고 있기 때문에"라는 말을 보면, 신학의 대상은 보편적 존재론에서 탐색하는 대상과 동일합니다. 그 대상은 '첫째로 있는 것'입니다. 이것은 발생론적으로 또는 시간상 가장 먼저 생겨난 것이 아니라 질적으로 앞선 것이고 질적으로 우위에 있는 것입니다. 즉 모든 존재하는 것들이 의존하고 있는 것을 가리킵니다. 모든 존재하는 것들이 의존하는 첫째가는 것을 다루는 학문이 바로 신학입니다. 이는 기독교의 신학을 가리키는 것이 아니라 아리스토텔레스가 말하는 신학이며, 보편적 존재론이기도 합니다.

2. 그러므로 우리는 첫 번째 뜻에서 있는 것, 즉 실체를 탐구하고, 하나와 여럿, 그것으로부터 파생되는 반대자들, 그리고 있는 것과 실체에 속하는 부수적인 것들을 탐구해야 한다

'있는 것'은 여러 가지 뜻으로 쓰이지만, 하나와의 관계 속에서, 즉 어떤 하나의 자연적인 것과의 관계 속에서 쓰이는 것이지 동음이의적으로 쓰이는 것이 아니다.

_《형이상학》 1003a

여기서는 '첫째가는 것', 즉 '하나'와 그것에서 파생된 '여럿'의 관계를 논의합니다. 이 부분은 일단 두고 제6권 1장에 나오는 신학에 관한 논의를 먼저 살펴보겠습니다. 우리는 제4권 1장과 제6권 1장을 함께 읽어야 합니다.

1. 신학, 즉 있는 것 자체에 대한 학문은 다른 이론적인 학문들, 즉 수학이나 자연학과 다르다

우리는 있는 것들의 원리들과 원인들을 탐구하되, 분명 있는 것인 한에서 그렇게 한다. 왜냐하면 건강이나 좋은 상태에는 원인이 있고, 수학적인 것들에도 원리들과 요소들과 원인들이 있으며, 일반적으로 사고의 학문이나 사고에 일정한 방식으로 관여하는 학문은 모두—더 엄밀하거나 더 단순한—원인들과 원리들을 다룬다. 하지만 그런 것들은 모두 있는 것의 일부, 즉 있는 것의 한 유에 국한해서 그것에 대해 연구할 뿐, 무제한적인 뜻에서 있는 것, 즉 있는 것인 한에서 있는 것에 대해서는 연구하지 않고, '무엇'에 대해서도 아무 설명을 하지 않은 채, 그것을 출발점으로 삼은 뒤—어떤 학문들은 그것을 감각에 분명한 것으로 받아들이고, 어떤 학문들은 '무엇'을 전제로 취한다—그런 방식으로 자신들이 다루는 유에 그 자체로서 속하는 것들을—더 필연성이 있거나 더 취약한—논증을 통해 밝힌다. 그러므로 실체와 '무엇'에 대해 논증이 존재하지 않는다는 사실은 그런 종류의 귀납을 통해 분명히 드러나는데, (실체와 '무엇'에 대해서는) 다른 방식의 해명이 있다. 이와 같이 개별 학문들은 그들이 연구하는 유가 있는지 없는지에 대해 아무것도 말하지 않으니, 그 이유는 어떤 것이 '무엇'인지와 그것이 있는지 여부를 밝히는 것은 하나의 동일한 사고에 속하는 일이기 때문이다.

_《형이상학》 1025b

제6권 1장은 제4권 1장에서 논의했던 것을 상세하게 논의하는 부분입니다. 여기에서는 예를 들어 설명하는 방식을 취하고 있습니다. 앞에서 논의했던 것과 마찬가지로 개별 학문들은 있는 것의 일부만을 다룹니다. 또한 학문들이 다루는 '무엇'에 대해서도 아무 설명을 하지 않은 채, 그것을 출발점으로 삼습니다. 다시 말해서 그 대상이 학문적으로 다룰 만한 것인지를 원천적으로 묻지 않습니다. 또한 "개별 학문들은 그들이 연구하는 유가 있는지 없는지에 대해 아무것도 말하지 않습니다. 이 세 가지가 개별 학문들이 가지고 있는 특징들입니다.

자연에 대한 학문도 있는 것 가운데 한 유를 대상으로 삼는데(왜냐하면 그것은 운동과 정지의 원리를 자기 안에 갖고 있는 실체에 대한 것이기 때문이다), 그것은 분명 실천적인 것도 제작적인 것도 아니다(왜냐하면 제작적인 학문들의 경우 그 원리는 제작하는 사람 안에 있으니 지성이나 기술이나 어떤 능력이 그 원리에 해당하고, 행동들의 경우 그 원리는 행위자 안에 있으니 선택이 그 원리이기 때문이다. 그 까닭은 행동의 대상과 선택의 대상이 동일하기 때문이다). 따라서 만일 모든 사고가 실천적이거나 제작적이거나 이론적이라면, 자연에 대한 것은 이론적인 것이겠지만, 그 대상은 운동할 수 있는 것과 대다수의 경우에 적용되는 정식에 따라 규정되기는 하지만 분리가능하지 않은 실체일 것이다. 하지만 본질과 정식이 어떤 방식으로 있는지를 간과해서는 안 되는데, 그것이 없다면 탐구는 아무것도 해내지 못하기 때문이다. 정의되는 것들과 '무엇'에 해당하는 것들 가운데 어떤 것들은 딱부리와 같은 방식으로 있고, 또 어떤 것들은 볼록함과 같은 방식으로 있다. 딱부리는 질료와 결합되어 있는 반면 (왜냐하면 딱부리는 볼록한 눈이기 때문이다), 볼록함은 감각적인 질료 없이 있다는 점이 그 둘의 차이다.

_《형이상학》 1025b

이어서 이론적 학에 속하는 학문 중의 하나인 자연학에 관해 설명합니다. "운동과 정지의 원리를 자기 안에 갖고 있는 실체에 대한 것", 이것이 자연학입니다. 달리 말하면 자연학의 대상은 '운동하는 것들'

인데 그 운동하는 것들은 '형상과 질료가 결합된 것'들입니다. 형상은 불변이고 질료는 변하는 것입니다. 그리고 형상과 질료가 결합하는 것 자체가 운동이라고 할 수 있습니다. 형상과 질료의 복합체 그것이 자연학의 대상들입니다. 그런 것들은 운동하는 것들이고, 운동과 정지의 원리를 자신 안에 가지고 있는 것들입니다.

> 자연학이 이론적인 학문이라는 사실은 이로부터 분명하지만, 수학도 이론적인 학문이다. 하지만 그것이 운동하지 않고 분리가능한 것들을 다루는지는 지금으로서는 분명치 않다. 몇몇 분야는 분명 (수학적인 대상들을) 부동적인 한에서 그리고 분리가능한 한에서 이론적으로 고찰한다. 하지만 만일 영원하고 부동적이고 분리가능한 어떤 것이 있다면, 그것을 아는 것은 이론적인 학문에 속하는 일이 분명하지만, 그것은 자연학의 일도 [자연학은 운동하는 것들을 대상으로 삼기 때문이다] 수학의 일도 아니고 그 둘보다 앞서는 학문의 몫이다.
>
> _《형이상학》 1026a

이론학의 두 번째 영역이 수학입니다. 그런데 수학이 "과연 분리가능한 것들을 다루는지"는 아리스토텔레스 당시에는 불분명하였습니다. 중요한 것은 "영원하고 부동적이고 분리가능한 어떤 것"을 다루는 학문입니다. 이것은 자연학이 다루는 것도 아니고 수학이 다루는 것도 아닌, 그것들보다 "앞서는 학문"이 다루는 것입니다. 이 학문은 이론학의 세번째 영역인 신학을 말합니다. 아리스토텔레스는 이 신학을 "첫째 철학"이라고 합니다. 그런데 이 "첫째 철학"에 대해 의문이 생깁니다. 그 의문은 이러합니다.

그러므로 세 분야의 이론적인 철학, 즉 수학과 자연학과 신학이 있을 것이다. 왜냐하면 만일 신적인 것이 어딘가에 속한다면, 분명히 그것은 본성적으로 그런 것 안에 속하고, 가장 고귀한 학문은 마땅히 가장 고귀한 유에 대한 것이어야 하기 때문이다. 그렇다면 이론적 학문들은 다른 학문들에 비해 더 선택할 가치가 있지만, 이론적인 학문들 중에서는 그 학문이 더 선택할 가치가 있다.

어떤 사람들은 첫째 철학이 보편적인지 아니면 어느 하나의 유, 즉 특정한 자연물에 대한 것인지 의문을 가질 수도 있을 것이다(왜냐하면 수학적인 학문들 사이에서도 탐구방식이 동일하지 않아서, 기하학과 천문학은 특정한 자연물을 대상으로 삼는 반면, 보편적인 학문은 그것들 모두에 공통적이기 때문이다).

_《형이상학》 1026a

아리스토텔레스의 논의에 따르면 자연학은 있는 것을 다루는데 운동의 측면에서 다루는 것이고, 수학은 있는 것을 수와 양의 측면에서 다루는 것이고, 첫째 철학인 신학은 있는 것을 고귀한 측면에서 다루는 것입니다. 이렇게 말하면 각각의 학문은 '있는 것'을 특정한 측면에서 다루고 있다고 할 수 있습니다. 즉 각각은 같은 차원에 있으면서 있는 것을 다루는 방식이 다를 뿐입니다. 그런데 아리스토텔레스는 첫째 철학인 신학이 수학이나 자연학보다 더 우위에 있는 것이라고 말합니다. 그렇다면 사람들은 더 우위에 있다는 것이 무슨 의미인지를 물어보게 될 것입니다. 다시 말해서 신학도 이론학의 영역에 속하는 것이니 이것 역시 다른 학문, 즉 수학이나 자연학과 마찬가지로 있는 것들을 특정한 국면에서만 다루는 것이 아니냐고 물을 것입니다.

> 그러므로 있는 것들을 있는 것들인 한에서 이론적으로 고찰하는 것은 하나의 학문의 과제임이 분명하다—그러나 어디에서나 학문은 주로 첫째가는 것을 다루며, 다른 것들은 그것에 의존하고 또 그것에 의해 그 이름을 얻는다. 그런데 만일 이것이 실체라면, 철학자는 마땅히 실체들의 원리들과 원인들을 소유해야 할 것이다.
>
> _《형이상학》 1003b

"있는 것들"이란 '모든 존재들'입니다. 이것들을 그것 자체로 이론적으로 고찰하는 것은 하나의 학문의 과제입니다. 이 학문이 보편적 존재론입니다. "그러나 어디에서나 학문은 주로 첫째가는 것"을 다룹니다. "첫째가는 것"은 최고의 원인과 원리입니다. 이것은 신학의 대상입니다. 존재하는 것들은 첫째가는 것에 의존하고 그것에 의해 이름을 얻습니다. 이 첫째가는 것이 "실체"라면 "철학자는 마땅히 실체들의 원리들과 원인들을 소유해야 할 것"입니다. 즉 철학자는 이 실체에 대한 지식을 가지고 있어야만 합니다. 이 실체들의 원리들과 원인들에 대한 학문은 신학입니다. 그런데 바로 앞에서 "있는 것들을 있는 것들인 한에서" 다루는 학문은 보편적 존재론이라 말했습니다. 이렇게 본다면 아리스토텔레스는 보편적 존재론과 신학, 이 두 가지 학문을 말하고 있는 셈입니다.

여기서 문제가 생겨납니다. 표면적으로는 보편적 존재론과 신학, 이 두 학문이 있습니다. 모든 것을 다루는 보편적 존재론과 하나의 실체를 다루는 신학이 있습니다. 보편적 존재론은 모든 존재'들', 있는 것'들'을 다룹니다. 그리고 신학은 하나, 첫째가는 것을 다룹니다. 그렇다면 보편적 존재론과 신학이 왜 동시에 나와 있는지, 이 둘의 관계는 무엇인지 생각해봐야 합니다.

보편적 존재론이 있는 것'들'을 다 다룬다 해도, 이 여럿이 의존하고 있는 첫째가는 것을 알지 못하면 이것에 대한 설명은 그냥 수다하게 늘어진 설명들일 뿐일 것입니다. 그런 까닭에 아리스토텔레스는 첫째가는 것을 다룸으로써 여럿(다多)을 하나의 통일된 체계로 꿰어서 일관성 있는 계열구조 속에서 배열하고자 하는 것입니다. 앞서 우리는 형상의 분리와 내재에 대해서 논의하였습니다. 형상이 있어야 그 형상으로 인해서 우리 눈앞에 놓여 있는 수다한 특수자들이 우연적인 것에 머무르지 않고 실체적인 것과 관계를 맺게 됩니다. 다시 말해서 아리스토텔레스는 우리 눈앞에 있는 수많은 존재자들, 있는 것들을 탐구할 때 하나의 일관된 학문 체계를 가지고 꿸 수 있는지를 물었고, 그렇게 되지는 않는다고 말하는 것입니다. 첫째가는 것을 탐구하는 첫째 철학이 첫째가는 것과 존재들, 있는 것들을 관계시켜야만 학문의 체계가 완성된다고 말하는 것입니다.

모든 존재들을 탐구하는 보편적 존재론을 계속해서 밀고 나아가다 보면, 그러한 보편적 존재론을 다 포괄하면서도 보편적 존재론을 하위로 가지는, 궁극적으로는 첫째가는 것을 밝혀 보이는 신학이 있습니다.

이를 이해하기 위해 제4권 2장에 있는 말을 여기서 참조해보겠습니다. "있는 것은 여러 가지 뜻으로 쓰이지만, 하나와의 관계 속에서"라는 말이 있습니다. "하나와의 관계"(pros-hen relation)는 '하나와 들러붙은'이라는 말입니다. 이것과 구별되는 말은 '하나에 따르는 관계'(kata-hen relation)입니다. "하나와의 관계"는 하나와 필연적이고 본질적인 내재적 연관에 있는 것입니다. '하나에 따르는 관계'는 파생적이고 우연적인 나열 관계를 가리킵니다. 예를 통해서 이 점을 검토해보겠습니다.

'건강한'은 모두 건강과의 관계 속에서 쓰이는데, 어떤 것은 건강을 지켜 준다는 뜻에서, 어떤 것은 건강을 낳는다는 뜻에서, 어떤 것은 건강의 징후라는 뜻에서, 어떤 것은 건강의 수용자라는 뜻에서 그렇게 불리고, '의술적'이라는 말 역시 의술과의 관계 속에서 쓰인다.

_《형이상학》1003a~1003b

'건강'이라는 것이 하나 있고, 그것과 본질적 연관에 놓여 있는 것들을 우리는 건강이라고 하는 '하나'와 '하나와의 관계'에 있다고 할 수 있을 것입니다. 그렇지만 운동복은 건강이라는 하나와 하나와의 관계에 있는 것이 아닙니다. 운동복은 건강과 본질적인 관계에 있는 것이 아니기 때문입니다. 건강이라고 하는 하나와 하나와의 관계에 있는 것들은 보편적 존재론의 탐구 대상들입니다. 그러면 이 탐구 대상들을 몇 개나 탐구해야 '건강'을 알 수 있을까요. 첫째가는 것을 탐구하지 않는다면 아무리 많이 탐구해도 불가능할 것입니다. 보편적 존재론과 첫째 철학의 영역 사이에는 건너뛸 수 없는 심연이 있습니다. 그래서 플라톤은 여기에다 '갑자기'라는 말을 사용합니다. 그런데 아리스토텔레스는 아니라는 것입니다. 보편적 존재론을 탐구하면 건강 자체를 알 수 있다는 것입니다. 플라톤처럼 탐구하면 학이 성립하지 않고 신비주의가 된다는 것이겠지요. 그래서 지금 보편적 존재론을 끝까지 밀고가면 첫째 철학이 된다고 주장하고 있는 것입니다. 보편적 존재론과 첫째 철학을 '하나와의 관계'로 연결시키는 것입니다.

아리스토텔레스가 첫째 철학과 보편적 존재론을 통해 말하고 있는 것은, 철학자는 마땅히 실체들의 원리들과 원인들에 대한 지식을 소유해야 한다는 것입니다. 즉 철학자라면 첫째가는 것, 즉 하나(hen)에 관한 지식을 가져야 한다는 것입니다. 이와 동시에 철학자는 있는 것들을 있는 것들인 한에서 이론적으로 고찰하는 보편적 존재론도 알아야 합니다. 보편적 존재론 역시 첫째가는 것에 의존하고 있기 때문에 보편적 존재론과 첫째가는 것이 어떤 관계에 있는지 알아야 한다는 말입니다.

다시 제4권 1장의 첫째 문장을 보겠습니다. "있는 것을 있는 것인 한에서 그리고 그것에 그 자체로서 속하는 것들을 이론적으로 고찰하는 어떤 학문이 있다." 여기서 "이론적으로 고찰하는 학문"은 모든 존재하는 것을 다루는 것입니다. 이 모든 존재하는 것은 첫째로 있는 것에 의존합니다. 첫째로 있는 것을 다루는 학문은 첫째 학문(첫째 철학, prōtē philosophia)이고 그것은 신학입니다. 그러므로 신학은 보편적 존재론 위에 성립하는 것입니다. 그렇다 해서 보편적 존재론이 신학의 하위 학문이라고 할 수는 없습니다. 보편적 존재론이 없다면, 신학은 외따로 떨어져 있는 학문에 불과하기 때문입니다. 따라서 보편적 존재론과 신학은 상호포섭의 관계에 있다고 할 수 있습니다.

이것이 아리스토텔레스에서 보편적 존재론과 신학의 관계, 하나와 여럿의 관계 문제에 대한 해명입니다. 이 문제는 '형상이 내재해 있는가 아니면 따로 있는가'에서 생겨났습니다. 플라톤은 형상이 따로 있다고 하였고, 아리스토텔레스는 여기에 의문을 제기했습니다. 플라톤과 아리스토텔레스가 직면한 난문입니다. 우리가 놓치지 말아야 하는, 논의의 바탕에 놓인 난문입니다. 이 문제를 또 다른 측면에서 살펴보기 위해 《형이상학》 1017a~1017b에 있는 '있는 것'에 관한 논의를 정리해보겠습니다.

1) S에 P가 우연히 속해 있다.
2) S에 P가 본질적으로(자체로서) 속해 있다.

3) S에 P가 속해 있다는 것은 참이다/거짓이다.
4) S에 P가 가능적으로/현실적으로 속해 있다.

아리스토텔레스에 따르면 '있는 것'(on)은 그 뜻에 따라 네 종류가 있습니다. 첫째는 "S에 P가 우연히 속해 있다"입니다. 예를 들면 '강유원은 사람이다'라는 언명을 다시 쓰면 '강유원에 사람임이 속해 있다'입니다. "S에 P가 우연히 속해 있다"는 이런 방식의 표현입니다. 이는 우연한 것입니다. 이런 우연적인 것은 학문적 탐구의 대상이 되지 않습니다. '강유원의 얼굴은 깨끗하다', 즉 '강유원의 얼굴에는 깨끗함이 속해 있다'는 우연적인 것입니다. 어쩌다 한 번 세수를 했기 때문입니다. 두 번째 종류는 "S에 P가 본질적으로 속해 있다"입니다. 예를 들어서 '강유원은 곱슬머리이다', '강유원에 곱슬머리임이 속해 있다', 이것은 본질적입니다. '곱슬머리임'이라는 것이 본질적 속성이니까 그렇습니다. 세 번째 종류는 "S에 P가 속해 있다는 것은 참이다. 또는 거짓이다"입니다. '이 강의실은 동그랗다', 이렇게 말하면 강의실에 동그랗다는 것(roundness)이 속해 있다고 말하는 것인데, 그것은 거짓입니다. 강의실이라는 말을 분석해보면 동그랗다는 것이 나온다는 것이 아니라 어떤 속성을 덧붙였을 때 그것이 사실과 부합하는가 아닌가를 따져보는 것입니다. 네 번째 종류는 "S에 P가 속해 있기는 하지만 어떻게 속해 있"는가를 따져보는 것입니다. '가능적으로 속해 있다, 아니면 현실적으로 속해 있다'입니다. 지금은 어떠한지 모르겠으나 씨앗 상태로 있거나 앞으로 그것이 발현되거나 할 때, 즉 사물의 운동과 변화에 대해서 이렇게 말할 수 있을 것입니다. 이는 가능태와 현실태에 관한 논의입니다. 가능한 상태에서 현실적으로 실현된 상태로 나아가는 것이 아리스토텔레스에서는 운동이라는 것만 언급해두고 뒤에서 다시 상세하게 다루겠습니다.

존재에 관한 이 네 가지 언명 중에서 첫번째 '있는 것'은 우연적인 것에 관한 것이니 논할 필요가 없습니다. 두 번째 '있는 것'이 실체에 관한 논의이고, 세 번째는 언어적인 참/거짓의 차원에서 다루는 것이고, 네 번째는 존재를 운동의 차원에서 다루는 것입니다. 두 번째 것과 네 번째 것이 각각 실체론과 운동론이고 이것들이 존재론에서 핵심입니다.

제20강

실체론, '이것'(tode ti)과 '무엇'(ti esti)

아리스토텔레스는 '자체로서 있는 것', '본질적으로 속해 있는 것'이 범주의 형태들에 따라 속해 있다고 했습니다. 아리스토텔레스 철학에는 10개의 범주(kategoria)가 있습니다. '카테고리아'kategoria라고 하는 말은 '카테고레인'kategorein이라고 하는 말에서 나왔습니다. 카테고레인이라는 희랍어에는 '고발하다'라는 뜻이 있습니다. 누군가 강유원을 고발하였습니다. 그 누구는 법정에서 강유원의 죄에 해당하는 것들을 나열하면서 진술을 할 것입니다. '강유원은 ~합니다'라는 형식을 가진 진술입니다. 그때 그가 나열하는 죄의 목록이 바로 카테고리아입니다. 아리스토텔레스는 10개의 범주를 거론합니다. 실체, 양, 성질, 관계, 위치, 시간, 자세, 소유, 능동, 수동. 이렇게 10개 범주를 가지고 'S에 P가 본질적으로 속해 있다'는 것을 따집니다. 우리가 어떤 것에 본질적으로 속해 있는 것을 범주의 형태들에 따라서 나눌 수 있는데, 아리스토텔레스는 이 10개들을 다시 어떤 '하나와의 관계' 속에서 따져 묻습니다. 이때 "어떤 하나"라고 말해지는 것, 그것이 바로 실체(ousia)입니다. 존재에 본질적으로 속해 있는 것은 카테고리에 따라서 따져 물을 수 있지만, 이것을 따져 물어도 학문적이지만, 아리스토텔레스는 여기서 더 나아가 궁극적인 '하나'와 어떤 관계에 있는지를 따져 물어야, 이것이 학문적으로 성립한다고 봐서 이 하나를 실체라고 보았습니다. 그러면 이 실체는 무엇일까요.

먼저 아리스토텔레스의 《범주론》에 나와 있는 설명을 보겠습니다.

실체(ousia)
① 최종적 기체基體, 지시 가능한 감각적 개별자, 주어 역할만 하는 것: '이것'(tode ti)
② 분리 가능한 에이도스eidos(형상) 또는 모르페morphē(모양): '무엇'(ti esti)

①번에 관한 것부터 살펴보겠습니다. '사람은 동물이다'라는 문장이 있을 때 "사람"이 주어이고 "동물"이 술어입니다. 그렇다면 "사람"은 주어 역할만 하는 것일까요? 아닙니다 '강유원은 사람이다'라고 쓰면 "사람"이 술어 역할도 할 수 있습니다. "사람"은 "주어 역할만 하는 것"이 아니며, 따라서 실체도 아닙니다. '곱슬머리이고, 저기 서서 말을 많이 하며 떠드는 자가 강유원이다', 이 문장에서는 "강유원"이 술어 자리에 있고 "곱슬머리이고, 저기 서서 말을 많이 하며 떠드는 자"가 주어 자리에 있는 것 같지만 내용 분석을 해보면 사실 이것은 "강유원"에 대한 설명에 불과합니다. 이때 "강유원"은 주어 역할만 하는 것입니다. 최종적 기체라는 것은 이런 것입니다. 이것은 "지시 가능한 감각적 개별자"이기도 합니다. 주어 역할만 한다는 것은 그것이 더 이상 다른 것에 덧붙여질 수 없고 다른 것에 속할 수 없으며, 더

이상 쪼갤 수 없는 것임을 의미합니다. 단순하게 표현하자면 기체는 뭔가를 담는 그릇이라고 생각하면 됩니다. "강유원"은 최종적 기체입니다. 그 안에는 뭐든지 담을 수 있습니다. 그렇게 담기는 것이 술어입니다. 가져다 붙이는 것입니다. 기체는 밑바닥에 놓여 있는 것이니까 주어(Subjekt)입니다. 밑에 놓여 있어서 그 위에다 뭐든지 담을 수 있습니다. 이 실체는 '이것'(tode ti)입니다. 바로 여기에 있는 것입니다. 더 이상 쪼개질 수 없는 것입니다. 세계에는 무수히 많은 '이것'들이 있습니다.

누군가 책상을 가리키면서 '이것은 무엇인가'라고 물었다고 해봅시다. 여기서 "이것"은 세상에 딱 하나 있는 최종적 기체입니다. 그런데 이 질문에 대해 '이것은 책상이다'라고 대답했다고 생각해봅시다. "책상"은 이 책상, 저 책상, 세상의 모든 책상을 모아서 말하는 것입니다. "책상"은 이 책상, 저 책상, 세상의 모든 책상과는 분리된 '무엇'(ti esti)입니다. 이는 책상의 '모양'입니다. 그렇지만 앞서 우리가 논의한 바에 의하면 아리스토텔레스에서 형상은 인식의 원리이고 정의의 원리에 불과합니다. 아리스토텔레스는 형상인 '무엇'이 없으면 설명이 안 된다는 것을 일단 인정하는 것입니다. 그런데 여기서 아리스토텔레스는 이 '무엇'을 존재의 원리로 만들려고 합니다. 왜 이렇게 하는 것일까요. 되풀이되는 난문이 아닐 수 없습니다. 이 책상, 저 책상, 저 건너에 있는 책상… 이렇게 각각의 책상, 즉 '이것'을 끝없이 나열하면 우리에게는 책상들에 관한 앎만이 생겨날 것입니다. 우리의 앎은 완결되지 않고, 끝없이 '이것'을 모으는 것이 공부가 되어버립니다. 아리스토텔레스는 그것 가지고는 학문적 통일성이 성립하지 않는다고 생각했습니다. 학문적 통일성을 위해서는 이 책상들을 공통적으로 아래에 두고 있는 형상이 반드시 필요하다는 것입니다.

'강유원은 사람이다'에서 "사람"은 '무엇'에 해당합니다. "강유원"이라고 하는 '이것'(tode ti)은 질료(휠레)와 형상(에이도스)이 결합된 것인데, 여기에는 "사람"에 해당하는 형상도 있어야 하지만 "강유원"에게만 들어가는 형상도 있어야 할 것입니다. 달리 말하면 '이것'은 '복합 실체'(synolos ousia) 또는 '합성 실체'(synthetos ousia)라고 합니다. 휠레와 에이도스 모두 '이것'의 성립에 있어서 필연적 계기들이지만 에이도스가 더 우위를 차지하는 계기입니다. 둘 다 반드시 있어야 하는 형성 원인인데, 에이도스가 더 상위에 있는 원인인 것입니다. 그리고 '이것'을 구성하는 이 에이도스는 사실상 따로 떨어져 있으면서도 '이것' 안에 들어가 있습니다. 이 에이도스는 내재적이면서 동시에 개체적 또는 개별적 형상입니다.

아리스토텔레스는 최종적 기체, 지시 가능한 감각적 개별자, 주어 역할만 하는 '이것'(tode ti)도 실체라고 하고, 분리 가능한 에이도스, 모르페, '무엇'(ti esti)도 실체라고 합니다. 이 두 개를 일단 다 인정하고 들어가는 것입니다. 《범주론》에서는 최종적 기체에 해당하는 '이것'을 첫째 실체라 하고, '무엇'을 둘째 실체라고 합니다. 그런데 《형이상학》에서는 '무엇'이 첫째 실체로 불리고, '이것'이 둘째 실체로 불립니다. 이 차이가 어떤 의미를 가지고 있는지 생각해보겠습니다.

《범주론》에서는 '이것은 무엇이다'라고 말할 때 '이것'과 '무엇'의 주술 관계만 따져서 묻는데, 《형이상학》에서는 '이것'을 설명하는 데에 반드시 있어야 하는 것이 에이도스입니다. 말하자면 에이도스가 본질입니다. 어떤 사물의 내적인 구성과 궁극적인 원인의 입장에서 보면, 에이도스가 더 위에 있다는 것입니다. 그런 까닭에 아리스토텔레스는 《형이상학》에서 에이도스를 제일 실체라고 합니다.

아리스토텔레스에 따르면 배움(mathēsis)은 '우리에게 더 앞서는 것'(proteron pros hēmas)에서 시작해서 '본성적으로 더 앞서는 것'(proteron tēi physei)으로 나아갑니다. 이것이 아리스토텔레스의 방법론입니다. 우리 머릿속에서 '이것'(tode ti)과 '무엇'(ti esti)을 떠올려 봅시다. 누군가 '이것은 무엇인가?'라고 물을 때 "이것"은 '이것'(tode ti)입니다. 우리는 뭔가를 말할 때 '이것'부터 말합니다. '무엇이 이것 안에 들어간다'라고 말하지 않고 '이것은 무엇이다'라고 말합니다. 우리에게 먼저인 것은 무엇입니까? '이것'입니다. '이것'(tode ti)은 우리가 말할 때 우리에게 먼저인 것입니다. 우리에게 먼저인 것이니까 아리스토텔레스는 그것을 《범주론》에서는 첫째 실체라고 한 것입니다. '이것'(tode ti)이 우리에게 먼저 다가오고, 그것을 탐구해 나아가다 보면 '무엇'(ti esti)에 이릅니다. 우리에게 등장하는 순서로는 '이것'이 먼저이고, '무엇'이 나중입니다. 그런 까닭에 등장 순서에 따라 '무엇'은 둘째 실체입니다. 《형이상학》은 우리가 어떤 것에 대해 먼저 알든지 나중에 알든지 관계 없이, 사태의 본성에서 본 것을 따져 묻는 학문입니다. 그런 까닭에 《범주론》에서는 둘째 실체였던 것이 《형이상학》에서는 첫째 실체입니다. 우리는 사태의 본성을 모르는 사람에게 이런 말을 합니다. '뭘 모르는 너에게는 그게 먼저일지 몰라도, 사태의 본성에서 보면 이게 먼저야'라고 말입니다.

《범주론》은 논리학이니까 우리가 대상 사물을 파악하고 주술 관계에 따라 설명하는 순서를 논의합니다. 그런데 《형이상학》은 사태를 본질의 차원에서 보는 것입니다. 본질에서 볼 때에는 에이도스가 먼저이고 우위에 있는 것입니다. 이로써 '이것'(tode ti)과 '무엇'(ti esti)의 위치에 관한 논의가 정리되었습니다.

'이것'과 '무엇'에 관한 아리스토텔레스의 논의를 단순하게 말하면 둘 다 실체라는 것입니다. 지금 여기에 있는 것도 실체이고, 저기에 따로 떨어져서 언제나 있는 것도 실체라는 것입니다. 성격이 다른 것들인데 둘 다 실체라고 주장하는 것입니다. 이것은 말이 안 되는 것처럼 보입니다. 그렇다면 아리스토텔레스는 왜 이렇게 말하고 있는 것일까요. 우리가 이에 덧붙일 만한 논의를 생각해봅시다.

┌ '무엇'(ti esti): 본질, 사유, 정재가 속하는 종 또는 유, 대자존재
│   ↑ 자기외화自己外化
└ '이것'(tode ti): 존재, 물질적 구체적 개별적 대상, 정재, 규정적 존재,
            즉자 존재

아리스토텔레스에 따르면 '이것'은 물질적 대상입니다. 그리고 구체적 개별적 대상입니다. 강유원, 이 칠판, 이런 것들은 시간과 공간 속에 정해진 존재, 규정적 존재입니다. 이것이 정재定在입니다. 아리스토텔레스는 이것을 실체라 하였습니다. 따라서 우리는 실체는 정재, 규정적 존재라고 말할 수 있을 것입니다. 규정적 존재는, 그 존재를 규정한 바로 그것을 제외한 다른 것들을 배제합니다. 다시 말해서 규정은 그 규정에 해당하지 않는 것을 부정하는 것입니다.

'강유원은 사람이다'라고 할 때 "사람"은 '무엇'이고, "강유원"이라는 '이것'이 속하는 에이도스입니다. 즉 정재가 속하는 종種 또는 유類입니다. '강유원은 사람이다'라는 언명은 '이것은 무엇'이라는 형식을 가진 언명입니다. '강유원은 사람이다'라는 것이 참임을 알려면 '사람 아닌 것'을 알아야 합니다. '나는 사람이야'라고 생각하고 딱 그 자리에만 머물러 있으면 사람 아닌 것을 알 수 없습니다. 다시 말해서 '강유원은 사람이다'라는 이 진술은 '사람인 것'과 '사람 아닌 것' 둘 다를 아는 존재만이 할 수 있는 진술입니다. 그런데 "강유원"

은 자기 자신에서 벗어날 수가 없습니다. '사람 아닌 것'이 될 수가 없는 것입니다.

'이것'은 정재인데, '이것'이 계속해서 '이것'이려면 '이것 아닌 것'을 배제해야 합니다. 다시 말해서 A가 언제나 A이려면[A=A], A가 not A인 것이 아니어야[A≠-A] 합니다. 계속해서 자기 안에 머물러 있어야 합니다. 그렇게 할 때에만 '이것'인 것입니다. 정재는 자기 안에 머물러 있는 것이고, 다른 것에 의존하지 않고 다른 것을 배척하고 있으니까 독자적 존재이고, 또 단순한 존재이고, 다른 것을 모르는 소박한 존재입니다. 그렇지만 이 '이것'이 다른 것과 구별된다는 것을, '이것' 안에 머물러 있는 자는 모릅니다. 자신의 규정 바깥을 볼 수 없기 때문입니다. 그렇다면 자신의 규정 바깥을 보는 것은 어떻게 가능하겠습니까. 그것은 사유가 합니다. 이러한 규정이 있다는 것, 또 이러한 구별이라는 것, 이것을 다 사유가 합니다. 이 사유는 '이것' 안에 들어가 있는 것이 아닙니다. 외부에, '이것' 바깥에, 규정된 것 바깥에 있는 것입니다. 다시 말해서 이 특정한 존재인 정재는 자신의 규정성에 의해서 다른 존재——타재他在(Anderssein)——와 구별되지만, 사유를 하지 않는 한, 자신이 타재와 구별되는 것을 스스로 알지는 못합니다.

자기가 다른 것과 구별되려면 자기의 규정을 알아야 합니다. 그런데 '이것' 안에만 머물러 있으면 자기가 무엇인지를 모릅니다. 자기동일성을 확보하려면, 즉 타재와 구별되는 자신의 정체성을 확보하려면, 내가 무엇인지를 알려면 내가 무엇이 아닌지를 알아야 하는 것입니다. 바보가 바보인 것은, '바보가 무엇인지' 모르기 때문입니다. 바보가 '바보가 무엇인지' 알려면, '바보 아닌 것이 무엇인지' 알아야 합니다. 훌륭함을 계속해서 유지하려면, 사실은 훌륭하지 않은 것이 무엇인지 알아야 한다는 것입니다.

　자기 아닌 것을 아는 것은 사유를 통해서 가능하다고 했습니다. 그렇다면 사유는 무엇일까요. 갑자기 '이것' 안에서, 정해진 존재 또는 규정적 존재 안에서 의문이 생겨나 '이것'이 속해 있는 유類, 즉 '무엇'으로 한 발 나아가는 것입니다. '이것'에서 '무엇'으로 올라가는 것, 즉 상승입니다. 플라톤 《국가》의 동굴의 비유를 보면, 동굴에서 벽면을 보고 있던 이들이 갑자기 고개를 돌려 밖을 향해 갑니다. 그 까닭은 알 수 없는 것입니다. 동굴 벽을 보고 있던 이들은 정재의 상태에 있던 이들입니다. 그들은 자신이 동굴 안을 보고 있는지, 동굴 밖을 보고 있는지, 그곳이 본래 환한지 환하지 않은 것인지 모릅니다. 벽면만 계속 보고 있으면 모를 수밖에 없습니다. 고개를 돌려서 밖으로 나가봐야 알 수 있습니다. 동굴 바깥으로 나간다는 것은 자신이 있던 곳이 어떠한 곳인지를 알게 된다는 것입니다. 동굴 벽면만 보고 있던 '이것'(tode ti)의 상태에서 동굴 밖의 '무엇'(ti esti)으로 나아가는 것은 자기 바깥으로 나가는 것, 자기외화自己外化입니다.

　'무엇'을 향해 자기 밖으로 나간 '이것'은 자기와 다른 것, 즉 비동일성非同一性 또는 차이를 만나게 됩니다. 그러한 비동일성과 차이를 통해서 질적인 심화가 이루어집니다. 이러한 심화는 자기 자신을 더 잘 알게 되는 것입니다. 다른 것을 알게 됨으로써 자기를 아는 것입니다. 소박한 자기동일성에 머물러 있던 자신이 자기와 다른 '무엇'으로 올라와서, 자기와 다른 비동일성을 거쳐서 다시 자기동일성으로 가는 것입니다. 이렇게 되돌아온 동일성은 비동일성을 거친 동일성입니다. 이는 '동일성과 비동일성의 동일성'입니다. 최초의 자기동일성은 소박한 동일성인데, 이것이 '무엇'으로 올라서서 비동일성을 거치면 둘째 단계가 되고, 다시 자기 자신의 동일성을 확보한 셋째 단계의 동일성은, 처음의 동일성과 '무엇'으로 올라섰던 비동일성을 거친 동일성입니다.

위로 올라왔으니까 '무엇'의 입장에서 '이것'을 내려다보게 됩니다. 그렇게 되면 '이것'은 '무엇'의 대상입니다. 사유의 대상인 것입니다. '이것'은 자신 안에 머물러 있을 때는 그저 단순 소박한 정재였는데, 사유를 통해서 '무엇'이라고 하는 규정을 덧붙이면 '무엇'의 사유 대상이 됩니다. '이것'은 '무엇'에 의해 '사유된 것'입니다. 사유된 것은 독일어로 게당케Gedanke입니다. 이것을 한국어로는 사상思想이라 번역합니다. 그렇다면 '이것'(tode ti)은 이제 사상이라고 할 수 있을 것입니다. 따라서 '정재는 사상이다', '실체는 정재이다', 이런 말들이 가능하게 됩니다.

'이것'이 '무엇'의 대상이 됨으로써, '이것'이 '무엇'으로써 규정됨으로써 '이것'의 본질이 드러납니다. 그러면 '이것'의 본질, 이것의 진리를 드러내는 힘은 무엇입니까? 사유입니다. 따라서 우리는 사유가 정재의 본질을 드러낸다고 말할 수 있습니다. 세계의 모든 정재의 본질을 드러내려면 세계의 모든 정재의 본질을 사유해야 합니다. 그러나 모든 정재에 대한 사유는 인간에게는 불가능할 것입니다. 그것은 신에게나 가능한 사유일 것입니다. 신은 세계의 모든 정재를 사유할 것입니다. 신의 앎은 본질의 앎입니다. 아리스토텔레스에서 신학(theologikē)은 바로 이러한 신적인 앎으로 올라가는 것입니다. 최고의 '무엇'(ti esti)은 신이며 신적 사유입니다.

'이것'은 규정적 존재입니다. 자기 밖에 있는 것이 무엇인지 알지 못하는 존재입니다. 자기 안에 머물러 있으니까 즉자 존재(Ansich-Sein)입니다. '무엇'은 규정적 존재가 자기 바깥으로 나온 것이므로 대자 존재(Fürsich-Sein)입니다. '무엇'은 '이것'이 무엇인지를 사유하는 것입니다. 즉 '무엇'은 '이것'에 대한 반성적 사유입니다. 그런데 '무엇'과 '이것'은 같은 것들입니다. 개별자의 차원에서 보면 '이것'이고, 에이도스의 차원에서 볼 때는 '무엇'입니다. 제일 실체와 제이 실체가 사실은 똑같은 것인데《범주론》과《형이상학》에서 그 위치가 다른 것과 마찬가지입니다. 우리에게 먼저인 것과 본성상 먼저인 것의 차이일 뿐입니다. 우리에게 먼저인 것은 '이것'이고, 본성상 먼저인 것은 '무엇'입니다.

'무엇'이라고 하는 본질이 '이것'을 사유했을 때, 그 사유는 '이것'이 가지고 있는 본래의 모습을 밝히는 것이 목적입니다. '이것'이 참으로 어떤 것인지를 밝히려는 것입니다. 그런데 사실상 이 둘은 같은 것입니다. 따라서 '무엇'이 사유이고 '이것'이 정재라는 의미의 존재라고 한다면 '사유와 존재는 동일한 것'입니다. 여기서 '사유와 존재의 동일성'이라는 테제가 성립할 것입니다. 사유는 '무엇'으로서의 사유를 말하는 것이고, 존재는 '이것'으로서의 존재를 말하는 것입니다.

'이것'은 자신이 어떠한지, 자신이 참으로 어떠한 존재인지, 자신의 진리가 무엇인지를 알기 위해 '무엇'으로 나아갑니다. '이것'이 '무엇'으로 나아간다는 것은 누가 떠밀어서 가는 것이 아니라 자기가 밀고 가는 것입니다. 이는 자기전진적 운동입니다. 자기전진하는 이 운동의 본질은 어디에 있습니까. '무엇'에 있습니다. '무엇'은 사유이고, 사유는 다르게 말하면 정신입니다. 따라서 이 운동은 '정신의 자기전진적 운동'이라고 할 수 있습니다. 정신이 스스로를 밀고 나아가는 운동인 것입니다. 정신이 스스로를 밀고 나아가서 세계 전체를 사유하면 세계를 자신의 앎으로 가지게 될 것입니다. 이 정신은 신적 정신에 이른 것입니다.

이로써 아리스토텔레스의 실체에 관한 논의에서 파생되는 사변을 마무리하겠습니다. 이는 사실 아리스토텔레스가 제시했다기보다는 그의 실체론에 관한 논의를 확장했을 때 우리가 가지게 되는 사유에 해당할 것입니다.

제21강

운동론, 가능태와 현실태

이제 우리가 살펴볼 것은 실체의 변화, 즉 운동에 관한 논의입니다. 이 논의는 가능태와 현실태의 개념을 중심으로 전개됩니다. 실체에 관한 논의를 하려면 앞서 이야기했던 '있는 것'에 관한 네 가지 규정을 다시 언급할 필요가 있습니다. 있는 것에 관한 첫째 규정은 '우연히 ~에 속해 있다'입니다. 둘째 규정은 '본질적으로 속해 있다'입니다. 이것은 '범주에 따라 속해 있다'는 것입니다. 셋째 규정은 '속해 있다는 것이 참 또는 거짓'이라는 것이고, 넷째 규정은 '가능적으로 속해 있다, 현실적으로 속해 있다'입니다. 우리가 살펴보려는 것이 이 넷째 규정입니다.

1. '가능태'와 '현실태'의 측면에서 본 있음. 가장 주도적인 뜻의 가능태는 능동적 작용의 능력과 수동적 작용의 능력이다

그러면 첫 번째 뜻에서 있으며, 있는 것의 다른 모든 범주들이 준거점으로서 관계하고 있는 것, 즉 실체에 대해서는 지금까지 이야기했다. 이렇게 말하는 이유는 다른 것들, 즉 양이나 성질을 비롯해서 그런 방식으로 불리는 다른 것들은 실체에 대한 정식에 따라서 '있다'고 일컬어지기 때문이다. 왜냐하면 이 논의의 첫머리에 우리가 이야기했듯이, 모든 것은 실체에 대한 정식을 포함할 것이기 때문이다. 그런데 '있는 것'은 어떤 뜻에서는 '무엇'이나 성질이나 양이라는 이유에서 그렇게 불리지만, 또 어떤 뜻에서는 '가능태'와 '완전한 상태'에 따라서, 그리고 기능에 따라서 불리기 때문에, 우리는 '가능태'와 '완전한 상태'에 대해서도 규정하되, 먼저 가장 주도적인 뜻에서의 '가능태'에 대해서 규정하기로 하자.

_《형이상학》 1045b

    본격적인 논의에 들어가기 전에 용어를 정리해두어야 합니다. 먼저 현실태(energeia)와 완전한 상태(entelecheia)를 보겠습니다. 아리스토텔레스에 따르면 "'에네르게이아'energeia라는 말은 '엔텔레케이아'entelecheia와 연관되어 있지만, 주로 운동들로부터 다른 것들로 그 뜻이 확대되었"(1047a)습니다. 그는 또한 "기능(ergon)은 목적(telos)이요, 현실태는 그 기능이니, 그런 까닭에 '에네르게이아'라는 말은 '에르곤'ergon에서 파생해서 '엔텔레케이아'를 가리키게 되었다"(1050a)고 합니다. 다시 말하면 '에네르게이아'는 '활동 또는 기능 안에(en) 있는 것'이나 '활동 또는 기능을 안에 가지고 있는 것'을 가리킵니다. 어떤 것이 활동하거나 기능을 수행한다는 것은 그것이 자신의 본래의 목적이나 완전한 상태에 이르렀음을 뜻합니다. 그런 까닭에 아리스토텔레스는 "'에네르게이아'라는 말은 '에르곤'에서 파생해서 완전한 상태를 가리키게 되었다"고 하는 것입니다. 에네르게이아와 엔텔레케이아, 이 둘은 사실상 내용이 같은데 어떤 측면에서 바라보느냐에 따라 다르게 쓰이는 개념들입니다. 에네르게이아와 엔텔레케이아는 서로 바꿔서 쓸 수 있습니다. 굳이 구별하자면 기능, 즉 에르곤이 수행되는 과정의 측면에서 말할 때는 에네르게이아라고 하고 그 과정이 본래의 목적인 끝에 이르러서 자신의 에르곤을 완전히 실현해버리면 엔텔레케이아라고 말합니다. 에네르게이아라는 말이 훨씬 더 포괄적으로 쓰이는 것입니다.

에네르게이아는 '현실태', '현실적인 것', '현실적인 활동'으로 옮기고, 엔텔레케이아는 '완전한 것', '완전한 상태'로 옮길 수 있는데, 이렇게 옮기면 그 둘이 원래는 다른 것으로 여겨지기 쉽습니다. 그러므로 에네르게이아는 '현실태'라고 하고, 엔텔레케이아는 '완전한 현실태'라고 번역하면 그 둘의 연관을 더 잘 밝혀 보일 수 있을 것입니다.

> 하지만 같은 종에 속하는 것들은 모두 일종의 원리들이며 첫째가는 것 하나와의 관계 속에서 그렇게 불리는데, 이에 해당하는 것은 다른 것 안에 또는 다른 것인 한에서의 자기 안에 있는 변화의 원리이다.
>
> _《형이상학》 1046a

단순하게 말하면 가능태에서 현실태로 옮겨가는 것이 운동입니다. 그것을 아리스토텔레스는 "다른 것 안에 또는 다른 것인 한에서의 자기 안에 있는 변화의 원리"라고 말합니다. 가능태에서 현실태로 옮겨가는 것이 운동이므로 운동이 무엇인지 설명하려면 가능태가 무엇인지부터 말해야 합니다. "다른 것 안에 또는 다른 것인 한에서의 자기"라는 것은 다른 것과 구별되는 어떤 것입니다. 그것이 '인간'이라고 한다면, 인간은 사자와 구별됩니다. 인간은 참나무와 구별됩니다. 인간은 그런 것들과 다른 것인 한에서 인간입니다. 그러한 구별을 통해서 자기 정체성을 확보하고 있는 존재입니다. 그렇게 정체성을 확보하고 있는 것이 변화하려고 할 때, 그 변화가 시작되는 지점, 그 지점을 가리키는 것이 가능태입니다.

사람이 태어나면 완전한 사람으로 성장할 가능성을 가지고 있습니다. 그가 완전한 사람으로 성장하려면 가만히 있어서는 안 됩니다. 적어도 유아기에는 젖을 먹어야 합니다. 최소한 이것은 있어야 합니다. 이것은 '작용받음의 능력', '수동적 작용의 능력'이라 할 수 있겠습니다. 더 나아가 인간으로서 성장하기 위한 적극적인 능력도 가지고 있을 것입니다. 이것들은 '능동적 가능태'라 말할 수 있습니다. 이 능력은 그것을 발휘하고 있건 아니건 가지고 있는 것입니다. 당장 우리 눈에 보이지 않는다고 해서 없다고 말할 수는 없습니다. 그것을 아리스토텔레스는 다음과 같이 정리해서 말합니다.

> 이는 (있지 않은 것들은) 현실적으로는 있지 않지만 언젠가 현실적으로 있을 것이기 때문이다. 왜냐하면 있지 않은 것들 가운데 어떤 것들은 가능적으로 있기 때문이다. 하지만 그것들은 있지 않은데, 그 이유는 그것들이 완전한 상태에 있지 않기 때문이다.
>
> _《형이상학》 1047a~1047b

가능태는 현실태와 딱 잘라서 말할 수 없습니다. 어느 지점까지가 가능태이고 어느 지점부터가 현실태라는 것은 불가능합니다. 모든 존재는 가능태의 상태에 있는 것이고 동시에 현실태의 상태에 있는 것이기도 합니다. 이는 다음 구절에서도 확인할 수 있습니다.

6. 가능태와 현실태의 구분. 특별한 뜻의 가능태. 현실적 활동과 운동의 구분

운동과 관련된 능력에 대해서는 이미 이야기했으니, 현실태에 대해서 현실태가 무엇이고 그 본성이 어떤지 규정해보자.
[…]
우리가 '가능적'이라고 부르는 것과 같지 않은 방식으로 어떤 대상이 주어져 있을 때, 그것이 바로 현실태이다.

_《형이상학》 1048a

우리는 '현실태는 가능태가 아닌 것'이라는 소극적인 규정밖에 가질 수 없습니다. 그러나 그냥 두어둘 수는 없습니다. 그래서 아리스토텔레스는 논의를 세밀하게 쪼갭니다.

8. 정식과 시간과 실체의 측면에서 볼 때 현실태는 가능태에 대해 앞선다. 영원하거나 필연적인 것은 가능태를 갖지 않는다

'앞서다'는 여러 가지 뜻으로 쓰이기 때문에, 현실태가 가능태(능력)에 앞선다는 것은 분명하다. 나는 여기서 다른 것 안에 또는 다른 것인 한에서의 자기 안에 있는 변화의 원리라는 뜻의 가능태(능력)뿐만 아니라 모든 종류의 운동과 정지의 원리를 가리켜 말하는 것이다. 왜냐하면 본성은 능력이 속하는 것과 동일한 유에 속하는데, 그것은 운동의 원리이지만, 다른 것 안에 있지 않고, 자기 자신 안에 있기 때문이다.
(1) 현실태는 그런 종류의 모든 가능태에, 정식에서뿐만 아니라 실체에서도 앞서지만, 시간에서 보면 어떤 뜻에서는 앞서고 어떤 뜻에서는 그렇지 않다. 정식에서 현실태가 가능태에 앞선다는 것은 분명하다. 왜냐하면 첫 번째 뜻에서 능력을 가진 것은 어떤 현실적 활동을 행할 수 있다는 이유에서 가능적이기 때문인데, 예컨대 집을 지을 수 있는 능력이 있는 자를 일컬어 '집을 지을 수 있다'고 하고, 볼 수 있는 능력이 있는 것을 일컬어 '볼 수 있다'고 하며, 보일 수 있는 능력이 있는 것을 일컬어

'보일 수 있다'고 한다.

_《형이상학》 1049b

'집을 지을 수 있다'라는 말 안에는 '집을 짓는다'가 포함되어 있습니다. '집을 짓는다'는 현실태입니다. 집을 짓는 사람은 집을 지어본 적이 있습니다. 달리 말하면 현실적으로 실현한 사람이 그것을 실현할 능력을 가진다는 것입니다. 아리스토텔레스에 따르면 닭이 먼저지 달걀이 먼저가 아닙니다. 닭은 달걀을 낳아본 적이 있기 때문입니다. 달걀을 낳아본 적이 있기 때문에 닭은 달걀을 낳을 가능태를 가집니다. 현실태가 시간적으로 앞선다는 것은 이런 의미입니다. 이는 아주 상식적인 논의입니다.

아리스토텔레스는 이것이 실체의 차원에서도 그렇다고 말합니다.

(3) 하지만 실체에서도 그렇다. 첫째로, (a) 생성에서 뒤서는 것은 형상과 실체에서 앞선다는 이유에서 그렇고(예를 들면 어른이 아이보다 앞서고 사람이 씨보다 앞서는데, 그중 하나는 이미 형상을 가지고 있지만, 다른 것은 그렇지 않기 때문이다), 또한 생겨나는 것은 모두 원리이자 목적을 향해 나아간다는 이유에서도 그런데(왜냐하면 지향대상은 원리이며, 생성은 목적을 위해서 있기 때문이다), 현실태는 목적이요 이것을 위해서 가능태가 획득된다.

_《형이상학》 1050a

가능태와 현실태는 연속선상에 있습니다. 그 연속선상을 보면 뒤에 오는 것은 항상 앞에 오는 것이 현실화된 상태입니다. 이는 '앞선 것은 뒤에 오는 것을 향해 간다, 지향한다'라고도 말할 수 있습니다.

따라서 가능태가 현실태를 향해 가서 현실태에 이르게 되면 그 현실태는 끝입니다. 그 끝은 바로 목적입니다. "현실태는 목적"입니다. 가능태의 최후의 성과는 목적일 것입니다. 이 과정은 최초의 가능태, 즉 질료(휠레)에서 시작합니다. 이 질료를 움직이게 하는 것은 형상(에이도스)입니다. 형상은 질료가 마지막에 이르러야 할 목적이기도 합니다. 질료를 최후의 목적까지 끌고가는 힘이 있을 것이고, 이 힘은 작용이라고 말할 수 있을 것입니다. 이 작용도 그 안에 있는 운동 자체만 보면 뭐가 있는 것 같지만 사실은 목적이나 형상이 바로 작용하는 힘입니다. 작용, 목적, 형상은 다른 측면에서 본 것일 뿐이지 사실상 내용은 같습니다. 그런 까닭에 '아리스토텔레스의 4원인론', 즉 질료, 형상, 작용, 목적, 이 네 가지를 질료와 형상으로만 이야기할 수도 있는 것입니다. 형상이 목적이기도 하고 작용이기도 하기 때문에 실체의 차원에서 말하면 그 네 개를 구별해서 말하는 것이 무의미합니다.

사람은 누구나 공부를 할 수 있는 소질을 가지고 태어납니다. 호기심이 있다는 것입니다. 그런데 어떤 이는 공부를 하고 어떤 이는 공부를 하지 않습니다. 이것을 아리스토텔레스의 논의를 가지고 설명해보면, 공부를 하지 않는 이는 공부의 목적이 없는 것입니다. 자신이 이르고자 하는 지점, 목적이 없기 때문에 움직이지 않는 것입니다. 작용이 일어나지 않는 것입니다. 따라서 공부에 관한 논의에서 가장 중요한 것은 공부해야 할 사람을 움직이는 힘, 즉 목적입니다. '공부는 왜 하는가'부터 이야기해야 하는 것입니다.

운동에 관한 아리스토텔레스의 이러한 견해는 목적론입니다. 그는 '목적론적 세계관'을 가지고 있습니다. 이 세계에 있는 모든 것들은 목적을 가지고 있습니다. 이 목적은 외부에서 주어지는 것이 아니라 자체에 가지고 있습니다. 그런 까닭에 실체에서 보면 뒤에 오는 것, 즉 가능태가 최후에 이르는 지점인 목적은 사실상 현실태이고, 이것이 실체적 차원에서 보면 가능태에 앞섭니다.

> 따라서 분명히 실체와 형상은 현실태이다. 이런 근거에서 분명 현실태가 실체의 측면에서 가능태에 앞서며, 앞서 말했듯이 현실태가 있으면 항상 다른 현실태가 그것에 시간적으로 앞서고, 이는 영원한 첫째 원동자의 현실적 활동으로까지 이어진다.
> 그러나 (b) 현실태는 보다 주도적인 뜻에서도 앞서는데, 왜냐하면 영원한 것들은 실체의 측면에서 가멸적인 것들에 앞서고, 영원한 것은 결코 가능적으로 있지 않기 때문이다.
>
> _《형이상학》 1050b

세계의 모든 존재는 현실태라는 목적을 향해 움직입니다. 이 모든 존재의 목적을 다 모으면 "영원한 첫째 원동자"에 이르게 될 것입니다. 그것이 모든 존재의 운동을 추동하는 힘입니다. 그러면 이 첫째 원동자는 어떤 방식으로 모든 존재를 움직이게 하는 것일까요. 그것은 가능태를 가지지 않습니다. 그것은 움직이지 않습니다. '부동의 원동자'인 것입니다. 자기는 움직이지 않으면서 어떻게 다른 것을 움직이게 할까요. "그것은 사랑받음으로써 운동을 낳"(1072b3)습니다. '사랑함으로써'가 아니라 '사랑받음으로써'(hōs erōmenon)입니다. '다른 존재가 부동의 원동자를 사랑함으로써'라는 말입니다. 가만히 있으면서 사랑을 받기만 하는 것입니다. 이는 부동의 원동자를 모든 존재가 욕망하고 사유한다는 것입니다. 부동의 원동자는 욕망의 대상이요, 사랑의 대상입니다.

세계의 모든 존재가 가능태에서 현실태로 운동한다면 그 존재가 출발점에서는 순전한 가능태였다가 다음 위치에서는 현실태이고, 그것은 다시 그 현실태에서 더 나아간 현실태의 가능태일 것입니다. 이것이 연쇄되었다 해도 그 모든 단계를 포괄하는 맨 마지막 현실태가 있어야 이 운동의 연쇄는 완성됩니다. 그렇다면 가장 궁극적인 원인, 궁극의 현실태는 무엇일까요.

그런 궁극적인 원인을 따져 묻는 것은 애초에 불가능하다는 대답이 하나 있을 수 있습니다. 가능태에서 현실태로 나아가는 운동이라고 하는 것은 사실상 어떤 사물의 내적인 원리를 따져봐야 하는 것인데, 그것을 따져보는 것은 무의미합니다. 그러니 아예 그런 방식으로 사태를 파악하지 말자는 대답도 있을 수 있습니다. 측정 가능한, 작용하는 힘만 그때그때 정확하게 측정해서 그것만 운동이라고 하자는 사람들도 있겠는데 그들은 바로 근대의 물리학자들입니다. 그들은 아리스토텔레스가 주장하는 운동 개념을 부정하는 것입니다. 그들에게는 아리스토텔레스의 물음이 무의미했던 것입니다. 그렇지만 아리스토텔레스에게는 궁극원인을 묻는 것이 심각한 것이었습니다. 그에게는 '가장 좋은 것'에 대한 생각이 있었기 때문입니다. 이것은 증명되지 않는 것입니다. 요청하는 것입니다. 아리스토텔레스도 이 문제에 관해서는 논증(apodeixis)을 하지 못하였습니다. 따라서 이에 관한 논의는 신존재 증명이 아니라 신존재 요청에 가깝습니다.

철학사에서 많이 거론되는 신존재 증명에는 세 가지가 있습니다. 아리스토텔레스의 신존재 증명을 이해하려면 후대의 철학자들을 언급해야 합니다. 우선 중세의 안셀무스Anselmus에서 시작된 존재론적 신존재 증명이 있습니다. 이는 '완전한 신이 있어야 한다'는 말로 요약되는 것입니다. 둘째는 목적론적 신존재 증명입니다. 이것은 자연

질서의 설계자로서의 신을 논증하는 것입니다. 셋째가 우주론적 신 존재 증명입니다. 이것은 신이 자연현상의 궁극적 원인임을 논증하려는 것입니다. 이는 아리스토텔레스가 《형이상학》에서 제시한 것을 발전시킨 것입니다. 자연현상의 궁극적 원인이 바로 아리스토텔레스가 '궁극의 현실태'라고 말한 것입니다.

궁극의 현실태, 달리 말하면 항상 가능태가 아닌, 항상 현실태인 것, 이것은 앞서 말했듯이 '사랑받음으로써' 다른 것을 움직이게 합니다. '좋은 것'이 있다고 해봅시다. 그러면 그 좋은 것을 향하는 마음이 있을 것입니다. 좋은 것은 가만히 있으면서도 마음을 움직인 것입니다. 그런데 여기서 한 가지 문제가 생깁니다. '좋은 것'은 분명 자연에 속하는 것이 아닙니다. 그것은 초자연적인 것입니다. 아리스토텔레스는 자연에 속하는 것들도 그 초자연적인 좋은 것을 사랑한다고 말하는 것입니다. 이는 자연적인 것과 초자연적인 것의 경계를 무너뜨린 것입니다. 갑자기 자연적인 것 안에 '좋음'이라는 초자연적인 것, 가치를 넣은 것입니다. 바로 이 세계 안에 좋음이라고 하는 것이 스며들어 있다는 것입니다.

형이상학은 좋음을 가지고 사유를 합니다. 사실의 영역과 가치의 영역을 구별하지 않습니다. 근대의 물리학자들은 가치의 영역, 궁극목적의 영역을 학문에서 제거하였으나, 고대든 중세든 근대든 형이상학은 그렇게 하지 않습니다.

이러한 논점을 염두에 두고 이제 텍스트를 읽어보겠습니다.

6. 운동은 영원해야 하기 때문에 영원한 원동자가 있어야 하며, 이런 원동자의 본질은 현실적인 활동이다. 세계의 질서 있는 변화를 설명하기 위해서 항상 동일한 방식으로 작용하는 원리와 때때로 다르게 작용하는 원리가 있어야 한다

실체에는 세 가지가 있는데 둘은 자연적인 것들이고 하나는 부동적인 것이기 때문에, 뒤의 것과 관련해서 우리는 영원하고 부동적인 어떤 실체가 있는 것이 필연적이라고 말해야 한다. 그 이유는 이렇다. 실체들이 있는 것들 가운데 첫째가는 것인데, 만일 그것들 모두가 가멸적이라면 모든 것이 가멸적일 것이다. 하지만 운동이 생겨나거나 소멸하기는 불가능한 일이며 (왜냐하면 그것은 항상 있었기 때문이다) 시간 역시 그렇다. 왜냐하면 시간이 없다면 앞서는 것과 뒤에 오는 것도 있을 수 없기 때문이다. 그래서 시간이 그렇듯이, 운동 또한 연속적인데, 그 까닭은 그것은 운동과 동일한 것이거나 또는 운동의 어떤 속성이기 때문이다. 장소운동을 빼놓고는 어떤 운동도 연속적이 아니며, 장소운동 가운데는 원환운동이 연속적이다.

_《형이상학》 1071b

"운동은 영원해야 하기 때문에 영원한 원동자가 있어야 하며" 여기에는 전제와 요청, 이 둘이 묶여 있습니다. 운동이 영원하다는 것은 전제이고, 영원한 원동자가 있어야 한다는 것은 '사실상' 요청입니다. 아리스토텔레스는 영원한 세계를 전제하는 것이며, 이 영원한 세계의 운동에는 원인이 있어야 한다고 말하는 것입니다. 원인을 계속 거슬러 올라가다 보면 영원한 원동자가 있어야 되지 않겠는가 하는 요청입니다. "뒤의 것(부동적인 것)과 관련해서 우리는 영원하고 부동적인 어떤 실체가 있는 것이 필연적이라고 말해야 한다"는 것은 요청을 풀어 써놓은 것입니다. 이것은 움직이지 않는 영원한 원동자입니다.

7. 영원한 원동자는 욕구의 대상으로서 운동을 낳는다. 그것은 현실적인 활동이기 때문에 변화하거나 운동하지 않는다. 그것은 살아 있는 것이고 완전하며

감각물들과 분리되어 있고 부분들을 갖지 않는다

_《형이상학》 1072a

영원한 원동자는 다른 것들이 자신을 욕구하게 할 뿐 스스로 움직이지 않습니다. 그것은 모든 존재가 욕구하는 대상이고, "현실적인 활동"입니다. 완전한 현실태에 이르렀기 때문입니다. 그리고 완전한 현실태에 이르렀기 때문에 더 이상 운동을 하지 않습니다. 운동하지 않지만 다른 것을 움직이게 하는 것이니까 살아 있는 것이고 생동하는 것입니다. 즉 생동성입니다.

이것은 다른 운동하는 모든 것들의 욕망의 대상(to orekton)이요, 의지의 대상(to boulēton)이요, 욕구의 대상(to epithymetikon)입니다. 아리스토텔레스는 여기서 이 셋을 구분합니다. '의지'(boulēsis)는 좋은 것을 원합니다. '욕구'(epithymia)는 성욕이나 식욕과 같은 것들입니다. '욕망'(orexis)은 욕구를 포함하는 상위의 개념입니다.

10. 세계의 최고선은 그것을 이루는 부분들의 질서 가운데 놓여 있고, 세계의 지배원리에도 있다. 다른 철학자들의 이론에 따르는 어려움들

우리는 또한 세계 전체의 본성이 둘 가운데 어떤 방식으로 좋음과 최고선을 갖는지, 즉 그것이 분리된 상태로 그 자체로서 있는지 아니면 질서 가운데 있는지 살펴보아야 한다. 아마도 군대가 그렇듯이, 그 두 방식 모두에 따라 그럴 것이다. 그 경우 좋음은 질서 안에도 있지만 사령관도 좋은 것이며, 뒤의 것이 더욱 그렇다.

_《형이상학》 1075a

부동의 원동자는 "사랑받음으로써 운동을 낳고, 나머지 것들은 운동함으로써 운동을 낳"습니다. 부동의 원동자는 자연의 사물이 아닙니다. 그것은 가장 좋은 것입니다. 그것은 "세계의 최고선"입니다. "세계의 최고선은 그것을 이루는 부분들의 질서 가운데 놓여 있고, 세계의 지배원리에도" 있습니다. 아리스토텔레스는 이것을 군대에 비유합니다. 군대의 질서 안에는, 질서 정연하게 만들어진 원리가 들어 있고 동시에 그 질서 정연하게 만들어진 원리는 사령관이기도 합니다. 여기서 사령관은 초월적인 것을 유비하는 것이고, 군대 안에 있는 질서는 내재적인 것을 유비하는 것입니다. 거듭 말하자면 이것은 논증이 아니라 유비추리입니다. 좋음, 최고선은 내재되어 있으면서 동시에 초월적인 것임을 이렇게 유비로써 제시합니다. 이 최고선은 신이라 말할 수 있습니다. 초월적 가치의 영역에 올라섰으므로 그렇게 말할 수 있는 것입니다.

그러므로 천계와 자연 세계는 그런 원리에 의존한다. 그것은 여유 있는 삶이며, 우리에게는 짧은 시간 동안 허락된 최선의 여유 있는 삶과 같은 것이다. [...] 그리고 사유활동 자체는 그 자체로서 가장 좋은 것과 관계하며, 가장 좋은 것은 가장 좋은 것과 관계한다. 그런데 지성은 사유대상을 포착함으로써 자기 자신을 사유하는데, 그 까닭은 지성은 대상과 접촉하고 사유하는 가운데 사유대상이 되고, 결과적으로 지성과 사유대상은 동일한 것이 되기 때문이다. 왜냐하면 사유대상, 즉 실체를 수용하는 능력이 지성이요, 그것은 사유대상을 소유함으로써 현실적으로 활동하기 때문이다. 따라서 수용능력보다는 소유가 지성이 가진 것으로 여겨지는 신적인 것이며, 이론적 활동은 가장 즐겁고 좋은 것이다. 그런데 만일 우리가 한순간 누리는 좋은 상태를 신이 항상 누리고 있다면, 이는 놀라운 일이요, 그 정도가 더하다면, 더욱 놀라운 일이다. 하지만 실제로 그렇다. 그리고 신에게는 삶이 속하는데, 그 까닭은 지성의 현실적인 활동은 삶이요 그 현실적인 활동이 바로 신이기 때문이다. 현실적인 활동은 그 자체로서 신에게 속한 것으로서 가장 좋고 영원한 삶이다. 우리는 신이 영원하고 가장 좋은 생명체이며, 그래서 끊임없는 영원한 삶이 신에게 속한다고 말하는데, 신은 바로 그런 것이기 때문이다.

_《형이상학》 1072b

최고선인 신은 "우리에게는 짧은 시간 동안 허락된 최선의 여유 있는 삶"을 영원히 지속합니다. 이것은 바로 사유활동입니다. 궁극적으로 사유만 한다는 것입니다. 그러면 이 "사유활동"이 어떤 것인지 살펴보겠습니다.

지성이 사유를 합니다. 사유는 사유의 대상과 접촉합니다. 우리가 눈으로 대상을 본다고 해봅시다. 눈은 감각기관입니다. 기관(organ)은 뒤에서 그 기관을 움직이는 것이 있어야 움직입니다. 기관을 움직이는 것은 사유입니다. 사유가 기관에 명령을 내려 대상을 보는 것입니다. 이것이 사유가 대상을 접촉하는 것입니다. 대상과 접촉한 지성은 사유 대상으로부터 오는 데이터를 '포착'(metalēpsis)합니다. 이렇게 해서 지성은 대상이 가진 데이터를 자신 안으로 가져옵니다. 지성이 가지고 온 것은 본래 대상에 속해 있는 것이었으나 지성이 가지고 옴으로써 이제 지성의 것이 되었습니다. 지성의 것은 사유입니다. 본래 대상에 속해 있었다 해도 지성이 가지고 온 것이므로 사유가 된 것입니다. 처음에 지성이 접촉했던 대상은 여전히 저기에 있지만, 그 대상에서 포착한 대상의 데이터는 지성 안에서 '사유가 된 대상', '사유가 묻은 대상'입니다. 이는 '앎이 형성한 것', '지知의 형성물形成物'이라 할 수 있습니다.

지성의 대상은 지성 밖에 있는 것입니다. 그것은 대상성(Gegenständlichkeit)을 가집니다. 그런데 지성이 그 대상을 사유하여 대상으로부터 데이터를 가져다가 자신 안에 가지게 되면 그 대상의 대상성은 폐기됩니다. 대상성이 추상화되는 것입니다. 대상은 이제 사유화된 대상입니다. 대상은 더 이상 저 바깥에 있지 않고 지성 안에 있습니다. 지성은 사유가 된 대상을 사유합니다. 따라서 지성은 대상을 사유하지만 사실은 자기 자신, 자기 자신의 사유를 사유한다고 말할 수 있습니다. 처음부터 여기까지의 과정을 집약해서 말하면 다음과 같습니다. 지성에 포착된 것은 자신의 사유가 된 것이므로 이것을 사유함으로써, 즉 대상이 사유 안으로 들어와 사유와 같은 종류의 것이 됨으로써 지성은 자기 자신을 사유합니다. 이로써 지성과 사유대상은 "동일한" 것이 됩니다.

지성은 대상을 "접촉"하고 "포착"함으로써 대상을 수용합니다. 이를 통해 지성은 "사유대상을 소유"합니다. 자기 것으로 만드는 것입니다. 이로써 대상은 지성의 소유가 되었고, 대상은 폐기되었습니다. 이것은 대상이 사유로 지양(Aufheben)된 것입니다. 대상이 대상이기를 그치고, 즉 대상이 대상성을 폐기하고 정신화(Begeisterung)된 것입니다. 세계의 모든 존재가 가진 대상성을 폐기하고 이렇게 자신의 사유 속으로 가지고 와서 자신의 것으로 소유하는 존재는 무엇일까요. 세계 전체를 정신화하여 그것을 자신의 사유의 대상으로 삼는 존재는 무엇일까요. 그것은 신입니다. 인간이 이런 존재가 되면 신이 된 것입니다. 인간의 신화神化입니다. 지성은 이러한 힘을 가지고 있습니다. 이것은 '신적인 것'이며 '최후의 사유'이며, '이론적 활동'입니다. 헤겔은 《철학백과》 마지막 부분에서 아리스토텔레스의 이 테오리아theōria를 인용하면서 '사변'(Spekulation)이라고 번역합니다. 헤겔은 이것을 사변적 사유로 이해한 것입니다.

인간은 태어나서 죽을 때까지 이러한 사유를 할 수 없습니다. 고작 "한순간 누리는 좋은 상태"일 뿐입니다. 그렇지만 신은 "항상 누리고" 있습니다. 우리가 그러한 사유를 하고 있을 때에만 우리는 참으로 살아 있는 상태라 할 수 있습니다. 그때에만 우리는 생동적인 것입니다. 신에게는 모든 순간이 삶입니다. "신에게는 삶이 속하"는 것입니다. 신에게는 모든 순간이 생동적입니다. 신은 "지성의 현실적인 활동"을 영원히 계속하기 때문입니다. 신은 세계의 모든 존재를 자신의 사유의 소유로 삼았습니다. 그것들은 이제 신에게는 정신화된 대상으로 들어 있습니다. 그리하여 아리스토텔레스는 다음과 같이 말합니다.

9. 신적 사유는 가장 신적인 것을 대상으로 삼아야 하며, 그런 대상은 자기 자신이다. 질료가 없는 대상을 사유하는 경우 사유와 사유대상은 하나다

_《형이상학》 1074b

이것이 아리스토텔레스가 말하고자 했던 형이상학의 궁극 사유입니다. 여기서 그는 플라톤이 말한 '갑자기' 초월적인 것으로 상승하는 것을 다시금 말하고 있습니다. 인간의 유한성을 절실하게 깨달으면서도 신적 사유의 무한성에 대한 갈망을 표출하고 있는 것입니다.

* * *

IV

데카르트:
주체인 인간의 세계 구축

데카르트 형이상학의 근본 구도
《철학의 원리》

제22강

자기의식, 데카르트 철학의 근대성

형이상학을 '영원의 철학'(philosophia perennis)이라 한다면 플라톤이나 아리스토텔레스, 그리고 데카르트, 칸트, 헤겔이 다루고 있는 문제는 동일할 것입니다. 그렇지만 그들은 같은 문제에 대해서 다른 방식으로 사유하고 그에 따라 다른 귀결에 이릅니다. 플라톤과 아리스토텔레스가 논의했던 핵심 문제 중 하나는 니콜라우스 쿠자누스Nicolaus Cusanus의 용어로 설명하자면, 유한자와 무한자의 관계였습니다. 데카르트에서도 이것이 논의됩니다. 그러나 그는 우리가 흔히 말하는 '근대 철학자'입니다. 그가 이렇게 불리게 된 이유는 무엇일까요. 그에게 '근대성'이라는 것을 부여한 것은 무엇일까요. 이것이 데카르트의 형이상학 탐구에서 집중적으로 따져보아야 할 주제입니다.

우선, 당대의 철학자들에 의해 데카르트가 어떻게 받아들여졌는지를 살펴봅시다. 다음은 《칸트의 형이상학 강의》(Vorlesungen über Metaphysik) 서론에 쓰여 있는 당대의 철학에 관한 간략한 개관입니다. 프란시스 베이컨Francis Bacon, 데카르트, 라이프니츠Gottfried Wilhelm von Leibniz, 로크John Locke 등에 관한 칸트의 논의가 있습니다.

우리 시대에서의 철학의 개선은, 자연의 대규모의 연구가 두각을 나타냈기 때문에, 그리고 사람들이 수학과 자연과학을 결합했기 때문에, 나타난 것이다. 그렇게 해서 생겨났던 사고 방식은 철학의 다른 부분에도 확대되었다. 가장 위대한 자연학자는 사람들로 하여금 관찰과 실험에 주목하게 했던 프란시스 베이컨이었다. 르네 데카르트도 사유에 대해서 명석성을 준 것으로 크게 기여했다. 어디서부터 사변적 철학의 개선이 유래했는가를 규정하기는 어렵다. 사변적 철학을 개선한 사람 아래 라이프니츠와 로크가 속해 있다. 라이프니츠와 볼프에게 고유한 것이었던 독단적인 철학적 사색은 큰 결함을 가지고 있었다. 이러한 사색의 방식을 중지할 필요가 있는 만큼 거기에는 기만적인 것이 발견된다. 그러나 사람들이 나아갈 수 있는 다른 방식은 비판, 혹은 이성이 음미하고 평가하는 방식일 것이다. 로크는 인간의 오성을 분석하고, 어떠한 힘이 이런저런 인식에 속하는가를 보여주었다. 그러나 그는 그러한 작업을 완성하지 못했다. 그의 방식은 독단적이었지만, 그는 사람들이 마음을 더욱 잘 연구하기 시작했다고 하는 편의를 가져다 주었다. 현재는 자연철학(자연의 실마리에서 진행하는)이 가장 번성하는 상태에 있다. 도덕에서는 우리가 고대 사람보다 더 나아가지 못하고 있다. 형이상학에 관해서 말한다면, 우리는 진리의 연구에 당혹해서 주춤하는 것처럼 보인다. 그래서 형이상학은 본래의 철학임에도 불구하고, 형이상학적 천착에 관해서 경멸적으로 말하는 것이 자랑거리가 되는, 일종의 무관심주의가 보인다. 우리 시대는 비판의 시대이며, 따라서 사람들은 이 비판적 시도로부터 무엇이 생겨나는가를 알지 않으면 안 된다. 보다 새로운 철학이라고 사람들은 본래 부를 수 없다. 왜냐하면 모든 것이 말하자면 흘러가는 중에 있기 때문이다. 즉 어떤 사람이 세운 것을 다른 사람이 잡아 뜯기 때문이다.

_《칸트의 형이상학 강의》서론

데카르트 이후의 철학자인 칸트나 헤겔은 자신들이 데카르트에서 시작된 하나의 새로운 철학 전통 속에서 학문을 하고 있음을 의식하고 있었습니다. 칸트의 이 저작이 "우리 시대에서의 철학"이라는 말로 시작하는 것이 그것을 알려줍니다. 그 철학이 과거와 달라진 것이 있다고 말합니다. 그 "개선"은 "자연의 대규모의 연구가 두각을 나타"내고 "수학과 자연과학을 결합"하였기 때문에 가능해진 것입니다. 근대의 철학이 이전의 철학과 결정적으로 달라진 까닭을 칸트는 이렇게 보는 것입니다. 칸트는 데카르트에 대해 한 마디로만 정리하고 지나갑니다. "데카르트도 사유에 대해서 명석성을 준 것으로 크게 기여했다"는 것입니다. 칸트가 보기에 데카르트의 업적은 사유의 명석성을 확립한 것입니다. 이것이 구체적으로 어떤 내용인지는 더 이상 설명하지 않습니다. 칸트는 데카르트의 신존재 증명을 비판하기는 하지만, 헤겔의《철학사 강의》(Vorlesungen über die Geschichte der Philosophie)에 나와 있는 데카르트의 형이상학은 언급하지 않습니다. 데카르트에 대한 헤겔의 언급도 살펴봅시다.

> 철학이 이성으로부터 자립적으로 나타난다는 것을 알고 있는, 또한 자기의식이 진리의 본질적인 계기라는 것을 알고 있는 자립적인 철학에 착수한 사람은 데카르트이다.

_헤겔,《철학사 강의》

헤겔은 자기의식(Selbstbewußtsein)이 진리의 본질적 계기이며, 데카르트는 이성으로부터 자립적으로 등장하는 철학의 출발점이라고 말합니다. 이것은 사실상 철학에 관한 헤겔의 규정이기도 합니다. 헤겔이 여기서 말하는 이성(Vernunft)은 인간의 이성이고, 그것은 자연의 빛이기도 합니다. 철학은 이러한 이성으로부터 자립적으로 나온다는 것입니다. 그리고 바로 그것을 알고 있는 자기의식이 진리의 본질적 계기라는 것입니다. 이 자기의식은 신과의 존재론적 의존관계를 끊어낸 자립적 자기의식입니다. 여기서 헤겔이 말하는 이 자기의식은 데카르트의 '사유하는 자기'입니다. "나는 생각한다"의 그 '자기'입니다. '내가 생각한다는 것'이야말로 진리의 본질적 계기임을 알고 있는 철학은 자립적 철학입니다. 이 철학은 신학과의 연결 고리를 끊어버린 것이고, 그 자립적 철학에 착수한 사람이 데카르트입니다. 데카르트의 형이상학은 자립적 자기에서 시작합니다. 헤겔이 보기에 데카르트는 그것을 끝까지 밀고가서, 그것으로써 인간 이성의 철학을 구축했습니다. 그렇게 되면 신도 그 자립적 철학의 하위 단위가 되어버립니다. 헤겔이 보기에는 이것이 근대 철학입니다. 철학의 근대성은 바로 이 자립적 자기의식에서 성립합니다. 이는 물론 데카르트에 대한 헤겔의 평가이므로 과연 그러한지에 대해서는 논란의 여지가 있습니다.

제23강

진리의 원천과 진리 인식의 원천

이제부터 데카르트의 텍스트들을 읽어나가면서 그의 형이상학을 음미해보기로 합시다. 데카르트 형이상학을 탐구하기 위해 우리가 읽을 텍스트는, 데카르트가 자신의 철학 전반에 대해 알기 쉽게 설명해놓은《철학의 원리》프랑스어 판 서문(피코 신부에게 보낸 편지)과 데카르트 형이상학의 핵심 텍스트라 할 수 있는《성찰》입니다.《철학의 원리》에서 우리가 읽는 부분은 형이상학과 관련된 부분들이고, 데카르트 형이상학을 총괄하는 내용들입니다.

나는 먼저 철학이 무엇인지를 설명했을 터인데, 이를 위해 나는 다음과 같이 잘 알려진 것들로부터 시작했을 것이다. 즉 철학이란 말은 지혜에 대한 탐구를 뜻하며, 지혜란 일상 생활에 있어서의 현명함을 의미할 뿐만 아니라 인간이 인식할 수 있는 모든 것들에 대한 완전한 지식을 의미하는 것인데, 이는 삶을 위한 규칙을 갖기 위해서뿐만 아니라 건강을 지키기 위해서나 기술들을 고안해내기 위해서다. 그러고 나서 나는, 그러한 지식이 그러한 것이 되기 위해서는 제1원인들로부터 이끌어내져야 하며, 따라서 그러한 지식을 획득하기 위해서는 (이것이 원래 철학한다는 의미인데) 그 제1원인들, 즉 원리들에 대한 탐구로부터 시작해야 한다고 일렀을 것이다.

_《철학의 원리》 프랑스어 판 서문

여기서 데카르트가 말하는 철학은 형이상학이고 "인간이 인식할 수 있는 모든 것들에 대한 완전한 지식"입니다. "모든 것들"에 대한 지식이므로 이것은 보편적 존재론입니다. 이 보편적 존재론은 어떻게 탐구되는 것일까요.

그러고 나서 나는, 그러한 지식이 그러한 것이 되기 위해서는 제1원인들로부터 이끌어내져야 하며, 따라서 그러한 지식을 획득하기 위해서는 (이것이 원래 철학한다는 의미인데) 그 제1원인들, 즉 원리들에 대한 탐구로부터 시작해야 한다고 일렀을 것이다. 그러한 원리들은 두 가지 요건을 갖추어야 하는데, 명석하고 자명하여 주의 깊게 바라보는 인간 정신이 의심할 수 없는 것이어야 한다는 것이 그 하나이다. 다른 하나는 다른 것들에 대한 인식이 그것들에 의존되어 있어야 한다는 것이다. 즉 다른 것들이 알려지지 않은 상태에서도 그 원리들은 인식될 수가 있지만, 다른 것들은 그것들을 통해서가 아니면 인식될 수 없어야 한다.

_《철학의 원리》 프랑스어 판 서문

모든 것들에 관한 지식은 "제1원인들, 즉 원리들에 대한 탐구로부터 시작해야" 합니다. 이 원리는 "두 가지 요건을 갖추어야" 하는데, 첫째는 "명석하고 자명하여 주의 깊게 바라보는 인간 정신이 의심할 수 없는 것"이고 "다른 하나는 다른 것들에 대한 인식이 그것들에 의존되어 있어야 한다"는 것입니다. 여기서 데카르트는 자신의 형이상학의 출발점과 목표를 분명하게 제시합니다. 출발점은 인간 정신이 의심할 수 없는 것을 가져야 한다는 것이고, 그러한 탐구가 이르러야 할 지점은 모든 것들에 대한 앎이 의존할 수 있는 확실한 것입니다. 데카르트에 따르면 그것은 완전한 존재인 신입니다.

> 따라서 그 원리들로부터 그것들에 의존해 있는 것들을 이끌어내고자 해야 하는데, 이때 연역의 전 과정에 있어서 조금이라도 불명확한 점이 있어서는 안 된다. 사실인즉, 모든 것들에 대해 완전한 지식을 가지고 있는 완전한 존재는 신뿐이다. 그러나 우리는 아주 중요한 것들에 대해 어느 정도의 지식을 가지고 있느냐에 따라 인간을 더 혹은 덜 지혜롭다고 할 수가 있는데, 배운 사람들은 이 점에 있어서 모두 나와 같은 생각이리라고 믿는다.
>
> _《철학의 원리》프랑스어 판 서문

신에 대한 앎만이 세상의 모든 것들에 대한 확실한 앎을 가져다줄 수 있을 것입니다. 이 신에 대한 앎에 이르는 길은 여러 단계가 있습니다. 데카르트에 따르면 그것은 "감각 경험", "다른 사람들과의 교류", "올바른 가르침을 줄 수 있는 사람들이 쓴 책"을 읽는 독서 등입니다. 물론 계시도 지혜에 이르는 방법일 것입니다. 그런데 데카르트는 계시가 "우리를 단계적으로 확실한 믿음으로 이끌어가는 것이 아니라 단번에 끌어올리는 것"이라 하면서 은연중에 그것을 거부하고 있습니다. 그렇다면 데카르트가 말하는 가장 확실한 단계는 무엇일까요. 그것은 지혜의 다섯 번째 단계입니다. 데카르트는 다섯 번째 단계에 별다른 명칭을 붙이지 않았지만 우리는 그것을 철학자의 길, 또는 철학자에 의한 신의 탐구라 할 수 있을 것입니다.

알 수 있는 모든 것들이 연역될 수 있는 제1원인들과 참된 원리들을 구하면서 지혜의 다섯 번째 단계, 즉 이때까지의 어떤 단계와도 비교할 수 없으리만큼 뛰어나고 확실한 단계를 찾고자 하는 사람들, 따라서 철학자로 칭해지던 사람들은 언제나 있어왔다. 그런데 지금까지 누구에게 그런 행운이 돌아갔었는지는 잘 모르겠다. 우리에게 남겨진 작품이 있는 철학자들 중 가장 오래되고 가장 유명한 철학자는 플라톤과 아리스토텔레스인데, 이 둘의 차이는 이렇다.

_《철학의 원리》 프랑스어 판 서문

계시를 말하는 사람은 신학자일 것이고, 그가 찾는 신은 '신학자의 신'일 것입니다. 데카르트가 말하는, 철학을 통하여 찾는 신은 '철학자의 신'입니다. 철학자의 신은 믿음을 가진 사람의 신, 즉 아브라함의 하느님은 아닙니다. 파스칼Blaise Pascal이 《팡세》Pensées에서 찾았던 아브라함의 하느님 또는 이삭의 하느님은 계시를 통해 만날 수 있습니다. 계시는 단번에 신으로 올라가는 지혜의 단계입니다. 데카르트는 신학자의 신을 폐기하고 철학자의 신을 제시하려는 의도를 가지고 있습니다. 아직 명시적으로 드러내지는 않지만 그의 형이상학은 그러한 목표를 향하고 있습니다. 그는 그에 대한 실마리로 "유명한 철학자"인 플라톤과 아리스토텔레스를 거론합니다. 이후 이어지는 부분에서 데카르트는 아리스토텔레스 이후의 철학에 대해 간략하게 정리하고 그것은 무용한 것이었다고 단언합니다. 그가 내린 결론은 "오늘날까지 철학이라고 불리는 것을 적게 배웠으면 배웠을수록, 그만큼 더 참된 철학을 배우기에 적합하다"는 것입니다. 이렇게 결론을 짓고 그는 자신이 생각하는 확실한 철학을 제시합니다.

다음은 그의 철학 전반에 관한 핵심적 요약이라 할 만한 내용입니다. 한번 읽어보겠습니다.

> 모든 것을 의심하고자 노력하는 자가, 의심을 하고 있는 한, 자기 자신이 존재한다는 사실을 의심할 수는 없다는 점과, 그렇게 사고를 하고 또 다른 모든 것들은 의심하지만 자신의 존재를 의심할 수는 없는 존재란 육체일 수가 없고 우리가 영혼이나 사유라고 일컫는 존재일 수밖에 없다는 점을 생각하면서, 나는 이러한 사유의 존재를 제1원리로 받아들였다. 그리고 나는 이로부터 세계에 존재하는 모든 피조물을 창조한 신이 존재하며, 모든 진리의 근원으로서의 그 신은 우리의 이성을 그것이 명석 판명하게 파악한 것들에 관해서 판단을 내릴 때 오류를 범할 수 있도록 창조하지 않았다는 것을 명백하게 연역했다. 이것들이 바로 내가 비물질적인 혹은 형이상학적인 것들과 관련해서 사용하는 원리들이다. 그리고 나는 이 원리들로부터 물질 대상들의 존재를, 즉 다양한 모양을 띠고 다양한 운동을 하는 길이와 너비와 깊이로 연장된 물체들의 존재를 아주 분명하게 연역했다. 간단히 말해서, 이것들이 그로부터 내가 다른 사물들과 관련된 진리를 연역하는 모든 원리들이다.
>
> _《철학의 원리》 프랑스어 판 서문

여기에 데카르트 형이상학 전부가 정리되어 있습니다. "인간 정신이 인식할 수 있는 것들 중 가장 명백하고 명석한 것들"을 알아내는 방법이 논의되고 있는데, 그것의 출발점은 "의심"입니다. 그다음 데카르트는 의심하고 있는 자는 그가 "의심을 하고 있는 한, 자기 자신이 존재한다는 사실을 의심할 수는 없다"고 말합니다. '의심한다'와 '내가 존재한다'는 인과관계에 있지 않습니다. 의심한다는 것은 생각한다는 것입니다. 다시 말해서 인간의 본질은 생각이라는 것이고, 이러한 생각을 가지고 있는 한 인간은 존재한다는 것입니다. 내가 생각하지 않는다면 나의 존재는 확인되지 않습니다. 신에 대해서도 마찬가지일 것입니다. 내가 신을 생각할 때에만 신의 존재가 확인될 것입니다. 내가 유한자라는 것을 자각할 때에만 무한자로서의 신을 알게 될 것입니다. 내가 유한자라는 것을 생각할 때 나도 모르게 무한자라는 기준이 따라나옵니다. 내가 유한자라는 것을 자각하지 않으면 무한자라는 기준이 따라나올 일이 없습니다. 이처럼 무한자를 인식하는 데 있어 유한성은 필연적 계기가 됩니다. 이것이 '철학자의 신'에 관한 기본적인 테제입니다.

인간은 의심을 합니다. 이 '의심하고 있는 나'는 존재하는 것입니다. 의심이 존재를 자각하게 하는 것이지요. "그렇게 사고를 하고 또 다른 모든 것들은 의심하지만 자신의 존재를 의심할 수 없는 존재란 육체일 수 없고 우리가 영혼이나 사유라고 일컫는 존재일 수밖에 없다는 점을 생각하면서, 나는 이러한 사유의 존재를 제1원리로 받아들였다"고 합니다. "사유의 존재", 즉 인간 정신의 현존, '사유하는 존재, 사유적 존재'(res cogitans)가 데카르트 철학의 제1원리이자 출발점이라고 말할 수 있습니다.

제1원리인 사유하는 존재, '내가 아는 것', 나의 '자기의식'으로 아는 것이 진리 인식의 원천 또는 근원입니다. 이것은 헤겔이 말한 "이성으로부터 나온 자기의식의 자립적 철학"입니다. 내가 알아야 신도 있습니다. 그런데 신이 있다 해도, 그 신이 진리의 원천이라 해도 그 진리를 알 수 있는, 진리 인식의 원천인 '자기의식'이 있어야 합니다.

이 자기의식이 데카르트 철학의 출발점입니다. 데카르트는 이어지는 문장에서 이를 분명하게 밝혀 말합니다. "이로부터 세계에 존재하는 모든 피조물을 창조한 신이 존재하며"가 그것입니다. 이 신은 "모든 진리의 근원"입니다. 진리의 근원은 신이고, 진리는 신으로부터 나옵니다. 그런데 신으로부터 아무리 많은 진리가 나온다 해도 진리 인식의 원천인 사유적 존재가 없으면 그 진리를 알 수 없습니다. 이렇듯 데카르트 철학에서는 진리 인식의 원천으로서의 '사유적 존재'와 진리의 원천으로서의 '신'이 구별됩니다.

인간은 신의 피조물입니다. 그렇지만 인간은 진리의 근원인 신이 내놓는 진리를 알 수 있는 원천이기도 합니다. 신은 인간을 그렇게 창조한 것입니다. "신은 우리의 이성을 그것이 명석판명하게 파악한 것들에 관해서 판단을 내릴 때 오류를 범할 수 있도록 창조하지 않았다"는 것이지요. 인간은 신이 창조한 피조물이므로 인간의 인식에는 오류가 있을 수 없습니다. 인간의 인식의 확실성은 신이 보증합니다.

《철학의 원리》의 첫번째 부분에서 데카르트는 이에 대해 명료하게 말하고 있습니다.

> 이로부터 자연의 빛, 다시 말해서 신이 부여한 인식 능력(cognoscendi facultatem, cognoscendi facultas)이 관여하는 한, 즉 명석판명하게 지각하는 한, 그 인식 능력은 단지 참인 대상에만 관여한다는 결론이 나온다. 왜냐하면 만일 신이 우리에게 잘못된 능력, 즉 거짓을 참으로 간주하게 하는 능력을 부여했다면 신을 사기꾼이라고 하는 것이 옳기 때문이다.
>
> _《철학의 원리》첫번째 부분, 30절

여기까지가 데카르트 형이상학의 둘째 단계입니다. 사유하는 존재, 사유하는 존재에 의해 알려지는 신과 그가 보장하는 앎의 확실성, 이것들을 가지고 데카르트는 "물질 대상들의 존재를, 즉 다양한 모양을 띠고 다양한 운동을 하는 길이와 너비와 깊이로 연장된 물체들의 존재를 아주 분명하게 연역"합니다. 이것이 바로 인간이 세계의 사물, 물질적 존재, 연장된 존재(res extensa)에 대한 앎을 가지는 셋째 단계입니다.

* * *

자기의식의 형이상학
《성찰》

제24강

《성찰》의 구성과 목적

데카르트의 형이상학은 세 과정으로 나눌 수 있습니다. 첫째는 자립적 자기自立的 自己, 즉 자율(Autonomie)을 구축하는 과정입니다. 이 과정에, 흔히 데카르트하면 떠오르는 '방법론적 회의'도 들어가 있습니다. 자립적 자기를 구축한 다음 단계가 '신존재 증명'입니다. 뒤에서 상세하게 살펴보겠지만 이 순서에 데카르트 형이상학 고유의 방식이 들어 있습니다. 일반적으로 생각한다면 인간은 신의 피조물이므로 신존재를 먼저 증명하고 인간에 대해 논하는 것이 순서에 맞을 것입니다. 그렇지만 데카르트는 자립적 자기를 먼저 세우고 그다음에 신존재 증명으로 들어갑니다. 이는, 신존재를 탐구하는 것에 '내가 탐구한다는 것'이 이미 함축되어 있다는 것입니다. 마지막 과정은, 앞의 과정을 거치면서 신을 확신하게 된 자립적 자기가 외부의 사물을 알게 되는 것입니다. 《성찰》의 순서가 이렇게 되어 있습니다. 자립적 자기의 현존, 신의 현존, 그리고 진리의 규칙에 따라 물질적 대상을 인식하기, 이 과정은 대상에 대한 우리의 앎이 어떻게 이루어지는가라는 인식론적 통찰처럼 보이지만 사실은 데카르트 형이상학의 기획이라 할 수 있습니다.

《성찰》의 목차를 봅시다.

소르본의 신학자들에게 바치는 헌사
독자를 위한 서언
여섯 성찰의 요약

제1성찰　의심할 수 있는 것들에 관하여
제2성찰　인간 정신의 본성에 관하여;
　　　　정신이 물체보다 더 쉽게 인식된다는 것
제3성찰　신에 관하여; 그가 현존한다는 것
제4성찰　참과 거짓에 관하여
제5성찰　물질적 사물의 본성에 관하여;
　　　　그리고 다시 신이 현존한다는 것에 관하여
제6성찰　물질적 사물의 현존 및 정신과 물체의 실재적 상이성에 관하여

제2성찰까지는 "의심"을 출발점으로 삼아 자립적 자기를 구축하는 과정이고, 제3성찰에서는 신에 관한 논의를 전개합니다. 여기서 신은 자립적 자기인 인간 정신이 세계를 확실하게 알 수 있도록 해주는 보증자로 등장합니다. 이로써 확실한 인식을 가진 인간이 성립합니다. 이러한 인간은 이제 제4성찰 이후부터 마지막 성찰까지 사물의 현존에 대해 고찰합니다. 물론 이 과정에서 제시되는 인간 정신, 신, 세계의 사물은 데카르트 이전의 형이상학에서 제시된 것과는 다릅니다. 데카르트 특유의 탐구에서 인간 정신이라고 하는 주관과, 세계의 사

물이라고 하는 객관, 그 사이에 개입된 신, 이것들에 관한 규정이 이루어집니다. 특히 데카르트가 비판하고 있는 스콜라 철학, 그것의 핵심을 이루는 아리스토텔레스의 형이상학과 많은 부분에서 차이가 있습니다.

중세의 형이상학, 또는 아리스토텔레스의 형이상학과의 차이는 신 존재 증명에 관한 부분에서 논의하기로 하고, 이제《성찰》의 본문을 읽으면서 그것을 상세하게 논의해보기로 합시다.

"소르본의 신학자들에게 바치는 헌사"에서 데카르트는 "신과 영혼에 관한 문제는 신학보다는 철학을 통해 논증되어야 한다고 늘 생각하고 있었"다고 분명히 말합니다. 이것은 앞서 말한 것처럼 그가 '철학자의 신'을 탐구하려 했음을 보여줍니다. 신학은 신앙의 문제만을 건드리는 것이고, 철학은 "논증"의 문제를 건드리는 것입니다. 신과 영혼에 관한 문제는 신학도 다룰 수 있고 철학도 다룰 수 있는 문제인데, 신학보다는 철학이 다루어야 하고, 철학에서도 구체적으로는 논증이라는 것을 통해서 다루어야 한다는 것입니다. 헌사에 이어 "독자를 위한 서언"과 "여섯 성찰의 요약"이 있습니다. 이 "여섯 성찰의 요약"은《성찰》전체를 말 그대로 요약해놓은 것입니다. 먼저 제1성찰의 첫 문장을 봅니다.

의심할 수 있는 것들에 관하여

유년기에 내가 얼마나 많이 거짓된 것을 참된 것으로 간주했는지, 또 이것 위에 세워진 것이 모두 얼마나 의심스러운 것인지, 그래서 학문에 있어 확고하고 불변하는 것을 세우려 한다면 일생에 한 번은 이 모든 것을 철저하게 전복시켜 최초의 토대에서부터 다시 새로 시작해야 한다는 것을 이미 몇 해 전에 깨달은바가 있다. 그런데 이것은 보통 일이 아니라고 생각했기 때문에, 이 일을 적절하게 실행할 수 있는 '성숙한 나이가 되기를 기다렸다. 이 일을 오랫동안 연기해왔으므로 내 남은 여생을 다른 것에 소비한다면 죄를 짓는 꼴이 되고 말 것이다. 그러나 다행히 오늘 내 정신은 모든 근심에서 벗어나 있고, 은은한 적막 속에서 평온한 휴식을 취하고 있으므로, 내가 지금까지 갖고 있던 모든 의견을 진지하고 자유롭게 전복시켜 볼 참이다.

_《성찰》제1성찰

제1성찰의 첫째 문단은《성찰》전체의 서언에 해당합니다. 그 안에《성찰》에 관철되는 데카르트의 목적과 의도가 들어 있습니다. 그것은 "최초의 토대에서부터 다시 새로 시작해야 한다"는 것입니다. 《성찰》이라고 하는 이 텍스트가 제시하는 전 기획의 첫째 목표는 한마디로 "다시 새로 시작"하는 것입니다. 그리고 그러한 목표를 성취하기 위해 데카르트는 자신이 "지금까지 갖고 있던 모든 의견을 진지하고 자유롭게 전복"시키려 합니다. 그가 "지금까지 갖고 있던 모든 의견"은 사실상 자신이 배운 것들, 자신 이전의 모든 철학적 견해들입니다. 묶어서 말하면 지금까지 철학에서 옳다고 간주되어온 모든 것들을 완전히 뒤집어버림으로써 모든 것을 다시 새로 시작하겠다는 것입니다.《성찰》전체는 이러한 목표를 관철하기 위한 시도로서 구조화되어 있습니다.

1. 전체의 목적
2. 의심과 혼란, 꿈, 악령 — 고백   → 제1성찰
3. 계속되는 혼란, 자연물에 대한 의심 — 고난 → 제2성찰
4. 내면으로의 침잠, 자기로의 퇴각, 신의 존재 증명

          ─ 신의 빛이 비춤(Illumination)　　　→ 제3성찰
　　5. 대상 식별　　　　　　　　　　　　→ 제4성찰
　　　　물질적 사물　　　　　　　　　　　→ 제5성찰
　　　　정신과 물체의 상이성　　　　　　　→ 제6성찰

　　여기서 전체를 분석해봅시다. 제1성찰에는 현재 자기 자신이 의심의 상황에 처해 있다, 확실한 것을 가지고 있지 못하다, 의심되지 않는 것들을 갖고 있지 못하다고 하는 현재 상태에 대한 고백이 들어 있습니다. 게다가 악령까지 등장합니다. 한마디로 "난국의 암흑"에 처해 있습니다. 제1성찰 마지막 부분에 나오는 이 표현은 플라톤의 동굴의 비유에 나오는 죄수의 상황과 유사하다고 볼 수도 있습니다. 제2성찰에서는 이러한 혼란이 계속됩니다. 고난의 상황입니다. 그러다가 제3성찰부터 본격적인 자기 관조에 들어섭니다. 다시 말해서 내면으로의 침잠, 자기로의 퇴각이 일어납니다. 그런 다음 신존재 증명이 이루어지고, 이 신존재 증명이 끝나는 제3성찰 마지막 부분에서 태양과도 같은 신의 빛이 자신에게 비칩니다. 이로써 나는 난국에서 벗어나게 되는 것입니다. 난국을 벗어날 뿐만 아니라 세계를 확실하게 알 수 있는 힘을 가지게 됩니다. 그럼으로써 참과 거짓을 분별할 수가 있는데, 이것이 제4성찰의 내용입니다. 제3성찰에서 나는 신을 알게 되고, 그러한 사실은 나에게 힘을 줍니다. 제4,5,6 성찰은 하나로 묶을 수 있습니다. 참거짓의 식별이 가능해지고(제4성찰), 제2성찰에서 의심하였던 물질적 사물에 대한 의심이 앎으로 바뀌고(제5성찰) "물질적 사물의 현존 및 정신과 물체의 실재적 상이성"(제6성찰)에 관해서도 알게 됩니다.

　　이렇게 보면 《성찰》의 핵심은 제3성찰입니다. 《성찰》은 제3성찰을

가운데 놓고 대칭되는 구도를 가지고 있습니다. 그래서 제3성찰의 분량이 많습니다. 신존재 증명이 많은 분량을 차지하지만 내용상 핵심은 나의 지성, 즉 나의 영혼, 나의 이성적인 사유, 자립적 자기의식이 신과 어떤 관계를 맺고 있는지를 논하는 부분입니다. 다시 말해서 나의 정신을 뚜렷하게 아는 힘을 가지는 자만이 신을 아는 힘을 가질 수 있다는 것이 제3성찰의 핵심 테제이자 《성찰》 전체의 핵심 테제입니다. 겉으로 보기에는 신이라고 하는 완전한 존재가 있어야 불완전한 존재인 나의 자기의식이 성립한다고 말하는 듯하나, 역설적이게도 내가 나의 불완전함을 자각할 때마다, 바로 그때에만, 신을 알 수 있다고 말합니다. 신의 도움 없이 스스로의 힘으로 자기의식을 정립한 사람만이 신을 알 수 있는 것입니다. 사실상 자각적 자기의식에 의한 자립인 것입니다.

《성찰》의 이러한 구조는 아우구스티누스Augustinus의 《고백록》(Confessiones)과 유사한 측면이 있습니다. 물론 결정적인 지점에서 다르지만 둘을 비교해보기로 합시다.

《고백록》은 다음과 같은 구조로 되어 있습니다. 신 안에 있음(in te), 신에서 멀어짐(abs te), 신을 향함(ad te), 회심(metanoia), 신 안에 있음(in te). 최초의 신 안에 있음은 유년기와 소년기입니다. 신 안에 있는데 자신이 신 안에 있음을 알지 못하는 상태, 잠재적으로 구원받을 수 있는 상태입니다. 이 상태에서 신을 떠나 고난을 겪습니다. 여러 가지 계기들을 통해 다시 신을 향하게 되고, 무화과 나무 아래에서 결정적인 회심이 일어납니다. 그리하여 다시 신 안에 있게 됩니다. 최초도 신 안에 있는 것이고, 최후도 신 안에 있는 것입니다. 아우구스티누스의 《고백록》은 신의 참다운 사랑 속에서 살아가는 인간이라는 목적을 전제하고, 아우구스티누스의 삶 전체에서 일어난 모든 일들이 그 목적을 성취하기 위한 계기들이었음을 회고적 관점에서 재구성한 것입니다. 아우구스티누스의 이러한 고난과 회심은 본래 정해져 있던 것들입니다. 신이 미리 준비한 것들이지요. '섭리'라고 번역되는 라틴어 '프로비덴티아'providentia는 '준비'라는 뜻을 가지고 있습니다. 섭리는 신이 미리 정한 것입니다. 신은 앞서가며, 함께 있으며, 끝에 있습니다. 이것을 아우구스티누스는 알지 못하였습니다. 그렇지만 회심한 이후에는 이것을 알게 되었고, 미리 준비한 신의 입장에서 지나간 모든 사태를 바라볼 수 있게 되었습니다.

데카르트의 《성찰》 또한 이러한 방식으로 서술되어 있습니다. 데카르트는 이미 확실한 진리에 이르렀습니다. 그렇지만 그는 《성찰》을 쓰면서 자신이 "난국"에 처해 있던 상황부터 서술합니다. 《성찰》 안에는 데카르트의 분열된 자아들이 있습니다. 의심과 혼란에 처해 있는 데카르트가 있고, 확신에 이른 다음 그것을 관조하면서 서술하고 있는 데카르트가 있습니다. 서술하고 있는 데카르트는, 의심과 혼란에 빠져 있는 데카르트가 제3성찰에서와 같은 일종의 회심을 거쳐서 결국에는 자립적 자기의식을 가지고 신적 인식에 닿으리라는 것을 알고 있습니다. 그러나 그의 회심은 아우구스티누스의 회심과는 다릅니다. 아우구스티누스는 하느님에게 기도합니다. 그의 회심이 완성되려면 신의 은총이 있어야 합니다. 그런데 데카르트는 자기의식과 함께 회심합니다. 아우구스티누스에서는 나의 기도와 신의 은총이 결합되어야 안심에 이를 수 있지만, 데카르트가 새롭게 세운 통찰에서는 신의 도움 없이 '나를 아는 힘이 신을 아는 힘'입니다. 전적으로 나 혼자만의 힘으로 안심에 이른 것입니다.

제25강

감각적 앎의 부정, 철저한 의심
(제1성찰)

이제 제1성찰을 꼼꼼하게 읽어봅시다.

의심할 수 있는 것들에 관하여

유년기에 내가 얼마나 많이 거짓된 것을 참된 것으로 간주했는지, 또 이것 위에 세워진 것이 모두 얼마나 의심스러운 것인지, 그래서 학문에 있어 확고하고 불변하는 것을 세우려 한다면 일생에 한 번은 이 모든 것을 철저하게 전복시켜 최초의 토대에서부터 다시 새로 시작해야 한다는 것을 이미 몇 해 전에 깨달은바가 있다. 그런데 이것은 보통 일이 아니라고 생각했기 때문에, 이 일을 적절하게 실행할 수 있는 성숙한 나이가 되기를 기다렸다. 이 일을 오랫동안 연기해왔으므로 내 남은 여생을 다른 것에 소비한다면 죄를 짓는 꼴이 되고 말 것이다. 그러나 다행히 오늘 내 정신은 모든 근심에서 벗어나 있고, 은은한 적막 속에서 평온한 휴식을 취하고 있으므로, 내가 지금까지 갖고 있던 모든 의견을 진지하고 자유롭게 전복시켜 볼 참이다.

_《성찰》 제1성찰

　첫 문장의 주어가 "내가"로 되어 있습니다. 여기에 데카르트의 의도가 담겨 있습니다. 첫 문장을 소리내어 읽어보면 자연스럽게 '나'는 데카르트가 아니라 읽는 이가 됩니다. 이렇게 하면서 데카르트는 독자, 더 나아가 인간 일반을 끌어당깁니다. 이어서 앞서 설명했던 "새로 시작"(denuo inchoandum)이 나옵니다. 이것은 "보통 일이 아니라고 생각"합니다. 그래서 그는 기회를 기다리고 있다가 "오늘" 시작한다는 것입니다. 이것은 정해진 날이 아닙니다. 데카르트는 제1성찰에서는 "오늘"이라 하고, 제2성찰 첫 마디에서는 "어제 성찰"이라고 합니다. 이렇게 함으로써 자신의 성찰 과정을 자연스럽게 만드는 것입니다.
　'새로운 시작'을 하려면 조건이 충족되어야 할 것입니다. 첫째가 근심(curis)에서 벗어나는 것입니다. 둘째가 은은한 적막(otium) 속에서 평온한 휴식을 취하는 것입니다. 근심에서 벗어나는 것은 소극적인 것이고, 여가를 가지는 것은 적극적인 것입니다. 그런 다음 "전복"(eversio)을 수행합니다. 새로 시작하는 것이 목적이고 그것의 구체적인 방법은 순수 통찰의 조건을 확보하고 전복을 하는 것입니다. 얼핏 보면 이 세 개가 병렬로 나열되어 있는 것 같지만, 맨 위에 있는 것이 목표이고 그것의 조건과 방식이 설정되어 있습니다.

　그러나 이를 위해 모든 의견이 거짓임을 증명해 보일 필요는 없다. 이것은 내가 도저히 해낼 수 없기 때문이다. 오히려 이성이 설득하고 있는 바는 아주 확실하지 않은 것 그리고 의심할 수 없는 것이 아닌 것에 있어서도 명백히 거짓인 것에서처럼 엄격하게 동의해서는 안 된다는 것이므로, 의견들 각각에 의심할 만한 이유가 조금이라도 있다면 그 의견들 전체를 충분히 거부할 수 있는 것이다. 그렇다고 의견들을 일일이 검토해야 하는 것은 아니다. 이것은 끝이 없는 일이기에 말이다. 이보다는 오히려 토대가 무너지면 그 위에 세워진 것도 저절로 무너질 것이기에, 기존의 의견이 의존하고 있는 원리들 자체(ipsa principia)를 바로 검토해보자.

_《성찰》 제1성찰

가장 먼저 전복해야 하는 것은 기존의 의견이 의존하고 있는 원리일 것입니다. 굳이 "모든 의견이 거짓임을 증명해 보일 필요는 없"기 때문입니다. 이어지는 문장을 봅시다. "아주 확실하지 않은 것 그리고 의심할 수 없는 것이 아닌 것에 있어서도 명백히 거짓인 것에서처럼 엄격하게 동의해서는 안 된다." 이 문장의 의미는 '확실한 것'과 '의심할 수 없는 것'에 대해서만 동의해야 한다는 것입니다. 이 두 가지를 가지면 전복이 되는 것입니다.

확실한 것과 의심할 수 없는 것은 같은 말처럼 보이지만 다릅니다. 확실한 것은 경험에 조회해보지 않아도 자명한 것을 말합니다. 수학적 진리 같은 것입니다. 의심할 수 없는 것, 의심되지 않는 것은 우리의 감각 지각을 거치는 것들입니다. 데카르트가 바로 이어서 감각에 대해서 이야기하므로 그가 여기서 일차적으로 겨냥하는 바는 '의심되지 않는 것'(indubitata)입니다. '전복'의 목표는 의심되지 않는 것의 획득에 있습니다.

이를 위해 "기존의 의견이 의존하고 있는 원리들 자체(ipsa principia)를 바로 검토"합니다. 이 원리들 자체는 감각의 원리를 가리킵니다. 구체적으로는 아리스토텔레스가 《형이상학》 제1권 1장에서 제시한 원리입니다. 아리스토텔레스는 '감각이 있다, 감각이 쌓이면 기억이 된다, 기억이 지나면 경험(empeiria)이 된다, 경험이 기술 또는 인식이 된다'고 말합니다.

> 내가 지금까지 아주 참된 것으로 간주해온 것은 모두 감각으로부터(a sensibus) 혹은 감각을 통해서(per sensus) 받아들인 것이다. 그런데 감각은 종종 우리를 속인다는 것을 이제 경험하고 있으며, 한 번이라도 우리를 속인 것에 대해서는 전적으로 신뢰하지 않는 편이 현명한 일이다. 그러나 감각이 비록 아주 작은 것과 멀리 떨어진 것에 대해 종종 우리를 속일지라도, 감각으로부터 알게 된 것 가운데는 도저히 의심할 수 없는 것도 많이 있다.
>
> _《성찰》 제1성찰

데카르트는 제1성찰의 둘째 부분에서 "감각으로부터 혹은 감각을 통해서" 받아들인 앎을 부정합니다. 이는 아리스토텔레스를 겨냥한 것입니다. 예전의 '나'는 감각에 의존하였고 감각은 신체에서 생겨납니다. 이 감각의 속박을 끊는 것이 데카르트의 목표입니다. 그러면 신체에서 오는 것을 끊어야 합니다. 끊은 다음에는 정신에만 의존하여야 합니다. 신체와 정신을 분리하겠다는 것입니다. 그렇지만 '나'는 "감각으로부터 알게 된 것 가운데는 도저히 의심할 수 없는 것도 많이 있다"는 것도 알고 있습니다. 여기서 '감각에서 얻은 것을 의심하는 나'와 '그렇지 않다는 것도 아는 나'는 서로 대립하고 있습니다. 이는 데카르트의 내면에서 대화를 하고 있는 자아들입니다. 이렇게 시작된 대화는 '꿈을 꾸고 있는 나'와 '현실의 세계에서 살고 있는 나'의 대화로까지 이어집니다. 이 대화는 결국 의심의 극한에 이르게 되어 악령이 등장하는 단계에 이릅니다. 악령은, 내가 사실은 신을 믿고 있는 것이 아닌데도 그러한 것처럼 만드는 힘입니다. 이로써 데카르트는 방법론적으로 신을 배제합니다. 그렇게 되면 의심하는 나는 철저하게 "난국의 암흑"으로 들어가는 것입니다. 이것이 제1성찰의 성과입니다.

| 제26강 | 자립적 자기의식의 현존, 정신의 우선성
(제2성찰)

이제 제2성찰로 들어가봅시다. 제2성찰은 제1성찰의 마지막 부분을 이어받아 난관에 빠진 상태를 서술하면서 시작합니다.

어제 성찰로 인해 나는 엄청난 의심 속에 빠져 있고, 그것을 머리에서 지워버릴 수도 없으며, 또 이 의심에서 어떻게 벗어날 수 있는지도 모르고 있다. 나는 지금 마치 갑자기 소용돌이치는 깊은 물속에 빠져 허우적대며, 바닥에 발을 대지도 못하고 또 그렇다고 헤엄쳐서 물 위로 올라갈 수도 없는 난처한 상황에 처해 있다. 그렇지만 힘을 내서 어제 들어선 길을 다시 따라가보자. 즉 조금이라도 의심의 여지가 있는 것을 명백히 거짓된 것으로 확실하게 경험한 것인 양 모두 멀리하자. 그리고 확실한 어떤 것을 만날 때까지, 아니 하다못해 확실한 것은 아무것도 없다는 것만이라도 확실히 인식할 때까지 계속 나아가자. 아르키메데스가 지구를 그 자리에서 움직이기 위해 확고부동한 일점밖에 찾지 않았듯이, 나 역시 확실하고 흔들리지 않는(certum & inconcussum) 최소한의 것만이라도 발견하게 된다면 큰 일을 도모할 수 있다고 희망할 수 있지 않을까. 그러므로 내가 보는 것은 모두 거짓이라고 가정하자. 저 기만적인 기억이 나에게 나타내는 것은 결코 현존한 적이 없다고 믿자. 나는 어떠한 감각도 갖고 있지 않으며, 물체, 형태, 연장, 운동 및 장소도 환영(chimerae) 이외에 다름아니다. 그러면 참된 것은 도대체 무엇이란 말인가? 아마도 확실한 것은 아무것도 없다는 이 한 가지 사실뿐이다.

_《성찰》 제2성찰

제1성찰에서는 '감각-지각에 의존하는 나'와 '그것을 의심하는 나'의 대립이 있었습니다. 제2성찰에서는 그러한 대립을 넘어서 "확실하고 흔들리지 않는(certum & inconcussum) 최소한의 것", 즉 정신의 우선성을 발견하고자 합니다. 여기서 출발점은 "내가 보는 것은 모두 거짓이라고 가정"하는 것입니다. 제1성찰에서 '의심하는 나'에 대립하던, '감각-지각에 의존하는 나'가 여기서는 더 이상 등장하지 않습니다. 출발점은 '의심하는 나'입니다. 의심하는 내가 가진 것은 "확실한 것은 아무것도 없다는 이 한 가지 사실뿐"인 것입니다. "확실한 것은 아무것도 없다"(nihil esse certi), 이것이 '의심하는 나'의 말입니다.

그렇다면 불확실한 것으로 방금 열거한 것들과는 다른, 조금도 의심할 수 없는 것은 하나도 존재하지 않는다는 사실을 나는 도대체 어떻게 알고 있는 것일까? 혹시 어떤 신이 있어서, 혹은 어떻게 부르든 간에 이와 비슷한 것이 있어서 내 안에 이런 생각이 일어나도록 하고 있는 것은 아닐까? 그런데 나는 왜 이런 가정을 하고 있을까? 나 자신이 이런 생각의 작자일 수도 있지 않을까? 그렇다면 나는 적어도 그 어떤 것이 아닐까? 그러나 나는 이미 내가 어떤 감관이나 신체를 갖고 있음을 부정했다. 나는 여기서 잠시 주춤거리게 된다. 이로부터 무엇이 귀결되어야 할까? 나는 혹시 신체와 감관의 사실에 묶여 이것 없이 존재할 수 없다는 것일까? 그렇지만 세계에는 하늘, 땅, 정신, 물체가 없다고 나 자신을 설득하지 않았던가? 이때 나는 또 나 자신도 없다고 설득한 것은 아니었을까? 그렇지는 않다. 내가 만일 나에게 어떤 것을 설득했다면, 확실히 나는 있었을 것이다. 그러나 누군지는 모르지만 아주 유능하고 교활한 기만자가 집요하게 나를 항상 속이고 있다고 치자. 자 이제, 그가 나를 속인다면, 내가 있다는 것은 의심할 수 없다. 그가 온 힘을 다해 나를 속인다고 치자. 그러나 나는 내가 어떤 것(aliquid)이라고 생각하는 동안, 그는 결코 내가 아무것(nihil)도 아니게끔은 할 수 없을 것이다. 이렇게 이 모든 것을 세심히 고찰해본 결과, 나는 있다, 나는 현존한다(ego sum, ego existo)는 명제는 내가 이것을 발언할 때마다 혹은 마음속에 품을 때마다 필연적으로 참이라는 결론에 이르게 된다.

_《성찰》 제2성찰

의심하는 내가 자신에게 묻습니다. "불확실한 것으로 방금 열거한 것들과는 다른, 조금도 의심할 수 없는 것은 하나도 존재하지 않는다는 사실을 나는 도대체 어떻게 알고 있는 것일까?" 내가 나에게 묻는 것입니다. 이 "나"는 2차적인 사유를 하는 것입니다. '의심하는 나'가 '그런 의심은 어떻게 일어나는 것일까?'를 묻고 있는 것입니다. 이 물음에 대답하는 '나'는 '의심하는 나를 사유하는 나'입니다. '나'는 계속해서 이처럼 분열합니다. 이는 결국 순수 사유가 될 것이고, 마지막에는 '나에게 순수 사유가 있음을 확신하는 나'가 될 것입니다. 여기서는 아직 그러한 순수 사유가 등장하지는 않습니다. '의심하는 나'와 '그러한 의심하는 나에게 대답하는 나'의 대화가 있을 뿐입니다. '의심하는 나'의 출발점은 '확실한 것은 아무것도 없다'입니다. 그런데 이 나는 "나는 있다, 나는 현존한다"에 이르렀습니다. 이제 나는 '의심하는 나'가 아니라, '나의 현존을 확신하는 나'가 되었습니다. '의심하는 나'는 폐기된 것입니다. 제2성찰의 이어지는 부분은 이 '나의 현존을 확신하는 나'의 독백입니다.

그렇지만 나는 필연적으로 존재하는 내가 무엇인지를 아직 자세히 모르고 있다. 그러므로 이제부터 나는 섣불리 다른 어떤 것을 나로 간주하지 않도록, 심지어 내가 모든 것 가운데 가장 확실하고 명증적인 것이라고 주장하는 저 인식에서 길을 잃지 않도록 조심하자. 그러면 이 성찰을 하기 전에 나는 과연 무엇이라고 믿고 있었는지 살펴보자. 그다음에 이것들 가운데 앞에 제시된 근거에 의해 조금이라도 흔들릴 수 있는 것은 모두 제거시켜 나가자. 이렇게 되면 결국 확실하고 흔들리지 않는 것만이 마지막에 남을 것이기 때문이다.

그렇다면 나는 전에 나를 무엇이라고 믿고 있었는가? 물론 인간이라고 생각했다. 그렇다면 인간이란 또 무엇인가? 이성적인 동물이라고 말하면 되는가? 아니다. 이런 식으로 대답하면 다시 동물이란 무엇이고, 이성적이란 무엇인가라고 묻지 않으면 안 될 것이고, 따라서 한 문제에서 더 곤란하고 더 많은 문제에 직면하게 될 것이기 때문이다. 또 이런 진부한 문제들과 씨름할 만한 시간적인 여유도 없다. 여기서 나는 오히려 전에 내가 무엇인지를 고찰할 때마다 내 생각 속에 자연스레 떠올랐던 것에 주목해보자. 첫 번째로 나에게 떠오른 것은, 내가 얼굴, 손, 팔 및 모든 지체로 되어 있는 기계 전체를 갖고 있다는 것이다. 이 기계는 시체에서도 볼 수 있는 것으로, 나는 이것을 신체라고 불렀다. 또 나에게 떠오른 것은, 내가 영양을 섭취하고(nutriri), 걸으며(incedere), 감각하고(sentire),

사유한다(cogitare)는 것이며, 이런 활동을 나는 영혼(anima)과 연관시켰다.

_《성찰》제2성찰

'나의 현존을 확신하는 나'는 자신의 본성에 대해서 자기 성찰을 합니다. 달리 말하면, 현존을 확신하는 내가 나에 대해서, 나의 본성에 대해서 규정해 나아가는 것입니다. 이것은 내면에서 일어나는 일입니다. 이는 순수 사유로 가기 바로 직전 단계입니다. 그러면 이 규정은 어떤 단계로 가는 것일까요. 먼저 "이 성찰을 하기 전에 나는 과연 무엇이라고 믿고 있었는지 살펴"봅니다. 그렇게 믿고 있던 것들 중에서 "조금이라도 흔들릴 수 있는 것은 모두 제거시켜" 나갑니다. 이전에 자신에 대해 믿고 있던 것은 무엇인가, "이성적인 동물"이라는 것이 있었습니다. 그것은 아리스토텔레스의 규정입니다. 여기서 출발하여 상위로 올라가 결국 부동의 원동자에 이르는 방식일 것입니다. 이것을 데카르트는 "진부"하다고 합니다.

그다음에 "첫 번째로 나에게 떠오른 것"은 아리스토텔레스의 《영혼론》(De Anima)에서 인간을 고찰하는 방식입니다. 여기서 데카르트는 "영양을 섭취하고"와 "걸으며, 감각하고"를 폐기하고 "사유한다"만 남깁니다. 즉 아리스토텔레스를 전적으로 폐기하는 것이 아니고 '사유한다'는 남깁니다.

그러나 극히 유능한 기만자가, 이렇게 말할 수 있다면 악의에 찬 기만자가 온 힘을 다해 나를 속이고 있다고 가정하는 지금은 어떠한가? 앞에서 물체의 본성에 속한다고 말했던 것 가운데 어느 하나라도 내가 지금 갖고 있다고 확신할 수 있을까? 나는 이것에 대해 주의하고, 생각하며, 숙고하지만, 그 어느 것도 나에게 나타나지 않는다. 공연히 똑같은 일만 되풀이하며 나는 지쳐버린다. 그러나 내가 영혼에 귀속시켰던 것 가운데 나에게 속하는 것은 없을까? 우선, 영양을 섭취하거나 걷는다는 것은 어떨까? 나는 지금 어떠한 신체도 갖고 있지 않으므로 이것들은 허구적인 것(figmenta)에 지나지 않는다. 감각한다는 것은 어떨까? 이것도 물론 신체 없이는 일어날 수 없고, 나는 또 꿈속에서 많은 것을 감각하고 있다고 믿었지만 나중에 감각하지 않았음을 깨달은 적이 있었다. 사유한다는 것은 어떤가? 여기서 나는 발견한다. 사유(cogitatio)가 바로 그것이다. 이것만이 나와 분리(divelli)될 수 없다. 나는 있다, 나는 현존한다, 이것은 확실하다. 그러나 얼마 동안? 내가 사유하는 동안이다. 왜냐하면 내가 사유하기를 멈추자마자 존재하는 것도 멈출 수 있기 때문이다. 지금 나는 필연적으로 참이 아닌 것은 아무것도 인정하지 않고 있기 때문이다. 그러므로 나는 정확히 말해 단지 하나의 사유하는 것(res cogitans), 즉 정신, 영혼, 지성 혹은 이성이며, 나는 이 용어의 의미를 전에는 알지 못하고 있었다. 그런데 나는 참된 것이며, 참으로 현존하는 것이다. 그러나 나는 어떤 것일까? 나는 말했다, 사유하는 것이라고.

_《성찰》제2성찰

내가 아무리 사유를 한다 해도 그 사유는 "극히 유능한 기만자", "악의에 찬 기만자"가 시켜서 하는 것일 수도 있습니다. 그러나 "내가 사유하는 동안"에는 내가 참으로 현존한다는 것이 확실합니다. 여기서 중요한 것은 '내가 사유하는 동안 있다'(Nempe quandiu cogito)는 것입니다. 이것이 핵심입니다. '내가 사유하는 동안 있다'는 것은 제2성찰에서 우리가 간취해야 할 가장 중요한 점입니다. 이 논법이 그대로 제3성찰의 신존재 증명으로 전개됩니다. '내가 유한자임을 자각하는 순간, 그 유한자라는 것의 의식을 갖게 해주는 신이 있음을 안다'는 것입니다. 나의 유한성에 대한 자각이 곧 무한한 신에 대한 증거가 되는 것입니다. '내가 현존하는 것이 확실하다는 것은, 내가 사유하는 동안에만 확실'합니다. 그래서 앞에서 제시된 현존과 사유(cogitatio)를 연결시켜서 '나는 사유하는 것'(res cogitans)라는 말이 나온 것입니다.

지금 데카르트가 도달한 지점은 초월론적 사유입니다. 자신의 내면으로 내려가 자기 자신에 대해 사유하는 것이 초월론적 사유입니다. 데카르트에 따르면, 인간은 이러한 초월론적 사유를 깊이 하면 할수록 초월적이 될 것입니다. 나는 내가 사유하는 만큼 현존하며, 사유하지 않으면 현존하지 않습니다. 내가 나에 대해서 사유한다는 것은 초월론적 사유를 하는 것입니다. 초월자의 입장에 이론적으로 올라서서 나에 대해서 사유하는 것입니다. 데카르트가 말하는 '사유하는 것', 즉 정신은 육체와 대립 구도 속에 놓여 있는 마음이 아닙니다. 이것은 그동안 나왔던 '나'를 대체하는 것입니다. '나'는 새로운 입장에 올라섰고, 그 입장을 표현하기 위하여 데카르트가 사용하는 술어입니다. 예전에는 이 정신을 '정신, 영혼, 지성 혹은 이성'이라 불렀지만 이제는 '정신'이라는 말을 규정적으로 사용합니다. 이제 '나'는 '의심하는 나'도 아니고 '확신하는 나'도 아닌, 정신입니다. 이 정신은 제3성찰에서 신을 알게 될 것입니다.

데카르트는 어떻게 해야 내가 일체 의심할 수 없는 상태에 이를 수 있는가를 제1성찰에서부터 탐구해왔습니다. 그는 일체의 지각이나 편견 등을 완전히 제거한 상태에서 순수 사유, 사유하는 존재(res cogitans), 정신에 이르렀습니다. 이제 정신은 인식의 선험적 조건을 확보하였습니다. 이러한 자아에 대한 이해를 보충하기 위해서 데카르트와 홉스가 주고받은 논변을 살펴보기로 합시다. 아래는 홉스의 반박입니다.

반박 Ⅲ : 두 번째 성찰에 대해
인간 정신의 본성에 관하여

"나는 생각하는 것이다"(res cogitans). 그렇다. 깨어 있든 꿈을 꾸든, 나는 생각한다, 혹은 상象을 가지고 있다 라는 것으로부터 나는 생각하는 것이라는 것이 귀결된다. "나는 생각한다"와 "나는 생각하는 것이다"라는 것은 같은 의미다. "나는 생각하는 것이다"라는 것으로부터 "나는 존재한다"는 것이 귀결된다. 왜냐하면 생각하는 것은 무無가 아니기 때문이다. 그러나 그가 "정신, 영혼, 지성(intellectus), 이성(ratio)"이라고 덧붙인 데에는 의혹이 인다. 왜냐하면 나는 다음과 같이 주장하는 것이 올바른 논증방식이라고 생각하지 않기 때문이다. 즉 "나는 생각하는 것이다"(ego sum cogitans), 따라서 "나는 생각(cogitatio)이다." "나는 이해하는 것이다," 따라서 "나는 지성(intellectus)이다"와 같은 논증방식 말이다. 이러한 논증방식이 올바른 것이라면, 나는 동일한 방식으로 "나는 산책하는 것이다," 따라서 "나는 산책이다"라고 할 수 있을 것이기 때문이다. 따라서 데카르트 씨는 이해하는 것(rem intelligentem, res intelligens)과 이해하는 것의 행위인 이해를 동일한 것으로 간주한다. 아니면 적어도 이해하는 것과 이해하는 것이 가지고 있는 능력인 지성을 동일한 것으로 간주한다. 그렇지만 모든 철학자들은 주체와 주체의 능력과 행위를 구분한다. 다시 말해서, 주체와 주체의 고유한 성질과 본질을 구분한다.

_《성찰, 〈성찰〉에 대한 학자들의 반론과 데카르트의 답변》,
세 번째 반박: 저자의 답변과 함께

홉스는 상식적인 차원에서 질문하고 있기 때문에, 홉스에 대한 데카르트의 답변을 보면 제2성찰에서 중요한 부분이 어디인지 뚜렷하게 알 수 있습니다. 홉스는 "'나는 생각하는 것이다'라는 것으로부터 '나는 존재한다'는 것이 귀결된다"라고 합니다. "나는 생각하는 것"에서 "것"은 '물'物(res)입니다. 그리고 "나는 존재한다"에서 "존재" 또한 물입니다. 홉스는 이 둘을 모두 물로 이해한 것입니다. 홉스는 "데카르트 씨는 이해하는 것(rem intelligentem, res intelligens)과 이해하는 것의 행위인 이해를 동일한 것으로 간주한다"라고 비판합니다. 또한 "이해하는 것과 이해하는 것이 가지고 있는 능력인 지성을 동일한 것으로 간주한다"에서 "가지고 있는 능력"은 속성입니다. 그런데 데카르트가 "나는 생각하는 것이다"라고 말했을 때, 그것은 '사유하는 존재다'라는 뜻이 아니라 '나는 사유일 뿐이다'라는 뜻입니다. 그런데 홉스는 곧이곧대로 이해하려는 것입니다. 홉스는 그 말을 '사유라는 속성을 가진 존재다'로 이해했다는 것입니다. 즉 '사유하는 존재'를 생각이라는 속성을 가지는 존재로 이해합니다. 그런 까닭에 홉스는 데카르트가 속성을 존재 자체와 동일시하는 오류를 범했다고 지적하는 것입니다.

이에 대한 데카르트의 답변을 봅시다.

답변

내가 ["생각하는 것은"] "정신, 영혼, 지성, 이성 등"이라고 했을 때, 나는 그러한 명칭들로써 단순히 능력을 의미한 것이 아니라 사고력을 겸비한 것을 의미한 것이다. 사람들은 일반적으로 첫 번째 두 명칭을 그렇게 이해하며, 나머지 두 명칭도 자주 그렇게 이해한다. 나는 이에 관한 설명을 여러 곳에서 제시했기 때문에, 그것을 의심할 만한 여지가 없다고 본다.

그리고 산책과 생각 간에는 어떤 유사성도 없다. 산책은 오로지 행위 그 자체로만 간주되는 반면에, 생각은 때로는 행위로 때로는 능력으로 때로는 그 능력을 갖춘 것으로 간주되기 때문이다.

지성을 능력으로 간주할 경우, 나는 이해하는 것과 이해(intellectio)가 동일한 것이라고 주장하지 않으며, 이해하는 것과 지성조차 동일한 것이라고 주장하지 않는다. 나는 단지 '지성이 이해하는 것 그 자체로 간주될 때만 그 둘이 동일한 것이라고 주장할 뿐이다. 그 밖에도, 나는 내가 "것"(rem, res)이나 혹은 실체를—나는 여기에 속하지 않는 모든 것들을 배제하고자 한 것인데—지시하기 위해 가장 추상적인 어휘를 사용했음을 고백한다. 이는 이 철학자[홉스]가, 생각하는 것을 신체와 분리하지 않으려고, 생각하는 것을 지시하기 위해 가장 구체적인 어휘들을, 즉 "주체, 물질, 물체"라는 어휘들을 사용한 것과 대비된다.

_《성찰, 〈성찰〉에 대한 학자들의 반론과 데카르트의 답변》,

세 번째 반박: 저자의 답변과 함께

데카르트가 "정신, 영혼, 지성, 이성 등"을 사용할 때 그 술어들은 "사고력을 겸비한 것을 의미"합니다. 그는 "이해하는 것과 이해(intellectio)가 동일한 것이라고 주장하지 않으며, 이해하는 것과 지성조차 동일한 것이라고 주장하지 않"습니다. 그는 단지 "지성이 이해하는 것 그 자체로 간주될 때만 그 둘이 동일"하다고 말합니다. 데카르트가 말하고자 하는 것은 "사유하는 것"(res cogitans)에서 "것"(res)이 물物이 아니라 가장 추상적인 지시어라는 것입니다. 가령 칸트 철학에 '물자체'物自體(Ding an sich, thing in itself)라는 말이 있습니다. 여기서 "물"(Ding)은 물질적 사물을 가리키는 것이 아닙니다. '사물 안에 있는 사물의 본질', 그럴 때 그것이 관념적인 것일 수도 있고 물질적인 것일 수도 있다는 것입니다. 홉스의 지적은 간단합니다. "사유하는 것"에서 이 "것"이라는 것이 실제로 있는 물건이 아닌가를 묻는 것입니다. 그렇게 물으니까 데카르트는 "가장 추상적인 어휘를 사용"했을 뿐이라고 답한 것입니다. 홉스는 "생각하는 것을 지시하기 위해 가장 구체적인 어휘들을, 즉 '주체, 물질, 물체'"라는 어휘들을 사용한 반면에, 데카르트는 가장 추상적인 의미로 '것'(res)을 썼을 뿐입니다.

제2성찰의 논의를 정리하면서 그것의 함축을 음미해봅시다. 데카르트는 제2성찰에서 초월론적 자아를 확보하였습니다. 데카르트 이후의 형이상학은 초월론적 입장에 섭니다. 초월론적 형이상학은 인간정신의 세계 구축의 가능 조건을 검토하면서 인식 능력을 음미하기 때문에 인식론의 성격을 띠지만, 그 형이상학의 궁극목적은 무한자로의 상승입니다. 데카르트의 초월론적 자아가 헤겔에서는 자기의식(Selbstbewußtsein)입니다. 우리는 그동안 데카르트가 '나는 생각한다, 그러므로 존재한다'라든가, '의심하는 나'라든가 또는 '사유하는 것'에 대해 논하는 것을, '대상 세계를 우리가 어떻게 아는가'라고 하는 인식론의 문제로 생각해왔습니다. 그런데 제2성찰까지의 논의를 읽어보면 그 문제는 '어떻게 하면 순수 자아를 확보할 것인가'의 문제임을 알 수 있습니다. 이것은 인식론의 문제가 아닙니다. 얼핏 보기에는 '의심하는 자아'를 말하므로 인식론의 문제를 제기하고 있는 듯하고 앎의 문제를 제기하고 있는 것 같지만, 사실은 순수 자아를 확보하는 문제가 제기되었다는 것입니다. 그리고 이것은 아리스토텔레스에서는 전혀 제기되지 않았던 문제입니다. 고대의 철학자들은 초월자에 대해서만 논하였습니다. 그런 까닭에 그들의 논변은 신학자와 다르지 않습니다. 인간의 유한함을 알고 있으면서도 그것에 대해 논하지 않았습니다. 그런 까닭에 유한한 인간에 대한 철저한 고찰이 없는 상태에서 그들이 초월자에 대해 말하는 것은 공허한 것일 뿐이었습니다. 정상적인 인간으로서는 결코 알 수도 도달할 수도 없는 초월자에 대한 앎을 말하는 것은 신비주의에 다름 아니었습니다. 그들에게는 내면으로의 퇴각이라는 것이 없습니다. 초월적인 것에 대해 지속적으로 관심을 가질 뿐이고 이것이 인간의 정신의 깊이와 어떤 연관이 있는지는 논의하지 않습니다. 데카르트 이후부터는 인간이 얼마나 내면을 깊이 있게 확보하느냐에 따라서 초월자로 나아갈 수 있는 일종의 '반동력'이 생긴다고 보고 있으므로 이것은 초월론적 형이상학이 되는 것입니다.

이제 제2성찰에 나오는 밀랍 논증을 살펴봅시다.

밀랍 논증의 목적은 무엇일까요. 데카르트는 제1성찰부터 일관되게 감각지, 감각을 통한 앎을 부정합니다. 감각을 통한 앎을 부정한다는 것은 철학의 전통에서 보면 아리스토텔레스나 그를 계승한 토마스 아퀴나스의 전통을 폐기하려는 시도와 관계되어 있습니다. 토마스 아퀴나스의 신존재 증명에 '우주론적 신존재 증명'이 있습니다. 이것은 기본적으로 '자연 세계를 보라. 그러면 그 배후에 신이 있다는 것을 알 수 있다'는 형식을 띠고 있습니다. 여기서 '자연 세계를 보라'는 것은 감각을 통한 앎에서 시작하는 것입니다. 아리스토텔레스는 《형이상학》 제1권 1장에서 지각부터 앎에 이르는 과정을 논합니다. 데카르트는 이 경로를 따라가지 않습니다. 이렇게 본다면 밀랍 논증의 목적은 우리가 어떤 물체를 지각한다는 것 안에도 인간의 정신 활동이 들어 있다는 것을 말하려는 것입니다.

지금까지 사람들은 감각 지각이 정신과 무관하게 이루어지는 것이라고, 다시 말해서 정신은 전적으로 수동적인 것이라고 생각해왔는데, 밀랍 논증에서는 우리가 무엇을 안다고 하는 것에 있어서 정신이 가지고 있는 주도권을 확보하려는 목적이 드러나고 있습니다.

가장 판명하게 파악된다고 흔히들 믿는 것, 즉 우리가 만지고 보는 물체를 고찰해보자. 그렇지만 물체 일반이 아니라 개별적인 물체, 예컨대 밀랍 한 조각을 고찰 대상으로 삼아보자. 일반적인 지각이란 종종 아주 더 혼란스러운 것이기에 말이다. 이 밀랍은 방금 벌집에서 꺼낸 것이기에 아직도 꿀맛을 간직하고 있고, 꽃 향기도 약간은 지니고 있다. 빛깔, 모양, 크기도 뚜렷하다. 단단하고, 차갑고, 쉽게 쥘 수 있으며, 두드리면 소리를 낸다. 요컨대 어떤 물체가 가능한 한 판명하게 인식되기 위해 요구되는 모든 것을 이 밀랍은 갖고 있는 셈이다. 그런데 내가 이렇게 말하면서 밀랍을 불 가까이로 가져갔더니, 남아 있던 맛은 사라지고, 향기는 날아가고, 빛깔은 변하고, 형체는 사라지고 더 크게 액체로 되었으며, 따뜻해지고, 거의 잡을 수도 없으며, 때려도 소리를 낼 수가 없게 되었다. 그럼에도 여전히 동일한 밀랍으로 남아 있는가? 그렇다, 동일한 밀랍이다. 이것을 부정할 사람은 아무도 없다. 그렇다면 밀랍에 있어 그토록 판명하게 인식되었던 것은 과연 무엇일까? 그것이 감각에 의해 포착될 수 있는 것이 아님은 분명하다. 미각, 시각, 촉각, 청각에 의해 감지된 것은 모두 변했지만, 그럼에도 밀랍은 여전히 남아 있기에 말이다.

_《성찰》제2성찰

밀랍은 의도적으로 선택된 것입니다. 쉽게 부서져서 그 변화를 확인하기 수월하기 때문입니다. 밀랍은 "빛깔, 모양, 크기도 뚜렷"하고 "단단하고, 차갑고, 쉽게 쥘 수도 있으며, 두드리면 소리를" 냅니다. 밀랍이 변화한다는 것은 '감각의 대상이 아니게 되었다'는 것입니다. 그러고 나서 데카르트가 묻습니다. "그럼에도 여전히 동일한 밀랍으로 남아 있는가? 그렇다." 아예 사라져버렸으면 감각의 대상이 되든 우리 정신의 대상이 되든 그 어떤 것의 대상도 되지 않을 것입니다. 거듭 말하지만 밀랍은 의도적으로 선택된 것입니다. 데카르트는 우리의 관심을 정신으로 돌리려고, 쉽사리 감각의 대상이 아닌 것처럼 보이는 것을 찾은 것입니다. 데카르트는 "밀랍에 있어 그토록 판명하게 인식되었던 것은 과연 무엇일까?"라고 묻습니다. '판명하다'는 것은 '다른 것과 구별된다'는 뜻입니다. '명석판명하다'라고 할 때 '명석'한 것은 그냥 뚜렷하게 아는 것입니다. 그런데 '판명하다'라고 하면 명석하면서 동시에 다른 것과 혼동되지 않는 것입니다. '판명'이 '명석'보다 더 많이 나아간 개념입니다. 밀랍은 감각의 대상이 아니게 되었지만 '여전히' 밀랍입니다. 밀랍이라는 자기동일성을 유지하고 있기 때문입니다.

그러나 내가 이렇게 상상하는 그것은 정확히 무엇인가? 주의깊게 고찰해보자. 밀랍에게 속하지 않는 것을 모두 제거해보자. 그런 다음 무엇이 남는가를 살펴보자. 이제 남아 있는 것은 연장성, 유연성, 및 가변성뿐이다. 그런데 이런 유연성과 가변성이란 무엇인가? 이 밀랍이 둥근 모양에서 네모꼴로 혹은 네모꼴에서 세모꼴로 변할 수 있다고 내가 상상하는 것일까? 결코 아니다. 나는 밀랍이 이와 같은 무수한 변화를 겪을 수 있음을 이해하고는 있지만, 이런 변화를 모두 상상 속에 나타낼 수 없고, 따라서 밀랍에 대한 이런 이해는 상상력에 의해서는 도달될 수 없기 때문이다. […] 그러나 주의해야 할 것은, 밀랍을 지각하는 작용은 전에 그렇게 생각되었다고 하더라도 시각, 청각, 상상력은 결코 아니며, 오히려 그것은 오로지 정신의 통찰(solius mentis inspectio)이라는 점이다. 그리고 이런 통찰은 그 구성요소에 관한 주의 집중력의 정도에 따라 전처럼 불완전하고 애매

할 수 있고, 지금처럼 명석하고 판명할 수도 있다.

_《성찰》제2성찰

 밀랍의 자기동일성을 확인하기 위해 첫째로 하는 것은 "밀랍에게 속하지 않는 것을 모두 제거"하는 것입니다. 이것은 밀랍을 쪼개보는 것이고, 분석하는 것입니다. 그러면 무엇이 남겠습니까. '밀랍에 속하는 것'만 남습니다. 밀랍의 본질입니다. '밀랍이 무엇인가?'를 물었을 때 밀랍에 속하는 것을 찾아내기만 하면 되는 것입니다. 그렇다면 데카르트가 '밀랍에 속하지 않는 것'이라고 말한 것은 무엇일까요. 사실 감각적 성질들일 것입니다. 그리고 그것을 제거하고 남는 것은 "연장성, 유연성, 및 가변성", 이 세 가지입니다. 이것들은 정신적인 개념입니다. "밀랍에 대한 이런 이해는 상상력에 의해서는 도달될 수 없"습니다. 여기서 상상력은 정신의 힘이 아니라 그냥 망상을 말합니다. 그렇다면 무엇에 의해 우리는 밀랍의 본질을 알아낼 수 있을까요. "오로지 정신의 통찰"(solius mentis inspectio)에 의해서 알아낼 수 있습니다. 데카르트는 정신이라는 말을 사용하기 전에 "사유하는 것"이라는 술어를 사용하였습니다. 여기서는 "정신의 통찰"이라는 말을 사용합니다. 《성찰》에서는 같은 것을 가리키는 말들이 점점 진전되고 있습니다. '사유하는 것'(res cogitans)에서 '정신의 통찰'(mentis inspectio)로 나아갑니다.

 데카르트는 이 정신의 통찰을 자기 자신과 동일시합니다. "나는 이 정신(cet esprit) 자체, 즉 나 자신"인 것입니다. 이것은 바로 자립적 자기, 자기의식입니다. 일체의 외부 대상 세계로부터 감각 데이터를 완전히 차단한 선험적인 자립적 자기의식이 성립한 것입니다. 이것은 현실적으로는 불가능합니다. 인간이라고 하는 존재는 나면서부터 역사적 경험의 세계에서 살아갑니다. 절대적인 선험적 자립적 자기의 식이라고 하는 것은 사실 불가능한 것입니다. 그러나 데카르트는 몰역사적인 출발점을 확보하고자 합니다. 모든 역사적인 사태 이전에, 그 어떤 경험에도 물들어 있지 않은 순정한 사유 지점을 확보하려는 것입니다. 그렇게 순정한 사유 지점을 이론적으로라도 자기 머릿속으로 확보하면, 그 순간 그 인간은 순정한 존재인 신과 맞닿을 수 있을 것입니다. 이것이 데카르트의 자립적 자기의식의 의미입니다. 이렇게 하여 데카르트는 아주 순정純正/純精한 '자기'를 확보했습니다.

제27강

인간의 유한성에 의거하는 신의 무한성 증명
(제3성찰)

이제 《성찰》의 핵심이라 할 수 있는 제3성찰을 읽기로 합시다. 제3성찰은 좀 과장해서 말하자면, 근대 형이상학에서 아주 독창적인 사유가 등장하고 있는 부분입니다. 데카르트의 《성찰》을 불어본으로 보면, '사유한다'의 불어가 팡세penser입니다. 《팡세》Pensées는 파스칼이 쓴 책 제목이기도 합니다. 데카르트와 파스칼은 비슷한 난관에 처해 있었다고 할 수 있습니다. 두 사람 모두 인간의 유한함을 철저하게 깨달았습니다. 이때 데카르트는 철학적 사유를 통해 신을 향해 올라가고, 파스칼은 신 앞에서 무릎을 꿇었습니다. 똑같은 '사유'인데 데카르트는 철학자의 신을 찾은 것이고, 파스칼은 아브라함의 하느님을 찾은 것입니다.

제3성찰의 제목은 "신에 관하여; 그가 현존한다는 것"입니다. 여기에는 흔히 말하는 신존재 증명이 등장합니다. 그러나 우리는 이것을 신존재 증명이라 하기보다는 '유한자-무한자 논변'이라 하는 것이 더 적절할 것입니다. 제3성찰에는 이 논변이 두 가지 들어 있습니다.

전체적인 구조를 보면 제1성찰과 제2성찰의 내용을 재정리한 다음, 인과원리(존재론적 의존)와 연결원리를 설명합니다. 그런 다음 유한자-무한자 논변이 둘, 마지막으로 제3성찰 총정리, 이렇게 되어 있습니다. 여기서 우리는 '유한자-무한자 논변' 부분만을 집중적으로 읽기로 합니다.

데카르트가 신에 대해 전제하는 것은 다음과 같습니다.

1) 신은 전지전능하고 영원하며(표상적 실재성), 이에 상응하는 형상적 실재성이 있다.
2) 그런데 신의 관념의 원인은 유한한 내가 아니다.
3) 그렇다면 신 관념의 원인은 나 이외의, 나와는 독립적인, 신이다.

'신은 전지전능하고 영원하며' 이것은 신에 대한 표상적 실재성입니다. 영원의 관념, 무한의 관념이니까 표상적 실재성입니다. 영원하고, 전지전능하다는 이 표상적 실재성은 이에 상응하는 형상적 실재성을 반영하고 있다는 것입니다. 그런데 인과원리에 따르면 원인은 결과보다 크거나 같습니다. 내 머릿속에, 전지전능하고 영원한 신의 관념이 있으려면 그것에 상응하는 형상적 실재성이 있어야 하며, 그것의 원인은 유한한 내가 아니라는 것입니다. 나는 신보다 크거나 같지 않기 때문입니다. 그렇다면 신 관념의 원인은 나와 독립적으로, 내가 없어도 있는 무엇이어야 합니다. 여기에 적용된 원리는 '원인은 결과보다 크거나 같다'고 하는 인과원리입니다. 이것이 이른바 '데카르트의 존재론적 의존', 인과원리입니다. 신은 어떤 존재입니까. "신이라는 이름으로 내가 이해하고 있는 바는, 무한하고 비의존적이며, 전지전능하며, 나 자신을 창조했고, 또 다른 것이 존재한다면 그 모든 것을 창조한 실체"(제3성찰, [45])입니다.

또 나는 무한한 것을 참된 관념이 아니라 유한한 것의 부정으로 지각한다고 생각해서도 안 된다. 내가 마치 정지를 운동의 부정으로, 어둠을 빛의 부정으로 지각하듯이 말이다. 이와 반대로 무한 실체 속에는 유한 실체보다 더 많은 실재성이 내포되어 있다는 것, 따라서 무한한 것에 대한 지각은 나 자신에 대한 지각보다 어떤 의미에서 더 앞선다는 것(priorem)은 아주 분명하기 때문이다. 나보다 더 완전한 존재자의 관념이, 다시 말해 나 자신을 이것과 비교하면서 내 결함을 알게 되는 관념이 내 안에 있지 않다면, 내가 의심하고 어떤 것을 바라고 있다는 것, 즉 나는 어떤 것을 결여하고 있고 아주 완전한 것이 아님을 내가 어떻게 알 수 있겠는가?

_《성찰》 제3성찰

데카르트가 내놓은 첫째 신존재 증명에 따르면, 나는 유한한 존재이기 때문에 나는 신존재의 원인일 수 없습니다. 다시 말해서 유한자는 무한자의 현존의 원인이 아니라는 것입니다. 여기서 핵심은 '현존의 원인'입니다. 현존의 원인은 아니지만 알 수는 있다는 것입니다. "무한한 것에 대한 지각은 유한한 것에 대한 지각보다" 더 수월합니다. 우리가 신을 완전히 알 수는 없고 신의 현존의 원인도 아니지만, 앎의 원인은 될 수 있습니다. 내가 진리 인식의 원천은 될 수 있다는 것입니다.

"신에 대한 지각", 신에 대한 앎은 "나 자신에 대한" 앎보다, 나 자신에 대한 "지각보다 어떤 의미에서 더 앞선다는 것(priorem)은 아주 분명"합니다. 신에 대한 앎은 나에 앞섭니다. 내 안에는 "나보다 더 완전한 존재자의 관념"이 있습니다. 이것은 신 관념입니다. 이 관념은 "나 자신을 이것과 비교하면서 내 결함을 알게 되는 관념"입니다. 나라는 유한자 안에 무한자인 신의 관념이 있습니다. 신의 관념이 있어서 이 신의 관념을 잣대로 삼아, 유한자인 나의 결함을 알게 된다는 것입니다. 신에 대한 앎은 나 자신에 대한 앎보다 어떤 의미에서 앞섭니다. 즉 신이 기준이 됩니다. 신에 대한 앎이 나에 대한 앎의 조건입니다. "나보다 더 완전한 존재자의 관념이, 다시 말해 나 자신을 이것과 비교하면서 내 결함을 알게 되는 관념이 내 안에" 있기 때문에 나는 내가 유한하다는 것, 불완전하다는 것을 알 수 있습니다.

유한자가 결함이 있다는 것을 안다는 것은 무엇을 의미할까요. 무한자의 관념이 있다는 것을 의미합니다. 무한자의 관념이 우선적인 것이므로 무한자의 관념을 잣대로 삼아 유한자의 결함을 알게 됩니다. 유한자가 결함이 있다는 것은 틀림없습니다. 유한자는 불완전합니다. 무한자를 의식하지 않는 자는 스스로가 유한하다는 것을 애초에 생각하지 않습니다. 이를 다르게 표현하면, 무한자에 대한 자각은 유한자를 자각하는 순간 일어난다는 것입니다. '순간'은 '계기'(moment)입니다. 무한자에 대한 자각은 유한자에 대한 자각을 계기로 일어나는 것입니다. 더 줄여서 말하면 무한자는 유한자를 계기로 자각되는 것입니다. 이를 또 다르게 말하면, 유한자는 무한자의 계기가 되는 것입니다. 뒤집어 말하면, 무한자는 유한자를 자신의 계기로 삼습니다. 나중에 보겠지만 칸트는 이렇게 해서는 안 된다고 말합니다. 우리가 유한자임을 자각한다고 해서 그것이 무한자에 대한 앎의 계기라고 생각하는 것은 '이성의 사변적 적용'이라고 말합니다. 유한자가 유한함을 자각했다면 그때그때 과학적인 진리를 잠정적으로 확증하는 것으로 충분하다는 것입니다. 이것이 《순수이성비판》(Kritik der reinen Vernunft)의 핵심적인 내용입니다. 칸트도 《순수이성비판》에서는 그렇게 말했으나 윤리적 실천에서는 최초의 출발점을 확정할 수 없다는 난관에 부딪힙니다. 사실의 참·거짓은 유한자의 입장에 서서 잠정적으로 확정할 수 있겠지만 윤리적 명령, 즉 '착하게 살아라' 같은 것은 증명이 되지 않고 과학적으로 구성할 수도 없습니다. 언제 어디서나 착한 것을 정해두어야만 합니다. 그렇게 해야만 도덕이 성립합니다. 그런 까닭에 《실천이성비판》(Kritik der praktischen Vernunft)에서는 무한자를 '요청'할 수밖에 없는 것입니다. 데카르트도 여기서 무한자를 증명한 것은 아니고 요청한 것입니다. 신존재를 '증명'한 것은 아니라는 말입니다.

유한성을 자각하는 것은 언제나 무한자에 대해 의식하고 있음을 의미합니다. 인간은 신의 '현존의 원인'은 아니지만, 자신의 유한성을 자각하고 그러한 자각을 바탕으로 신의 무한성을 알게 되므로, 신에 대한 '앎의 원인'일 수는 있습니다. 이처럼 데카르트는 '나의 유한함이 신의 무한함의 증거'라고 말하는 방식으로 신의 존재를 '증명'합니다.

이러한 논변은 제4성찰에서 다음과 같이 되풀이됩니다.

내가 의심한다는 것, 즉 내가 불완전하고 의존적인 존재자라는 것을 매번 주목할 때마다 비의존적이고 완전한 존재자, 즉 신에 대한 극히 명석판명한 관념이 나에게 나타난다. 그러므로 신의 관념이 내 안에 있다는 것, 즉 이 관념을 갖고 있는 내가 현존하고 있다는 이 한 가지 사실로부터 신은 현존하고, 내 현존 전체는 매 순간 신에 의존하고 있음을 나는 분명하게 결론짓는다.

_《성찰》 제4성찰

제3성찰에서 도달한 귀결은 '나는 나의 유한함 때문에 신의 무한함을 알게 된다'는 것이었습니다. 그것을 다시 말하면 "내가 의심한다는 것, 즉 내가 불완전하고 의존적인 존재자라는 것을 매번 주목할 때마다" 신을 알게 되는 것입니다. 인간의 유한함에 대한 자각이 들 때마다 신을 알게 되는 것입니다. 나는 불완전하고 의존적인 존재입니다. 그런 존재인데도 나는 신의 관념을 가지고 있습니다. 이 관념은 나로부터 기원하는 것이 아니라 신으로부터 기원합니다. 그러니 신이 있습니다. 따라서 내가 의심하고 불완전하고 의존적인 존재라는 것을 깨달을 때마다 신에 대한 극히 명석판명한 관념이 나에게 나타나게 됩니다. 거듭 말하지만 유한자의 유한성을 자각하는 것이 신의 무한성을 확신하는 계기가 되는 것입니다.

이렇게 '유한자-무한자 관계 논변'을 마무리한 데카르트는 이 신에 대해 명상합니다.

> 이런 것을 더 주의깊게 검토하기 전에, 또 이것에서 도출되는 다른 진리를 고찰하기 전에, 나는 여기서 잠시 머물러 이 완전한 신을 명상하고 그의 속성을 음미하며, 황홀감에 눈먼 정신이 그 힘이 닿는 데까지 이 비할 수 없는 장대한 빛의 아름다움을 바라보고 찬양하며 숭배하는 것이 마땅하다고 생각된다.
>
> _《성찰》 제3성찰

인간은 자신의 유한성을 깨닫게 되었습니다. 그런데 그러한 자각이 신에 대한 앎을 가져다줍니다. 이제 마음이 편안합니다. '확실성의 빛'이 나에게 들어오는 것입니다. 그에 따라 "이 비할 수 없는 장대한 빛의 아름다움을 바라보고 찬양"할 수 있게 되었습니다. 아우구스티누스의《고백록》8권 12장 29절에 다음과 같은 말이 있습니다. "안심의 빛"(lux securitatis). 데카르트는 아우구스티누스와 다른 경로를 따라갔지만 도달한 귀결은 같습니다.

데카르트에서는 '완전한 존재인 신의 관념이 내 안에 있다는 것'이 나의 유한성을 자각하게 합니다. 그러면 신은 이제 완전 개념이 아닙니다. 유한자의 대개념對概念, 즉 유한자에 대립해 있는 개념이 되어 버렸습니다. 내가 자기의식을 가질 때에만, 즉 초월론적으로 나를 자각할 때에만 신을 알 수 있습니다. 이것이 무조건적인 믿음을 가질 수 없는 근대인의 숙명일 것입니다. 인간은 초월론적인 만큼만, 꼭 그만큼만 초월적일 수 있습니다. 인간에게는 신에 가 닿으려는 열망이 있습니다. 그런데 그것은 신을 향해서 경건하게 추구해 나아가면 얻을 수 있는 것이 아니라, 계속해서 자기의 유한성을 자각할 때에만 가능합니다. 이것은 고통스러운 과정입니다. 데카르트는 '안심'에 이르렀지만 그것은 잠깐일 뿐입니다. 다음 순간 그는 또다시 자신의 유한성을 자각해야만 할 것입니다.

제3성찰에서 데카르트가 제시한 '초월론적 자기'가 가진 형이상학적인 측면을 생각해봅시다.《성찰》의 핵심 술어 중 하나는 '사유하는 것'(res cogitans)입니다. 그것에 이어서 제2성찰에서는 '정신의 통찰'(mentis inspectio)이 나왔습니다. 이는 정신의 내면으로 들어간 것을 가리킵니다. 다음에는 '이 정신'(cet esprit)이 등장하였습니다. '이 정신'은 '자기 자신'(moi-même)과 같은 것입니다. 초월론적 자기는 '사유하는 것'에서 '정신의 통찰', '이 정신'을 거쳐 '자기 자신'까지 왔지만 아직은 완성되지 않은 초월론적 자기입니다. 어떤 점에서 그러할까요.

데카르트는 정신적 주관과 객관적 대상이 본래는 하나의 전체로서 통일되어 있음을 알지 못한 상태에서 그것들을 구별하기만 하였습니다. 또한 그는 자신의 앎의 확실성을 보장해주는 장치로서 신을 내세웁니다. 그런 까닭에 그는 신존재 증명에 들어설 수밖에 없었습니다. 다시 말해서 자기의식에 이른 정신은 자기의식의 유한함을 깨닫고 그것을 극복하기 위해 신에 의존하게 되었다는 점에서 자기의식으로서의 자기의식은 아닌 것입니다. 데카르트의 '므와-멤므'moi-même는 자립적 자기의식으로 들어간 듯하지만 신이라고 하는 보장 장치가 있기 때문에 완전한 자립적 자기의식은 아닙니다. 즉 자립적 자기의식 자체는 아닌 것입니다.

자기의식에 대해 해명하였으니 이제 '초월론적'이라는 것에 대해 생각해봅시다. '초월론적 자기'는 실재하지 않습니다. 초월론적 자기는 실재하지는 않으나 내가 나에 대해서 생각할 때만 생겨납니다. 사유가 시작되는 순간 등장하는 개념적 원리인 것입니다. 이것은 실재적 원리가 아닙니다. 그런데 우리의 삶 자체가 계속해서 이 사유로써 이루어지므로, 우리가 삶을 영위하고 있는 한 사유는 끝나지 않습니다. 사유가 끝나지 않으므로 초월론적 자기 또한 소멸하지 않습니다. 우리가 뭔가를 사유한다고 하면, 사유가 산출하는 것은 무엇입니까. 개념입니다. 사유는 개념을 만들어냅니다. 개념을 가지고 사유를 합니다. 사유는 계속해서 개념을 만들어냅니다. 개념은 무엇인가를 규정하는 것입니다. 사유가 만들어내는 규정은 고정되어 있지 않습니다. 고정되어 있지 않고 계속해서 바뀝니다. 다시 말해서 사유의 규정은 움직입니다. 변화하고 운동하는 것입니다. 사유의 산물인 개념은 운동하는 것입니다. 이처럼 개념이 운동할 때 그러한 운동을 내면에서 지켜보고 있는 것이 있습니다. 그것이 바로 초월론적 자기입니다. 그것은 인간의 정신 안에 있는 것이지만 동시에 정신 위에 있습니다. 정신 위에 있다고 가정하는 것입니다.

이렇게 해서 초월론적이라는 것의 의미가 해명되었습니다. 그다음에는 '자기'에 대해 생각해봅시다. 데카르트 철학에서 '므와-멤므'는 그것이 성립된 과정에서 어떤 것과도 접촉하지 않습니다. 이것은 대상 일반을 완전히 차단한 상태에서 성립된 것입니다. 그 어떤 것과도 맞닿아 있지 않습니다. 자기가 어떤 것과 접촉하려면 매개를 가져야 하는데 매개가 없습니다. 무매개적입니다. 아무것과도 접촉되어 있지 않기 때문입니다. 철저하게 세계를 차단시키고 배척하는 자기입니다. 자기자신을 상대하는 것은 자기밖에 없습니다. '자기매개적 자기'입니다. 대상 일반과의 관계에서는 무매개적이지만, 자기와의 관계 속에서는 자기매개적입니다. 대상과의 연관 속에서는 무매개적이지만 자기와의 연관 속에서는 자기매개적이라는 것, 이 둘을 합해서 말하면 '무매개적이면서 매개적인 자기'입니다. '자기매개적 무매개성'이라고 말할 수도 있습니다.

데카르트의 자기는 절대적으로 자기만을 매개하는 것은 아닙니다. 그것은 대상 세계를 완전히 차단하는 절대적 무매개성은 아닌 것입니다. 신이라고 하는 보장기제가 있기 때문입니다. 그런 까닭에 이 자기가 대상 세계를 알려면 반드시 신을 매개해야만 합니다. 세계와 자기를 차단시킨 상태에서 내면으로 물러나 자기자신에 이르렀는데, 다시 세계로 나아가려면 이 자기는 신을 거쳐야만 하고, 신을 거친다 해도 이 세계는 항상 낯선 것이 될 수밖에 없습니다. 이는 세계가 낯선 상태에 처하는 것이고, 그에 따라 결국에는 오로지 나밖에 없는 상태입니다.

그렇다면 데카르트의 형이상학에 입각해서는 우리가 역사를 이야기할 수 없을 것입니다. 역사는 인간 행위의 산물인데, 신이 매개하지 않으면 역사가 일어날 수 없습니다. 사회라고 하는 것도 마찬가지 입니다. 인간과 인간이 만나는 지점에서는 이 형이상학이 작동할 수 없을 것입니다. 데카르트 형이상학에서 자기는 신이 매개하여 성립한다는 점에서는 미완의 자기인데, 그 미완의 형이상학을 완성시키려면 신을 폐기시켜야 합니다. 자기가 철저하게 자기로서 세계와 대면해야만 합니다. 그런데 데카르트의 형이상학에서는 신을 매개로 삼지 않으면 타자와 자기가 세계 지평에서 만날 수 없습니다. 따라서 데카르트 이후의 형이상학 기획들은 인간 세계에서 타자와의 만남과 통일을 만들어내기 위해 신을 폐기하는 기획으로 가는 수밖에 없을 것입니다. 근대 형이상학은 무신론의 길로 가게 되는 것입니다. 신의 매개를 폐기한 인간은 인간만의 역사 속에서 자기를 펼쳐보이게 됩니다. 이것으로부터 역사가 생겨나게 됩니다. 그것은 인간의 역사입니다. 인간의 역사가 인간의 모든 행위에 대한 심판장이 됩니다. 세계사가 세계법정이 됩니다. 이것은 헤겔 역사철학의 테제입니다. 세계사는 신을 배제한 인간들이 만들어내는 역사 형이상학의 장場입니다.

제28강

참과 거짓을 식별하는 정신,
정신과 신체의 합성체로서의 인간
(제4성찰, 제6성찰)

초월론적 자기개념이 가진 함축들을 살펴보았으니 이제 제4성찰을 살펴봅시다. 제4성찰은 "참과 거짓에 관하여" 언급합니다.

나는 지난 며칠 동안 정신을 감각에서 떼어내는 일에 아주 익숙해졌고, 또 물질적 사물에 대해 참되게 지각되는 것은 극히 적지만, 인간 정신에 대해서는 더 많이 그리고 신에 대해서는 훨씬 더 많이 인식된다는 것을 자세히 살펴보았다. […] 내가 의심한다는 것, 즉 내가 불완전하고 의존적인 존재자라는 것을 매번 주목할 때마다 비의존적이고 완전한 존재자, 즉 신에 대한 극히 명석판명한 관념이 나에게 나타난다. 그러므로 신의 관념이 내 안에 있다는 것, 즉 이 관념을 갖고 있는 내가 현존하고 있다는 이 한 가지 사실로부터 신은 현존하고, 내 현존 전체는 매 순간 신에 의존하고 있음을 나는 분명하게 결론짓는다. 따라서 이보다 더 명증적으로, 이보다 더 확실하게 인간 지성에 의해 인식되는 것은 아무것도 없다고 확신한다. 그리고 이미 나는 지식과 지혜의 모든 보물을 지니고 있는 참된 신을 이렇게 관상하는 것으로부터 나머지 다른 사물의 인식에 이르게 되는 길을 보고 있다고 생각된다.

_《성찰》제4성찰

앞서 제3성찰에서 논의된 바를 여기서 다시 거론하고 있습니다. "내가 의심한다는 것, 즉 내가 불완전하고 의존적인 존재자라는 것을 매번 주목할 때마다", 즉 유한자인 나의 사유의 운동, 개념의 운동이 일어날 때마다 "비의존적이고 완전한 존재자, 즉 신에 대한 극히 명석판명한 관념이 나에게 나타"납니다. 이렇게 하여 신에 대한 관념을 가지게 되면 그 관념이 "다른 사물의 인식"에 이르는 출발점이 됩니다. 신을 관상해야만 다른 사물에 이를 수 있는 것입니다. 신을 매개로 할 때에만 타자로 나아갈 수 있는 것입니다. 제4성찰의 핵심적인 내용은 이것입니다. 제5성찰은 "물질적 사물의 본성"을, 제6성찰은 "물질적 사물의 현존 및 정신과 물체의 실재적 상이성"을 고찰합니다.

신에 대한 앎을 통해 확고한 지점을 확보한 정신은 참과 거짓을 식별할 줄 알게 됩니다. 그리고 제5성찰까지 거치면서 '신이 나를 기만하지 않는다'는 것을 알게 됩니다. 또한 내가 신과의 연관 속에 있기 때문에 대상에 대한 나의 인식은 '의심하는 나'가 아니라, 명석판명한 인식을 하는 한에 있어서는 참을 확보할 수 있는 인식임을 알게 됩니다. 제1성찰에서는 대상 세계를 배제하였지만 이제는 대상 세계로 나아갑니다. 이는 다른 차원에서 이루어지는 일입니다.

제6성찰에서 데카르트는 앎에 관한 다양한 논의를 제시합니다. 우리가 주목해서 보아야 할 것은 인간에 관한 규정입니다. 데카르트가 말하는 인간은 정신과 신체의 합성체입니다. 이는 '신이 부여해준 것'

입니다. 명석판명한 판단을 하는 지성 작용과 관념들을 만들어내는 능동적인 작용, 이런 것들은 신적인 것에 기인합니다. 그런데 수동적인 감각 작용은 신체에 기인합니다. 다시 말해서 인간은 정신과 신체의 합성체인데, 신적인 것에 기인하는 것과 신체에 기인하는 것이 합성되어 있습니다. 인간이라는 존재에는 신적인 완전성과 그 신과는 무관한 불완전성이 동시에 있습니다. 이를 데카르트는 다음과 같이 표현합니다.

> 인간은 제한된 존재자일 뿐이고, 따라서 인간의 본성은 제한된 완전성만을 지니고 있기 때문이다.
> […]
> 이로부터 분명해지는 것은, 신이 그토록 선함에도 불구하고 정신과 신체의 합성체인 인간의 본성은 종종 잘못을 저지른다는 사실이다.
> […]
> 그러나 실생활에 있어 긴박하게 행동해야 하는 우리는 이런 것들을 세심하게 검토할 시간적 여유를 갖지 못하므로 삶의 개별적인 일에 있어 오류를 범하게 된다는 것은 부인할 수 없으며, 따라서 우리는 결국 우리 본성이 약하다는 것을 인정하지 않으면 안 된다.
>
> _《성찰》제6성찰

인간은 제한된 존재자일 뿐이고, 제한된 완전성만을 지니고 있습니다. 그것은 틀림없습니다. 그렇지만 인간은 명석판명한 것을 정신에 가지고 있으니까 더러는 제한적이지 않을 때도 있을 것입니다. 인간이 무한자를 사유할 때는 그러할 것입니다. 인간에게는 초월적 측면이 있는 것입니다. 정신과 신체의 합성체인 인간의 본성은 종종 잘못을 저지르기 때문에 우리는 결국 우리의 본성이 약하다는 것을 인정할 수밖에 없습니다. 그렇다 해도 인간에게는 초월적 측면이 있으므로 인간은 초월성과 제약성을 동시에 가지는 '이중적 존재'가 됩니다. 초월성을 향해 갈 것인지, 제약성을 향해 갈 것인지는 인간에게 달려 있습니다. 그런 까닭에 인간은 미완이고, 미결정된 존재라는 것입니다.

'데카르트가 인간을 어떻게 보는가'라는 물음에는 두 가지 대답이 가능합니다. 하나는 제3성찰에서 제시되는 '신의 모상(imago Dei)으로서의 인간'과 다른 하나는 제6성찰에서 제시되는 '정신과 신체의 합성체로서의 인간'입니다. 이 둘은 서로 다른 듯하나 사실은 같은 것입니다.

인간은 신의 모상이라는 것부터 살펴봅시다. 모상은 말 그대로 신을 베끼는 것입니다. 신이 있다는 것을 전제하는 것이지요. 신의 모상에 상응하는 것이 '신의 얼굴'(visio Dei), 신의 모습입니다. 신의 모상은 바로 이 신의 모습을 전제하는 것입니다. 인간은 신의 모상이지만, 그것은 신의 모습을 베낀 것이므로 우리의 자유의지는 신체의 제약성을 따라가는 것이 아니라 정신의 초월성을 향해 갑니다. 인간은 본래적인 진리에 신의 모습이 있음을 전제하고 신의 모습으로 되돌아가야 합니다. 플라톤에서는 이데아idea가 신의 얼굴이고, 이데아의 모상으로서의 파라다이그마paradeigma(본本)가 신의 모상입니다. 플라톤에서는 인간이 파라다이그마가 아닙니다. 플라톤에서는 인간이 신의 모상보다 아래쪽에 있습니다. 인간은 여러 종류가 있는데, 그 중에서 철학자는 신의 얼굴을 다룹니다. 그런데 데카르트 철학에서는 인간이 신의 모상입니다. 인간은 신의 모상이므로 신을 향해 나아가야만 합니다. 그것은 인간이 가진 열정입니다. 열정이 있으므로 인간은 고난을 겪게 됩니다. 이것은 넓은 의미의 경험(Erfahrung)입니다. 인간이 겪어 가는 경험의 전 과정, 모든 계기가 다 모여서 총체성(Totalität)이 됩니다. 이것이 근대인이 살아가게 되는 세계에서 일어나는 일입니다. 데카르트는 이러한 겪음을 시도합니다. 내가 유한자임을 자각하고 쌓아 올라가야만 본래의 신의 얼굴(visio Dei)에 이를 수 있다는 것을 알고서 그것을 향해 올라가는 것입니다. 데카르트에게는 목표가 있습니다. 이 목표를 신이 아닌 '정신'이나 '세계 정신'으로 설정한다면 이것은 기독교가 아닐 것입니다. 그것은 근대인의 새로운 종교라 말할 수도 있을 것입니다. 여기는 철학과 신학, 종교의 경계가 무의미해지는 지점입니다.

이제 마지막으로 데카르트의 논의를 다시 정리하고,《철학의 원리》중 몇몇 부분을 읽으면서 그의 형이상학 전반을 집약하기로 하겠습니다.

데카르트에서 가장 중요한 것은 자립적 자기의식의 현존입니다. 자립적 자기의식이 바로 알게 되는 것은 신의 현존인데, 신과 자립적 자기의식이 서로 연결됨으로써 자립적 자기의식은 확실성을 갖습니다. 이 확실성으로부터 진리의 규칙과 물질적 대상의 확실성을 확보합니다. 이렇게 나아가는 것입니다. 이것은 얼핏 보면 인식론적 전개 과정이지만, 이 과정에서 자립적 자기의식을 가지고 있는 유한자로서의 인간과 무한자로서의 신, 유한자와 무한자의 관계가 논의되므로 형이상학적 연관이라 할 수 있습니다.

《철학의 원리》1부는 이러한 것들을 명제 형식으로 정리해둔 것입니다. 특히 목차는 거의 내용 그대로인 경우가 많아서 목차만 읽어도 이해가 됩니다. 몇 개를 읽어봅시다.

첫 번째 부분 | 인간 인식의 원리들에 관하여

1. 진리를 추구하는 자는 살아가는 동안 한 번은 가능한 한 모든 것에 관하여 의심해보아야 한다.
2. 더욱이 의심스러운 것들을 틀린 것으로 간주해야 한다.
3. 그러나 이런 의심을 일상적인 삶에 적용시켜서는 안 된다.
4. 무엇 때문에 감각적인 것들을 의심할 수 있는지.
5. 무엇 때문에 수학적인 증명들조차도 의심할 수 있는지.
6. 우리는 의심스러운 것들에 대해 동의하지 않을 수 있는 자유의지(libertum arbitrium)를, 따라서 오류를 피할 수 있는 자유의지를 가지고 있다.
7. 우리는 우리가 의심하는 동안에 우리가 존재한다는 사실에 대해 의심할 수가 없다. 따라서 이것은 우리가 순서에 따라 철학을 할 때 인식하는 최초의 것이다.
8. 이로부터 영혼(animam, anima)과 육체(corpus) 혹은 사유하는 것(rem cogitantem, res cogitans)과 물질적인 것(rem corpoream, res corporea) 간의 차이(distinctionem, distinctio)가 인식된다.
9. 사유(cogitatio)란 무엇인가.

[…]

13. 어떤 의미로 신에 대한 인식에 그 나머지 것들에 대한 인식이 의존해 있는지.
14. 우리가 가지고 있는 신의 관념 속에 필연적인 존재(existentia necessaria)가 포함되어 있다는 사실로부터 신이 존재한다는 사실이 올바르게 귀결된다.

[…]

24. 신은 무한(infinitum, infinitus)하나 우리는 유한하다는 점을 유념하면서, 우리는 신에 대한 인식으로부터 피조물들에 대한 인식에 도달한다.

[…]

29. 신은 오류의 원인이 아니다.
30. 이로부터 우리가 명석하게(clare) 지각하는 것들이 모두 참이라는 사실과 앞서 했던 의심들이 사라진다는 점이 귀결된다.

1번에서 "살아가는 동안 한 번은"이라는 말은 데카르트가 많이 쓰는 표현입니다. 1번부터 9번까지는 사유에 관한 것입니다. 즉 자립적 자기의식의 현존에 관한 논의입니다. 13번과 14번은 신에 관한 논의입니다. 이 논의가 계속되어서 24번에서 "신은 무한(infinitum, infinitus)하나 우리는 유한하다는 점을 유념하면서, 우리는 신에 대한 인식으로부터 피조물들에 대한 인식에 도달"합니다. 그렇지만 29번에서처럼 "신은 오류의 원인이 아니"며, 30번에서처럼 "이로부터 우리가 명석하게(clare) 지각하는 것들이 모두 참이라는 사실과 앞서 했던 의심들이 사라진다는 점이 귀결"됩니다.

76. 우리의 지각보다 신성한 권위를 우위에 놓아야 한다. 그 이외의 경우에 철학자는 지각된 것들만을 참으로 여겨야 한다

다른 것들은 모두 다 차치하고라도, 우리는 다음의 것들을 최고의 규칙으로 삼아 뇌리에 새겨두어야 한다. 우리는 신이 우리에게 계시한 것들을 모든 것 가운데 가장 확실한 것으로 믿어야 한다. 즉 아무리 이성의 빛이 어떤 것을 우리에게 가장 명석하고 분명한 것으로 제공하는 듯이 보일지라도, 우리는 우리의 판단보다는 신성한 권위에 더 큰 신뢰를 두어야 한다. 그러나 신성한 믿음(fides divina)이 어떠한 계시도 내리지 않는 것들과 관련해서는, 결코 참이라고 인식하지 못한 어떤 것을 참으로 간주한다는 것은 철학자에게 어울리지 않는 일이다. 그리고 성숙한 이성보다는 감각을, 다시 말해서 유년기에 생각 없이 받아들인 판단을 더 신뢰한다는 것 역시 철학자에게 결코 어울리는 일이 아니다.

_《철학의 원리》첫 번째 부분

마지막으로 《철학의 원리》에서 눈여겨보아야 할 것은 76번입니다. 신적인 것에 관해서는, 신성한 권위에 근거를 두어야 합니다. 그런데 그 "신성한 믿음이 어떠한 계시도 내리지 않는 것들"은 신적인 것과 관련이 없는 것들입니다. 그것에 대해서는 우리 인간의 이성의 힘만을 가지고 원초적인 측면부터 검토해 들어가야만 합니다. 신성한 권위를 우위에 두어야 하지만, 신이 계시하지 않은 것들, 즉 신성한 권위와 관계 없는 것들은 우리가 알아서 할 일이라는 말입니다. 데카르트는 신에 의존하면서도 인간이 할 일을 명료하게 제시합니다. 그의 형이상학은 그런 점에서 신적이면서도 인간적입니다. 근대 형이상학의 출발점은 바로 이러한 이중성입니다.

* * *

V

칸트:
인간의 한계 자각과 '장래의 형이상학'

초월론적 이념들에 대한 일반적 주해
《형이상학 서설》

제29강

'장래의 형이상학'의 성립 가능성

칸트는 '계몽 철학의 완성자'로 불립니다. 계몽은, 말 그대로 인간의 몽매함을 깨우치는 것입니다. 그렇다면 무엇이 몽매일까요. 서구 근대에서 '몽매함'은 인간의 경험과 합리적 추론에 근거하지 않는 태도를 가리켰습니다. 그런 까닭에 계몽 철학은 직접적으로는 종교에 대한 반대를 주된 주장으로 삼습니다. 종교에 반대하기만 하면 끝나는 게 아니라 그것에 대한 대안으로 인간의 합리성에 근거한 학문을 주장합니다. 인간의 합리성은 자연과학의 탐구를 통해 갈고닦을 수 있습니다. 17세기 과학혁명은 18세기 계몽 철학의 바탕이 되었던 것입니다.

칸트가 계몽 철학의 완성자로 불리는 것은 바로 이 점을 완성했기 때문입니다. 그는 반종교주의에 대한 철학적 정당화를 제시하였고, 그런 까닭에 칸트에서는 무한자에 대한 탐구라고 하는 형이상학을 찾아볼 수 없습니다. 간단히 말해서 '칸트의 형이상학'은 없는 것입니다. 그렇지만 그는 어떤 한계에 부딪히게 되고, 신을 '요청'하게 됨니다. 그의 후계자들은 이 계기를 알아차리고 칸트의 후계자임을 자부하면서, 칸트는 전혀 상상하지 못했던 형이상학을 구축하기도 하였습니다. 칸트의 철학적 사색을 움직여간 기본적인 힘은 무엇이었는지, 그는 어떻게 '종래의 형이상학'을 폐기하였는지, 그가 시도했던 '새로운 형이상학'은 무엇인지를 살펴보는 것이 여기서 우리가 하려는 시도입니다. 그의 후계자임을 자부하면서도 칸트는 전혀 동의하지 않았을 형이상학을 구축한 사례는 헤겔에서 발견할 수 있을 것입니다.

칸트의 철학적 사색을 움직여간 기본적인 힘은 자연과학입니다. 앞서 데카르트를 공부하면서 잠깐 거론하였던 《칸트의 형이상학 강의》 서론 인용문을 다시 읽어봅시다. 당대의 철학에 관해 간략하게 개관하는 부분입니다.

우리 시대에서의 철학의 개선은, 자연의 대규모의 연구가 두각을 나타냈기 때문에, 그리고 사람들이 수학과 자연과학을 결합했기 때문에, 나타난 것이다. 그렇게 해서 생겨났던 사고 방식은 철학의 다른 부분에도 확대되었다. 가장 위대한 자연학자는 사람들로 하여금 관찰과 실험에 주목하게 했던 프란시스 베이컨이었다. 르네 데카르트도 사유에 대해서 명석성을 준 것으로 크게 기여했다. 어디서부터 사변적 철학의 개선이 유래했는가를 규정하기는 어렵다. 사변적 철학을 개선한 사람 아래 라이프니츠와 로크가 속해 있다. 라이프니츠와 볼프에게 고유한 것이었던 독단적인 철학적 사색은 큰 결함을 가지고 있었다. 이러한 사색의 방식을 중지할 필요가 있는 만큼 거기에는 기만적인 것이 발견된다. 그러나 사람들이 나아갈 수 있는 다른 방식은 비판, 혹은 이성이 음미하고 평가하는 방식일 것이다. 로크는 인간의 오성을 분석하고, 어떠한 힘이 이런저런 인식에 속하는가를 보여주었다. 그러나 그는 그러한 작업을 완성하지 못했다. 그의 방식은 독단적이었지만, 그는 사람들이 마음을 더욱 잘 연구하기 시작했다고 하는 편의를 가져다주었다. 현재는 자연철학(자연의 실마리에서 진행하는)이 가장 번성하는 상태에 있다. 도덕에서는 우리는 고대 사람보다 더 나아가지 못하고 있다. 형이상학에 관해서 말한다면, 우리는 진리의 연구에 당혹해서 주춤하는 것처럼 보인다. 그래서 형이상학은 본래의 철학임에도 불구하고, 형이상학적 천착에 관해서 경멸적으로 말하는 것이 자랑거리가 되는, 일종의 무관심주의가 보인다. 우리 시대는 비판의 시대이며, 따라서 사람들은 이 비판적 시도로부터 무엇이 생겨나는가를 알지 않으면 안 된다. 보다 새로운 철학이라고 사람들은 본래 부를 수 없다. 왜냐하면 모든 것이 말하자면 흘러가는 중에 있기 때문이다. 즉 어떤 사람이 세운 것을 다른 사람이 잡아 뜯기 때문이다.

_《칸트의 형이상학 강의》 서론

여기서 칸트는 분명하게 말하고 있습니다. "우리 시대에서의 철학의 개선은, 자연의 대규모의 연구가 두각을 나타냈기 때문에, 그리고 사람들이 수학과 자연과학을 결합했기 때문에, 나타난 것이다." 자연에 관한 연구가 "우리 시대"의 핵심적인 요인이라는 것입니다. 자연과학의 발전에 따라 철학은 자신이 몰두해야 할 과제를 달리 설정해야만 합니다. 자연과학과 수학의 결합은 철학의 개선을 이끌었고, 칸트는 이것을 분명하게 자각하고 있었습니다. 그는 베이컨을 "자연학자"라 규정하였으며, 데카르트 또한 그러한 규정의 연속성에서 "사유에 대해서 명석성"을 주었다고 평가했습니다. 그가 보기에 라이프니츠와 볼프가 가지고 있던 사색은 "큰 결함"을 가진 것이었으며, 로크는 "인식"에 관한 것에서 업적을 보여주었습니다. 무엇보다도 형이상학은 그가 살아가던 당시에는 세상 사람들에게 "경멸"을 받고 있었으며, 심지어 "무관심주의"가 횡행하였습니다. 그에 대해 칸트가 제시하는 대안은 "비판"입니다. 흔히 칸트의 철학을 '비판철학'이라 부릅니다. 이것은 바로 새로운 형이상학을 정립하기 위해 그가 착수한 작업입니다.

널리 알려진 칸트의 저작들, 즉 《순수이성비판》, 《실천이성비판》, 《판단력비판》에는 모두 '비판'(Kritik)이라는 용어가 들어가 있습니다. 이것은 무엇을 의미하겠습니까. 앞서 말했듯이 칸트는 자연과학의 본격적인 도전과 발전을 심각한 사태로 받아들였습니다. 그리하여 그것 앞에서 철학은 도대체 무엇을 해야 할 것인가를 고민하였습니다. 그가 내린 소극적 결론은 전통적인 의미의 형이상학은 자연과학의 파괴적인 위력 앞에서 더 이상 성립할 수 없겠다는 것이었고, 이것을 상세하게 밝혀보인 것이 《순수이성비판》입니다. 이 비판서의 결론은, 간단히 말해서 우리 인간의 힘으로는 신과 같은 초월적인 것을 안다는 것이 불가능하다는 것입니다. 이때 "비판"은 인간의 앎의 능력의 한계를 뚜렷하게 하는 것을 의미합니다.

그렇지만 인간에게는 형이상학적인 요구가 있다는 것을 인정하지 않을 수 없습니다. 자연과학으로는 확증할 수 없고 검증해낼 수 없는 요구가 있는 것입니다. 칸트가 그것을 몰랐던 것은 아닙니다. 칸트가 《순수이성비판》을 통해서 전통적인 형이상학을 폐기했다고는 하지만, 그렇다고 해서 형이상학 자체가 불가능하니까 앞으로 형이상학을 하지 말아야 한다고 말한 것은 아니라는 것입니다. 칸트가 남겨놓은 형이상학의 씨앗은 있습니다. 그것은 '장래의 형이상학'입니다. 우리가 칸트에서 탐구하려는 형이상학의 과제는 '이 장래의 형이상학은 과연 성립할 수 있는가, 있다면 어떤 방식으로 성립할 수 있는가, 칸트는 그것에 대해 어떤 논변을 내놓았는가'입니다.

오늘날은 자연과학이 고도로 발전한 시대입니다. 그에 따라 칸트가 이미 폐기해야 한다고 생각하였던 전통적인 형이상학은 더 이상 학으로서 성립할 수 없는 것으로 여겨집니다. 상황은 간단합니다. 우리는 그저 전통적인 형이상학을 단념하면 되는 것입니다. 그렇지만 우리가 형이상학을 탐구해야 한다면, 우리의 형이상학적 요구를 충족시키고자 한다면, 우리는 어디에서 그러한 요구 충족의 방법을 찾을 것인가가 문제입니다. 여기서 우리와 유사한 상황 속에서 형이상학적 탐구를 수행했던 칸트가 하나의 선례가 될 수 있을 것입니다. 이것이 우리가 칸트를 읽고자 하는 근본 이유입니다.

형이상학과 관련하여 우리가 읽을 텍스트는 "학으로서 등장할 수 있는 모든 장래의 형이상학을 위한 서설"(이는《형이상학 서설》이라 불립니다)입니다. 그에 이어 칸트가 적극적인 시도로서 형이상학을 탐구한《판단력비판》의 서론을 읽습니다.

형이상학에 관한 텍스트를 본격적으로 읽기에 앞서 칸트의 저작들을 간략하게 개관하고, 그에 이어 칸트가 '장래의 형이상학'을 구축해야 한다고 생각하게 된 경로를 살펴보기로 합시다.

《순수이성비판》은 1781년에 출간되었는데,《형이상학 서설》은 1783년에 출간되었습니다.《실천이성비판》이 출간된 해가 1788년이고,《판단력비판》은 1790년에 출간되었습니다.《순수이성비판》초판이 1781년에 출간되고 그에 대한 논쟁들이 생겨났을 때, 칸트가 2판(재판)을 출간하기 전에 쓴 것이《형이상학 서설》입니다.《순수이성비판》과《형이상학 서설》은 제목은 다르지만 같은 맥락에 있는 것입니다. 앞서 말했듯이《순수이성비판》은 인간의 앎의 한계를 밝힌 저작이지만 그것은 곧 종래의 형이상학을 단념해야 한다는 주장을 가진 것이기도 하고, 동시에 새로운 형이상학을 예비하는 것이기도 합니다. 다시 말해서 소극적인 측면에서 전통적 형이상학을 부정하는 것이 《순수이성비판》이라면, 적극적인 의미에서 장래의 형이상학을 구축하려는 시도의 하나가 《형이상학 서설》인 것입니다. 그런 까닭에 《형이상학 서설》을 읽는 것은 《순수이성비판》의 내용을 집약해서 읽는 것과 마찬가지입니다.

《순수이성비판》과 《형이상학 서설》 이후에 나온 《실천이성비판》까지는 간격이 좀 있습니다. 그러나 《실천이성비판》이 출간된 다음 거의 곧바로 《판단력비판》이 출간되었습니다. 이 간격은 굉장히 짧습니다. 사실상 칸트는 《순수이성비판》을 쓰기 전부터, 다시 말해서 감성계와 예지계에 관한 논문을 쓸 때부터 《판단력비판》에 관한 구상을 가지고 있었습니다. 그러므로 우리는 칸트가 하나의 저작을 쓴 다음, 그것을 발판으로 삼아 연구하여 더 나아가는, 이를테면 일종의 지적인 진화의 과정을 겪어간 사람은 아니라고 보아야 할 것입니다. 오히려 머릿속에 전체의 체계를 구상하여 두고 그것으로부터 10년에 걸쳐 모든 저작들을 써내었다고 하는 것이 적절할 것입니다.

그러면 이제 칸트가 '장래의 형이상학'을 구축하기 전 단계까지 전반적으로 어떤 사유의 전개를 거쳤는가를 살펴보기로 합시다.

우리가 과학적으로 생각한다는 것은 경험을 통한 데이터가 없으면 어떠한 것도 참으로 받아들이지 않는다는 것을 의미합니다. 칸트는 이 점을 《순수이성비판》을 통하여 밝힙니다. 칸트에 따르면 우리의 앎은 외부의 대상으로부터 우리의 주관으로 감각 데이터가 들어오면서 시작됩니다. 감각기관으로 데이터가 오면, 그 데이터를 모아서 우리의 주관은 인식을 낳아놓습니다. 이것은 '오성'悟性(Verstand)이 하는 일입니다. 이것은 오늘날 우리가 과학적 인식이라고 부르는 것입니다. 이것은 잠정적으로만 참입니다. 달리 말해서 우리가 참이라고 여기는 판단도 언제든 그것을 부정하는 데이터가 생기면 반박되는 것입니다.

그렇다면 우리가 도덕적으로 옳다고 여기는 행위를 하게 하는 이른바 도덕 판단은 어떻게 생겨날까요. 우리가 '나쁜 짓을 해서 벌을 받은 경험 데이터'를 수없이 많이 모아도 그것으로부터 '나쁜 짓을 하면 안 된다'라든가 '착한 행동을 해야만 한다'라는 명령은 도출되지 않습니다. '착한 행동을 하라'고 명령하는 것은 이러한 경험 세계의 데이터와는 무관하게 있어야만 합니다. 이것에 관하여 다루는 것이 《실천이성비판》입니다. 그런데 이런 경우 누군가가 '도대체 왜 착한 일을 해야 하는가'라고 물으면 우리는 어떻게 대답해야 할까요. 착한 일을 하면 상을 받는다라든가, 착한 일을 하는 것은 우리가 사는 사회의 질서를 유지하는 데 도움이 되니까 해야 한다라든가 하는 답들은 착한 일을 해야만 하는 궁극적인 근거를 제공하지는 않습니다. 그 대답들은 착한 일이라고 하는 절대적인 명령에 경험적인 이유를 가져다 붙인 것들입니다. 그런 까닭에 경험적인 이유가 달라지면 착한 일이라고 하는 명령이 성립하지 않을 수도 있으며, 그에 따라 도덕은 우리의 삶에서 절대명령으로 성립할 수 없게 됩니다. 칸트는 '착한 일을 해야 하니까'라고 단순하게 말합니다. 그것이 착한 일이기 때문에 착한 일을 해야 한다는 것입니다. 그런데 누군가가 계속해서 그 근거를 따져 물으면 칸트는 그것이 '신, 영혼불멸, 자유의지' 등이라고 주장합니다. 그런데 여기서 심각한 문제가 생겨납니다. 《순수이성비판》의 성과에 비추어보면 신, 영혼불멸, 자유의지는 우리에게 감각 데이터를 제공하지 못합니다. 우리는 그것에 대해 도무지 알 수가 없는 것입니다. 남아 있는 해결책은 단 하나밖에 없습니다. '그것이 있다'고 가정할 수밖에 없습니다. 이것은 이념을 요청(Postulat)하는 것입니다.

칸트는 이처럼 이념을 요청하는 힘을 '이성'(Vernunft)이라고 합니다. 오성이 사실 영역에서 주어지는 데이터를 구별하여 인식을 낳아 놓는 힘이라면 이성은 눈에 보이지 않는, 즉 경험 데이터를 가지지 않는 것을 요청하여 그것을 도덕적 가치 영역에서 실현하는 힘입니다. 이처럼 사실 영역과 가치 영역은 전혀 다른 방식으로 작동한다는 것이 칸트가 《순수이성비판》과 《실천이성비판》을 통하여 내놓은 중요한 주장입니다. 이것을 구별하지 않고 혼동해버리는 것은 낡은 형이상학이 하는 일입니다. 낡은 전통적 형이상학은 인간이 신에 대한 앎을 가질 수 있다는 듯이 신존재를 '증명'하려 했으나 그것은 독단적인 단언에 그쳤습니다. 인간은 그것을 증명할 수 없습니다.

칸트에 따르면 인간은 사실 영역과 가치 영역의 분리를 인정한 채 살아갈 수밖에 없습니다. 그러나 그것이 칸트에게는 심각한 문제로 대두되었습니다. 칸트는 여기서 인간이 가진 제3의 영역이 있다고 생각하였습니다. 가령 인간이 어떤 것에 대해 아름답다는 판단을 내린다고 해봅시다. 그 판단은 어떤 과정을 거쳐서 이루어지겠습니까. 우리가 어떤 대상을 본다고 합시다. 그렇게 봄으로써 대상으로부터 감각 데이터가 주관으로 전해집니다. 이렇게 전해진 감각 데이터를 가지고 우리는 뭔가 판단을 합니다. 그 판단이 '이것은 아름답다'는 판단인 경우, 그것은 어떻게 생겨날까요? 그것은 도덕 판단처럼 경험 데이터와는 전혀 무관하게 이루어지는 것은 아닙니다. 분명히 감각 데이터가 우리에게 주어졌기 때문에 일어나는 것입니다. 따라서 이것은 도덕 판단은 아닙니다. 그렇지만 같은 대상을 두고도 어떤 사람은 그것을 아름답다고 말할 수도 있고, 어떤 사람은 아름답지 않다고 말할 수도 있습니다. 이것은 미적인 판단인 것입니다. 이러한 판단을 내리는 힘을 칸트는 '반성적 판단력'이라고 합니다. 이것을 다룬 것이 《판단력비판》 제1부 "미감적 판단력"입니다. 이 판단력은 아름다움에 대한 판단에만 관여하는 것이 아니라 인간이 공동체에서 살아가면서 공통의 정치적 목적을 형성하고 그것을 실현하기 위해 노력할 때 가지게 되는 일종의 공통감각을 형성하는 데에도 관여합니다. 이 공통감각은 사실 판단의 영역에서 성립하는 것이 아니라, 서로가 합의하여 사회에 적절한 것을 실현하고자 하는 데 바탕이 되는 것입니다.

《판단력비판》은 미감적 판단력 외에도 목적론에 대해서도 다룹니다. 칸트는 생물 종으로서의 인간과 자연 세계의 다른 종인 동물들 사이에는 구별이 있다고 생각했습니다. 인간은 자연 세계와 우주 전체를 하나의 목적개념 아래에서 이해한다고 생각한 것입니다. 그렇게 이해함으로써 인간과 우주를 하나의 체계적인 전체로서 파악하고자 하는 것입니다. 《판단력비판》에서 밝혀 보이는 미감적 이성은 예술철학과 정치철학의 근거가 될 것입니다. 《실천이성비판》에서 요청하는 도덕적 이성은 윤리학의 근거가 될 것이고, 《순수이성비판》에서 성립한 오성은 과학의 근거가 될 것이며, 《판단력비판》의 목적론적 이성은 우주론의 근거가 될 것입니다. 이렇게 하여 칸트는 인간이 관여하는 네 영역에 관한 근본적인 근거를 마련합니다.

자연과학적 사유의 방법을 당연시하는 오늘날에는 칸트의 이러한 논의가 상식적인 것처럼 보이지만 당대에는 획기적인 진전이었습니다. 어떤 점에서 그러한지 데카르트와 비교해봅시다. 앞서도 살펴보았듯이 데카르트의 《성찰》은 '의심하는 나'에서 시작합니다. 이 '의심하는 나'는 의심을 계속하여 '자립적 자기의식'이 되었습니다. 그런데 이 자립적 자기의식이 활동하는 근거는 신에게 있습니다. 칸트는 인간의 의식의 활동의 최종 근거가 신이라 하지 않고, 인간이 선험적으로 가지고 있는 오성의 범주(Kategorie)라 생각하였습니다. 이 오성의 범주는 데카르트가 말한 자립적 자기의식과 유사한 것이겠지만, 칸트는 데카르트와 달리 이 범주의 확실성을 신에게 의존하지 않습니다. 그냥 '오성의 범주가 있다'고 말합니다. 그것은 신에 의해 주어진 것이 아닙니다. 그렇다면 인식 주관이 만들어내는 이 확실성은 '높은 개연성'일 것입니다.

앞서도 말했듯이 도덕의 세계는 경험 데이터로부터 성립할 수 없습니다. 그런 까닭에 칸트는 이념을 '요청'합니다. 이것을 데카르트적으로 말하자면 신을 요청하는 것입니다. 이것은 증명할 수 없는 것이기 때문에 사실상 칸트가 성립시키고자 하는 도덕 형이상학, 또는 칸트의 용법처럼 도덕을 실천적으로 정초하려는 시도는 전통적 형이상학의 그것과 다르지 않습니다. 우리는 이것에 주의해야만 합니다. 칸트에 따르면 최상선에 행복을 더하면 최고선이 됩니다. 최상선은 분명히 도덕의 영역에서 논의될 것입니다. 그는 그것을 위해서 도덕의 준칙들을 이야기합니다. '너의 의지의 준칙에 따라 행위하라', '인간을 수단이 아닌 목적으로 대하라' 등이 그것입니다. 이 도덕의 준칙들은 마음속에 명령으로 있는 것입니다. 이것을 실현하려면, 즉 이것들을 우리의 마음에서 끄집어내어 구체적인 현실에 내놓아서 뭔가를 만들어내려면, 우리는 현실의 영역으로 들어와서 실현수단을 강구해야 합니다. 다시 말해서 최상선과 행복이 결합되어야 궁극목적인 최고선이 되는데, 이 최고선에 이르려면 도덕 영역에서 제시된 최상선과 그것이 구체적으로 실현되는 사물 영역이 결합되어야 합니다. 그러나 칸트는 이것을 결합시킬 방법을 제시하지 않았습니다. 사실 영역을 '자연'이라고 하고 도덕 영역을 철학적으로는 '자유' 영역이라고 하는데, 각각의 영역에서 다른 영역으로 건너갈 수가 없습니다. 이 둘을 결합시키지 않으면 최고선이라고 하는 궁극목적은 실현되지 않습니다. 그것을 결합시켜야 체계가 통일됩니다. 그 통일을 어떻게 이룰 것인가에 대해 다루는 것, 즉 자연 영역과 자유 영역의 매개를 다루는 것이 《판단력비판》입니다.

제30강

이성의 사변적 사용

지금까지 우리는 형이상학에 관련된 여러 논제들이 칸트에서 어떻게 문제되었는지 개괄적으로 살펴보았습니다. 이제부터는 칸트의 《형이상학 서설》 일부를 읽기로 합시다.

먼저 《형이상학 서설》 56절을 보겠습니다. 번역본 제목이 "초월적 이념들에 대한 일반적 주해"(Allgemeine Anmerkung zu den transzendentalen Ideen)라 되어 있습니다. 여기서 번역어를 확정하고 들어가겠습니다. 번역자는 트랜스젠덴탈transzendental을 '초월적'이라 하였는데, 우리는 지금까지 트랜스젠덴탈을 '초월론적'이라 번역하였습니다. '초월론적 자기'의 맹아를 보인 데카르트에서도 그러한 뜻으로 사용한 것입니다. 따라서 혼동을 피하기 위하여 '초월론적'이라는 말을 쓰기로 합니다. 또한 트랜스젠덴트transzendent는 '초월적'이라 번역하기로 합니다. 이 술어들을 어떻게 번역하느냐를 두고 많은 논란이 있지만 여기서는 그것에 대해 길게 논할 수 없고, 그 속뜻을 이해하는 것으로 충분할 것입니다.

먼저 '초월적'(transzendent)이라 함은 '초감성적'인 것으로 이해할 수 있습니다. 칸트의 인식이론에 따르면 '초감성적'이라는 것은 그 대상으로부터 우리의 감각 기관에 어떠한 감각 데이터도 주지 않는 것입니다. 신은 초월적입니다. 신에 대해서는 생각할 수 있지만 그 생각은 신이라는 구체적인 대상으로부터 우리의 감각에 어떤 데이터가 전해져서 성립한 것이 아닙니다.

이제 '초월론적'(transzendental)이라는 것에 대해 말해보겠습니다. 신은 초월적 존재입니다. 어떤 사람이 신에 대한 말을 듣고 나서 '나는 신에 대해 아무런 관심이 없다, 그것에 대해 생각해본 적도 없다'고 하면 신은 그의 감각에 아무런 데이터를 준 것이 아니니 초감성적인 존재입니다. 이것은 초월적인 것입니다. 그런데 우리는 가끔 자신이 신을 만났다고 하는 사람을 봅니다. 그 사람은 그것의 정체가 무엇이든 간에 신이 그 사람 안에 있게 된 것입니다. 그 경우에 우리는 '내재적'(immanent) 신이라고 말할 수 있을 것입니다. 그리고 이는 신이 초월적 존재이면서 우리가 생각할 수 있는 것이니, 다시 말해서 우리가 신의 입장에 올라선 것이니, '초월론적'이라 할 수도 있습니다. 간단히 말해서 신이 우리의 앎 너머에 있기만 하다면 '초월적' 존재인 것이고, 우리가 신에 대해 생각하고 그것에 대한 앎을 원한다면 신은 '초월론적' 존재인 것입니다.

《형이상학 서설》56절을 우리가 사용하는 용어로 바꾸면 '초월론적 이념들에 대한 일반적 주해'가 될 것입니다. 우리가 감각으로 알 수 있는 감성의 영역을 넘어서고는 있으나, 즉 초감성적 영역에 있기는 하지만 우리가 그것에 대해서 생각을 하고 있는 이념들이므로 초월론적 이념들인 것입니다. 이 "일반적 주해"는 우리가 지금까지 칸트에 관하여 논의해온 모든 논의들을 집약하고 있으므로 상세하게 읽어볼 필요가 있습니다.

경험을 통해 우리에게 주어지는 대상들은 우리에게 여러 가지 견지에서 불가해하다. 그리고 자연법칙이 우리를 끌고가 이르게 되는 많은 물음들은 어느 높이까지 가면 이 법칙들에 따라서 계속 추구해가도, 전혀 해결될 수가 없다. 예컨대 무엇으로 인해 물질들은 서로 끌어당기는가 하는 물음 같은 것 말이다. 그러나 만약 우리가 자연을 완전히 떠나거나, 자연의 연결을 계속해나가 모든 가능한 경험을 넘어선다면, 그러니까 순전한 이념들에 잠기게 되면, 우리는, 우리에게 대상이 불가해하다느니, 사물들의 자연본성이 해결할 수 없는 과제를 내어놓는다느니 하는 말을 할 수 없다. 왜냐하면 경험을 넘어서면 우리가 다루게 되는 것은 자연이, 도대체가 주어진 객관들이 아니라, 오로지 우리의 이성 안에 그 근원을 갖는 개념들, 순전한 사유물思惟物들일 따름이기 때문이다. 이런 것들에 관해서는 그것들의 개념에서 생기는 모든 과제들이 해결될 수 있지 않으면 안 된다. 이성은 그 자신의 수행절차에 대해 두말할 것도 없이 완벽한 변명을 할 수 있고 해야만 하기 때문이다. 영혼론적 우주론적 신학적 이념들은 순정히, 어떠한 경험에서도 주어질 수 없는, 순수 이성개념들이므로, 이런 것들에 관해 이성이 우리에게 내어놓는 물음들은 대상들에 의해서가 아니라, 이성의 순전한 준칙들에 의해 이성의 자기충족을 위해 과해지는 것이므로, 모두 충분하게 대답될 수 있지 않으면 안 되는 것이다. 그리고 이런 일은 또한, 이 개념들이 우리의 지성사용으로 하여금 전반적인 일치성, 완벽성, 종합적 통일성을 갖추게 하는 원칙들이며, 그런 한에서 순전히 경험에 대해서만, 그러나 경험의 전체에서 타당함을 사람들이 보여줌으로써 일어난다. 그러나 경험의 절대적 전체는 불가능함에도, 그렇지만 원리들 일반에 따르는 인식의 전체라는 이념은 이것만이 인식에다 특수한 종류의 통일성, 곧 체계라는 통일성을 마련해줄 수 있는 것이다. 그런데 이러한 통일성이 없으면 우리의 인식은 단편적인 것에 불과하고, 최고의 목적 ──이것은 언제나 오직 모든 목적들의 체계이거니와──을 위해 사용될 수가 없다. 여기서 최고의 목적이라면 한낱 실천적 목적뿐만 아니라, 이성의 사변적 사용의 최고의 목적 또한 의미한다.

_《형이상학 서설》 56절

"경험을 통해 우리에게 주어지는 대상들은 우리에게 여러 가지 견지에서 불가해"합니다. 우리는 어떤 것에 대해 알고자 할 때 우리의 감각기관에 전해지는 데이터를 가져야만 합니다. 그리고 그것을 바탕으로 그 대상이 어떤 것임을 판단합니다. 그렇지만 우리가 그 대상이 어떤 것이라고 판단하였다 하여 우리가 그 대상을 완전히 알았다고 말할 수는 없습니다. 우리의 앎이라고 하는 것들은 사실상 우리의 감각 데이터에 바탕한 것에 불과합니다. 대상 자체가 무엇인지는 여전히 알 수 없습니다. "불가해하다"는 것이지요. 이를테면 데카르트에서처럼 악령이 있어서 우리를 속일 수도 있습니다. 그렇지만 우리는 일단 이 상태에서도 무엇인가를 '안다'고 말합니다. 그러한 앎은 언제든지 수정될 수 있는 잠정적 참일 뿐입니다. 따라서 우리가 자연법칙에 따라 대상을 탐구하면서 가지게 되는 물음에 대한 답은 딱 거기까지입니다. "어느 높이까지 가면 이 법칙들에 따라서 계속 추구해 가도, 전혀 해결될 수가 없다"고 할 수 있습니다. 자연에 대한 탐구는 오성(Verstand)을 가지고 하는 것입니다. 이 오성으로는 해결할 수 없는, 자연에 대한 탐구를 넘어서는 탐구가 있습니다. 그것은 형이상학적 요구가 있는 곳일 것입니다.

우리의 탐구가 자연물이 아닌, 우리의 경험을 넘어선 "순전한 이념"에 대한 것이라면, 그래서 자연의 대상처럼 참이든 아니든 어떤 식으로든 우리에게 감각 데이터를 주는 것이 아니라면, 이제는 "불가해"라는 말 자체도 할 수가 없습니다. 그것들은 "주어진 객관들이 아니라, 오로지 우리의 이성 안에 그 근원을 갖는 개념들, 순전한 사유물(Gedanken-Wesen)"이기 때문입니다. 이러한 사유물은 자연을 탐구할 때 사용하는 오성으로써 탐구하는 것이 아닙니다. 그것을 사유하는 것은 이성(Vernunft)입니다. 여기서 칸트는 두 가지 대상을 구분합니다. 우리가 오성으로써 탐구하는 자연물과 이성 안에 근원을 갖는 개념들인 사유물을 구분합니다.

칸트는 이성 안에 근원을 가지는 것들의 개념에서 생기는 모든 과제들이 해결되어야 한다고 주장합니다. 그 과제들은 해결될 수 있어야만 합니다. 왜 그럴까요. 이성은 그 자신의 수행절차에 대해 두말할 것도 없이 완벽한 변명을 할 수 있고 해야만 하기 때문입니다. 여기서 칸트가 말하는 것은 오성과 이성을 아우르는 완전한 통일적 체계를 만들어내야만 한다는 것입니다. 이것은 《순수이성비판》에서 제시했던 오성의 능력만으로 성취할 수는 없습니다. 이성이 사유하는 사유물들인 "초월론적 이념들"은 "영혼론적 우주론적 신학적 이념들"입니다. 이 이념들은 "순정히, 어떠한 경험에서도 주어질 수 없는, 순수 이성개념들"입니다. 이 개념들은 "대상들에 의해서가 아니라, 이성의 순전한 준칙들에 의해" 주어지는 것들입니다. 이것들은 《실천이성비판》에서 요청한 것들입니다. 도덕적 법칙에서 요청하는 것들입니다. 초월론적 이념들은 자연과학적 탐구를 통해서는 알아낼 수 없다는 것입니다.

이러한 이념들에 대해 이성이 변명을 할 수 있을 때에만 비로소 우리는 "체계라는 통일성을 마련"할 수가 있습니다. "이러한 통일성이 없으면 우리의 인식은 단편적인 것에 불과하고, 최고의 목적 ― 이것은 언제나 오직 모든 목적들의 체계이거니와 ― 을 위해 사용될 수가 없"습니다. 체계 일반에의 통일이 없으면, 우리의 인식은 자연과학적인 잠정적 참에서 머무르게 되고, 그런 까닭에 우리 인식은 단편적인 것에 그치게 되고, 최고의 목적을 위해 사용될 수가 없습니다. 그런데 우리가 체계의 통일성을 성취하기 위하여 이성을 사용하게 되면 문제가 생깁니다. 그것은 경험을 통하여 알게 되는 것들 너머로까지 우리의 앎을 확장하려는 것인데, 그러한 확장은 인간의 인식능력으로는 불가능한 것이기 때문입니다. 다시 말해서 우리가 기껏해야 알 수 있는 것은 감각 데이터를 통한 오성의 인식의 산물입니다. 그런데 우리는 이러한 범위를 넘어선 영역까지도 체계를 구성하고자 합니다. 이것이 문제인 것입니다.

칸트에 따르면 초월론적 이념들은 체계적 통일을 시도합니다. 그런데 인간의 인식능력은 그러한 통일을 성취할 수 있는 힘을 가지고 있지 않습니다. 그것을 시도하는 것은 오성의 한계를 넘어서는 것입니다. 오성은 규제적인 것이기 때문입니다. 오성이 자신의 한계를 넘어 물자체에 대한 인식을 시도한다면, 즉 체계적 통일을 시도한다면 그것은 사변적인 영역으로 넘어가는 것입니다. 이때부터는 오성이 아니라 이성이 작용합니다. "이성의 사변적 작용"이 일어나는 것입니다. 다시 말해서 오성은 감각 데이터로 주어진 것에서 시작하여 인식을 낳아놓습니다. 이것까지 완수하고 자신은 사물의 본성 자체에 대한 인식이나 초월론적 이념에 대해서는 앎을 가질 수 없다는 것을 자각합니다. 그러면 그것은 오성의 규제적인 영역에 머물러 있는 것입니다. 그렇지만 오성이 제일원리 등을 찾아내어 자연 세계와 인간의 삶의 세계 전체를 통일적으로 설명하려고 하면 이때부터는 감각 데이터에 기반한 인식은 설 자리가 없습니다. 초월론적 이념을 요청해야만 하는 것입니다. 그것이 바로 이성의 사변적 사용입니다.

오성이 자신의 한계를 자각하고 그 오성의 한계를 넘어서면 이성이 됩니다. 오성과 이성의 힘의 차이가 여기에 있습니다. 이것을 칸트는 다음과 같이 표현합니다. "수학과 자연과학에서 인간 이성은 그 경계를 인식하나 어떤 한계도 인식하지 않는다." 이성은, 경계는 인식하는데 한계는 인식하지 않는다고 했습니다. 이성은 한계가 없습니다. 오성만 가지고 수학과 자연과학을 하면 한계가 있습니다. 오성은 자신이 넘어가면 안 되는 한계를 분명하게 알고 있습니다. 그런데 이성은 그것을 경계라고 간주할 뿐이고, 그 경계선을 넘어서지 못한다고 여기지는 않습니다. 그런 까닭에 이성은 그 경계를 자신의 한계라고 생각하지는 않습니다. 이성은 경계는 인식하나 한계는 인식하지 않습니다.

한계를 알지 못하는 이성은 통일적 체계를 만들려고 합니다. 이것은 '이성의 사변적(spekulativ) 사용'입니다. 이성의 사변적 사용을 한마디로 하면 '구성'입니다. 이성은 통일적 체계를 구성하려 합니다. 오성은 인간의 인식이 미칠 수 있는 범위가 어디까지인지를 알려줍니다. 그것은 규제적(regulativ)입니다. 그런데 이성은 통일적 체계를 구성하려 합니다. 그것은 구성적(konstitutiv)입니다. 그런데 칸트는 이처럼 이성이 사변적으로 구성하여 통일적 체계를 구성하려는 것이 '변증론'의 상황에 처하는 것이라고 합니다. 여기서 변증론의 상황은 이러지도 저러지도 못하는 상황이라고 일단 이해해둡시다.

변증론의 상황, 이것이 무엇인지에 대해 생각해봅시다. 앞서 말했듯이 칸트가 《순수이성비판》을 출간한 이후 재판을 출간하기 전에

《형이상학 서설》을 쓴 것은 《순수이성비판》의 성과를 집약하고 그것의 의의를 밝히려는 데 일차적인 목적이 있었습니다. 그것을 방금 등장한 술어들로써 이해해보면 《순수이성비판》의 의도는 '인간 이성이 초월론적 이념으로써 통일적 체계를 사변적으로 구성하려는 시도는 불가능하다는 것을 밝히는 것'이었다고 할 수 있겠습니다. 그러나 인간은 형이상학적 요구를 가집니다. 다시 말해서 이성의 사변적 사용을 시도합니다. 그렇다면 그 요구를 충족시키기 위해서는 어떻게 해야 할까요. 《형이상학 서설》은 이러한 요구의 충족을 위해서 이성을 어떻게 사용하면 형이상학을 할 수 있는가를 보여주려는 시도입니다. 그렇다면 《순수이성비판》의 적극적인 목표 또는 숨은 목표는 형이상학의 올바른 정초를 위한 사전 정지작업이라고 할 수 있습니다.

| 제31강

플라톤·아리스토텔레스·데카르트·칸트·헤겔
형이상학의 핵심 문제

《순수이성비판》과 《형이상학 서설》의 목표를 살펴보았으니 이제 플라톤에서 아리스토텔레스·데카르트·칸트에 이르는, 그리고 더 나아가 헤겔에 이르는 형이상학의 핵심 문제를 간략하게 개관하기로 합시다. 이러한 개관 속에서 칸트의 시도가 어떤 의의를 가지고 있는지를 알아두는 것이 이후의 읽기에 바탕이 될 것입니다.

형이상학의 탐구 영역은 존재 전체입니다. 이것에는 눈에 보이는 자연의 사물들도 들어갑니다. 눈에 보이는 자연적인 사물만이 아니라 자연의 배후에 있는 법칙들까지도 존재에 포함됩니다. 그리고 하나가 더 있습니다. 바로 도덕 행위의 원리들입니다. 그것도 존재론의 대상이라 할 수 있습니다. 그리고 무한자가 있습니다. 이것들을 유한자(또는 대상 세계), 인간, 무한자라는 축을 중심으로 생각해봅시다.

플라톤에서 인간과 유한한 사물, 즉 대상과의 관계는 어떠합니까. 인간이 눈을 가지고 사물을 보기도 하고 사물이 우리에게 정보를 주기도 하는데, 이렇게 하여 얻어진 것은 의견(doxa)입니다. 이것은 확실하지 않습니다. 유한한 사물과 인간은 불확실한 앎으로 연결되어 있습니다. 이것은 감각에 의한 것이기 때문입니다. 감각에 의한 것이고, 불확실한 것이고, 그래서 의견일 뿐입니다. 인간과 무한자의 관계를 봅시다. 플라톤에 따르면 인간은 무한자를 알 수 있습니다. 아무나 알 수 있는 것은 아니지만 일단 아는 것이 가능합니다. 다시 말해서 인간이 무한자로 상승할 수 있습니다. 인간이 무한자로 올라가는 방법은 무엇입니까. 그것은 에로스입니다. 욕구가 있어야 합니다. 욕구가 있어야 하고, 《향연》에 첫머리에 나오듯이 연습(melete)을 해야 합니다. 에로스를 가진 자가 연습을 해야 하는 것입니다. 연습 과정은 《국가》에서 철인 통치자의 교육에 관한 내용으로 제시되어 있습니다. 그들이 연습해야 하는 기술 중에는 변증술이 있습니다. 그런데 그렇게 연습을 하고, 연습한 것을 기억하려면 인간의 영혼이 불멸해야 합니다. 영혼불멸은 《파이돈》의 주제 중 하나입니다. 그렇게 기억한 것들은 혼에 새겨지는 기억이고, 죽은 뒤에도 간직되는 기억이고, 다시 살아나는 기억, 즉 상기(anamnesis)입니다.

플라톤에서 무한자는 사실 '선善의 이데아'입니다. 이 선의 이데아는 이론적 앎의 영역과 실천적 행위의 근본원리가 결합되는 지점에 놓여 있습니다. 모든 존재의 최상위에 있는 근본원인이 선입니다. 이렇게 하면 악은 어떻게 될까요. 실체성이 없는 것이 됩니다. 선을 가지지 않은 것이 되는 것입니다. 플라톤 철학의 근본 목적은 세계의 악을 원리적으로 절멸시키는 데 있다고 할 수도 있습니다. 이것이 플라톤적 이념입니다. 기독교에서는 '선하신 하느님'이라고 말합니다. 세계의 창조주인 신이 선하기 때문에 기본적으로 이 세계는 선의 원리 위에서 움직여가는 것입니다. 플라톤에서는 선의 이데아에 대한 앎이 가능하니까 선의 이데아에 대한 앎을 가지고 있으면 곧바로 선한 행위를 할 수 있습니다. 이렇게 하여 '이론과 실천의 통일'이 일어납니다. 물론 이러한 통일에 이르려면 끊임없이 연습을 해야만 합니다. 플라톤은 선의 이데아라는 것 하나를 가지고 모든 존재의 세계를 싸안아버리는 것입니다. 이것을 전일론全一論(Holism)이라고 합니다.

플라톤이 일종의 믿음처럼 보인다면 아리스토텔레스는 건전하고 상식적입니다. 아리스토텔레스는 일단 지각에서 시작합니다. 우리의 앎은 지각에서 시작해서 기억, 경험 등을 거칩니다. 인간은 이 모든 것을 거친 다음 '부동의 원동자'라고 하는 무한자에 이를 수 있습니다. 아리스토텔레스는 이 무한자를 신(theos)이라고 부르기도 합니다. 아리스토텔레스에서는 이론적인 앎의 영역이 완결된 체계 속에 있습니다. 이론적인 앎의 영역은 부동의 원동자를 정점으로 하는 전일론적 체계를 갖추고 있습니다. 플라톤보다 훨씬 더 전일적입니다. 플라톤에서는 의견의 영역과 진리의 영역이 구별됩니다. 그 사이에는 건너뛸 수 없는 비약이 있습니다. 그렇지만 아리스토텔레스에서는 자연학부터 형이상학에 이르는 전 과정이 정합적인 체계로 꿰어 있습니다. 또한 플라톤과 다르게 저 부동의 원동자가 각각의 사물 안에 목적으로서 내재해 있습니다. 플라톤에서는 이 목적이 사물 안에 들어가 있지 않고 바깥에 있으며, 각각의 사물은 이 목적을 나누어 가지고 있습니다.

아리스토텔레스에서는 이론과 실천이 서로 분리되어 있습니다. 즉 이론학과 실천학이 체계적으로 연결되지 않습니다. 이론과 실천의 분리는 지금 다루고 있는 칸트에서도 나타납니다. 물론 아리스토텔레스와는 다르다는 것만 일단 언급해두겠습니다. 아리스토텔레스에서는 실천을 잘하려면 품성(hexis)을 잘 닦아야 합니다. 실천의 궁극적인 목적은 행복(eudaimonia)입니다. 행복에 도달하려면 품성을 잘 닦아야 한다는 것입니다. 그런데 문제는 날마다 품성을 닦아서 도달한 행복이 과연 도덕적으로 올바른 것인지를 알 수 없다는 것입니다. 윤리학과 정치학은 실천의 문제를 다루지만 그것은 엄밀한 이론적 학이 아닙니다. 그저 우리의 일상에서 실행되는 돌이킬 수 없는 관습에 관한 논변들일 뿐입니다. 아리스토텔레스의 실천학은 이론학과 맞물려 있지 않습니다. 이것이 아리스토텔레스의 난문입니다. 실천의 궁극적인 원리, 즉 실천이 지향해야 하는 도덕의 제일원리를 과연 이 형이상학에서 가져올 수 있는지에 대해 확답을 내릴 수가 없습니다.

착함을 어떻게 실현할 것인가의 문제에 대해 아리스토텔레스가 내놓은 대답은 인간은 정치적 존재라는 것입니다. 이론학, 즉 형이상학에서 내놓은 대답은 실천의 영역에서는 깔끔하게 통용될 수 없다는 것을 깨달았기 때문입니다. 실천은 고난을 통한 닦음을 거쳐야 하는데, 이 수련이라는 것, 습성을 기르는 것은 관조 속에서 깨달을 수 있는 게 아닙니다. 그것은 인간과 인간이 부대끼면서 살아가는 가운데 터득되는 것입니다. 정치생활 공동체인 폴리스에서 살아가면서 알아차리는 수밖에 없는 것입니다. 그런 까닭에 아리스토텔레스에서는 어떤 종류의 폴리스에 사느냐가 중요한 문제가 되는 것입니다. 형이상학에서는 인간이 무한자인 신에 이를 수 있을지는 모르겠으나 실천의 영역에서는 그러한 앎을 관철할 수 없습니다. 이론과 실천은 분리되어 있고, 그것이 통일적 체계 속으로 들어갈 수 없습니다.

데카르트, 칸트, 헤겔, 이 세 사람은 자기가 자기에 대해서 생각하는 '자기의식'에서 출발한다는 공통점이 있습니다. 자기의식, 이것이 근대적 사유의 출발점임에 틀림없습니다. 플라톤과 아리스토텔레스는 자기의식에 관한 논의가 없습니다. 그들이 살았던 세계에서는 세계와 완전히 단절된 독자적 개체로서의 인간이라는 개념 자체가 아예 떠오르지 않았기 때문일 것입니다. 데카르트는 '의심하는 나'에서 시작하여 자기의식에 이릅니다. 그러나 이 자기의식은 불안합니다. 뭔가를 알고 싶다면 신으로부터 확증을 빌려와야 합니다. 데카르트는 그것이 신인지 아닌지는 증명할 수 없지만 자신의 유한함을 철저하게 깨달으면 깨달을수록 신으로부터의 확증은 강하게 온다고 하였습니다. 이것이 데카르트 철학에서 유한자인 인간과 무한자인 신의 관계입니다. 신에 대한 믿음이 이렇게 어설픈 자기의식으로 표현되었다고 볼 수 있습니다. 그렇게 관계를 맺었다는 확신이 있을 때에야 비로소 데카르트는 대상 세계로 나아갈 수 있었습니다. 그가 대상 세계에 대해 알게 되는 것은, 그것이 과학적 절차에 의해서든 단순한 편견에서든 신의 보장이라는 배경 속에서 작동하는 것입니다. 데카르트는 이론적인 측면에서 형이상학을 이렇게 구축했지만 실천적 측면에 대해서는 별다른 말을 하지 않았습니다. 그가 내놓은 윤리학적 교설은 없다 해도 지나친 말이 아닙니다. 실천의 측면에 관하여 데카르트가 적극적으로 주장한 바는 '정념'에 관한 이론인데, 그것은 도덕적 주체의 본성에 관한 것이지 현실 세계에서의 도덕적 실천에 관한 것은 아닙니다.

    칸트에서는 무한자인 신과 유한자인 인간 사이의 통로가 완전히 닫혀 있습니다. 신으로부터 뭔가가 올 수도 있겠으나 그것이 신의 본질인지 아닌지를 인간은 알 수 없습니다. 물론 인간의 인식을 형성하기 위해서 대상 세계로부터 뭔가 옵니다. 그렇게 우리에게 온 데이터는 주관의 직관에 닿습니다. 그러면 주관이 가지고 있는 오성의 범주(Kategorie)가 그 데이터를 구별하여 인식을 만들어냅니다. 이 범주는 인식 주관이 선험적으로 가지고 있는 것입니다. 칸트는 그것이 틀림없이 인식 주관에 있다고 말합니다. 이 범주가 대상 세계에서 온 데이터를 구성하여 인식을 만들어냅니다. 이렇게 성립한 인식은 절반만 확실한 것이 될 것입니다. 칸트에서는 이론적인 앎의 영역에서도 완전히 확실한 인식을 만들어낼 수 없습니다. 대상 세계에서 주어지는 데이터가 확실하지 않기 때문입니다. 진리 인식의 원천이 자기에게 있지만 회의주의를 극복하지는 못한 것입니다.

더 나아가 칸트에서는 자유의지로써 성립하는 도덕의 세계도 확실한 앎에 기초하여 성립하는 것이 아닙니다. 무한자에 대한 앎을 가지고 있지 못하므로 영원 불변한 보편적 도덕의 기초를 세울 수 없습니다. 인간이 요청해야만 하는 것입니다. 신이나 영혼불멸에 대해 생각하는 것은 사변적인 것입니다. 그런 까닭에 칸트에서는 이론과 실천의 통일도 일어나지 않습니다. 무한자에 대한 앎을 가질 수 없으니 이성의 사변적인 요구는 계속되고, 이론적인 세계에서도 절반만 확실한 앎이 있습니다. 칸트는 의심과 확신의 경계선에 계속 서 있는 것입니다. 어쩌면 이것이 칸트 철학의 매력일지도 모릅니다. 칸트에서 인간은 무한자로 올라설 수 없습니다. 올라서고 싶은 욕구는 있으나 그것은 사변적인 것입니다. 유한자인 인간이 섣부르게 무한자를 욕구하는 것은 아닌지를 계속해서 비판하고 있어야 합니다. 조금이라도 인간의 한계를 넘어선다는 생각이 든다면 곧바로 그 생각을 거둬들여야만 하는 것입니다. 칸트는 계속해서 고민만 하는 것입니다. 비판하고, 한계를 분명히 하면서 방황하는 것입니다.

헤겔 철학에서는, 외부 세계에서 뭔가 데이터가 주어진다 해도, 인간이 데이터를 그냥 수동적으로 받아들이는 것이 아니라 정신이 스스로의 힘으로 대상 세계까지 나아갑니다. 우리 인간 정신의 활동이 대상 세계로 나아간다는 것입니다. 정신이 스스로 바깥으로 나아가서 대상 세계와 접촉하고 그 대상의 본성을 자신에게 가지고 옵니다. 정신은 무한자의 입장으로까지 뻗어나갑니다. 그렇게 하여 하나의 통일된 총체성(Totalität)을 이룹니다. 헤겔의 체계 안에서는 이러한 총체성이 유기적으로 짜여 있습니다. 그러나 헤겔의 체계를 벗어나면 그것은 거대한 사기처럼 보입니다.

플라톤에서 인간은 초월적 앎에 이를 수 있다고 천명됩니다. 초월적 앎을 가진 자들은 이론과 실천에 있어서 최상 최고, 가장 높은 경지에 이르지만 《국가》를 읽어보면 통치자들은 세상의 일에는 관심이 없습니다. 억지로 끌어내서 통치를 하게 해야 합니다. 맞는 말일 것입니다. 우리가 사는 세상은 지혜로움이 쓸모없는 곳으로 보입니다. 플라톤에서 궁극목적은 선의 형상입니다. 이 궁극목적을 추구해서 그 경지에 이른 사람들은 그것에 이르는 것 외에는 아무것도 원하지 않습니다. 궁극목적을 추구한다는 것이 목적인 것입니다. 목적 추구 안에 목적이 있습니다. 그것은 어떻게 보면 무목적적인 것입니다. '궁극목적 추구의 무목적성'이라 할 수도 있고 '무목적적 궁극목적 추구'라고 할 수도 있습니다. 플라톤 철학은 아주 철저한 현실 인식에서 시작했는데, 그런 현실들을 계속 추상하면서 궁극목적에 이르렀습니다. 거기에 이른 이들은 현실로 내려오려 하지 않습니다. 그렇지만 앞서 말했듯이 억지로라도 현실세계에 내려와 이론적 앎을 실천하게 합니다. 플라톤은 이론과 실천의 통일을 추구하는 철학을 보여준다고 할 수 있습니다. 플라톤과 아리스토텔레스 모두 무한자에 이를 수 있는 인간의 가능성을 철저하게 긍정하고 있습니다. 플라톤 철학의 어떤 부분에는 인간에 대한 절망이 있을 것입니다. 그렇지만 근본적으로 플라톤은 인간에게 희망을 가집니다.

데카르트에서는 인간이 자신의 유한성을 자각해야만 신의 무한성을 알 수 있는 아주 불안한 존재입니다. 그런데 신에 의존하면서도 자신이 인간이라는 것은 잊지 않고 있습니다. 이것이 데카르트의 자기의식입니다. 이론과 실천 양 측면에서 인간 자신이 유한자라는 것을 자각하고 있습니다. 데카르트의 이런 자기의식이 칸트에도 들어오는 것은 사실입니다. 그런데 칸트에서는 인간과 신이 합치될 수 없습니다. 인간과 신은 마주보고 있는 존재들입니다. 유한자와 무한자가 맞서 있습니다. 플라톤이나 아리스토텔레스에서는 유한자인 인간이 노력하면 무한자에 이를 수 있었습니다. 이것은 고대적인 사유입니다. 근대적인 사유에서는 자기의식이 등장하면서 신과 멀어져버렸습니다. 내가 나에 대해 생각하면 할수록 신이 안 보이는 것입니다. 프로테스탄트는 인간이라고 하는 존재가 '그 어떤 매개를 거치지 않고도 신을 만날 수 있다'고 주장합니다. 가톨릭에서 내세우는 성사聖事를 거치지 않고도 구원에 이를 수 있다고 주장하는 것입니다. 이것이 자기의식입니다. 이렇게 철저하게 단독자로서의 인간의 위치를 확보했는데, 확보하면 확보할수록 신으로부터 멀어지게 되는 것입니다.

칸트에 따르면 인간의 앎은 경험에서 시작합니다. 그런 까닭에 인간의 앎은 확실성에 이를 수 없습니다. 도덕적 행위 또한 경험세계에서는 정초할 수 없습니다. 윤리적 명령은 어떤 경험적 사실로부터도 독립되어 있어야만 합니다. '똑바로 살지 않으면 죽어서 벌 받는다'라든가, '올바로 살면 천국 간다'와 같은 것은 도덕적 실천을 위한 판단이 아닙니다. 이러한 것들은 조건을 달고 나온 판단입니다. 실천의 영역에 들어왔을 때는 이성의 사변적 요구가 들어섭니다. 도덕 행위의 목적은 최고선입니다. 최고선은 최상선('이렇게 살아야 한다', '사람을 목적으로 대해야 한다'는 것과 같은 도덕 명령)과 행복(현실의 실현 원리)이 결합되어야 합니다. 최고선이라고 하는 이념은 감각 데이터를 우리에게 주지 않기 때문에 우리가 이것을 알 수는 없습니다. 이것은

'직관이 없는, 사유의 순수한 형식'입니다. '직관이 없다'는 것은 경험 데이터를 가지고 있지 않다는 것입니다. 최고선은 그런 까닭에 사유에서만 가능한 순수한 형식적인 것입니다. 내용이 없습니다. 직관이 있어야, 직관으로 데이터가 들어와야 내용이 있을텐데 그냥 '착함'이라고 하는 형식만 있는 것입니다. 칸트에서 앎이라는 것은 일단 직관이 있어야 합니다. 감각 데이터가 있어야 앎이 시작되는데 직관이 없으니 앎 자체가 시작되지도 않고 알 수도 없습니다. 그런데 도덕적 판단을 하는 데에는 최고선이라는 이념이 절실하게 필요한 것입니다. 그러니 요청하는 수밖에 없습니다.

최고선을 요청한다는 것은 그것이 플라톤의 '선의 이데아'나 아리스토텔레스의 '부동의 원동자'처럼 미리 있다는 것이 아닙니다. 어떤 상황에 우리가 처했을 때, '아무래도 최고선이 있다고 생각하고 그것을 가정하고, 나의 행위가 그것의 인도를 받고 있다고 생각하고 하는 게 낫지 않을까'라고 우리 행위를 통제하는 것일 뿐입니다. 이 최고선이라고 하는 것은 우리 인간에 앞서 있어서 우리 인간의 행위를 적극적으로 만들어내는 구성적 원리가 아니라, 우리 행위를 그때그때 통제하는 통제적 원리라는 것입니다. 칸트의 최고선은 플라톤의 선의 이데아, 아리스토텔레스의 부동의 원동자와 바로 이런 점에서 다릅니다.

도덕의 원리가 구성적인 것이 아니라 통제적인 것이라 해도 그것은 자유의지의 결단에 의해 움직입니다. 그것은 경험 데이터가 없기 때문에 형식적일 뿐입니다. 형식적이기 때문에 경험 세계로부터 벗어나 있습니다. 일체의 경험에 의존하지 않습니다. 그러나 도덕의 궁극목적인 최고선을 실현하려면, 현실의 실현 원리로서의 행복이 있어야 합니다. 행복은 감성적 영역에 있습니다. 달리 말하면, 자연의 영역입니다. 자연의 영역은 인과관계로 작동합니다. 인과율로 작동하고 있지 않는 도덕 행위라는 궁극목적을 바로 이 영역에서 실현하려니까 충돌이 일어날 수밖에 없습니다. '내가 최고선을 실현하기 위해서 자연을 이용할 수밖에 없는 경우'가 되었습니다. 이러한 상황에서 칸트는 자연 영역과 자유 영역을 연결하기 위하여 이런 식으로 생각합니다. '자연 영역이 인과율에 따라 움직이고 있다는 것은 말 그대로 자연의 사실이지만, 이 자연도 최고선이라고 하는 거대한 목적을 실현하기 위해서 있는 것이라고 마음속으로 가정해보자'는 것입니다. 칸트의 이러한 생각은 '자연 목적론'을 상정하는 것입니다. 실제로 있지는 않지만 자연 속에 목적이 있다고 생각해본다는 것입니다. 그렇게 생각해보아야 자연이 인간의 궁극목적을 실현하는 수단으로 정당화될 것입니다.

칸트가 상정한 이 목적은 자연 안에 있는 것이 아닙니다. 우리가 생각한 것일 뿐이기 때문입니다. 그것은 자연 바깥에 있습니다. 자연 바깥에 있기 때문에 '외적인 것'이고 '목적에 합치하는' 것입니다. 그걸 묶어서 칸트는 '외적합목적성'外的合目的性이라 부릅니다. 그렇다면 이렇게 자연 바깥에서 자연을 목적에 연결시키는 일을 하는 힘은 무엇일까요. 자연을 탐구하여 인간의 앎의 한계를 설정하는 오성(Verstand)은 아닙니다. 이것은 또한 무한자나 목적을 요청하는 사변적 이성(Vernunft)도 아닙니다. 그것들 각각은 각각이 관여하는 영역이 있기 때문입니다. 이 힘은 오성이 하는 일에도 관여하고 이성이 하는 일에도 관여하는 제3의 것입니다. 이 제3의 것이 판단력입니다. 칸트가 하는 말로 해보면 "우리들의 인식능력의 순서에 있어서 오성과 이성 사이의 중간항을 이루고 있는 판단력"《판단력비판》, 서언)인 것입니다.

자연과 자유의 통일적 체계
《판단력비판》

제32강

판단력의 연원

판단력은 지속적인 활동입니다. 따라서 《판단력비판》은 《순수이성비판》과 《실천이성비판》 사이에서 그 둘을 매개하는 활동을 다룬 책이 됩니다. 그러나 원리적인 측면에서 말해보면 이와는 조금 다릅니다. 앞서 말했듯이 칸트에서는 최고선의 실현이 가장 중요한 문제입니다. 그것은 '실천이성의 우위'라는 것으로 표현됩니다. 최고선의 실현은 실천이성의 요청에 따라서 상정되는 것입니다. 그런 까닭에 《순수이성비판》이나 《판단력비판》은 이러한 목적 실현에 기여하기 위한 것들, 즉 그것들의 하위에 놓인 것들이 되는 것입니다. 이러한 논지를 염두에 두고 우리는 이제 '판단력'이라는 개념의 연원부터 살펴보기로 합시다.

판단력(Urteilskraft)은 '특수들을 비교하여 그것들을 포섭하는 보편을 상정想定하고 연결시키는 힘'입니다. 언뜻 보기에도 복잡해 보입니다. 이것을 이해하기 위해서는 이 개념이 형성된 연원을 알아둘 필요가 있습니다. 우리의 논의의 출발점은 샤프츠베리Shaftesbury의 '세련'(refinement)이라는 개념입니다. 샤프츠베리는 잉글랜드의 미학자입니다. 그가 제시한 이 '세련'이라는 개념은 사실 딱 떨어지는 원리에 근거한 것이 아닙니다. 우리도 일상적으로 이 '세련'이라는 말을 씁니다. 가령 '저 사람은 세련된 듯하다'고 말할 때 이것은 정해진 기준에 따라 잘라 말할 수 있는 것은 아닙니다. 흔히 하는 말로 막연히 느낌이 그런 경우에 사용하는 것입니다. 비례의 미학과 같은 원리에 따라 적용할 수 있는 미학의 개념이 아닌 것입니다. 그런 원리를 가지고 따지는 것은 이른바 고전 미학일 것입니다. 세련이라는 것은 기본적으로 감각입니다. 감각은 감각인데 혼자만 가진 것이 아니라 일정한 부류의 사람들이 나누어 가지는 감각입니다. 그리고 이러한 감각은 홀로 독방에서 수도하여 깨우칠 수 있는 것이 아니라 여러 사람들과 어울려 생활함으로써 체득되는 것입니다.

잉글랜드의 샤프츠베리에게 '세련'이라는 개념을 배운 스코틀랜드 사람은 프란시스 허치슨Francis Hutcheson입니다. 허치슨은 '세련'이라는 개념을 도덕에 적용합니다. 그에 따르면 도덕은 인간을 인간답게 만드는 형성물입니다. 막연한 말입니다. 여기서 도덕의 원천은 신도 아니고, 따로 존재하는 원리도 아닙니다. 사람들이 살아가는 가운데 만들어 가지게 되는 '형성된 것'입니다. 굳이 그것의 근거를 말해보자면 '도덕감'이라 할 수 있습니다. 아담 스미스Adam Smith에서는 이 도덕감이라는 말이 '도덕감정'(Moral Sentiments)으로 사용됩니다. 아담 스미스가 쓴 책에《도덕감정론》(The Theory of Moral Sentiments)이 있습니다. 아담 스미스는 허치슨에게 도덕철학을 배웠고 글래스고우 대학의 도덕철학 교수가 되었습니다. 그렇다면 아담 스미스가 말하는 도덕철학은 무엇일까요. 아담 스미스의《국부론》(The Wealth of Nations)에 다음과 같은 정의가 나와 있습니다. "소수의 설명원리에 의해 자연의 여러 현상이 정리 정돈되고 서로 연결되는 방식으로 일상생활의 격언들도 체계적인 순서로 소수의 일반원리에 의해 연결되었다. 이와 같이 사회 현상의 배후에 존재하는 연결원리를 연구하고 설명하는 과학을 도덕철학이라 부른다." "소수의 설명원리에 의해 자연의 여러 현상이 정리 정돈되고 서로 연결되는 방식"은 자연과학에서 하는 일입니다. 그런데 이러한 자연과학의 "방식으로 일상생활의 격언들도 체계적인 순서로 소수의 일반원리에 의해 연결"하면 그것이 도덕철학이 된다는 것입니다. "일상생활의 격언"은 말 그대로 우리의 삶에서 생겨나는 것입니다. 이것들을 고찰하는 것이 도덕철학입니다. 그런데 아담 스미스가 다루는 도덕철학은 오늘날 우리가 도덕이라고 하는 것, 또는 칸트가《실천이성비판》에서 도덕이라고 말하는 것과는 다릅니다. 그것은 구체적으로는 '자연신학, 윤리학, 법학, 정치경제학'입니다.

아담 스미스는 글래스고우 대학에서 '자연신학, 윤리학, 법학, 정치경제학'을 가르쳤습니다. 여기 법학에는 '시민정부의 지도원리, 법과 통치의 일반원리'가 포함됩니다. 이것은 독일에서는 '관방학'官房學(Kameralwissenshaft)으로 불립니다. 오늘날 몇몇 서구 대학에 설치된 '디파트먼트 오브 거버먼트'Department of Government가 이 전통을 이어받은 학문 분야입니다. 이 분야를 오늘날의 분류로 나누어보면 행정학, 철학, 법학, 윤리학 등을 묶은 것이라 할 수 있습니다. 이것이 헤겔 당대에는 '국가학'이라 불리기도 하였습니다. 일반적으로는《법철학》이라 불리는 헤겔의 저작은 본래 제목이 '법철학 강요 또는 자연법과 국가학의 원리'입니다.

아담 스미스가 말하는 도덕철학은 이러한 성격을 가지고 있습니다. 이것은 칸트가《실천이성비판》에서 말하는 것과 같은 절대적 명령 등을 다루는 것이 아닙니다. 영국에서는 도덕철학(moral philosophy)이 도덕과학(moral science)으로 전환됩니다. 그것을 보여주는 사례가 존 스튜어트 밀John Stuart Mill입니다. 존 스튜어트 밀의 《논리학 체계》(System of Logic)에는 '인간과학 또는 도덕과학'이라는 술어가 등장합니다. 아담 스미스 시대(1723~1790)까지는 인간에 대한 연구가 아무리 과학적이라 해도 여전히 철학의 영역에 속했기 때문에 그것은 도덕철학이라 불렸습니다. 그러나 존 스튜어트 밀의 시대(1806~1873)에 오면 인간에 관한 연구도 자연과학의 방법으로써 가능하게 되었음을 천명하듯이 '도덕과학'이라는 말을 거침없이 사용하게 되는 것입니다.

1776년에 출간된 아담 스미스의 《국부론》은 1759년에 출간된 《도덕감정론》보다 나중에 나온 책이기 때문에 도덕철학에 관한 논의는 《도덕감정론》부터 검토해야 합니다. 다음을 한번 읽어봅시다. "인간이 아무리 이기적인 존재라 할지라도 그 천성에는 분명히 이와 상반된 몇 가지가 존재한다. 이러한 천성으로 인해 인간은 다른 사람의 운명에 관심을 갖게 되며 단지 그것을 바라보는 즐거움밖에는 아무것도 얻을 수 없다 해도 다른 사람의 행복을 필요로 한다." "바라보는 즐거움만 얻을 수 있다 해도 다른 사람의 행복을 필요로 한다"는 것은 무관심적 관심입니다. 이것에 속하는 것은 연민과 동정입니다. 이것은 '다른 사람'의 고통을 나도 같이 느끼는 것입니다. 즉 공감(sympathy)입니다. 공감하는 과정을 풀어서 이해해보면, 내가 다른 사람의 감정 안으로 들어가서 그가 느끼는 고통의 조각을 가지고 와서 내가 느끼는 것입니다. 타자로 나아가서 그 타자로부터 나에게 뭔가를 가져와야 공감이 성립합니다. 이것은 달리 말하면 공통감각(sensus communis)일 것입니다. 이것은 한 명의 인간에게서 일어나는 일이 아닙니다. 다른 사람과 공통으로 살아가는 시공간에서 일어나는 것입니다. 따라서 이 개념은 사회와 역사에 대한 철학적 탐구에서 핵심적인 것이라 할 수 있습니다.

우리가 다른 사람의 고통을 보거나 그것을 생생하게 느끼려면, 우리에게 연민이 있어야 합니다. 내 감정을 나에게서 끄집어내서 다른 사람 안으로 들어가야만 합니다. 이렇게 다른 사람 안으로 들어가는 것이 상상력(imagination)입니다. 우리가 상상력이라는 말을 일상적으로 쓸 때는 별다른 내용이 없는 환상을 펼쳐 보이는 것을 가리키는 경우가 많습니다. 여기서 상상력은 그런 것이 아닙니다. 공감과 같은 뜻을 가진 말입니다. 상상력을 독일어로 옮기면 구상력(Einbildungskraft)이 됩니다. 이 용법이 《국부론》에서 제시되고 있습니다. "상상을 통해 우리는 자신을 다른 사람이 처한 상황에 놓고 우리 자신이 그 사람과 같은 고통을 겪는다고 생각한다. 우리가 다른 사람의 고통을 인식하는 방식은 우리가 그 사람의 몸속에 들어가 어느 정도 그와 같은 사람이 되고, 그렇게 함으로써 그 사람의 감각에 대한 어떤 관념을 형성하며 그 정도는 약하더라도 그 사람의 것과 유사한 감각까지 느끼는 것과 같다. […] 우리가 다른 사람의 고통에 대해 동류의식을 느끼는 원천은 바로 이것이다. 상상을 통해 고통을 받는 자와 입장을 바꿔봄으로써 우리는 고통을 받는 사람이 느끼는 것을 느낄 수 있거나 그가 느끼는 것에 영향을 받는다."

우리가 다른 사람의 몸속으로 들어가려면 먼저 우리는 자기 자신의 감정을 밖으로 내놓아야 합니다. 이것은 스스로를 외화하는 것입니다. 이러한 외화는 남이 시켜서 하는 것이 아니라 스스로 하는 것입니다. 그런 까닭에 자기외화입니다. 외화된 감정은 다른 사람의 몸속으로 들어갑니다. 그러면 내 감정은 다른 사람 안에 있는 것, 즉 타자내존재他者內存在 또는 타재태他在態(Anderessein)가 됩니다. 이 타자내존재는 타인의 마음 안에서 뭔가를 식별하고, 자신이 가진 것과 마찬가지인 것을 가져옵니다. 즉 타인을 거쳐서 다시 자신 안으로 되돌아옵니다. 이것은 자신으로 되돌아 옴, 즉 '자기내 귀환'(Reflexion-in-sich)이 됩니다. 이것이 바로 "상상을 통해 고통을 받는 자와 입장을 바꿔봄으로써 […] 고통을 받는 사람이 느끼는 것을 느낄 수 있거나 그가 느끼는 것에 영향을 받는" 과정입니다. 여기서 핵심은 '입장을 바꿔본다'는 것입니다. 이것은 상상력을 발휘하는 일입니다.

상상력을 발휘하여 타인과 같은 감정 상태에 들어서는 것은 '공통감'입니다. 근대에서 이 개념의 연원을 거슬러 올라가면 이탈리아의 잠바티스타 비코Giambattista Vico가 있습니다. 비코에서 공통감은 사려깊음(prudentia)과 설득력(eloquentia)이 결합된 것입니다. 주어진 상황에 대해 다양하게 고찰하고 그것을 설득력 있게 내놓는 것이 공통감입니다. 이것은 상황 판단력과 같은 말입니다. 더욱이 비코에서는 단순한 상황 판단력이 아니라 도덕적 해결 능력까지도 포함합니다. 우리가 이런 판단을 하게 되는 과정을 생각해봅시다. 우리 앞에 어떤 상황이 벌어져 있습니다. 우리는 그 상황의 파편들을 주워 모읍니다. 이것은 특수들입니다. 그런 다음 우리 머리 속에 전체가 어떠하리라는 막연한 구도를 떠올린 후, 그 특수들을 보편적인 것으로 집약하려 합니다. 다시 말해서 주어진 특수들을 보편적인 것에 종속시킴으로써 올바른 것이 생겨나게 하는 것이 공통감일 것입니다. 여기서 특수들을 집약하는 보편은 일정한 원리에 따라 미리 있는 것이 아닙니다. 또한 집약되는 특수들이 그 보편으로부터 이끌어져 나왔던 것들도 아닙니다. 이 보편과 특수들은 그때그때 상황에 따라 적절하게 형성된 것일 뿐입니다. 비코의 이 공통감은 아리스토텔레스의 실천적 지혜(phronēsis)와 같은 것입니다. 실천적 지혜는 윤리적 존재의 규정적 내용과 수단을 취사 선택하는 통제적 능력입니다.

아담 스미스 등의 스코틀랜드 계몽주의에서는 '공통감'이 '공통감각'(sensus communis)이라는 말로 되살아났습니다. 이것은 미적 감각과 역사적 사회적 감각으로 구성되는데, 아름다움과 좋음에 관한 공감을 가리킵니다. 달리 말할 때는 '취향', '취미'라고도 합니다. 이것은 그저 개인의 취향을 가리키는 말이 아닙니다. 사회적 차원에서의 적절함이라고 해야 그 의미에 부합할 것입니다. 이 말을 독일어로 옮기면 공통감각(Gemeinsinn)이나 건전한 인간오성(gesunder Menschenverstand)입니다. 이러한 공통감각(또는 건전한 인간오성)에 의한 판단을 칸트의 《판단력비판》에서는 '취미판단'이라고 합니다. 이것은 스코틀랜드에서 만들어진 의미가 그대로 번역되어 사용된 사례입니다. 이 개념이 잉글랜드나 스코틀랜드에서는 역사적 사회적 감각까지도 포함한 것으로 이해되었습니다. 잉글랜드나 스코틀랜드에서는 지식인들이 역사적 사회적 비판을 행할 수 있는 여건이 마련되어 있었기 때문입니다. 18세기 독일의 강단 철학과 계몽 철학(독일에서는 '통속 철학'Popularphilosophie이라 불림)은 자율적인 정치 체제가 마련되어 있지 않은 독일에서 생겨났기 때문에 이 개념은 역사적 사회적 의미가 떨어져 나간 채 받아들여졌습니다. 미학적 의미만이 수용된 것입니다. 그런 까닭에 독일에서는 공통감이 대상과 공감을 이룰 수 있는 능력으로만 이해되고, 사회적 역사적 맥락에서는 사용되지 않습니다.

독일 철학에서는 공통감각과 같은 뜻인 '판단력'은 논리적으로 증명되지 않는 능력이므로 그것을 움직이는 지도적 원리를 알아낼 수가 없습니다. 원리가 없으니 저급한 것으로 간주됩니다. 앞서 말했듯이 여기서 사용되는 보편은 미리 주어진 것이 아닙니다. 특수들을 그때그때 모아서 일정한 보편에 이를 뿐입니다. 이처럼 어떠한 개념도 미리 주어지지 않은 상태에서 완전상태에 대해 반성하는 능력이 바로 판단력입니다. 이는 '취미'(Geschmack)에 관여하는 힘입니다. 취미는 본래 미학 개념이 아니라 도덕 개념입니다. 물론 아름다운 것을 아름다운 것으로 인식할 뿐만 아니라, 모든 아름다운 것에 적합한 적도適度를 주시하는 능력을 가리키는 것이기도 하므로 미학 개념이라 할 수도 있습니다. '상상력'도 마찬가지 맥락에서 사용됩니다. 이는 판단력과 마찬가지로 특수가 전체와의 관계 속에서 조화를 이루는지, 적합한지를 따져보는 힘입니다.

  판단력, 취미, 상상력에 대해서는 이론적으로 따져서 논증을 할 수 있는 것이 아닙니다. 그런 까닭에 그것에 대해서는 논리적인 반박이나 논박하는 것(disputieren)이 불가능합니다. 우리가 그것에 대해 할 수 있는 것은 논쟁(Streiten)일 뿐입니다. 우리는 취미판단의 대상에 대해서는 원리적으로 설명할 수 없습니다. 적합한지 아닌지만 따져볼 수 있을 뿐입니다. 그것에 대해서는 모든 사람이 동의하는 보편적 기준은 없습니다. 이 기준이 미리 주어지지 않기 때문입니다. 어떤 완성태를 의식하기는 하지만 그 완성태라는 목적이 미리 주어지지 않고 특수들을 적절하게 모을 때 안내하는 역할만 할 뿐입니다. 이것은 목적개념이 통제적으로 사용되는 것입니다. 목적개념이 적극적으로 특수들을 규정하기 위해서, 즉 구성하기 위해서 사용되는 것이 아니라 통제적으로 반성적으로 사용됩니다. 자연현상을 과학적으로 설명할 때에는 자연현상이 일정한 법칙 아래 포섭되므로 이때는 규정적 판단력이 작용하는 것입니다. 이것은 이론이성이 특수를 구성하는 것입니다. 물론 그렇다 해도 이 법칙은 잠정적으로만 참입니다. 그런데 칸트는 취미에는 반성적 판단력만을 인정하고 적극적인 힘을 승인하지 않습니다. 이러한 목적을 승인하게 되면 독단적 형이상학에 빠지기 때문입니다. 아름다움이나 선 같은 것들은 반성적으로만 사유할 수 있을 뿐입니다.

칸트에서는 공통감이 이처럼 소극적인 의미만을 가지고 있었습니다. 그런데 칸트 이후의 독일에서는 그것과는 다르게 적극적인 의미를 가진 교양 또는 도야陶冶(Bildung)라는 개념이 등장하였습니다. 이는 미적 감각과 역사적 사회적 감각으로 이루어진 공통감이 적극적으로 전개된 것입니다. 칸트는 인간이 지향해야 하는 어떤 선행하는 목적을 놓고, 인간은 그것을 향해서 나아가야 한다고 하는, 하나의 구성적 인간 도야론을 제시한 사람은 아닙니다. 칸트는 그런 독단적 목적론에 빠지지 않으려고 항상 조심했습니다. 칸트에 대해서는 '육성'(Kultur)이라는 개념이 적당할 것입니다. 이것은 자신이 가진 소질을 개발하는 정도입니다. 이에 비해 교양 또는 도야는 적극적인 '자기형성'(Sichbildung)입니다.

프로이센의 교육부 장관이었던 훔볼트Karl Wilhelm von Humboldt에서 시작된 이 개념은 헤겔에 이르러 아주 적극적인 의미를 가지게 되었습니다. 헤겔은 이 개념으로써 인간과 인간의 교감을 이야기할 뿐만 아니라, 사회적 정치적 활동에 나서는 인간의 정신을 설명합니다. 그런데 헤겔은 거기서 그치지 않습니다. 그는 인간이 신의 모상(das Bild Gottes, Nachbild, imago Dei)이라는 생각을 기본적으로 가지고 있습니다. 헤겔에 따르면 인간은 자신 안에 신의 형상을 지니고 있으므로 그것을 완성해야 할 목적을 가집니다. 이것은 칸트에서는 전혀 발견되지 않는 초월적인 측면입니다. 칸트는 그런 목적을 세우는 것 자체를 독단이라고 보았습니다. 그렇지만 헤겔은 그런 목적을 세워야만 인간의 정신이 완성에 이를 수 있다고 생각했습니다. 인간은 도야의 과정에 착수하여 먼저 스스로를 바깥으로 내보냅니다. 그렇게 바깥으로 나아간 정신은 이질적인 것과 낯선 것에서 자신을 발견하고 자신과 공감을 이루는 것을 발견하려 합니다. 이러한 과정을 편력해서 결국 정신은 신의 형상을 자기 내면에서 완성한다고(하여야만 한다고) 보았습니다. 이 과정 전체가 정신이 무한자인 신의 입장에 올라서는 체계입니다. 이것을 서술한 것이 헤겔의 《철학백과》입니다. 그러나 거듭 말하지만 칸트는 이러한 것을 아주 사악한 독단이라고 할 것입니다. 칸트와 헤겔은 같은 독일 철학자이지만 그들의 학문적 목적과 성취는 유한자와 무한자의 거리만큼이나 멀리 떨어져 있습니다.

제33강

미감적 판단력, 목적론적 판단력

잉글랜드의 '세련' 개념이 '공통감'을 거쳐 헤겔의 '도야' 개념에 이르는 과정을 개관하였습니다. 이제 칸트의 《판단력비판》에 입각하여 판단력에 관한 설명을 되풀이하고 《판단력비판》이 전체적으로 무엇을 시도하고 있는지를 살펴보기로 합시다. 이러한 개관을 마치면 서론을 읽을 수 있을 것입니다.

앞서 판단력은 특수들을 비교하여 그것들을 포섭하는 보편을 상정하고 연결시키는 힘이라고 하였습니다. 예를 들어봅시다. 우리에게 '한국인'이라고 하는 것은 보편적 개념입니다. 그런데 한국인이려면 반드시 충족시켜야 하는 조건들이 딱 잘라서 정해져 있지 않습니다. 물론 국적법에는 뭔가 규정이 있을 것입니다. 그렇지만 일상적으로는 그 조건들이 뚜렷하지 않습니다. 어떤 외국인을 보고 '저 사람 이제 한국사람 다 되었네'라고 말합니다. 이 말을 하는 사람의 머릿속에는 한국인의 개념이 상정되어 있습니다. 그것을 상정한 다음 어떤 사람의 행동이나 말투 등, 즉 그 사람에서 발견되는 특수들을 살펴보고 자신이 상정한 보편 개념과 대조하여 판단을 내리는 것입니다. 판단력은 이처럼 철학책에만 들어 있는 것이 아닙니다. 판단력은 사회적 역사적 상황을 설명하는 데에 밑바탕이 되는 개념입니다. 사회는 자연과학적인 원리로 설명할 수는 없는 것이고, 어떤 식으로든 탐구를 해야 한다면 사회에 대해서도 보편적 개념을 이끌어내야 하므로 이러한 판단력을 사용하는 것입니다.

특수들을 비교하는 것은 특수들을 살펴보는 것이므로 이는 반성적(reflektierende), 즉 반성하는 판단력입니다. 이러한 특수들을 연결하는 원리는 통제적 원리로서의 합목적성(Zweckmäßigkeit)입니다. 합목적성은 사유 속에 상정한 보편에 합치하는 것을 가리킵니다. 미리 그 원리가 주어져 있어서, 그 원리에 따라서 한치의 오차도 없이 맞아 떨어지게 특수들을 집어넣는 것이 아닙니다. 통제적 원리와는 달리, 제일원리가 미리 있어서 그것에 따라 특수들을 분류해낼 수 있다면 그것은 규정적 원리입니다. 자연과학에서는 보편을 규정적 원리로 삼아 특수들을 체계로 구성할 수 있습니다. 자연과학의 경우에는 보편적일 뿐만 아니라 언제 어디서나 타당한 객관성을 확보할 수 있습니다. 그러나 통제적 원리로서의 합목적성을 가지고 특수들을 모을 때에는 아무리 보편적이라 해도 타당하지는 않습니다. 온전한 객관성에 이를 수가 없는 것입니다. 결국에는 합의에 이를 수밖에 없습니다. 어떤 사람을, 사람의 어떤 속성을, 어떤 특수들을 '한국인'의 보편성으로 모을 것인지는 한국사회 구성원들의 합의에 따라야 하는 것입니다.

'합의'는 과학의 원리가 아니라 정치의 원리입니다. 무엇이 아름다운가, 무엇이 올바른가, 무엇을 해야 할 것인가에는 합의나 동의만이 가능합니다. 확증은 불가능합니다. 합의에 이른 구성원들 모두가 그 합의를 지키기로 한다면, 그것은 주관적 보편성에 합의한 것입니다. 구성원들의 마음에서 합의한 것이기 때문입니다. 누군가가 그 마음을 달리 먹으면 합의는 깨집니다. 누가 어떤 마음을 먹든 깨지지 않는 것은 객관적 보편성입니다. 내가 그것에 합의해주지 않아도 지구는 태양의 둘레를 돕니다. 내 마음은 아랑곳하지 않고 도는 것입니다. 그렇지만 사회 구성원 모두가 합의하지 않으면 우리가 사는 사회의 법질서는 지켜지지 않는 것입니다. 우리가 옳다고 여기는 것을 '공통감의 이념'(Idee des Gemeinsinns)이라 할 때 이것에 합의하는 것은 주관적 보편성입니다. 칸트에서 '이념'이라 불리는 것들은 확증될 수 없는 것들입니다. 그것들은 동의되어야 하고 요청되어야 하고 상정되어야 하는 것들, 주관적 보편성에 해당하는 것들입니다.

이렇게 본다면 공통감의 이념은 분명 미적 판단만이 아니라 정치적 역사적 판단의 근거이어서 인간 타자를 전제하는 일종의 정치철학적 원리이기도 할 것이지만, 칸트는 독일 강단철학의 흐름에 따라 이러한 맥락을 털어내고 받아들입니다. 이에 대해서는 다른 논의가 필요할 것이니 더 따져 묻지 않겠습니다. 우리는 이 판단력이 어떤 식으로 작동하는가, 판단력의 원리는 무엇인가 등을 검토하는 것입니다. 그러면《판단력비판》의 논의는 전반적으로 어떻게 전개되는가를 살펴보겠습니다.

《판단력비판》은 먼저 미의 내용을 따지는 것이 아니라, 취미판단은 어떻게 성립하는가, 즉 미에 대한 판단이 성립하는 방식을 묻습니다. 이것은 미감적 판단력의 문제입니다. 미의 내용을 따져 묻는 것은 예술철학이고,《판단력비판》은 우리가 뭔가를 아름답다고 할 때 그러한 판단은 어떤 식으로 만들어지는가를 물어보는 것입니다. 아름다움에 대한 판단도 일단은 외부에서 감각 데이터가 들어온 다음에야 일어납니다. 그런데 이 판단은 사실판단이 아니라 쾌와 불쾌에 관한 판단입니다. 누군가에게는 쾌일 수 있는 것이 다른 사람에게는 불쾌일 수 있는 판단입니다. '저 그림은 인물화이다'는 사실판단입니다. 이것은 확증할 수 있습니다. 그런데 '저 그림은 아름답다'는 미감적 판단입니다. 이러한 판단이 어떻게 성립하는가를 보겠습니다.

아름다움, 쾌 불쾌에 관여하는 것은 주관의 감정입니다. 이 주관의 감정 뒤에는 욕구가 있습니다. 우리가 어떤 대상을 보고 그것이 무엇인지 알았다고 할 때, 그다음에 생겨나는 것이 감정과 욕구입니다. 우리는 이것에 대해 다른 사람에게 설명할 수가 있습니다. 물론 말로 표현할 수 없는 감정과 욕구도 있을 것입니다. 그러나 다른 사람에게 자신의 감정과 욕구를 전달할 수 있다는 점에서 그것들은 완전한 객관성을 가지고 있는 것은 아니지만 그런대로 주관적인 보편타당성(Allgemeingültigkeit)을 가지고 있는 것입니다.

똑같은 대상을 놓고 어떤 사람은 그것을 원하고 다른 사람은 그것을 원하지 않습니다. 원하는 사람에게는 쾌가 있는 것이고 원하지 않는 사람에게는 불쾌가 있는 것입니다. 같은 인식을 두고도 사람마다 쾌 불쾌가 다른 것입니다. 쾌를 가진 사람들끼리 또는 불쾌를 가진 사람들끼리 합치(Zusammenstimmung)가 일어나기도 합니다. 이처럼 합치에 이른 것을 취미(Geschmack)라고 합니다. 이러한 취미는 다른 사람과 함께 나누어 가질 수 있습니다. 칸트는 타인과 공유할 수 있는 보편성으로 미(Schönheit, das Schön)와 숭고(Erhabene)를 들고 있습니다.

미에 대한 판단이 어떻게 성립하는지 차근차근 살펴봅시다. 먼저 감각기관을 통해 대상으로부터 데이터를 받아들입니다(직관). 데이터가 들어온 다음 오성이 직관으로부터 일정한 개념을 형성합니다.

여기까지가 이론적 인식입니다. 미적 판단은 여기서 더 나아갑니다. 인간의 주관 속에는 자신이 아름답다고 여기는 것들에 관한 틀이 들어 있습니다. 이론적 인식의 산물을 가져다가 그 틀에 대고 이리저리 맞춰 봅니다. 이것을 '유동'遊動(Spiel)한다고 말합니다. 이처럼 미는 오성과 구상력의 유동으로써 성립합니다. 정확하게 말하면, 오성을 통하여 형성된 인식과, 그 인식에 대한 구상력이 작동해서 성립하는 것입니다.

숭고는 대상으로부터 데이터가 들어오지 않습니다. 대상으로부터 들어오는 경우도 있기는 할 것입니다. 거대한 교회당에 들어갔는데 그 건물에 압도되어 숭고함을 느낄 때 그러할 것입니다. 그러나 갑자기 한밤중에 눈을 감고 기도할 때도 숭고함을 느낄 수 있을 것입니다. 이런 경우에는 대상으로부터 감각기관을 통해 데이터가 들어오지 않습니다. 직관에 데이터가 들어오지 않으니까 오성이 작동할 여지가 없습니다. 직관에 증거를 제시할 수 없는 것입니다. 따라서 숭고는 초월적인 이념에 관여하는 이성(Vernunft)이 구상력과 유동하여 형성되는 것입니다. 그래서 '미는 오성과 구상력의 유동으로써 성립하고, 숭고는 이성과 구상력의 유동으로써 성립한다'는 언명이 성립합니다.

앞서 언급했듯이, 미나 숭고에는 객관적인 기준이 없습니다. '이것이 아름다움의 기준이다'라고 하는 것이 없는 것입니다. '이것이 아름다움의 기준이다'라는 것이 객관적으로 있으면, 그것은 고전 미학입니다. 미의 기준이 객관적이냐 주관적이냐에 따라 나뉘는 것입니다. 미의 기준은 주관적 합목적성의 원리에 따라 형성됩니다. 이것은 '미감적 공통감'이라 불리기도 하고, '규범적 타당성'(exemplarische Gültigkeit)이라 불리기도 합니다. 여기서 "규범적"은 '사례가 있다'는 뜻입니다. 도덕 규범과 같은 것을 의미하는 것이 아닙니다. 숭고를 만들어내는 이념은 통제적 성격을 띤 이상적 규범입니다. 지금까지 설명한 것이 미감적 판단력에 해당하는 논의입니다.

　이제 목적론적 판단력에 관한 논의를 살펴봅시다. 이것은 자연에 관한 목적론적 탐구인데, 이 부분은《순수이성비판》에서 제시된 한계에 대한 응답이라고 할 수 있습니다. 칸트는《순수이성비판》에서 성립한 인식론의 방식에 따라 자연 세계에 관한 확고한 인식을 세웠습니다. 물론 그것이 절대적으로 확고하지는 않습니다. 당분간만 참인 것입니다. 그런데 인간에게는 자연 세계를 체계적으로 남김없이 설명하고 싶다는 욕구가 있다는 것입니다. 아름다움을 느끼고 싶은 욕구도 있지만, 자연 세계를 하나도 빠뜨리지 않고 다 설명하고 싶은 욕구도 있습니다. 또한 오늘날에는 없지만 칸트 시대에만 해도 '유기적 자연과학', 즉 인과 원리만으로는 설명할 수 없는 자연과학 영역이 있었습니다. 두 가지 욕구가 있습니다. 하나는 '자연 세계를 체계적으로 남김없이 설명하고자 하는 욕구'와 '인과 원리만으로는 설명할 수 없는 자연체, 유기체를 설명하려는 또다른 욕구'가 있습니다.《판단력비판》의 목적론적 판단에서 해결하고자 하는 문제가 이것입니다.

　칸트는 여기서 자연의 목적론적 질서를 상정하고 합목적성의 원리를 통제적 원리로 설정해서 설명하려 합니다. 이것을 아리스토텔레스와 비교해봅시다. 아리스토텔레스는 목적이 사물 안에 있다고 하였습니다. 상정한 것이 아니라 '있다'라고 하였습니다. 아리스토텔레스에서 목적은, 칸트의 용어로 말하면 "규정적 판단력의 객관적 원리"일 것입니다. 통제하는 것이 아니라 규정하는 것입니다. 그리고 '있는 것처럼 여기는 것'이 아니라 객관적으로 있다는 것입니다. 사물 안에 있는 목적들을 거슬러 올라가면 부동의 원동자를 만날 수 있습니다. 그것을 찾아낸 다음, 부동의 원동자부터 시작해서 다시 내려오면서 설명하면 전체의 자연이 하나도 남김 없이 설명될 것입니다. 그 부동의 원동자를 신이라고 하면 토마스 아퀴나스의 목적론적 신존재 증명이 됩니다. 이로써 자연학과 형이상학이 자연스럽게 연속체(continuum)가 되는 것입니다.

칸트는 아리스토텔레스처럼 할 수 없습니다. 근대의 자연과학이 예전의 자연학과 형이상학을 연결하는 통로를 끊어버렸기 때문입니다. 칸트는 자연과학의 성과를 바탕으로 철학적 사색을 하는 사람입니다. 그런 까닭에 칸트는 이 자연과학으로써 탐구하는 자연의 세계에서 설명되지 않고 남아 있는 부분에, 목적을 설정합니다. 사실 살짝 집어넣는다고 말하는 것이 적절할 것입니다. 이는 자연이라는, 실제로 있는 객체에 관여하는 목적론이므로 객관적입니다. 실제로 있는 자연물에 관여하므로 실질적 합목적성이라고 합니다. 이는 주관적 합목적성인 미감과 구별됩니다. 또한 칸트는 기계적인 인과의 원리만으로는 설명되지 않는 유기적 존재자에 자연(목적) 개념을 도입합니다.

유기적 존재자가 아닌 것들은 그 안에 자연목적이 있다고 할 수 없습니다. 그런 까닭에 자연목적이 '바깥에 있다'고 합니다. 바깥에 있는 합목적성, 즉 신의 손 같은 것입니다. 신의 손 같은 것이 '여타의 자연물들을 다 끌어모아서 목적을 향해 가게 한다'고 가정하는 것입니다. 그러면 이것은 자연물 안에 이 목적이 있는 것이 아니라 자연물 바깥에 있는 것입니다. 앞에서도 말했듯이 이를 '외적합목적성'이라 합니다. 자연의 목적이라는 관점에서 보면 전체로서의 자연은 목적의 체계이므로 모든 자연물이 자연의 체계에 속한다고 판정判定합니다. 즉 그렇다고 가정하는 것입니다. 이렇게 상정하고서 수단-목적의 체계로서의 전체 자연을 (확증하는 것이 아니라) 설명하는 것입니다. 이로써 목적론을 이용한 자연 세계에 대한 설명을 맺습니다.

다음 단계에 들어섭니다. 자연 세계에서 어떤 것은 수단이고, 어떤 것은 목적입니다. 들판에 풀이 자라고 있습니다. 그런 풀이 자라는 것은 사실 그저 자라는 것입니다. 풀이 자라면서 어떤 목적을 수행하는 것은 아닙니다. 그런데 인간은 그것이 초식동물을 성장시키기 위한 것이라고 설명합니다. 풀이 초식동물의 성장이라는 목적의 수단이라고 설명하는 것입니다. 초식동물은 육식동물에 잡아 먹히므로 이때에는 초식동물이 수단이 되고 육식동물의 성장이 목적이 됩니다. 이런 식으로 수단과 목적의 연쇄사슬이 이어집니다. 사자가 그렇게 얼룩말을 잡아먹으면서, '나의 얼룩말 취식 행위에는 쓰레기를 남겨 하이에나들을 배불리 먹게 하기 위한 목적이 있다'고 생각하지는 않습니다. 그냥 먹는 것입니다. 다시 말해서 수단-목적의 연쇄로써 설명을 하는 것은 설명을 위한 설명일 뿐입니다. 수단-목적-수단-목적의 연쇄를 끝없이 이어가면 마지막에는 더 이상 수단이 되지 않는 목적이 하나 있어야 할 것입니다. 그렇게 되어야 설명이 완성될 것이기 때문입니다. 그런데 자연에는 그러한 목적이 없습니다. 아리스토텔레스가 말하는 부동의 원동자와 같은 것이 없습니다. 인간이 설명을 위해서 그렇다고 가정할 뿐입니다. 자연에 대한 이론적 과학적 탐구에서는 애초에 그것을 찾는 일이 불가능하고, 찾으려고도 하지 않습니다.

사실상 수단과 목적이라고 하는 이 관계는 자연 외부에서 자연에 투사시킨 것입니다. 이것은 자연 바깥에 있는 외적인 합목적성입니다. 그런 까닭에 칸트도 결국에 지적인 세계원인으로서의 신을 상정합니다. 신에게 의존하는 것입니다. 여기서 상정되는 신은 인격적 신이 아닙니다. 그저 지적인 세계원인으로서의 신입니다. 그 신이 지적인 세계원인이 아니라 세계의 사물들 하나하나를 움직이는 힘이라고 보면 그것은 귀신론입니다. 그것은 기독교입니다. 칸트가 여기서 신에 대해 거론하기는 하지만 사실 이는 무신론과 마찬가지입니다. 그가 쓴 저작의 제목처럼 '이성의 한계 안에서의 종교'입니다. 칸트는, 자연 사물 안에 신의 어떤 은총이 내려 있다든가 신의 목적이 들어가 있다든가 하는 주장을 자연신학이라 하면서 이것을 귀신론으로 정리해버립니다. 우리가 신의 명령이라고 일반적으로 받아들이는 것은 도덕적 의무들을 추상화한 것에 불과합니다. 그런 까닭에 윤리 신학, 도덕 신학으로 나아가야 한다고 주장하는 것입니다.

    윤리 신학, 도덕 신학은 이름 그대로 도덕에 종속되는 신학입니다. 여기서 종교가 해야 할 일은 기존의 종교와는 다릅니다. 그것은 도덕적 의무를 신의 명령으로 인식하는 것입니다. 이 지점에서 칸트의 윤리학은 윤리 신학이라는 이름을 가지게 되지만 최고의 학문이 됩니다. 그리고 도덕법칙 아래에 있는 인간만이 창조의 궁극목적이 됩니다. 인간만이 도덕법칙을 가지고 있으므로 인간만이 자유로울 수 있습니다. 인간이 자유를 실현하려면 우애가 있어야 합니다. 그러면 우애는 어떻게 알 수 있겠습니까. 공통감을 통해서 압니다. 인간은 단적으로 자유로워야 합니다. 다른 사람을 수단이 아니라 목적으로서 대해야 합니다. 이것들은 모두 《실천이성비판》에서 제시된 자유의 원리입니다. 이 자유의 원리를 현실 속에서 실현하려면 우애가 있어야 합니다. 이 우애를 정초하는 원리가 판단력입니다. 칸트에서 궁극적인 것은 자유의 실현인데, 이것을 달리 말하면 실천이성의 우위라고 할 수 있습니다. 이 실천이성은 목적론적 원리입니다. 목적론적 원리이므로 반성적 판단력이 통제적 원리에 따라 작동합니다.

칸트는 이데아로써 경험 세계를 완전히 구성하려는 플라톤주의자도 아니고, 자연과학적인 탐구를 통해서 알아낸 것을 가지고 세계를 전일적으로 구성하려는 자연과학주의자도 아닙니다. 자연과학이 사용되는 영역에서는 자연과학을, 이념으로써 세계를 통제적으로 이끌고 반성하려는 지점에서는 이념을 사용하는 어중간한 사람입니다. 이 경계선에 서 있습니다. 이로써 《판단력비판》의 전체 논지를 이해하였습니다.

제34강

판단력을 통한 오성과 이성의 결합

이제 《판단력비판》 서론을 읽으면서 앞서의 논의를 확인하기로 합시다. 서론은 다음과 같이 구성되어 있습니다.

서론
 I. 철학의 구분에 관하여
 II. 철학 일반의 영역에 관하여
 III. 철학의 두 부문을 하나의 전체로 결합시키는 매개로서의 판단력의 비판에 관하여
 IV. 선험적으로 입법적인 능력으로서의 판단력에 관하여
 V. 자연의 형식적 합목적성의 원리는 판단력의 초월론적 원리이다
 VI. 쾌의 감정과 자연의 합목적성의 개념과의 결합에 관하여
 VII. 자연의 합목적성의 미감적 표상에 관하여
 VIII. 자연의 합목적성의 논리적 표상에 관하여
 IX. 오성의 입법과 이성의 입법과의 판단력에 의한 결합에 관하여

서론을 읽어나가기 전에 번역어들을 정리해두기로 합시다. 40여 년 전에 출간된 이 번역본에서 "선천적"이라고 되어 있는 부분은 아프리오리a priori를 번역한 것입니다. 이것은 앞으로 '선험적'이라 고쳐 읽을 것입니다. 이 책에서 "선험적"이라고 되어 있는 것은 트랜스젠덴탈transzendental의 번역어인데 이것은 '초월론적'이라 고쳐 읽습니다. 그리고 이 책에서 "초월적"이라고 하는 것은 트랜스젠덴트transzendent의 번역어인데, 이는 고치지 않고 그대로 '초월적'이라 읽겠습니다.

서론을 통하여 우리는 구체적으로 다음과 같은 것들을 살펴보게 될 것입니다. 철학 일반의 영역은 둘로 나뉘는데, 하나는 오성이 관여하는 자연개념의 영역이고, 다른 하나는 이성이 관여하는 자유개념의 영역입니다. 인간이 초감성적인 것인 자유를 실현하기 위해서는 판단력이 도입되어야만 합니다. 판단력은 자연개념의 영역과 자유개념의 영역을 결합하는 매개인 것입니다. 그렇다면 판단력이란 구체적으로 무엇이겠습니까. 판단력에는 미감적 판단력과 자연의 목적론적 판단력이 있다고 말씀드렸습니다. 판단력에 의해 오성과 이성이 결합하는 것은 어떠한 것인지를 음미해보겠습니다.

자연개념들에 의한 입법은 오성에 의해서 수행되며, 그것은 이론적이다. 자유개념에 의한 입법은 이성에 의해서 수행되며, 그것은 단지 실천적이다. 오직 실천적인 것에 있어서만 이성은 입법적일 수 있고, (자연의) 이론적 인식에 관해서 이성은 단지 (오성을 매개로 하여 법칙을 인지하는 자로서) 주어진 법칙들로부터 추론에 의하여 귀결들을 이끌어낼 수 있을 뿐이다. 그리고 이 귀결들은 어디까지나 자연에 국한되어 있을 뿐이다. 그러나 반대로, 규칙들이 실천적인 경우에는, 이성이 그 때문에 곧 입법적인 것은 아니다. 왜냐하면 규칙은 기술적-실천적일 수도 있기 때문이다.

따라서 오성과 이성은 개념이라는 하나의 동일한 지반 위에서 두 가지의 상이한 입법을 하지만, 양자는 서로 타자를 침해할 필요가 없는 것이다. 왜냐하면 목적개념이 자유개념에 의한 입법에 대하여 영향을 미치지 않는 것과 마찬가지로, 자유개념은 자연의 입법을 방해하지 않기 때문이다. 이 두 가지 입법과 그것에 속하는 능력들이 동일한 주관에 공존한다고 함을 적어도 모순 없이 생각할 수 있는 가능성은, 순수이성비판이 이미 증명하였다. 즉 순수이성비판은 이 가능성에 대한 이의를, 그러한 이의가 내포하고 있는 인식론적 가상을 폭로함으로써, 분쇄하였던 것이다. 그러나 이들 상이한 두 영역이 그 입법에 있어서는 서로 제한하지 않지만, 감성계에서 가지는 그 결과에 있어서는 부단히 상호 제한하되, 하나가 되지 않는 것은, 다음과 같은 이유에 기인하는 것이다. 즉 자연개념은 그의 대상들을 직관에 있어서 표상하지만, 그것을 물자체로서가 아니라 한갓된 현상으로서 표상하는 데 반하여, 자유개념은 그의 객체에 있어서 물자체를 표상하지만, 그것을 직관에 있어서 표상할 수는 없다. 따라서 양자는 그 어느 것도 물자체로서의 그의 객체에 관해서는 (또 사유하는 주관에 관해서조차도) 이론적 인식을 제공하지 못한다. 물자체는 초감성적인 것이므로, 우리는 물론 이 초감성적인 것의 이념을 경험의 모든 그러한 [현상으로서의] 대상의 가능의 근저에 놓지 않으면 안 되지만, 그러나 그 이념 그 자체를 결코 하나의 인식에까지 높이고 확장할 수는 없는 것이다.

_《판단력비판》서론, Ⅱ. 철학일반의 영역에 관하여

"자연개념들에 의한 입법은 오성에 의해서 수행되며, 그것은 이론적이다." 이 말은 자연법칙을 만들어내는 것은 오성에 의한 인식에 의해 이루어지는 것이며, 이는 이론이성이 하는 일이라는 뜻입니다. "자유개념에 의한 입법은 이성에 의해서 수행되며, 그것은 단지 실천적이다." 이것은 우리가 도덕적 행위를 하는 것을 말합니다. 그러한 행위는 이성의 명령에 의한 것입니다. 오성은 자연법칙만을 만들어내면 되는 것이고, 자연법칙을 만들어내지만 그것을 도덕법칙으로 삼을 수는 없습니다. 도덕은 자연과는 무관하게 실천이성의 요청에 의해 성립하는 것이니까 오성과 이성은 서로 다른 영역에 있습니다. 이처럼 자연과 자유는 원칙적으로는 서로 만날 일이 없습니다. 즉 "두 영역이 그 입법에 있어서는 서로 제한하지 않"습니다. 그렇지만 "감성계에서 가지는 그 결과에 있어서는 부단히 상호 제한"합니다. 도덕적 행위를 하고자 할 때 그 행위를 하겠다고 결심하는 것은 아직 실행한 것이 아닙니다. 그럴 때에는 도덕 판단이 아직 현실 영역에 들어온 것이 아닙니다. 현실 영역에 들어온 다음 그 행위가 실현될 때에는, 즉 그 행위가 일상적 현실인 "감성계에서 가지는 그 결과"는 서로 만날 수밖에 없습니다. 자유의 이념을 실현할 때는 어쩔 수 없이 자연의 세계를 거쳐갈 수밖에 없다는 것입니다.

자연과 자유는 오성과 이성에 의한 입법으로 각각에 의해서 수행되지만 우리의 일상적 현실에서는 만날 수밖에 없습니다. 그런데 그것들 각각의 영역에서 작동하고 있는 원리가 다르기 때문에 하나의 원리로 통일성 있게 구성할 수 없습니다. "자연개념은 그의 대상들을 직관에 있어서 표상하지만", 즉 감각 데이터를 직관으로 가져오지만 "그것을 물자체로서가 아니라", 즉 물자체의 데이터가 오는 것이 아니라 "한갓된 현상으로서" 가져옵니다. 그에 반하여 "자유개념은 그의 객체에 있어서 물자체를 표상하지만", 즉 물자체를 생각하기는 하지만 그 물자체로부터 데이터가 오는 것이 아닙니다. 물자체는 자유개념에게 전혀 데이터를 주지 못합니다. 그러므로 그것은 자유개념의 대상이 아닙니다. 그저 객체일 뿐입니다. 주관이 알아낼 수 있는 대상이 아니라 객체일 뿐이므로 물자체를 "직관에 있어서 표상할 수는 없"습니다. 이처럼 초감성적인 것은 자유개념의 실현을 위해 물자체를 가정해야 하기는 하지만, 즉 "대상의 가능의 근저에 놓지 않으면 안 되지만" 그것을 알 수는 없습니다. 다시 말해서 "그 이념 그 자체를 결코 하나의 인식에까지 높이고 확장할 수는 없는 것"입니다.

그런데 비록 자연개념의 감성적 영역과 자유개념의 초감성적 영역과의 사이에는 거대한 심연이 가로놓여 있기 때문에, 전자로부터 후자에로의 (따라서 이성의 이론적 사용을 매개로 한) 어떠한 이행도 불가능하여, 마치 양 영역은 전자가 후자에 대하여 어떤 영향도 미칠 수 없는 두 개의 상이한 세계인 것 같지만, 그러나 후자는 전자에 대하여 어떤 영향을 미쳐야만 한다. 즉 자유개념은 자기의 법칙에 의하여 부과된 목적을 감성계에 있어서 실현해야만 하며, 따라서 자연도 그의 형식의 합법칙성이 적어도 자유[개념]의 법칙에 따라 자연에 있어서 실현되어야 할 목적들의 [실현]가능성과 합치하는 것으로 생각될 수 있지 않으면 안 된다.──그러므로 자연의 근저에 놓여 있는 초감성적인 것과 자유개념이 실천적으로 포유하고 있는 것과의 통일의 근거가 하나 있지 않으면 안 된다. 그리고 그러한 근거에 관한 개념은, 비록 이론적으로나 실천적으로나 그 근거의 인식에 도달하지는 못하며, 따라서 고유한 영역을 가지지는 못하지만, 그러나 한 쪽의 원리들에 따르는 사유방식으로부터 다른 쪽의 원리들에 따르는 사유방식에로의 이행을 가능케 하는 것이다.

_《판단력비판》서론, Ⅱ. 철학일반의 영역에 관하여

앞서 보았듯이 자연개념과 자유개념 사이에는 결코 건너갈 수 없는 "거대한 심연이 가로놓여" 있습니다. 자연개념은 굳이 자유개념에 대해 관여할 필요가 없습니다. 자연과학의 법칙을 알아낸다고 하여 그것이 반드시 도덕 판단으로까지 연결될 필요가 없는 것과 마찬가지입니다. 그렇지만 자유개념은 자연개념과 관계를 맺어야만 합니다. 또는 자유개념은 자연개념에 대하여 "어떤 영향을 미쳐야만" 합니다. 왜 그렇겠습니까. "자유개념은 자기의 법칙에 의하여 부과된 목적을 감성계에 있어서 실현해야만" 하기 때문에 그렇습니다. 그에 따라 자유를 현실에 실현하려면 이 두 영역을 매개하는 "통일의 근거가 하나 있지 않으면 안 된다"는 것입니다. 여기서 두 부분을 결합하는 매개로서의 판단력 도입이 필요하다는 것이 예고되고 있습니다.

판단력은 자유 영역에 속하는 것도 아니고 자연 영역에 속하는 것도 아닙니다. "고유한 영역을 가지지는 못하"는 것입니다. 이것은 제3의 원리라고 할 수 있습니다. 예를 들어 생각해봅시다. 기독교도들은 신을 믿습니다. 신을 믿어야 천국에 갈 수가 있습니다. 이것은 기독교의 기본적인 신조입니다. 그런데 신에게는 신의 작동원리가 있습니다. 인간에게는 인간의 작동원리가 있습니다. 신은 인간의 작동원리를 가지고 있지 않습니다. 인간은 신의 작동원리를 가지고 있지 않습니다. 인간이 천국에 가려면 인간의 작동원리를 버리고 신의 작동원리를 가져야만 할 것입니다. 그렇다면 어떻게 해야 인간이 신의 작동원리를 가질 수 있을까요. 원리적으로 불가능합니다. 인간이 신이 될 수는 없기 때문입니다. 여기에서 신의 작동원리와 인간의 작동원리 둘 다를 가진 존재가 인간과 신을 매개하면 되지 않겠습니까. 그러한 존재가 누구겠습니까. 예수입니다. 예수는 신이면서 인간입니다. 인간이면서 신이기도 하고요. 인간의 몸에서 태어난 신의 아들입니다. 유한자의 몸에서 태어난 무한자입니다. 판단력도 마찬가지입니다. "고유한 영역을 가지지는 못하지만, 그러나 한 쪽의 원리들에 따르는 사유방식으로부터 다른 쪽의 원리들에 따르는 사유방식에로의 이행을 가능케 하는" 것입니다.

그러나 상급의 인식능력들이라는 가족 안에는 오성과 이성과의 사이에 하나의 중간항이 또 있다. 이것이 곧 판단력인데, 이 판단력에 관해서도 우리는, 비록 그것이 하나의 고유한 입법을 포유하고 있지는 않을지라도, [오성이나 이성과] 마찬가지로 법칙을 탐구하기 위한 자기의 고유한 원리를——결국 그것은 단지 주관적인 원리에 지나지 않겠지만——선험적으로 포유하고 있으리라고 유비에 의하여 추측할 만한 이유를 가지고 있는 것이다. 그리고 비록 이 원리에는 대상들의 분야가 그의 영역으로서 귀속되어 있지는 않지만, 그러나 이 원리는 어떤 하나의 지반과, 바로 이 원리만이 타당할 수 있는 그 지반의 일정한 성질을 가질 수 있는 것이다.

_《판단력비판》 서론,

Ⅲ. 철학의 두 부문을 하나의 전체로 결합시키는 매개로서의 판단력의 비판에 관하여

판단력은 오성과 이성 사이에 있는 "중간항"입니다. 판단력은 오성과 이성의 매개입니다. 그것은 "상급의 인식능력들이라는 가족 안에" 속합니다. 판단력은 학적으로 도입된 것이 아니라 상위의 인식능력들 안에 속한다고 여겨지는, 가족유사성 개념에 의해서 도입된 것입니다. 판단력은 자기 스스로 뭔가를 하는 것이 아닙니다. "하나의 고유한 입법을 포유하고 있지는 않을지라도, 법칙을 탐구하기 위한 자기의 고유한 원리를 선험적으로 포유하고 있으리라고 유비에 의하여

추측"될 뿐입니다. 어떤 사람이 있습니다. 그의 외가 친척들 중 고혈압 환자가 많습니다. 이럴 경우 의사는 그 사람이 고혈압 환자가 될 가능성이 높다고 추측합니다. 이른바 '가족력'에 의해 그렇게 추측하는 것입니다. 그가 반드시 고혈압 환자인 것은 아닙니다. 검사를 해 본 결과 아닌 것으로 판명될 수도 있습니다. 그렇지만 많은 경우 가족유사성에 의해 그렇게 추측을 합니다. 판단력은 오성과 이성의 결합의 매개입니다. 그것은 가족 유비(Familie Analogie)에 따라서 "자기의 고유한 원리를 선험적으로 포유하고 있으리라"고 추측됩니다.

> 판단력 일반은 특수를 보편 아래에 포함된 것으로서 사유하는 능력이다. 보편(규칙, 원리, 법칙)이 주어져 있는 경우에는, 특수를 이 보편 아래에 포섭하는 판단력은 (판단력이 선험적 판단력으로서 이 보편에의 포섭을 가능케 하는 조건들만을 선험적으로 지시할 경우에도) 규정적이다. 그러나 오직 특수만이 주어져 있고, 판단력이 특수에 대하여 보편을 찾아내야 할 경우에는, 판단력은 단지 반성적이다.
>
> _《판단력비판》서론, Ⅳ. 선험적으로 입법적인 능력으로서의 판단력에 관하여

'결합의 매개로서의 판단력'을 도입해야 된다는 것이 확정되었습니다. 그렇다면 이제 판단력이란 무엇인가를 살펴봅시다. 그것은 '선험적으로 입법적인 능력', "특수를 보편 아래에 포함된 것으로서 사유하는 능력"입니다. 특수, 자잘한 것들, 사방에 흩어져 있는 개별적인 사태들을 하나의 보편 아래에 포함된 것으로 모으는 것입니다. 그런데 그 보편이라는 것은 미리 주어진 것이 아니라, 특수들을 보면서 상황에 따라 결정하는 것입니다. 보편이 주어져 있는 경우, 즉 "규칙, 원리, 법칙이 주어져 있는 경우"에 우리는 그 보편을 기준으로 개별

들을 분류하면 됩니다. 특수 또는 개별적인 사태를 나누는 것입니다. 기준이 주어져 있으면 나눌 수 있습니다. 기준이 미리 주어져 있지 않으면 흩어진 것들을 이러저러한 상황에 따라 모아야 합니다. 기준이 "주어져 있는 경우에는, 특수를 이 보편 아래에 포섭하는 판단력은 규정적"입니다. 이것은 '규정적 판단력'입니다. 판단력은 두 종류입니다. 그런데 "특수만이 주어져 있고, 판단력이 특수에 대하여 보편을 찾아내야 할 경우에는", 즉 모음을 해야만 하는 경우에는 "반성적"입니다. 즉 이리저리 맞추어본다는 것입니다. 판단력은 반성적 힘으로써 오성과 이성을 연결시킵니다.

오성은 그것이 자연에 대하여 선험적으로 법칙을 부여할 수 있다는 가능성에 의해서 자연이 우리들에게 단지 현상으로서만 인식될 수 있다고 함을 증명하고, 따라서 동시에 자연이 하나의 초감성적 기체를 가진다고 함을 지시하지만, 그러나 이 기체가 무엇인가 하는 것은 전혀 규정하지 않은 채 남겨둔다. 판단력은 그의 가능적 특수적 법칙들에 따라 자연을 판정하는 자기의 선험적 원리에 의해서, 자연의 초감성적 기체(우리들의 내부와 외부에 있는)를 지적 능력을 통해서 규정할 수 있도록 한다. 그러나 이성은 그의 선험적인 실천적 법칙에 의하여 바로 이 초감성적 기체에 규정을 부여한다. 그리하여 판단력은 자연개념의 영역으로부터 자유개념의 영역에로의 이행을 가능케 하는 것이다.

_《판단력비판》 서론,
Ⅸ. 오성의 입법과 이성의 입법과의 판단력에 의한 결합에 관하여

이제 오성, 판단력, 이성, 이 세 가지 능력의 역할과 관계를 다시 정리해봅시다. 오성은 자연을 인식합니다. 그러나 그러한 인식은 현상

으로서만 성립합니다. 우리는 현상의 배후에 있는 "초감성적 기체"를 알 수는 없습니다. 우리는 그러한 초감성적 기체가 있으리라는 것을 "지시"할 수 있을 뿐입니다. 다시 말해서 "이 기체가 무엇인가 하는 것은 전혀 규정하지 않은 채 남겨둔다"는 것입니다. 이 기체는 물자체이니까 "규정하지 않은 채"가 아니라 사실은 '규정하지 못한 채'일 것입니다. "그러나 이성은 그의 선험적인 실천적 법칙에 의하여 바로 이 초감성적 기체에 규정을 부여"합니다. 이성은 물자체, 즉 영혼불멸, 신, 자유의지 등이 있다고 가정합니다. 다시 말해서 초감성적 기체인 그것을 규정합니다. 이것은 이성이 실천적 법칙에 의해 요청하는 것입니다. 판단력은 "지적 능력"을 가지고 있습니다. 그것은 반성적 판단력이나 규정적 판단력일 것입니다. 판단력은 이 지적 능력을 발휘하여 "자연개념의 영역으로부터 자유개념의 영역에로의 이행을 가능케"합니다.

  오성, 이성, 판단력, 이 세 능력의 관계를 살펴보았으니 이제 서론의 마지막 문단을 읽어보겠습니다.

  정신능력들이 상급능력으로서, 다시 말하면 자율성을 포유하고 있는 능력으로서 고찰되는 한에 있어서, 그러한 정신능력들 일반에 관해서 말한다면, 인식능력(자연의 이론적 인식능력)에 대해서는 선험적인 구성적 원리들을 내포하고 있는 정신능력은 오성이며, 쾌와 불쾌의 감정에 대해서는 그것은 판단력이다. 그러나 판단력은 욕구능력의 규정에 관계하는, 따라서 직접 실천적일 수 있는 개념들과 감각들에 의존하는 것이 아니다. 또 욕구능력에 대해서는 그것은 이성이다. 이성은 어떠한 쾌——그 쾌가 무엇에 유래된 것이든——에도 매개됨이 없이 실천적이요, 또 상급 능력으로서의 욕구능력에 대하여 궁극목적을 규정하거니와, 이 궁극목적은 객체에 관한 순수한 지적 만족을 동시에 수반하는 것이다.──자연의 합목적성이라는 판단력의 개념은 아직 자연개념에 속하기는 하지만, 그러나 단지 인식능력의 통제적 원리로서만 그것에 속한다. 그러나 이 개념을 성립시키는 기연이 되는 것은 (자연이나 예술의) 어떤 대상들에 관한 미감적 판단이거니와, 이 미감적 판단은 쾌 또는 불쾌의 감정에 관해서는 구성적 원리인 것이다. 인식능력들의 조화가 이러한 쾌의 근거를 내포하고 있으며, 이 인식능력들의 유동에 있어서의 자발성은 동시에 도덕적 감정에 대한 심의의 감수성을 촉진함으로써, 상기한 [자연의 합목적성의] 개념으로 하여금 자연개념의 영역과 자유개념의 영역과를 그 결과에 있어서 연결하여 매개할 수 있도록 해주는 것이다.

_《판단력비판》 서론,
Ⅸ. 오성의 입법과 이성의 입법과의 판단력에 의한 결합에 관하여

상급능력인 인식능력은 오성, 판단력, 이성, 이 세 가지입니다. 이 중에서 "선험적인 구성적 원리들을 내포하고 있는 정신능력은 오성"입니다. 오성은 감각 대상으로부터 오는 데이터를 구성해서 잠정적으로 참인 법칙을 산출해냅니다. 그런 점에서 그것은 법칙을 구성합니다. 이것이 구성적 원리입니다. 오성이 낳아놓은 인식에 대해서 반성적 판단력은 유동(Spiel)을 합니다. 유동을 하여 쾌와 불쾌의 감정을 만들어냅니다. "쾌와 불쾌의 감정에 대해서는 그것은 판단력"입니다. 판단력은 도덕적 실천에 관여하는 것은 아닙니다. 따라서 판단력은 도덕적인, 즉 "직접 실천적일 수 있는 개념들과 감각들에 의존하는 것이 아니"라고 할 수 있습니다. 도덕적인 것을 실천하려는 "욕구능력에 대해서는 그것은 이성"입니다. 도덕적 실천은 우리의 쾌나 불쾌와 관계 없이 있는 것입니다. 기분 좋다고 착한 일 하고, 기분 나쁘

다고 착한 일을 안 할 수는 없습니다. 그다음 문장을 보겠습니다. "이성은 어떠한 쾌에도 매개됨이 없이 실천적"인 것입니다. 또한 이성은 "상급능력으로서의 욕구능력에 대하여 궁극목적을 규정"합니다. 이성은 영혼불멸, 신, 자유의지 등과 같은 궁극목적을 요청합니다.

오성은 자연에 관한 인식을 만들어냅니다. 그러나 그것은 완성된 것이 아닙니다. 일정한 목적에 따라 통일적 체계를 세울 수 없기 때문입니다. 이 체계를 세우려면 목적이 가정되어야 합니다. 이 목적을 세우는 것은 판단력입니다. 판단력은 목적을 세우기는 하지만 그 목적이 보편적 목적임을 미리 알고 세우는 것이 아닙니다. 자연의 통일성을 위하여 그저 목적을 가정하였을 뿐입니다. 따라서 "자연의 합목적성이라는 판단력의 개념은 아직 자연개념에 속하기는 하지만, 그러나 단지 인식능력의 통제적 원리로서만 그것에 속한다"고 할 수 있습니다. 이러한 판단력은 대상에 대한 미감적 판단과 같은 것입니다. 이 미감적 판단이 만들어낼 수 있는 것은 쾌나 불쾌의 감정입니다. 따라서 "이 미감적 판단은 쾌 또는 불쾌의 감정에 관해서는 구성적 원리인 것"입니다.

칸트는 대상에 관한 진리는 오성으로써 구성할 수 있다고 하였습니다. 좋음은 이성으로써 요청하였습니다. 아름다움과 숭고함은 판단력으로써 오성과 이성을 매개하는 것으로 보았습니다. 《판단력비판》은 자연 영역과 자유 영역을 매개하고 통일적 체계를 시도하려는 것이었습니다. 그러나 그러한 체계는 확고한 학적 규정으로써 성립하지 않습니다. 그가 합목적성을 거론하기는 하지만 그것은 어디까지나 우리의 정신 속에 상정하는 것일 뿐이었습니다. 그렇게 상정되는 한 형이상학은 여전히 난망한 작업이 되고 맙니다. 칸트는 자연과학의 도전에 직면하여 새로운 근거 위에 '장래의 형이상학'을 구축하고자 하였으나, 그러한 형이상학은 형이상학이 불가능함을 밝혀 보였을 뿐입니다. 여기서 우리는 유한자와 무한자의 통일에 이른다는 것이 인간 이성의 요구이기는 하나 좌절될 수밖에 없는 것임을 뚜렷하게 알게 되었습니다.

VI

헤겔:
신적 입장으로 올라선 인간

절대적인 것의 자기전개
《철학백과》

제35강

헤겔 철학 체계의 구성

일반적으로 철학사는 각각의 시대를 살아간 철학자들이 자신의 시대에서 이끌어낸 문제의식을 추상적 사유를 통하여 규정하고 그에 대한 대답을 내놓는 것으로 이해됩니다. 따라서 철학사를 공부하고자 할 때에는 철학자가 살았던 시대와 그에 상응하는 학설을 함께 읽어야 할 필요가 있습니다. 지성사 공부와 철학이론 공부가 병행되어야 하는 것입니다. 그런데 헤겔은 철학사를 달리 파악합니다. 그에 따르면 철학사는 그것 자체로 하나의 철학이어서 각각의 철학자들이 같은 문제를 놓고 사유한 것을 살펴보는 영역인 것입니다. 이러한 관점에서 본다면 철학은 시대적인 규정에서 벗어나 있습니다. 또한 철학이 사유하는 주제들은 언제나 동일하지만 그 사유방식은 다릅니다. 철학을 이렇게 규정한다면 철학자들이 사유하는 동일한 주제들은 무엇인지 궁금합니다. 그것은 여러 가지가 있겠지만 바로 우리가 지금까지 논의해온 형이상학과 존재론의 주제들이라 할 수 있습니다. 헤겔에서는 이러한 주제들이 집약됩니다. 따라서 헤겔의 형이상학에 대한 탐구는 지금까지의 탐구를 되짚어보는 과정이기도 합니다. 다시 말해서 우리는 헤겔의《철학백과》서론과《정신현상학》서문 일부를 읽을 것이지만, 불가피하게 선행하는 철학자들에 대해 상세하게 논의하여야 하는 것입니다.

먼저 헤겔과 맞닿아 있는 칸트부터 살펴보겠습니다. 특히 유한자와 무한자라는 주제를 중심으로 칸트의 철학을 재정리하겠습니다. 칸트 이후의 철학자들, 특히 독일관념론자라 불리는 피히테, 쉘링, 헤겔은 칸트가《형이상학 서설》에서 기초를 마련해둔 '장래의 형이상학'에서 문제의식을 길어올립니다. 칸트의 비판철학은 종래의 형이상학이 가진 한계를 철저하게 비판하고 그것이 이제 새로운 정초 위에서 마련되어야 함을 드러냈고, 그에 따라 이어지는 철학자들은 '통일적 체계에 대한 충동'을 가지게 되었습니다. 이러한 과정은 니콜라이 하르트만Nicolai Hartmann이《독일 관념론 철학》(Die Philosophie des Deutschen Idealismus)에서 잘 정리한바 있습니다. 그렇다면 도대체 무엇이 이들을 이러한 충동에 사로잡히게 하였을까요? 이에 답하기 위해 칸트를 다시 생각해보겠습니다.

칸트에 따르면 인간은 유한자의 한계 안에 있습니다. 인간의 앎은 감각기관으로 데이터가 들어와서 그것을 오성의 카테고리들이 구성해서 만들어낸 것에 국한됩니다. 이것은 유한한 인식이고 이론 철학의 영역에 해당합니다. 인간은 유한자이기 때문에 이처럼 이론 철학의 영역에서 유한한 지식밖에 가질 수 없습니다. 그런데 인간은 무한자의 영역에 속하는 초월적인 것에 대한 앎을 원합니다. 칸트는 이것을 인간이 알 수 없다고 하였습니다. 인간이 초월적인 것을 원할 수는 있겠지만 알 수는 없다는 것입니다. 무한자는 그것 자체로는 초월적인 것이지만 인간은 그것을 생각할 수 있으므로 초월론적입니다.

즉 '우리에게는' 초월론적인 것입니다.

인간은 내면의 이러한 초월론적 요구에 따라서 무한자로 나아가려 합니다. 이렇게 나아가려 할 때 인간은《판단력비판》에서 보았듯이 자연의 합목적적 체계가 있다는 것을 상정합니다. 다시 말해서 자연의 합목적적 원리를 상정합니다. 이 원리에 따라 사유를 전개하여 인간은 궁극목적(Endzweck)에 이르게 됩니다. 궁극목적을 상정해놓고 눈앞에 펼쳐지는 사건들을 설명하면, 궁극목적이 상정되지 않았을 때는 그저 우연적으로 어쩌다 일어난 일에 불과했던 것들이 그 궁극목적 아래에 배열되어 이제는 더 이상 우연한 사건이 아니게 됩니다. 이를테면 목적 아래에 구성된 것처럼 보입니다. 이로써 체계(System)가 완결될 것입니다.

칸트는 이것을 '체계'라고 명시적으로 말하지 못했습니다. 이것은 구성된 것이 아니기 때문입니다. 인간이 궁극목적을 인식할 수 있어야 체계를 구성할 수 있을 텐데 그것을 알 수는 없습니다. 인간이 궁극목적을 상정하여 일종의 가상적 체계를 통제적으로 세운 것에 불과한 것입니다. 이 궁극목적을 구성적으로 사용하였다면, 그것은 독단론에 빠진 것입니다. 이로써 칸트는 독단론에 빠지는 것은 피할 수 있었으나 플라톤과 같은 이데아는 칸트 이후로 더 이상 인간의 이론적 탐구의 대상이 될 수 없게 됩니다. 아무리 칸트가《형이상학 서설》에서 '장래의 형이상학'을 구상하였다 하여도 칸트의 철학은 전체적으로 말하면 비판(Kritik), 즉 형이상학으로 나아가기 위한 예비학에 불과합니다.

첫째 비판인《순수이성비판》은 '우리가 진리를 알 수 있는가?' 그리고 '우리가 안다고 여겼던 것들은 정말 틀림없이 알고 있었는가? 도그마가 아니었던가? 독단이 아니었던가?' 등을 묻습니다. 둘째 비판인《실천이성비판》은 신, 영혼불멸, 자유의지 등이 우리가 인식할 수 있는 것이 아니라는 것을 천명하고 그것은 요청되어야 하는 것이라 합니다. 마지막 비판인《판단력비판》은 자연의 영역과 자유의 영역을 유동, 즉 구상력(Einbildungskraft)으로써 매개하였습니다. 그런데 헤겔이 보기에 이것은 체계가 아니라 체계에 들어가기 전에 멈춘 것에 불과하다는 것입니다. 칸트에게 형이상학의 이름으로는 도덕 형이상학이 남았습니다. 다시 말해서 칸트의 철학은 비판과 도덕 형이상학, 이 둘로 이루어진 것입니다.

아리스토텔레스를 잠깐 살펴보겠습니다. 우리가 주목할 것은 질료형상론(Hylemorphismus)입니다. 아리스토텔레스에 따르면 우리 인간은 자연적 신체와 영혼으로 이루어져 있습니다. 자연적 신체가 질료이고, 영혼이 형상입니다. 아주 단순하게 말하면 인간이라고 하는 존재는 자연적 신체와 영혼이 혼융된 존재입니다. 혼융태라고 말하기도 하고 통일성(Einheit)이라고 말하기도 합니다. 이 통일성 안에 자연적 신체와 영혼이 다 들어 있습니다. 그런데 어디서부터 어디까지가 자연적 신체이고, 어디서부터 어디까지가 영혼인지는 우리가 알 수 없습니다. 다시 말해서 현존재(Dasein), 즉 개별성으로서의 한 인간 안에 자연적 신체라는 계기와 영혼이라는 계기가 통일되어 들어 있습니다. 물론 이론적으로 따지면 자연적 신체는 고유의 작동 원리가 있고, 영혼은 영혼 고유의 작동 원리가 있을 것입니다. 그것들 각각은 자립성(Selbständigkeit)을 가지고 있을 것이라는 말입니다. 그렇지만 자연적 신체와 영혼, 즉 질료와 형상이라고 하는 이 계기들은 자기 고유의 자립성을 상실하고 통일성 안에 혼융되어 들어가 있습니다. 따라서 인간이라고 하는 존재는 자연적 신체의 작동 원리만 가지고도 설명되지 않고 영혼의 작동 원리, 즉 넓은 의미에서 정신의 작동 원리만 가지고도 해명되지 않습니다.

  헤겔은 아리스토텔레스에서 인간이 자연적 신체와 영혼의 혼융태인 것처럼, 이 세계는 넓은 의미에서의 물질적 세계인 자연과 궁극목적이 서로 혼융되어 있다고 봅니다. 질료인 자연 안에 이 세계의 궁극목적이 내재되어 있는 것입니다. 부동의 원동자 같은 것이 들어가 있는 것이지요. 인간은 이 자연의 일부이면서도 정신을 가진 존재여서 자연보다 상위에 있습니다. 인간은 자신의 고유한 활동을 통하여 법도 만들고, 역사도 만듭니다. 종교도 만들고, 예술도 만듭니다. 그렇다면 세계의 궁극목적은 자연에도 관철되어 있지만 동시에 인간의 활동을 매개로 하여 객관적인 세계도 구축합니다. 인간의 노고를 통해 뭔가를 계속해 나아가는 이 목적을 헤겔은 '정신'이라 부릅니다. 정신은 좁은 의미에서 이 세계의 궁극목적을 가리키지만, 동시에 이 좁은 의미에서의 '세계의 궁극목적'이 실현된 세계 전체도 사실상 정신의 실현물입니다.

  세계의 궁극목적은 형상(morphe)입니다. 이것은 세계를 움직여 가는 힘입니다. 이것을 헤겔은 정신(Geist)이라 하기도 하고 영혼(Seele)이라 하기도 합니다. 더 구체적으로는 '세계의 혼'이라 하기도 하고 '세계정신'(Weltgeist)이라 말하기도 합니다. 이 세계정신이 역사의 특정한 국면에서 등장하면 그것을 '시대정신'(Zeitgeist)이라 말합니다. 헤겔에서는 칸트와 다르게 세계의 궁극목적이라고 하는 형상이 있습니다. 이것은 칸트에서처럼 우리가 있다고 상정하는 것이 아니라 실제로 있는 것이라고 했습니다. 무한자가 있다는 것입니다.

  그렇다면 이 무한자는 어떻게 움직이는가, 즉 무한자의 작동 원리를 밝혀야 할 것입니다. 이 작동 원리를 밝힌 책이 헤겔의 《논리학》(Die Wissenschaft der Logik)입니다. 이 논리학은 다시 축약되어 《철학백과》 제1부에 들어 있습니다. 흔히 《논리학》을 '대논리학'이라 부르고 《철학백과》 제1부에 들어 있는 논리학을 '소논리학'이라 부릅니다. 《철학백과》 제2부는 자연철학이고, 제3부는 정신철학입니다. 무한자의 작동 원리를 다루는 학문이 논리학이고, 그에 이어 세계의 궁극목적, 무한자, 형상이 자연의 생명체에 관철된 영역인 자연에 대해 다룬 것이 자연철학입니다. 마지막으로 인간의 노동을 매개로 궁극목적이 실현되는 영역을 다룬 것이 정신철학입니다. 이 셋을 묶어서 헤겔은 '백과'(Enzyklopädie)라고 합니다. 이는 전체로서의 세계를 하나의 통일된 원리로써 다루는 체계(System)이기도 합니다.

그렇다면, 다시 한 번 생각해봅시다. 이 체계 전체의 주인공은 누구이며, 이 체계에 시종일관 관철되어 있는 것은 무엇일까요. 무한자입니다. 이 무한자는 정신입니다. 이는 우리 머릿속에 있는 정신이 아닙니다. 플라톤이 말하는 이데아입니다. 헤겔은 이데아를 정신이라 부릅니다. 자연철학이 다루는 자연이든, 법철학, 사회철학, 역사철학 등과 같은 정신철학의 객관적 정신 영역에서 다루는 것들이든 이 체계 속에 있는 것들은 모두 정신의 산물들입니다. 정신이 하는 일은 무엇일까요. 고대의 철학자들은 그것을 관상觀想이라 했고, 헤겔은 사유라 합니다. 사유가 내놓은 것은 무엇인가요. '사유된 것'입니다. 사유된 것을 헤겔은 사상思想(Gedanke)이라 말합니다. 그런 까닭에 헤겔의 체계에서는 자연도 정신 사유의 산물입니다. 정신의 산물, 사유의 산물이기 때문에 이것을 사상이라고 할 수 있습니다. 이 체계에서 산출된 것들은 모두 사상입니다.

사상은 단순히 물질적인 것과 대립되는 개념이 아닙니다. 이것은 정신이 사유한 것들입니다. 그 안에는 정신이 사유의 대상으로 삼았던 것들이 추상적인 형태로 포함되어 있습니다. '은행의 안전'이라는 것을 따져보겠습니다. 우리는 은행에 대해 생각하고, 은행의 보안에 대해 생각합니다. 그렇게 생각하여 '은행의 안전'이라는 것을 생각해 냈습니다. '은행의 안전'은 우리가 은행과 은행의 보안에 대해 생각한 것입니다. 그것은 '사상'입니다. '은행의 안전'이라는 이 사상 안에는 물질적인 것들이 섞여 들어가 있습니다. '대한민국의 민주주의'라고 할 때, 우리의 머리 속에는 민주주의라는 개념만 떠오르지 않습니다. 투표함 하나하나도 민주주의를 만드는 요소입니다.

사상은 초월성(Transzendenz) 또는 이념성(Idealität)을 가지고 있습니다. 이것은 형상의 영역입니다. 인간은 그것을 사유하여 자신의 내면(Innerlichkeit) 속으로 들여옵니다. 인간은 그것을 현실 속에서 실현하려고 합니다. 그러기 위해서 제도를 만들기도 하고 물질적인 것(Materialität)의 도움을 얻기도 합니다. 이러한 제도나 물질적인 것들은 실정성(Positivität) 또는 실질성(Realität)입니다. 초월성, 내면성, 물질성, 실정성, 이 네 가지가 사상의 계기들로서 들어가 있습니다.

궁극목적이 실현되는 매개인 인간, 구체적으로 말하면 인간의 정신은 단순한 유한자의 정신이 아닙니다. 헤겔의 체계에서 이 정신은 《정신현상학》이라고 하는 예비 단계를 거쳐서, 체계의 전 과정을 편력하여 신적인 정신의 입장에 올라선 정신입니다. 그런 까닭에 신적 정신이 어떻게 전개되는지 알고 있습니다. 신적 정신이 펼쳐지는 이 세계의 내용, 신적 정신이 펼쳐지는 이 방식을 아는 인간은 신적 정신을 펼치는 존재는 아닐지라도 그 내용과 방식을 알고 있습니다. 인간은 진리를 낳아놓는 과정에 하나의 계기로서 들어가 있으면서 동시에 이 전체를 알고 있는 존재입니다. 자기가 어떠한 존재인지를 아는 존재입니다. 자각적 존재인 것입니다. 인간은 자기를 의식하고 있는 존재입니다. 그러면 여기서 말하는 사상의 계기들, 즉 초월성 또는 이념성, 내면성, 물질성, 실정성 또는 실질성이 인간 안에 혼융된 통일성으로 있을 것입니다. 이것들 각각이, 어디서부터 어디까지가 초월적인 영역이고, 어디서부터 어디까지가 실정적인 영역인지 알 수 없지만 들어가 있습니다. 각각의 계기들의 자립성을 상실한 채, 사상의 통일성 안에 들어가 있습니다.

사상의 계기들이 '자립성을 상실했다'는 말을 더 생각해봅시다. 자립성을 상실했다는 것은 '실재적 구별'(distinctio realis)은 폐기되어 있다는 것입니다. 그렇지만 우리가 이 사상을 들여다보면 각각 어떤 것이 초월성이고 어떤 것이 실질성이고 어떤 것이 물질성인지 개념적으로는 파악할 수 있습니다. 실재적 구별은 폐기되어 통일성 안에 혼융되어 있지만, 각각의 계기들은 '개념적으로는 구별'(distinctio rationis)되어 있습니다. 개념적으로 구별되어 있다는 것은, 개념적으로는 보존되어 있다는 것입니다. 실재적 구별은 폐기되어 있고 개념적 구별은 보존되어 있습니다.

사상의 통일성은 실재적 구별의 폐기와 개념적 구별의 보존을 거쳐서 성립합니다. 이것을 달리 말하면 '지양'止揚(Aufheben)입니다. 이 말에는 보존과 폐기라고 하는 반대되는 뜻이 동시에 들어 있습니다. 따라서 우리는 '사상은 정신의 전개의 실재적 구별과 개념적 구별을 지양하고 있다'고 할 수 있을 것입니다. 헤겔이 《정신현상학》에서 예로 든 것을 가지고 말해봅시다. 상수리를 땅에 심습니다. 이것을 심으면 싹이 틉니다. 싹이 트면서 씨앗은 사라졌습니다. 씨앗이라는 실재에 대한 구별이 없어진 것입니다. 그러나 우리의 머리 속에 개념적 구별은 여전히 남아 있습니다. 싹이 자라다가 꽃이 피고 열매를 맺으면 꽃은 사라집니다. 꽃이라는 실재적 구별이 없어집니다. 그런데 상수리 나무라는 식물의 개념적 구별은 계속 보존되고 있습니다. 이 모든 과정을 '지양'이라는 말로써 표현해보면, '씨앗이 싹으로, 싹이 꽃으로, 꽃이 열매로 지양되었다'라고 하는 것입니다. 이 과정은 끊임없이 앞의 것이 뒤의 것으로 지양되는 과정입니다. 이 과정 전체를 알아야 우리는 상수리 나무라는 것에 대해 알 수가 있습니다. 이러한 지양의 과정 전체가 식물에 관하여 참으로 말하는 방법입니다. 이것이 식물의 진리입니다. 식물의 진리는 식물의 성장 과정 전체입니다. 다시 말해서 '진리는 전체다'(Das Wahre ist das Ganze)라는 명제가 여기서 성립하는 것입니다. 이 과정은 실재적 구별이 계속 폐기되면서도 개념적 구별이 보존되고 있는 과정입니다. 이것을 '진리 전체론'이라고 말합니다.

상수리의 입장에서는 앞으로 어떤 일이 벌어질지 알지 못한 채 이 과정은 계속됩니다. 싹이 틀지, 나무가 될지 꽃을 피울지 열매를 맺을지 알 수가 없습니다. 그러나 신의 입장에서는 그것이 어떻게 될지 알고 있습니다. 인간도 마찬가지입니다. 인간의 삶은 앞을 알 수 없는 과정입니다. 그러나 신은 미리 알고 있습니다. 이미 그 삶을 다 알고 있는 것입니다. 여기서 신의 입장에 올라선 인간은, 유한자이면서 동시에 무한자인 인간은 이 과정을 다 알고 있을 것입니다.

아우구스티누스의 《고백록》을 참조하면서 이 과정을 되짚어봅시다. 아우구스티누스는 자신이 하느님의 사랑 속에 있다는 것을 알지 못하였습니다. 사실은 하느님의 사랑 속에 있었는데도 그것을 깨닫지 못했던 것입니다. 그리하여 그는 '카르타고'에 갔습니다. 그러다가 그는 하느님의 사랑을 깨닫고 회심을 합니다. 여기까지가 《고백록》 10권까지의 서술입니다. 11권부터 《고백록》은 〈창세기〉 1장에 대해서 논합니다. 왜 〈창세기〉 1장을 논할까요. 신이 세계를 창조할 때를 파악함으로써 세계를 알 수 있기 때문입니다. 신은 시초(Anfang) 안에 모든 것을 담아두었기 때문입니다. 시초는 목적(telos)을 담고 있습니다. 시초는 사태의 전개원리(Prinzip)를 담고 있습니다.

헤겔의 체계에서 신적 인식에 올라서기까지의 과정, 즉 예비학의 과정을 다루는 것이 《정신현상학》이고, 신적 인식을 다루는 것이 《논리학》입니다. 논리학은 신적 인식의 학입니다. 실제로는 인간이 세우는 학이지만 인간의 학이 아닙니다. 논리학은 청사진, 설계도이고, 이것에 따라서 자연과 현실 세계라고 하는 전체 세계가 만들어졌습니다. 따라서 다음에 오는 것이 실제[실재] 세계입니다. 즉 실재철학(Realphilosophie)입니다. 이 실재철학 안에 자연철학과 정신철학이 들어갑니다. 집약하면 예비학(Propädeutik), 논리학(Logik), 실재철학(Realphilosophie)입니다. 논리학과 실재철학을 합하여 체계라 하고, 이 체계를 움직이고, 그 안에서 움직이고 있는 것은 무한자, 신, 정신입니다. 이 안에 들어 있는 모든 존재는 실재적 구별은 폐기되어 있으나 개념적 구별은 보존된 상태입니다.

제36강

헤겔 형이상학의 기본 개념들

지금까지 우리가 살펴본 것은 칸트의 예비학과 도덕 형이상학, 헤겔의 정신 개념, 헤겔의 사변철학 체계, 예비학-논리학-실재철학(Propädeutik - Logik - Realphilosophie)이었습니다. 이것을 다시 생각해 보겠습니다.

먼저 칸트의 예비학과 도덕 형이상학. 칸트에서 예비학은 비판입니다. 《순수이성비판》, 《실천이성비판》은 비판입니다. 자연의 영역과 자유의 영역을 매개하려는 《판단력비판》조차도 형이상학 체계를 세울 수 없으니 당연히 비판입니다. 비판은 이론일 수 없습니다. 비판만으로는 세계 전체를 관조할 수가 없습니다. 이로써 칸트는 인간의 유한성을 확실하게 드러내 보였습니다. 칸트가 무한자의 영역으로 남겨 둔 것은 도덕 형이상학입니다. 이념의 영역, 이성으로써 상정하는 영역입니다. 비판으로써 수행되는 예비학과 도덕 형이상학의 간극을 어떻게 해서든지 매개해야 하고, 그것이 매개될 때에만 인간은 통일된 체계를 가질 수 있는데, 칸트에서는 학적으로는 불가능합니다.

헤겔의 정신인 우주적 정신, 절대적 정신, 세계정신은 인간의 정신이기도 합니다. 인간의 정신은 본래 신적 정신이었기 때문에 분열되었다가도 통일될 수 있습니다. 이것을 헤겔은 '화해'(Versöhnung)라고 합니다. 본래 인간 정신은 신적 정신이었는데, 아우구스티누스에서처럼 인간은 그것을 알지 못하고 있었습니다. 그러다가 인간이 도야의 과정을 거쳐 그것을 알게 되면 절대적 정신과 화해하는 것입니다. 이 화해의 과정 전체가 헤겔의 사변철학 체계입니다. 사변철학 체계에서 논리학과 실재철학의 관계는 무한자와 유한자의 관계가 될 것입니다. 칸트에서는 유한자와 무한자의 관계가 예비학과 도덕 형이상학의 관계였습니다. 헤겔에서는 논리학이 무한자이고 실재철학이 유한자입니다. 이 둘은 서로 화해할 수 있습니다. 조금 달리 말해보면 실재철학에 등장하는 수많은 존재들은 '집 떠난 무한자들'이라 할 수도 있을 것입니다.

헤겔에서 유한자와 무한자는 본래 하나였습니다. 즉자적으로 통일되어 있었습니다. 이 통일이 분열하여 유한자가 전개됩니다. 유한자가 실재 속으로 운동하여 들어갑니다. 이 운동의 전개 과정은 표면적으로는 유한자가 움직여가지만 사실은 무한자의 운동 과정입니다. 그러므로 우리는 무한자의 이러한 운동을 '유한자를 매개로 하여 성립하는 무한자의 운동'이라 말할 수 있습니다. 이 과정은 시작과 끝만 가지고 말하면 순수 사유에서 시작하여 순수 사유로 되돌아오는 과정입니다. 고대 철학의 용어로 말해보면 '헨 카이 판'hen kai pan, 즉 하나가 여럿을 거쳐서 다시 하나로 가는 과정입니다. 본래 '하나이면서 동시에 전부'라는 뜻의 범신론적 용어입니다.

신적 정신인 논리학은 순수 사유에서 시작합니다. 이 순수 사유가 자연 속으로 스스로를 전개하여 들어가면 물화物化됩니다. 그것이 자연물입니다. 물화를 거쳐서 인간의 정신으로 들어오므로 그것은 인간화가 됩니다. 인간은 자기에서 물질을 빼고 정신화될 수 있는 존재입니다. 인간화의 가장 마지막에 예술, 종교, 철학의 단계를 거칩니다. 그리하여 최종 단계인 철학에서 인간의 정신은 순수 사유로 되돌아갑니다. 이렇게 순수 사유가 물화와 인간화를 겪은 다음 최초의 출발점으로서의 순수 사유로 되돌아가면, 최초의 순수 사유와 나중에 되돌아온 것으로서의 순수 사유가 같은 것이지만, 중간에 겪음이 개입되었으므로 질적인 차이가 생겨났다고 할 수 있습니다. 본래적인 의미에서의 무한자인 순수 사유, 즉 신적 사유와 유한자들을 다 거쳐서 다시 순수 사유로 되돌아간 무한자가 된 것입니다. 여기서 '유한자를 매개로 하여 성립하는 무한자'라는 말이 성립하는 것입니다.

무한자의 이러한 전개과정은 신약성서 〈요한복음〉에 나오는 구절과 마찬가지의 구조를 가지고 있습니다. "말씀이 사람이 되시어 우리 가운데에 사셨다"(1장 14절). "말씀"은 이념입니다. 이것이 사람이 된 것은 물화된 것입니다. 기독교에서는 이것을 육화肉化(incarnatio)라고 합니다. 이렇게 육신을 입어 "우리 가운데에 사셨다"는 것은 인간화입니다. 예수는 신의 아들이지만 동시에 인간이기도 합니다. 인간이 된 신의 아들입니다. 예수는 인간 세상의 온갖 고난을 겪습니다. 고난을 가리키는 영어 '패션'passion은 '열정'이라는 뜻과 '고난'이라는 뜻을 모두 가집니다. 인간을 구원하려는 열정이 있으므로 고난을 받는 것입니다. 그러한 고난을 겪고 다시 하늘에 오릅니다. 다시 신이 되는 것, 신화神化입니다. 철학적으로 말하면 인간화에서 순수 사유로 올라가는 것입니다.

물화, 인간화, 신화의 과정을 거쳐갈 때 이 모든 과정을 지켜보고 있는 이는 누구입니까. 신입니다. 우리의 용어로는 철학자입니다. 그는 관상하는 자, 구경하는 사람(theōros)입니다. 신 또는 철학자는 알고 있습니다. 이것은 본래 그렇게 되게 되어 있습니다. 우연히 일어난 듯하지만 신의 필연성 안에서는 이미 정해진 것입니다. 신의 입장에서 보면 우연과 필연은 대립되는 것이 아닙니다. 신의 입장에서 보면 신과 인간은 대립되는 것이 아닙니다. 무한자와 유한자가 서로 대립되는 것이 아니라는 것입니다. 본래 통일된, 세계의 두 계기들일 뿐입니다. 유한자들은 각각의 국면에 서 있을 뿐입니다. 그것은 본래 무한자의 계기였습니다. 여기서 헤겔은 서로 대립되는 듯이 보이는 것들이 본래는 하나였음을 주장합니다. 다시 말해서 모순은 모순이 아니라 그저 무한자의 계기들이었을 뿐이라는 것입니다. 모순이 모순으로 보이는 것은 유한자의 편협한 입장에 서서 보았을 때 나타나는 거짓 현상에 불과하다는 것입니다.

무한자의 입장에 서서 모든 사태를 인식하는 것을 헤겔은 '개념파악적 사유'(Begreifen)라 합니다. 《철학백과》 서론 2절에 이 술어가 제시되어 있습니다. 이 술어는 일반적으로 헤겔의 사유를 가리킬 때 사용되는 '변증법'보다도 중요한 것입니다. 이 술어를 이해하려면 무한판단에 대한 것부터 살펴보아야 합니다.

'이것은 책이다'라는 명제가 있습니다. 이 명제는 긍정 판단입니다. 이 판단에서는 "이것"에 "책"이 귀속됩니다. "이것"에는 '책 아닌 것'은 들어갈 수 없습니다. 이 명제를 다시 써보면 '이것은 책 아닌 것이 아니다'가 됩니다. 술어가 "아니다"이므로 이는 부정 판단입니다. '이것은 책이다'라는 명제는 책 아닌 것을 부정하는 것입니다. 이렇게 보면 '이것은 책이다'라는 긍정 판단 안에 '이것은 책 아닌 것이 아니다'라는 부정 판단이 함축되어 있습니다. 세상의 모든 긍정적 사태는 부정을 함축하고 있습니다. 이 긍정 언명에 함축되어 있는 부정이 무엇인지 발견하는 것이야말로 진리를 확장해 나아가는 첫 번째 계기일 것입니다.

　이러한 부정이 함축되어 있음을 아는 것은 어떻게 가능할까요. 태어나서 책만 보고 자란 사람들은 '이것은 책 아닌 것이 아니다'라는 부정 판단을 말할 수 없습니다. 다시 말해서 긍정 판단 안에 부정이 함축되어 있다고 말할 수 있다는 것은 그가 '책이 속해 있는, 그러나 책 아닌 것도 그 안에 끼어들어 있는 더 넓은 범주를 아는 자'라는 의미입니다. 그는 이 긍정 판단이 속해 있으면서 동시에 그 긍정 판단의 부정 언명들이 속해 있는 상위 집단에 올라서 있는 사람입니다. 그런데 태어나서 책만 보고 자란 사람은 '이것은 책이다'라는 말을 하지 못합니다. '책이 아닌 것'을 알아야 책이라는 것을 언명할 수 있다는 것입니다. '이것은 책이다'라는 판단은 '책 아닌 것'을 알아야 가능한 판단입니다. 그런 까닭에 긍정 판단과 부정 판단, 이 두 가지가 동시에 일어나려면 이 두 가지가 속해 있는 상위 개념을 알아야 합니다.

　여기서 주의해야 하는 것이 있습니다. 책 아닌 것이 무엇인지 모른 채 무조건 '아님'을 말할 수도 있습니다. 상위 개념에 서서 그것의 아님을 말하는 것이 아니라, 단순 부정을 말하는 것입니다. 상위의 것을 알지 못하면 이 부정 판단이라고 하는 것은 우리를 난문에 빠지게 하기도 합니다. '이것은 책이 아니다'는 부정판단입니다. 이 판단에서는 "이것"에 '책이 아닌 것'은 무엇이든 귀속될 수 있습니다. 무엇이든 무한히 귀속될 수 있습니다. 따라서 부정판단은 무한판단입니다. 이것은 근본적 회의주의입니다. 난문에 빠진 것입니다. 그렇다면 어떻게 해야 상위의 진리로 올라갈 수 있겠습니까. 신이 있어야 합니다. 관상하는 철학자가 있어야 합니다. 진리를 알고 있는 누군가가 있어야 한다는 것이지요. 미리 정해진 최상위의 것이 있어야 그것을 향해 갈 수 있습니다.

'이것은 책이다'라는 긍정 판단은 다르게 말하면 규정입니다. "이것"을 "책"으로써 규정하였으므로 '책 아닌 것'은 다 부정하는 것입니다. '책 아닌 것'은 모두 제외하고 적극적으로 범주를 정하는 것입니다. 그런 까닭에 이 규정은 부정입니다. 다시 말해서 뭔가를 규정하면 그 규정을 제외한 모든 것을 부정하는 것이 됩니다. 그래서 규정과 부정은 항상 함께 가는 것입니다. 규정이라고 하는 것과 그 규정의 부정이라고 하는 것은 서로 모순 관계에 있는 것 같지만, 사실은 두 개가 동시에 있어야 합니다. 동시에 있되 우리의 머릿속에 있습니다. '이것은 책이다'이면서 동시에 '이것은 책이 아니다'일 수는 없습니다. 그런데 우리 머릿속에서는 가능합니다. 우리의 사유 속에서는 모순이 양립 가능합니다. 사유 속에서 모순이 양립 가능하다는 것은 사유 속에서는 모순을 긍정한다는 말이고, 모순'율'을 폐기한다는 말입니다.

이런 식으로 세상의 모든 존재를 사유하면 세상 만물을 다 알 수 있게 될 것입니다. 다른 예를 하나 더 들어보겠습니다. '이것은 동물이다'라는 판단은 "이것" 안에 동물만 귀속시킵니다. 동물과 반대가 되는 식물은 귀속시키지 않는 것입니다. 이것은 식물의 부정입니다. '이것은 동물이다'라고 말하는 사람은 식물을 알고 있다는 뜻입니다. 식물을 부정할 줄 아는 것은 동물과 식물의 상위 개념인 '생물'을 알고 있다는 것입니다. 동물은 동물이고 식물은 식물입니다. 동물의 입장에만 서 있으면 식물은 알 수 없고, 식물의 입장에만 서 있으면 동물은 알 수 없습니다. 그렇지만 생물의 입장에서는 둘 다 알 수 있습니다. 생물의 입장에 서면 동물과 식물은 자신의 하위에 있는 구별입니다. 동물과 식물은, 각각의 차원에만 서 있으면 서로 '구분'되지만 생물의 입장에서는 서로 '구별'되는 것들입니다.

동물에게는 동물의 정체성(Identität)이 있습니다. 식물에게는 식물의 정체성이 있습니다. 동물은 자기 생명을 유지해야 동물의 정체성을 유지할 수 있습니다. 그러려면 동물 아닌 것이 들어와야 하고, 식물도 식물이려면 식물 아닌 것이 들어와야 합니다. 식물에 식물 아닌 것이 들어온다는 것은 동물에게 먹힌다는 것입니다. 식물이 살아 있을 때 동물에게 먹히면 무無가 되는 것입니다. 존재가 무로 완전히 넘어가야 합니다. 존재와 무가 서로 이행해야만 식물이 계속해서 생성될 것입니다. 존재(Sein)의 대립물이 무(Nichts)입니다. 우리는 '유는 유이고, 무는 무'라고 생각합니다. 그런데 유인 식물이 동물한테 먹혀서 무가 되어야만 그 식물이 또 다른 식물이 됩니다. 식물이 동물한테 먹힌다는 것은 유가 무로 이행한다는 것입니다. 그래야만 유는 무가 되고 또 다른 유가 됩니다. 유가 무로 이행하고 무가 다시 유로 이행하는 것입니다. 이러한 이행에는 시간이 개입됩니다. 이것을 생성(Werden)이라고 합니다. 가장 근본적인 범주인 유와 무와 생성, 이 세 가지가 상호이행하는 것이 세계를 설명하는 가장 근본원리가 될 것입니다. 그렇다면 진리는 무엇일까요. 유도 진리가 아니고 무도 진리가 아닙니다. 끊임없는 생성이 진리입니다. 헤라클레이토스가 말한 것처럼 세상 만물은 유전流轉(in flux) 속에 있는 것입니다. 이것만이 진리인 것입니다.

진리인 생성은 지향점 없이 무한히 계속되지 않습니다. 그것은 신이라는 상위의 목적을 향해 갑니다. 이것이 역사입니다. 따라서 철학은 이 역사적 과정에 대한 관상이 되고, 신을 향해 가는 사태의 변전에 대한 통찰이 되는 것입니다. 역사철학, 역사 형이상학이 철학인 것입니다. 이 모든 것을 알아차리는 사유가 바로 개념파악적 사유입니다. 전체의 진리를 아는 것입니다. 이 전체의 진리를 서술한 것이 논리학입니다.

제37강

사변적 사유와 정신철학에 대한 일반적 논의

헤겔의 사변 형이상학을 이해하기 위한 기본 개념들을 파악하였으므로 이제부터《철학백과》서론을 읽기로 하겠습니다. 1절부터 18절까지의 내용은 대체로 다음과 같습니다. 1절부터 5절까지는 철학적 사유, 사유가 무엇인가 등에 대해 다루고 있습니다. 개념파악적 사유에 대한 것입니다. 6절과 7절은 사유와 세계 그리고 경험에 대해 다룹니다. 즉 자연과학적인 의미에서의 경험은 무엇이고, 철학적 의미에서의 경험은 무엇인가, 그리고 그 경험을 매개로 사유와 세계가 어떻게 통일되는가 등을 다루고 있습니다. 8절부터 12절까지는 개념파악적 사유, 즉 사변적 사유에 대해 다시 다루면서 초월적 대상에 대한 인식, 사변적 사유와 칸트가 말하는 비판적 사유는 어떻게 구별되는가, 사변적 사유의 원리, 변증법은 무엇인가, 사유는 어떤 식의 변증법적 과정을 밟아가는가 등을 다루고 있습니다. 간단히 말하면 사변적 사유 또는 정신철학에 대한 일반적인 논의입니다. 13절, 14절, 15절은 철학사에 관한 부분입니다. 헤겔에서는 철학사가 철학입니다. 철학사로서의 사유, 체계로서의 철학, 그리고 철학이란 무엇인가 등을 다루고 있습니다. 16절, 17절은 백과전서에 관해서, 즉 '전체의 학'을 다룹니다. 마지막으로 18절은 이 백과전서의 분류, 즉 논리학, 자연철학, 정신철학의 구분을 다룹니다.

철학은 다른 학문들에는 이로울 장점, 즉 자신의 대상을 표상에서 직접 주어진 것으로 전제할 수 있고, [연구를] 시작하거나 진행하기 위한 인식 방법을 이미 승인된 것으로 전제할 수 있다는 장점을 갖고 있지 않다. 물론 철학은 우선 자신의 대상을 종교와 공유한다. 양자 모두 진리를 대상으로 삼으며 그것도—신이 진리이고 신만이 오로지 진리라는—최고의 의미에서 그러하다. 나아가 양자 모두 유한자의 영역, 즉 자연과 인간 정신을 다루며 이들 간의 상호 관계와 이들이 자신의 진리인 신과 맺는 관계를 논한다. 따라서 철학은 대상들에 대한 익숙함, 아니 여하튼 대상들에 대한 관심 같은 것을 전제할 수밖에 없다—의식이 대상에 대한 개념보다 표상을 시간상 더 일찍 만든다는 이유만으로도 사유하는 정신은 심지어 표상을 통해서만 또 표상에 의지해서만 사유하는 인식과 개념파악으로 나아가게 되는 것이다.

그러나 사유하는 고찰의 경우에는 그 내용의 필연성을 드러내야 한다는, 대상의 규정들은 물론이거니와 존재 또한 논증해야 한다는 요구가 내포되어 있다는 사실은 잘 알려져 있다. 앞서 말했던 대상에 대한 익숙함만으로는 불충분하며, 전제하고 보증하거나 승인하는 것은 허용되지 않는 일로 여겨진다. 그러나 이와 동시에 하나의 시원을 마련해야 하는 어려움이 등장한다. 왜냐하면 시원이란 직접적인 것으로서 자신의 전제를 만들어내거나 아니면 오히려 그 자체가 전제와 같은 것이기 때문이다.

_《철학백과》 서론, 1절

첫 문장은 철학의 탐구 방법에 관한 것입니다. 철학은 다른 학문들과 다르게 학문의 방법론 자체를 스스로 마련한 다음에 학문을 시작해야 한다는 것입니다. 다시 말하면 철학은 무전제의 학이라는 것입니다. 이어서 철학의 탐구 대상을 규정합니다. "철학은 우선 자신의 대상을 종교와 공유"합니다. 종교와 공유한다는 것은 신을 탐구한다는 것입니다. 헤겔이 말하는 신은 기독교적인 의미에서 신앙의 대상으로서만의 신은 아닙니다. 오히려 아리스토텔레스의 형이상학에서 제시되고 있는 '신' 개념에 가깝습니다. 철학은 이러한 의미에서의 신만을 탐구의 대상으로 삼습니다. 달리 말하면 절대적 진리야말로 철학이 탐구해야 할 대상인 것입니다. "유한자의 영역, 즉 자연과 인간정신"은 앞서 설명했던 것처럼 '자연철학'과 '정신철학'을 가리킵니다. 그리고 이 영역들이 서로 어떤 관계에 있는지, 더 나아가 이 영역들이 무한자인 신과 어떤 관계에 있는지를 탐구합니다.

칸트라면 이런 방식으로 논의를 전개하지 않을 것입니다. 그는 인간이 과연 신에 대해 탐구할 수 있는 능력을 가지고 있는지부터 따져보자고 했을 것입니다. 우리가 뭘 알고나 있는가, 아니 알 수나 있는가를 검토하고 가자고 할 것입니다. 그런데 헤겔은 일단 익숙한 것을 "전제"할 수밖에 없다는 입장을 취합니다. 칸트처럼 선험적인 입각점을 찾아낼 것이 아니라, 우리가 사유를 시작하면서 얻게 되는 표상부터 살펴보자는 것입니다. '그렇게 얻은 표상들을 스스로 음미해나가면 언젠가 절대적 진리에 이를 것'이라는 확신을 내면에 품고, 계속 스스로 검토해 나아가는 과정을 겪을 수밖에 없다는 것입니다.

우선 철학은 일반적으로 대상들에 대한 사유하는 고찰로 규정될 수 있다. 그러나 인간이 사유에 의해 동물과 구별된다는 것이 옳다면(물론 옳을

테지만), 모든 인간다움은 사유에 의해 실현됨으로써, 또 오직 그럼으로써만 인간다울 수 있는 것이다. 그럼에도 불구하고 철학은 사유의 한 고유한 방식, 즉 사유가 인식으로 그것도 개념파악하는 인식으로 되게끔 하는 하나의 방식이므로, 철학의 사유는 인간다운 모든 것에서 활동하는, 실로 인간다움의 [참된] 인간성을 실현하는 사유와 어떤 구별성 또한 지닐 것이다. 설사 그것이 인간성을 실현시키는 사유와 일치하며 본래는 동일한 사유일 뿐이라 해도 말이다. 그 차이는 다음의 사실과 연결된다. 즉 사유에 의해 정초되는 인간의 의식 내용은 처음에는 사상의 형식으로 나타나는 것이 아니라, 감정, 직관, 표상 등으로—다시 말해 [사상의] 형식으로서의 사유와 구별해야만 하는 그런 형식들로 현상한다는 것이다.

_《철학백과》 서론, 2절

1절에서 헤겔은 철학이 방법론을 미리 마련할 수 없다고 하였습니다. 또한 철학은 절대적 진리를 탐구해야 한다고 하였습니다. 그리고 표상과 개념이 구별된다는 것을 염두에 두고 표상부터 탐구를 시작해야 한다고 하였습니다. 2절에서 헤겔은 앞의 이야기를 이어서 누적적으로 말합니다. 사유에 관한 일반론이 다시 거론됩니다. 앞에 나온 것처럼 "철학은 일반적으로 대상들에 대한 사유하는 고찰로 규정될 수 있다"고 말할 수 있습니다. 간단히 말하면 철학은 사유를 한다는 것입니다. 그러한 사유를 함으로써 철학은 동물적인 것과 구별될 것입니다. 그렇지만 그것만이 아닙니다. 철학은 "사유하는 고찰"에서 더 나아갑니다. 그것은 "사유가 인식으로 그것도 개념파악하는 인식으로 되게끔 하는 하나의 방식"입니다. 사유는 우리가 일상에서 하는 것입니다. 이것은 플라톤이 말하는 '의견'과 같은 것입니다. 철학적 사색을 거치면 이 의견은 "개념파악하는 인식", 즉 '개념파악적 사유'

가 됩니다.

헤겔은 "사유하는 고찰"과 "개념파악하는 인식"을 구별합니다. 헤겔에 따르면 개념파악적 사유는 "인간다운 모든 것에서 활동하는, 실로 인간다움의 [참된] 인간성을 실현하는 사유와 어떤 구별성 또한 지닐 것"입니다. "인간다움의 인간성을 실현하는 사유"는 "사유하는 고찰"로 규정되는 사유입니다. "개념파악하는 인식으로 되게끔 하는 하나의 방식"은 헤겔이 말하는 참된 철학적 사유입니다. 일반적으로 철학은 사유하는 고찰입니다. 그런데 헤겔은 하나의 고유한 사유 방식을 이야기하겠다는 것입니다. 그것은 개념파악적 인식입니다. 그리고 이것은 인간성을 실현하는 사유와 구별됩니다. 어쩌다 보면 그것이 인간성을 실현하는 사유와 같은 것일 수는 있겠지만, 그렇다 해도 처음부터 같은 것이라고 말할 수는 없습니다.

이어서 헤겔은 이것이 어떻게 구별되는지를 설명합니다. "사유에 의해 정초되는 인간의 의식 내용은 처음에는 감정, 직관, 표상 등으로" 나타납니다. "감정, 직관, 표상" 이것이 최초의 사유 형식입니다. 여기서 주의해야 할 술어는 직관(Anschauung)과 표상(Vorstellung)입니다. 여기서 직관은 고도의 지적 직관이 아니라 칸트에서와 마찬가지로 감성의 형식인 시간과 공간에 최초로 들어온 외부 데이터를 가리킵니다. 이것은 아직 이성에 의해 다듬어지지 않은 날것 그대로의 데이터입니다. 표상은 그것에 대해 이성이 가지게 되는 일종의 인상입니다. 따라서 감정, 직관, 표상은 저급한 단계에 있는 인식들을 가리킵니다. 이것과 구별되는 것이 "사상의 형식으로서의 사유"입니다. 직관과 표상이 우리의 정신에 들어온 후 그것을 놓고 사유를 할 때 도출되는 것이 사상이고, 그것은 '사유된 것'입니다. 따라서 그것은 '사상의 형식'을 띠고 있는 것입니다. 고차의 사유입니다.

감정, 직관, 욕구, 의지 등의 규정성은 인지되는 한에서 대개 표상이라고 불린다. 따라서 철학은 표상의 자리에 대신 사상, 범주, 더 정확하게는 개념을 놓는다고 일반적으로 말할 수 있다. 표상은 대체로 사상과 개념의 메타포로 간주될 수 있다. 그러나 표상을 가지고 있다 해서 사유에서의 표상의 의미나 그 사상 및 개념을 알 수 있는 것은 아니다. 이와 반대로 사상과 개념을 가지는 것과 이에 상응하는 표상, 직관, 감정이 무엇인지를 아는 것은 별개이다—우리가 철학의 난해함이라고 부르는 것의 한 측면은 이 문제와 연관되어 있다. 그 어려움은 한편으로는 어떤 무능함에서 기인하는데, 이는 추상적으로 사유하는데, 즉 순수한 사상들을 견지하고 그 안에서 움직이는 데 단지 본래부터 익숙하지 않음을 말한다. 우리의 일상적인 의식에서 사상들은 손에 익은 감각적 정신적 재료를 걸쳐 입고 그것과 하나가 되어 있다. 그리고 숙고나 반성, 추론에서 우리는 감정, 직관, 표상 등을 사상과 뒤섞는다("이 잎은 푸르다"와 같이 순전히 감각적인 내용으로 된 모든 명제들에도 이미 존재, 개별성 등의 범주들이 섞여 있다). 그러나 사상 자체를 순수하게 대상으로 삼는 것은 이와 전혀 다르다—철학이 난해한 또 다른 이유는 사상과 개념으로서 의식에 있는 것을 표상의 방식으로 마주하려고 하는 조바심에 있다. 흔히들 자신이 파악한 어떤 개념에서 무엇을 사유해야 할지 모르겠다는 말을 한다. [그러나 사실] 한 개념에서 사유될 수 있는 것은 개념 자체뿐이다. 그런데도 저처럼 무엇을 사유해야 할지 모르겠다고 말하는 것의 진의는 이미 잘 알고 있는 친숙한 표상에 대한 갈망이다. 의식은 마치 표상의 방식과 아울러 자신의 지반, 즉 전에는 확고하고도 편안하게 있을 수 있었던 지반을 빼앗긴 양 생각한다. 의식은 개념의 순수한 영역으로 옮겨지면 자신이 도대체 어디에 있는지를 알지 못한다—그러므로 독자나 청중에게 그들이 이미 암기하고 있는 것, 그들에게 친숙한 것 그리고 자명한 것을 귀띔해주는 작가, 목사, 연설가 등이 가장 이해하기 쉽다고 인정받는 것이다.

_《철학백과》 서론, 3절

3절을 읽어봅시다. 앞서 논의된 바를 다시 거론하면서 다음 논의를 전개합니다. "감정, 직관, 욕구, 의지" 등은 대개 "표상"으로 불립니다. 그런데 철학은 이것들을 가지고 사유하지 않고 "사상, 범주, 더 정확하게는 개념"을 가지고 사유합니다. 철학적 사유에서 중요한 것은 전자에서 후자로 나아가는 것입니다. 인간은 일반적으로 표상적 사유에 매몰되어 있고, 사유를 거부하는 태도가 있으므로 쉽사리 철학적 사유를 하지 못합니다. 일상적인 의식에서, 그리고 "숙고나 반성, 추론에서 우리는 감정, 직관, 표상 등을 사상과 뒤섞는다"는 것입니다. 분별도 안 되는 사람들이라는 것이지요. 그러나 사상 자체를 사유의 대상으로 삼는 사람은 다릅니다. 자신의 사유 자체를 사유의 대상으로 삼는 사람의 사유는 다르다는 것입니다. 자신의 사유를 음미하는 사유를 한다는 것이지요. 이러한 단계는 일반적인 사유를 하는 사람들은 도달하지 못합니다. 그들의 의식은 저급한 단계에 머물러 있기 때문에 그 "의식은 개념의 순수한 영역으로 옮겨지면 자신이 도대체 어디에 있는지를 알지 못한다"고 할 수 있습니다. 개념의 순수한 영역은 일반적 사유와 표상을 대상으로 하는 사유입니다. 철학은 이러한 사유를 통해서만 전개할 수 있는 것입니다.

철학은 우리의 범속한 의식과 관련해서 우선 자신의 고유한 인식 방식의 필요성을 밝히든지 아니면 일깨워야 할 것이다. 그러나 종교의 대상, 즉 진리 일반에 관련해서도 철학은 이와 같은 진리를 자기 자신으로부터 인식할 수 있는 능력이 있음을 입증해야 할 것이다. 그리고 종교적 표상들과의 구별성이 드러나는 것과 관련해서, 철학은 그와 다른 자신의 규정들을 정당화해야 할 것이다.

_《철학백과》 서론, 4절

4절에서는 철학이 참으로 탐구하여야 하는 것을 이야기합니다. 내용은 짧지만 함축된 것은 아주 많습니다. "우리의 범속한 의식과 관련해서" 해야 하는 것은 앞의 3절에서 이미 논의하였습니다. 그것은 감정, 직관, 표상 등에 관한 것입니다. 그것에서 벗어나 철학은 "종교의 대상", 즉 신에 대해서 뿐만 아니라 "진리 일반"에 관해서도 인식 능력이 있음을 입증해야만 합니다. 신적 진리, 즉 무한자에 대한 사유와 인식, 그것이 철학이 해야 하는 일입니다. 그런데 여기서 헤겔은 한 단계 더 들어가 종교적 표상과 철학을 구별해야 한다고 말하고 있습니다. 탐구의 대상은 종교와 철학이 같습니다. 신입니다. 그러나 종교와 철학은 구별됩니다. 종교는 믿음(Glauben)이고 철학은 지식(Wissen)입니다.

이를 이해하기 위해 헤겔이 《철학백과》를 쓰기 전에 쓴 논문인 《믿음과 지식》(Glauben und Wissen) 마지막 부분을 참조하기로 합시다.

[152] 모든 존재를 삼켜버리는 무의 심연으로서 순수한 개념, 즉 무한성은 [유한한 것의] 무한한 고통을 순수하게 최고 이념의 계기로 나타내야 하는데, 그렇다고 그 계기 이상의 것으로 나타내어서는 안 된다. 이 무한한 고통은 이전에는 다만 문화 속에서 역사적으로 존재했을 뿐이며, "신 자신이 죽었다"는 감정으로 존재하였다. 최근의 종교는 이런 감정에 의존하고 있다. (경험적으로 언표되기는 하였지만, 파스칼Pascal의 다음 표현들이 뜻하는 것도 말하자면 이와 같은 감정이다. "La nature est telle,

qu'elle marque partout un Dieu perdu, et dans l'homme et hors de l'homme."[1]) 그리고 순수한 개념, 즉 무한성은 [이런 감정을 최고 이념의 계기로 삼음으로써] 경험적인 존재의 희생을 지시하는 도덕적인 명령이나 형식적 추상의 개념이었던 것에 철학적인 실존을 부여해야 한다. 그럼으로써 순수한 개념, 즉 무한성은 철학에 절대적 자유의 이념과 더불어 절대적인 수난을 회복시켜야 한다. 말하자면, 이전에 역사적으로 존재했던 그리스도의 수난의 날 대신에 사변적인 그리스도 수난의 날을 재건하고, 그리스도 수난의 날 자체를 전체의 진리 속에서 그리고 하나님께 버림받았다는 가혹함 속에서 사변적으로 복구해야 하는 것이다. 독단적인 철학들과 자연 종교들의 매우 명랑하고 근거에 훨씬 구애받지 않으며 좀 더 개별적인 모양들은 사라져야만 한다. 그렇기 때문에 최고의 총체성은 오로지 이런 가혹한 버림받음[의 의식]으로부터만 아주 진지하게, 그리고 가장 깊은 바닥에서부터 동시에 모든 것을 아우르면서, 자기 형태의 가장 명랑한 자유로 상승하면서 부활할 수 있고 부활해야만 한다.

1) 『팡세』Pensées, 441쪽. "자연이란 인간 안에서도 밖에서도 도처에서 잃어버린 신을 가리키는 그런 것이다." (헤겔은 부룬쉬빅Brunschvicg 판본을 사용하고 있다.)

_《믿음과 지식》결론

나로서는 기독교가 "인간들의 본성이 타락하여 하나님을 상실하게 되었다"는 이 원리를 알려주자마자, 이것은 곳곳에서 이 진리의 성격을 알 수 있도록 내 눈을 열어주었다는 사실을 고백한다. 왜냐하면 자연은 사실이 그러하여 인간의 내부에서나 외부에서나 어느 곳에서나 상실한 하나님을 나타내주고 있기 때문이다.
그리고 타락한 본성을 나타내주고 있기 때문이다.

_《팡세》708절

여기서 헤겔은 신적 진리에 대한 지적 접근을 주장합니다. 그것은 몰입이나 열광과 구별되는 것입니다. 헤겔이 보기에 파스칼은 감정으로써 신적 진리에 접근합니다. "'신 자신이 죽었다'는 감정으로 존재"하였습니다. 최근의 종교는 이런 감정에 의존하고 있습니다. 또한 파스칼은 자연을 보면 신을 잃어버렸음을 알 수 있다고 고백하고 있습니다. 그런데 헤겔은 그렇게 생각하지 않습니다. 자연 세계를 보면 그 안에 절대적 정신이 관철되어 있음을, 헤겔은 알 수 있다는 것입니다. 파스칼의 입장에 서면, 신은 세계를 떠났으니 우리는 신을 세계에서 발견할 수 없습니다. 여기서 파스칼은 이 거대한 우주 앞에서 절망합니다.

헤겔은 그렇게 생각하지 않습니다. "도덕적인 명령이나 형식적 추상의 개념이었던 것", 신에 대해 "철학적인 실존을 부여해야 한다"고 주장합니다. 신을 철학적으로 정당화하고 이것이 현실 속에서 실현될 수 있음을 입증해 보여야 한다는 것입니다. 그렇게 하려면 우리 인간이 신의 아들이고 무한자에 대한 인식에 닿을 수 있고, 또 무한자에 대한 인식이 항상 유한자와 상호작용하면서 성립하고 있다는 것, 즉 《철학백과》 체계 전체를 드러내 보여야 한다는 것입니다. 이것은 헤겔이 《역사철학강의》(Vorlesungen über die Philosophie der Weltgeschichte)에서 논의하고 있는 바와도 상통합니다.

우리의 고찰은 그런 한에 있어서 신의론神義論, 변신론辯神論이거니와, 이는 라이프니츠가 형이상학적으로 자신의 방식으로 아직은 무규정적인 추상적인 범주로 시도했던, 그에 따라 악이 세계 속에서 포착되고 사유하는 정신이 악과 화해할 수 있다고 했던 것이다. 사실상 세계사 이외의 어디에도 그러한 화해하는 인식에 대한 요구보다 더 큰 요구는 없다.

이러한 화해는 저 부정적인 것을 종속적인 것과 극복된 것으로 소멸시키는 긍정적인 것에 대한 인식을 통해서만, 한편으로는 참으로 무엇이 세계의 궁극목적인가, 한편으로는 궁극목적이 세계에서 실현되고 악은 결국 궁극목적과 나란히 타당한 것으로 간주되지 않는다는 의식을 통해서만 도달될 수 있다.

_《역사철학강의》, 서문

라이프니츠도 고민했던 것이 이것입니다. '절대적인 의미에서의 선이라는 것이 있는데, 왜 이 세계에는 악이 존재하는가'. 이에 대한 라이프니츠의 대답은 예정조화설입니다. 현실의 세계는 신이 선택한 최선의 세계라는 것인데, 이것은 믿음과 다르지 않습니다. 그것은 무규정적이고 추상적인 것입니다. 헤겔은 이를 다르게 해결하려고 합니다. 그는 화해를 시도합니다. 이 화해는 어떻게 이루어지겠습니까. "저 부정적인 것"은 악입니다. 그 악을 하찮은 것으로 여기는 상위의 개념에 올라서서 극복할 수 있는 것으로 소멸시켜버리는 긍정적인 태도를 통해서 해결하는 것입니다. 절대적 진리가 이 세계에 있고, 우리 눈앞에 보이는 저 부정적인 것은 사실 그것 자체로 실체를 가지는 것이 아니라 결국에는 선한 것에 의해서 굴복되고 종속시킬 수 있는 것이라고 하는, 긍정적인 인식을 가짐으로써 해결하는 것입니다. 이러한 인식은 어떻게 가질 수 있을까요. 세계의 궁극목적이 무엇인지를 알아야만 합니다. 그리고 그러한 "궁극목적이 세계에서 실현되고, 악은 결국 궁극목적과 나란히 타당한 것으로 간주되지 않는다"는 의식을 통해서 가질 수 있습니다. 즉 상위의 진리로 올라가서, 궁극적으로는 절대적 진리에 이를 수 있다고 하는 사변적 인식을 통해서만 이 악을 해결할 수 있습니다.

신앙이 아주 불필요한 것은 아닙니다. 신 또는 절대적 진리가 있다고 믿어야 합니다. 그것은 알려진 출발점으로서의 믿음입니다. 그런데 거기서 그치는 것이 아니라 절대적 진리를 터득하기 위해서 사유를 계속해야 합니다. 다시 말해서 사유 속에서 정신적으로 계속 노고를 해나가면 우리가 이르는 종착점이 사실상 처음의 출발점이었던 절대적 진리에 대한 믿음이었던 곳으로 되돌아옵니다. 여기서 믿음과 앎이 변증법적으로 통일됩니다. 이것은 사실 헤겔이 내놓은 근대의 새로운 사상은 아닙니다. 이것은 플라톤과 아리스토텔레스에서 집약된 고대의 목적론적 사유이며, 헤겔은 이 고대적 사유를 되살려 자신의 형이상학을 재구축하고 있다고 볼 수 있습니다.

헤겔의 이 시도를 우리는 다음과 같은 명제로 정리해볼 수 있겠습니다.

> '좋음'은 선재先在하는 '본'本(paradeigma)이며, 현재의 과정에 임臨해 있는 작용인作用因이며 이 과정이 도달해야 할 목적(telos)이다.

이것은 전혀 낯선 명제가 아닙니다. "현재의 과정에 임해 있는 작용인"이라는 것은 아리스토텔레스적인 관점이기는 하지만, "이 과정이 도달해야 할 목적"은 플라톤과 아리스토텔레스가 공유하고 있는 목적론입니다. "좋음"은 미리 있는 것입니다. 아니, 있어야 합니다. 플라톤의 동굴의 비유를 보면 동굴 속의 몇몇 사람들은 동굴 밖에 좋음이 실체로서 있다고 생각하고 그것을 향해서 올라가려고 했습니다. 동굴을 기어올라가는 까닭은 동굴 밖에 빛이 있기 때문입니다. 빛을 향해 가는 것입니다. 그러면 그 사람이 동굴을 올라갈 때, 동굴을 올라가게 하는 힘, 즉 그들에게 작용하는 힘은 저 바깥에 있는 빛입니다. 이념, 형상입니다. 인간이 그것을 본으로 삼는 순간부터 인간을 움직이게 하는 것입니다. 그렇게 하여 동굴을 기어올라가 그 본에 이르면 목적이 성취되는 것입니다. 그런데 플라톤이나 아리스토텔레스에서는 이것을 누가 보는지에 대한 논의는 전개되지 않습니다. 다시 말해서 그러한 올라감, 상승을 수행하는 이의 관점 또는 '시좌'視座가 제시되지 않습니다. 자기가 그걸 하는 건지, 아니면 사회구성원 모두가 해야 하는 건지는 논의되지 않고, 그것을 받아들인 '자기'는 어떠한 사람인지에 대한 논의도 상세하지 않습니다.

본, 작용인, 목적, 이것은 실재적으로 있는 것입니다. 실체(Substanz)입니다. 플라톤이나 아리스토텔레스의 형이상학을 보면 이 실체를 받아들여 그것을 향해 가는 인간의 이야기는 구체적으로 나오지 않습니다. 물론 플라톤의 《국가》에서 철학적 통치자의 교육에 관한 논의가 상세하게 전개되지만 그것이 개인의 내면적 주체적 삶의 과정으로서 서술되는 것은 아닙니다. 이런 점에서 플라톤과 아리스토텔레스의 형이상학은 '실체의 형이상학'이라 할 수 있을 것입니다. 헤겔은 이들과 다른 시좌를 하나 정립합니다. 그것은 자각적으로 그러한 목적, 실체를 받아들여 그것을 향하여 스스로를 도야하는 주체(Subjekt)의 시좌입니다. 이로써 진리에 관한 시좌는 세 가지가 제시된 셈입니다. 하나는 신앙인의 시좌입니다. 이것은 자기의식을 버리고 복종하는 태도입니다. 이는 모든 신앙인에게 요구되는 것입니다. 다른 하나는 플라톤의 《국가》에서 제시되는 것과 같은 철학(적 통치)자의 태도입니다. 이는 '의견'을 가진 대중을 이끄는 것입니다. 다른 하나는 각각의 개인이 진리를 자신의 것으로 받아들일 것을 결단하고 스스로의 도야를 통해 그것을 성취하는 것입니다. 이는 진리주체론적 시좌입니다. 다음과 같이 정리한 명제를 통하여 이 세 가지 시좌를 음미해봅시다.

신은 앞서가면서 함께 있으며, 이 모든 과정의 귀결에 존재한다.

앞서 제시한 명제와 내용은 다르지 않으나 '좋음'의 자리에 '신'이 들어간 것입니다.

'앞서간다'는 것은, 신이 이 세계의 계획을 이미 만들어 놓았다는 것입니다. 신은 선행하는 청사진입니다. 헤겔의 논리학에 해당하는 것이 이것입니다. 그러면서도 세계의 이 전개 과정에 항상 임해 있습니다. 신의 임재(Gottesnähe)입니다. 이는 '나라가 임하옵시며' 할 때 쓰는 말입니다. '하늘나라가 가까이 왔다'고 예수가 말하였습니다. 이 말은, 내가 등장함으로써 하늘나라가 우리에게 임했다, 우리의 역사 속으로 들어왔다는 뜻입니다. 지금까지 우리가 알고 있던 유대교의 신은 초월적인 것이었지만 내가 등장함으로써 이제 그리고 이 모든 과정을 거쳐서 우리는 신이 있는 곳에 가게 될 것이라는 것입니다.

여기에도 신에 관한 세 가지 시좌가 있습니다. 플라톤과 아리스토텔레스의 경우에는 철학(적 통치)자들이 적절함 또는 적도(metrion)를 측정했습니다. 이들은 신도 인간도 아닌 중간에 있는 제3의 존재입니다. 철학자들은 형상을 본받습니다. '의견'을 가진 인간들은 이들 '아는 자'(知者)들을 본받아야만 합니다. 의견을 가진 자들은 사실상 모방물을 모방하는 셈입니다. 진리는 그만큼 그들에게서 떨어져 있고 불확실합니다. 철학(적 통치)자에 저항하는 신앙인의 시좌에서는 이러한 매개자들이 불필요합니다. 신을 직접 만나야 합니다. 적도는 신입니다. 그러나 각각의 개인이 신을 직접 만나므로 역설적이게도 각자가 적도가 됩니다. 철저하게 각자의 내면이 적도로서 작동합니다. 가톨릭 교회에서는 내면의 신앙보다는, 의전주의에 입각하여 실정성(Positivität), 규범을 척도로 삼습니다. 저항하는 신앙인들은 철학자들에게도 저항하지만 이러한 실정성에도 저항합니다.

또다른 시좌는 바로 '나'의 시좌입니다. 이것은 저항하는 신앙인의 시좌와 유사한 점이 있습니다. 그러나 분명히 다른 점이 있습니다. 자각적인 측면이 있습니다. "신은 앞서가면서 함께 있으며 이 모든 과정의 귀결에 존재한다"는 것의 적절함을 철학(적 통치)자가 측정해주지도 않고 실정종교의 규범이 측정해주지도 않고 내가 신과 직접적으로 대면하여 측정한다면 그것은 저항적 신앙인의 시좌입니다. 다시 말해서 저항하는 신앙인의 시좌에는 근대적 주체성이 들어가 있는 것입니다. 겉보기에는 철저하게 신에 종속되어 있는 듯하지만 그 신을 받아들여서 신과 대화하는 자는 오로지 '나'입니다. 나(Ich), 이것이 근대 프로테스탄트가 가지고 있는 주관성의 원리라고 하는 위력입니다.

주관성의 원리에 따라 위의 명제 "신은 앞서가면서 함께 있으며 이 모든 과정의 귀결에 존재한다"에 '나'를 넣어볼 수 있습니다. 그것은 다음과 같이 될 것입니다. '나(신)는 앞서가면서 함께 있으며 이 모든 과정의 귀결에 존재한다'. 이때의 "나"는 '신적 인식에 이른 나'입니다. 내가 나의 척도가 되는 것입니다. 이러한 태도는 신에게 굴복하여 신을 척도로 삼은 저항하는 신앙인의 시좌와는 구별됩니다. 내가 신을 만난다는 점은 동일하지만 신이 아닌 나의 의식을 척도로 삼은 것입니다. 여기에는 일상적 의식을 가진, 인간의 의식을 가진 나와 신적 인식을 가진 내가 공존합니다. 적극적인 의미에서의 의식의 분열이 일어납니다. '나'는 신이라는 목적을 향해 가는 모든 과정, 역사를 겪으면서도 이 과정을 <u>스스로</u> 관상하고 <u>스스로</u> 검증합니다. 이 과정은 인간의 고난의 과정이면서도 본래, 즉자적으로 신이었던 인간이 자기외화를 거쳐 즉자대자적으로 신이 되는 과정입니다.

'신적 입장에 올라섰다'는 것은 나의 영혼(spiritu)이 신의 영(spiritus, 성령)을 받아들여서, 즉 영감을 얻어서(inspirare) 신의 영이 된 것입니다. 예수가 바로 그러한 존재입니다. 예수는 인간의 역사를 거쳐서 하늘에 올라 신의 오른쪽에 앉습니다. 그는 본래 신이었습니다. 무한자였습니다. 그러다가 인간이 되었습니다. 유한자가 된 것입니다. 이 유한자를 거쳐 다시금 무한자가 되었습니다. 그는 유한자를 경험한 무한자입니다. 이렇게 '신적 입장에 올라선 유한자', 이것이 바로 주체입니다. 이것이 바로 신과 인간의 화해, 유한자와 무한자의 화해, 신앙과 지식의 사변적 통일입니다. 《철학백과》 서론 5절은 이러한 철학적 사유에 반대되는 직접적인 앎에 대해 간단하게 논박하고 있습니다.

앞서 말한 차이와 이에 결부되어 있는 통찰, 즉 우리 의식의 참된 내용은 사상과 개념의 형식으로 옮겨도 보존되며, 오히려 그때야 비로소 그 내용의 고유함이 밝혀진다는 통찰에 대해 잠정적으로나마 설명하기 위해 또 하나의 오래된 선입견이 상기되어야 한다. 이 선입견이란 바로 대상이나 이미 주어져 있는 것에서 또 감정, 직관, 사념, 표상 등에서도 참된 것을 경험하려면 숙고가 필요하다는 것이다. 그런데 숙고라는 것은 어떤 경우라도 최소한 감정, 표상 등을 사상으로 전환시키는 일을 한다.

철학이 자신의 일의 고유한 형식으로서 요구하는 것은 오로지 사유뿐이다. 그러나 모든 사람은 천성적으로 사유할 수 있는 한, §3(3절)에서 진술되었던 차이를 무시하고 이처럼 사상시켜버림으로써 앞에서 철학의 난해함에 대해 불평했던 것과는 정반대의 일이 나타난다. [즉] 이 학문은 빈번히 경멸당한다. 즉 철학을 위해 애쓴 적이 없는 사람들까지도 자신들은 철학의 사정을 본래부터 이해하고 있으며, 일상적인 교양 수준에서 특히 종교적 감정에 기반하여 살아갈지라도 철학할 수 있고 또 철학에 대해 판단할 수 있다는 헛된 자부심을 드러내는 것이다. 사람들은 다른 학문들을 알기 위해서는 연구해야 함을 그리고 지식을 습득한 후에야 비로소 그 학문들에 대해 판단할 권리를 가질 수 있음을 인정한다. 구두를 만들기 위해서는 비록 모든 사람이 자신의 발 치수를 잴 자와 손을 가지고 있고 필요한 작업을 위한 천부적 재능을 가지고 있다 해도, 배우고 익혀야만 함을 인정한다. 그런데 오직 철학함 자체에 대해서만 이와 같은 연구와 학습, 노력이 필요하지 않다는 것이다—이런 안이한 생각은 최근 직접지(unmittelbaren Wissen), 즉 직관을 통한 앎이라는 이론에서 확인되었다.

_《철학백과》 서론, 5절

사변적 인식을 위한 사유를 논의하기 앞서 헤겔은 "오래된 선입견"과 같은, 철학적 사유가 아닌 것들에 대해 이야기합니다. 오래된 선입견에 속하는 것으로는 "직접지(unmittelbaren Wissen), 즉 직관을 통한 앎" 등이 있습니다. "철학이 자신의 일의 고유한 형식으로서 요구하는 것은 오로지 사유뿐"입니다. 그런데 이러한 사유를 무시하고 직관 등을 통하여 직접적으로 절대자에 올라설 수 있다는 생각이 만연한 결과 사람들은 "천성적으로 사유할 수 있는 한" 곧바로 철학을 할 수 있다는 오만함을 가지게 됩니다. "철학의 난해함에 대해 불평했던 것과는 정반대의 일이 나타난" 것입니다. 그렇게 되면서 철학은 사람들에게 "경멸"당하고 있습니다. "일상적인 교양 수준"은 물론 "종교적 감정에 기반하여 살아갈지라도 철학할 수 있"다는 생각까지 등장합니다. "구두를 만들기 위해서는 비록 모든 사람이 자신의 발 치수를 잴 자와 손을 가지고 있고 필요한 작업을 위한 천부적 재능을 가지고 있다 해도, 배우고 익혀야만 함을 인정"하면서도 "철학함 자체에 대해서만 이와 같은 연구와 학습, 노력이 필요하지 않다는 것"이라는 비유까지 등장합니다. 이 모든 것의 원천이 "직접지, 즉 직관을 통한 앎이라는 이론"입니다. 여기서 헤겔이 겨냥하고 있는 것은 낭만주의자들이지만, 이 낭만주의자들은 진지한 사유에 대한 반대자들을 모두 지칭하는 것이라 보아도 무방합니다.

철학사에서 나타나는 것과 같은 사유의 전개가 철학 자체에서도 드러나는데, 이것은 앞서 말한 역사의 외면성에서 벗어나 순수하게 사유의 요소 안에서 제시된다. 자유롭고 참된 사상은 내적으로 구체적이며 따라서 이념이고, 그것의 완전한 보편성에서 보면 이념 자체, 즉 절대자이다. 이에 대한 학문은 본질상 체계를 이룬다. 왜냐하면 참된 것은 구체적인 만큼, 오직 자신 속에서 스스로를 펼쳐가고 한데 통일되어 결합해 있는 것, 즉 총체성이기 때문이며, 또 그 참된 것의 차이들을 구별하고 규정함을 통해서만 그 차이들의 필연성과 전체의 자유가 가능하기 때문이다.
체계 없이 철학한다는 것은 결코 학문적일 수 없다.

_《철학백과》 서론, 14절

14절은 사변적 인식에 의한 철학적 사유가 전개되는 국면에 관하여 논의하고 있습니다. 신의 입장에 올라선 사유는 역사의 모든 국면을 거쳐오면서 모든 것을 추상화하였습니다. 그런 까닭에 그것은 이제 더 이상 역사라고 하는 외면적인 권역에 머무르지 않습니다. 그것은 순수한 사유라는 권역에서만 스스로를 전개합니다. 그렇지만 그것은 허무맹랑한 추상물은 아닙니다. 그것은 "내적으로 구체적"입니다. 일반적으로 '구체적'이라는 술어는 감각기관에 닿아 있는, 만질 수 있는 유형의 것으로 이해합니다. 헤겔에서는 그렇지 않습니다. 구체적이라는 것은 눈에 보이지 않고, 본질을 완전히 응축해서 가지고 있는 것, 이를테면 성령(spiritus)과 같은 것입니다. 이것이 없으면 그 어떤 것도 의미를 가질 수 없습니다. "그것의 완전한 보편성에서 보면 이념 자체, 즉 절대자"인 것입니다. 그리고 이러한 절대적인 것에 대한 학문, 즉 철학은 "체계"이어야만 합니다. 체계를 결여한 철학적 사색은 학문적일 수 없습니다. 이러한 체계가 바로 《철학백과》를 구성할 것입니다. 그것이 어떻게 구성되어 있는지에 관한 상세한 내용은 18절에서 설명되고 있습니다.

오직 학문의 전체를 통해서만 이념이 서술되기에, 철학에 관한 어떤 잠정적이고 일반적인 표상을 제공하기란 불가능하다. 마찬가지로 철학의 분류 역시 그 이념을 서술함으로써만 비로소 파악될 수 있다. 철학의 분류는, 그것이 행해지는 근거인 이념처럼 뭔가 선취된 것이다. 그런데 이 념은 순전히 자기 동일적인 사유이며 동시에 이 사유는 자신에 대해(für sich) 독자적으로 존재하기 위해서 자기 자신과 대립하는 활동이자, 이 타자 속에서 오직 자기 자신에 머물러 있는 활동임이 드러난다. 따라서 철학은 3부로 나뉜다.

I. 즉자대자적인 이념의 학문으로서의 논리학,

II. 타자 존재 내에서의 이념의 학문으로서의 자연철학,

III. 타자 존재에서 자신에게로 되돌아온 이념으로서의 정신철학.

_《철학백과》 서론, 18절

철학에 관해서는 단숨에 한 마디로 규정할 수 없습니다. "일반적인 표상"을 제공할 수 없는 것입니다. 철학은 이념의 자기전개 과정 전체를 서술함으로써만 비로소 규정할 수 있습니다. 이 이념은 미리 정해진 것입니다. "뭔가 선취된 것"이라고 할 수 있습니다. 이념은 최초에는 자기 자신을 알지 못하는 상태에 있으나 스스로를 외부로 전개하여 그러한 운동의 과정을 거쳐서 자신으로 되돌아옵니다. 이 과정이 논리학, 자연철학, 정신철학의 과정입니다.《철학백과》는 바로 이 과정 전체인 것입니다.

* * *

학적 인식으로 올라서는 사다리
《정신현상학》

제38강

《정신현상학》의 구성, 의식-자기의식-이성

　지금까지 우리는 절대적인 것의 자기전개 과정 전체를 서술하는 《철학백과》서론을 읽으면서, 헤겔에서 학적 인식이 어떤 성격을 가지고 있는지, 그리고 그것은 어떻게 형성되는지 등을 살펴보았습니다. 이제부터는 《정신현상학》을 읽겠습니다. 《정신현상학》은 앞서도 언급하였듯이 학적 인식으로 올라서는 일종의 사다리와 같은 것입니다. 인간이 저급한 단계에서 절대적 이념의 단계로 올라가는 과정을 관조하여 서술한 것입니다. 먼저 목차를 나누어서 살펴보겠습니다.

제1부. 의식의 경험의 학
서론
　　　　　A. 의식
　I. 감각적 확신; 또는 이것과 사념
　II. 지각; 또는 사물과 착각
　III. 힘과 오성, 현상과 초감각적 세계

《정신현상학》목차는 복잡합니다. 오늘날 우리가 책에서 보는 것과 같이 깔끔하게 계열화되어 있지 않습니다. 알파벳으로 순서가 정해져 있는가 하면, 그 아래에 라틴 숫자가 붙어 있습니다. 또한 알파벳이 겹쳐 있는 부분도 있습니다. 이것을 이해하는 기본적인 방식은 라틴 숫자를 중심으로 이해하는 것입니다. 라틴 숫자는 Ⅷ(8)까지 있습니다. 간단히 말해서 《정신현상학》은 여덟 단계로 이루어져 있다고 생각하면 됩니다. 그러나 많은 경우 《정신현상학》에 대해 논의할 때 '의식' 장, '자기의식' 장, '이성' 장, '정신' 장 등의 표현을 사용합니다. 이것은 알파벳에 따라 지칭하는 것입니다. 이렇게 복잡하기 때문에 《정신현상학》의 구조를 이해하기 위한 연구도 꽤 많이 있으며 이것 자체에 관한 논문들도 많습니다. 우리는 여기서 그런 것들을 살펴보지 않겠습니다. 여덟 단계로 이루어진 것을 기본으로 삼되 필요한 경우에는 알파벳이 붙은 장과 절들을 거론하는, 편의에 따른 방식으로 논의하겠습니다.

《정신현상학》본문은 "Ⅰ. 감각적 확신; 또는 이것과 사념"에서 시작하여 "Ⅷ. 절대지"에서 끝이 납니다. Ⅰ은 가장 저급한 단계의 인식이며, Ⅷ은 최고 단계의 인식입니다. 가장 저급한 단계에서 시작하여 가장 순수한 단계의 인식인 절대적 인식으로 가는 전 과정을 서술하고 있는 것입니다. 신적 인식에 이르기 위해 인간이 거쳐가는 과정입니다. 감각적 확신에서 출발하여, 둘째 단계는 "지각"입니다. 아직은 멀었지만 정신 쪽으로 가는 길이라는 게 보입니다. 셋째가 "힘과 오성, 현상과 초감각적 세계"입니다. "힘"은 물질의 배후에 작용하고 있는 것입니다. 이 힘을 파악하려는 인간의 능력이 오성입니다. 오성이 파악하는 것은 감각 데이터에 기반을 둔 것이기는 하지만 더 이상 감각적인 것은 아닙니다. 이것들에 상응하는 것이 "현상과 초감각적 세계"입니다. 이 셋이 "A. 의식" 항목 아래에 묶여 있습니다. 이 의식은 대상에 관한 의식입니다. 대상은 객관 세계, 즉 우리가 흔히 말하는 '사물(Ding)의 세계'입니다. 여기는 자연과학이 관여하고 있는 영역입니다. "초감각적 세계"는 눈에 보이지 않는 세계입니다. 이것은 어떻게 파악할까요. 더 이상 감각이나 지각으로는 불가능한 영역입니다. 이것은 인간의 정신이 관여하는 세계입니다. 그렇다면 이제부터는 대상 세계에서 우리의 시선을 돌려 인간의 정신으로 향해야 할 것입니다. 그 시선은 '자기의식'을 향하게 됩니다. 이제부터가 《정신현상학》의 둘째 장인 '자기의식' 장입니다.

B. 자기의식

IV. 자기확신의 진리
    A. 자기의식의 자립성과 비자립성. 지배와 예속
    B. 자기의식의 자유. 스토아주의, 회의주의 그리고 불행한 의식

"B. 자기의식"은 "IV. 자기확신의 진리"와 동등한 것입니다. 이것들 아래에 두 항목이 있습니다. "A. 자기의식의 자립성과 비자립성"은 인간과 인간의 관계에 관한 내용입니다. 그러니까 자기의식을 자립적으로 갖고 있는 사람이 있는가 하면, 비자립적 자기의식을 가지고 있는 사람도 있다는 것입니다. "지배와 예속"에는 '주인과 노예의 변증법'으로 널리 알려진 내용이 들어 있습니다. '주인과 노예'라는 말에서 '지배계급과 피지배계급'을 떠올릴 필요는 없습니다. 이것은 현실 세계에서 생겨나는 주인과 노예의 관계를 다루고 있는 것이 아닙니다. 의식의 예속성, 의식의 주인성으로 이해해야 합니다.

"B. 자기의식의 자유. 스토아주의, 회의주의 그리고 불행한 의식"

은 특정한 대상을 향한 생각이 아니라 머릿속에서 일어나는 생각입니다. 스토아주의나 회의주의는 철학의 역사에서 등장했던 사유의 방식들이지만 헤겔이 그것에 관하여 논의하고 있는 것은 아닙니다. 인간의 의식 안에서 생겨나는 사유들을 그것들에 빗대어 설명하고 있는 것입니다. 스토아주의나 회의주의와는 달리 "불행한 의식"은 역사적으로 등장했던 사유방식을 지칭하지 않습니다. 단순하게 정리하면, 불행한 의식은 인간 의식의 분열에서 생겨나는 것입니다. 인간의 사유가 스토아주의에서 회의주의까지 왔을 때 한 발 더 내딛으면 육신의 유한성과 의식의 무한성이라는 단계에 이르게 됩니다. 눈앞에 보이는 사물의 세계만이 아니라 초월적인 것에 이르기까지 인간은 생각합니다. 그것이 불행한 의식입니다. 인간은 초월자에 대한 열망을 가지고 있으나 인간 자신은 유한합니다. 여기서 생겨나는 간극이 인간에게 불행한 의식을 초래하는 것입니다.

C. (AA) 이성

V. 이성의 확신과 진리

  A. 관찰하는 이성

    a. 자연의 관찰

    b. 순수성과 외적 현실성에 대한 관계에서 본 자기의식의 관찰; 논리적 법칙과 심리적 법칙

    c. 자신의 직접적 현실성과 자기의식의 관계에 대한 관찰; 인상학과 두개골론

  B. 자기자신에 의한 이성적 자기의식의 실현

    a. 쾌락과 필연성

b. 심정의 법칙과 오만의 광기
　　c. 덕과 세계의 도정

　C. 즉자대자적으로 실재적으로 존재하는 개별성
　　a. 정신적 동물의 나라와 기만 또는 사상 자체
　　b. 입법적 이성
　　c. 법칙을 음미하는 이성

"C(AA) 이성". 여기서 "C"는 넓은 의미의 이성입니다. 이 부분을 제대로 된 목차로 만든다면, 'C: 이성'이라 쓰고, (AA) 이성, (BB) 정신, (CC) 종교, (DD) 절대적 지' 이렇게 해야 할 것이고, 이것이 모두 '이성'에 포함될 것입니다. 그렇게 본다면《정신현상학》은 '의식', '자기의식', '이성', 이렇게 세 부분으로 이루어진다고 할 수 있을 것입니다. 그런데 여기서 곤란한 부분이 보입니다. "(BB) 정신"은 무엇을 가리키는가입니다.《정신현상학》은 제목에 "정신"이 들어가므로 이 책 전체가 정신을 다루고 있을 것입니다. 다시 말해서 A, B, C 모두가 "정신"의 현상(Phänomen)입니다. 따라서 "이성" 아래에 있는 "(BB) 정신"은 뭔가 다른 것을 가리키는 좁은 의미의 정신으로 이해해야 할 것입니다. 그런데 헤겔의 용어에서 한 가지 더 유념할 점은 이성이 정신과 같은 의미로 쓰일 때도 있다는 것입니다. 그렇다면 이성은 세 가지 의미로 쓰이는 셈입니다. 첫째는 가장 넓은 의미의 이성, 즉 정신과 같은 의미의 이성입니다. 둘째는 보다 하위의 정신, 즉 종교, 절대지를 포함하는 의미의 이성입니다. 마지막으로는 가장 좁은 의미의 이성입니다. 이것을 여기서는 상세하게 다룰 수는 없지만 그런 난점이 있다는 것을 유념해야 합니다.

'대상의식, 자기의식, 이성'으로 병치될 때의 이성은 본격적으로 인간 사회를 다룬다고 할 수 있습니다. 넓은 의미의 이성은 인간 종의 이성입니다. 인간 종의 이성이면서, 인간은 사회적 존재이므로 그것은 '사회적 이성'이기도 합니다. 인간 개인은 개인의 유한성과 사회와 역사의 유한성을 초월해서 영원한 세계로 나아가고자 하는 측면도 있습니다. 그것도 이성입니다. 다시 말해서 사변적 이성이기도 하면서 초월적인 것으로 나아가려는 이성도 될 것입니다. 초월적인 것으로 나아가려는 이성은 종교에 해당하는 것입니다. 이 이성은 절대적 지에 해당합니다. 정신현상학에서 별개로 다루어지는 종교는 실정 종교입니다. 현실적으로 제도화된 종교를 가리키는 것입니다.

(BB) 정신

VI. 정신

  A. 참된 정신, 인륜

    a. 인륜적 세계, 인간의 법칙과 신의 법칙, 남성과 여성

    b. 인륜적 행위, 인간의 앎과 신의 앎, 책임과 운명

    c. 법적 상태

"(BB) 정신". 여기부터가 본격적인 역사적 사회적 이성입니다. 바로 앞의 "(AA) 이성"의 "C"를 보면 "b. 입법적 이성", "c. 법칙을 음미하는 이성"이 있습니다. 이러한 것들은 칸트의 실천철학과 관련된 논의들입니다. 그것들은 이상적인 것입니다. 그것이 가진 혁명적인 힘은 있습니다. 인간을 수단이 아닌 목적으로 대하는 것은 이념으로서 강력한 역할을 합니다. 그렇지만 그 이념이 현실세계에서 움직이려면 좁은 의미의, 사회적 역사적 세계라고 할 수 있는 정신 세계로 들어가

야 합니다. 그것은 "인륜적 세계"입니다. 여기서 "인륜"은 도덕이 아니라 구체적 삶이 펼쳐지는 공동체를 가리킵니다. 여기서는 인간이 살아가는 공동체의 다양한 차원들이 다루어집니다. "의식"과 "자기의식"이 역사적 사회적 현실에서 살아가는 인간이 아닌 개인 차원에서의 인간만을 다루었다면, 여기부터는 세계사의 여러 국면과 사회의 차원에 놓인 인간이 다루어지고 있는 것입니다. 이로써《정신현상학》은 일종의 사회철학이자 역사철학의 면모를 가지기 시작합니다.

   B. 자기소외적 정신. 교양
    I. 자기소외된 정신의 세계
       a. 교양과 그것의 현실성의 나라
       b. 신앙과 순수한 통찰
    II. 계몽
       a. 미신에 대한 계몽의 투쟁
       b. 계몽의 진리
    III. 절대적 자유와 공포

   C. 자기자신을 확신하는 정신. 도덕
    a. 도덕적 세계관
    b. 전도
    c. 양심, 아름다운 영혼, 악과 그것에 대한 용서

"B. 자기소외적 정신, 교양", 여기는 근대 세계에 해당합니다. 근대 세계에 살고 있는 개인은 자기 정체성을 확보하려 하면서 동시에 자신이 살고 있는 이 세계를 자신의 것으로 삼으려 합니다. 그러한 개인에게 세계는 타자로서 낯설게 느껴질 것입니다. 이때의 정신은 자기소외적 정신, 즉 세상을 낯선 것으로서 대면하는 정신입니다. 이어지는 항목은 프랑스혁명을 다루고 있습니다. 계몽주의가 가진 적극적 의의를 논의하면서도 그것이 가진 한계를 "절대적 자유와 공포"라는 표제 아래서 다룹니다. 프랑스혁명은 '구체제'를 무너뜨렸습니다. 기존에 세계에서 통용되던 모든 관습과 제도를 파괴하고 이성의 원칙에 따라 세상을 만들려 하였습니다. 이성의 원칙이 현실을 지배하게 되면 이성에 따라 모든 것을 재단하려는 시도가 세상을 압도합니다. 이성에게 '절대적 자유'를 부여한다면 사람들에게 공포를 불러일으키게 됩니다. "C. 자기자신을 확신하는 정신"은 절대적 양심의 도덕을 가리킵니다. 다시 칸트의 실천철학에 관한 논의입니다. 인간 내면으로 침잠한 개인은 "양심"에서 자유로운 내면을 확보하고자 합니다. 사회와 갈등하면서도 자기 자신 안으로 침잠하는 도덕성입니다. 그렇지만 이런 것은 굉장히 허약합니다. 현실성을 결여한 "아름다운 영혼"일 뿐입니다.

(CC) 종교

Ⅶ. 종교
   A. 자연종교
      a. 빛의 존재
      b. 식물과 동물
      c. 장인
   B. 예술종교
      a. 추상적 예술작품
      b. 생동적 예술작품

c. 정신적 예술작품

　C. 계시종교

(DD) 절대지

Ⅷ. 절대지

"(CC) 종교" 항목에 "A. 자연종교", "B. 예술종교", "C. 계시종교", 이렇게 셋이 있습니다. "자연종교"는 가장 원초적인 형태의 믿음을 가리키는 것이고, "예술종교"는 희랍의 종교를 가리킵니다. "계시종교"는 기독교입니다. 헤겔은 기독교의 성격을 세 가지로 규정하고 있습니다. 그는 기독교가 '이 세계는 창조되었다'는 이념을 내놓았음을 인정합니다. 세계는 로고스의 물화라는 것, 즉 로고스의 외화外化로서의 세계를 논합니다. 그리고 '삼위일체'는 신성함이 인간화된 것이라고 주장합니다.

"절대지"는 신의 관점을 인간 자신의 것으로서 가질 수 있다는 확신에 선 단계입니다. 이로써 정신은 이전의 모든 단계들을 거쳐오면서 외화하고 반성한 사유를 완전히 구체적인 보편성 속에서 순수하게 사유할 수 있게 되었습니다. 대상의식부터 직전에 있는 계시종교(offenbare Religion)까지, 그 모든 과정을 자기의 정신을 가지고 구성하고 하나도 남김없이 회고할 수 있으며, 그 과정 전체가 절대적 지입니다. 이로써 이러한 정신을 가진, 신적 입장에 올라선 사람은 철저하게 주체적 인간이 됩니다.

신적 입장에 올라선 주체적 인간이 가진 것은 진리입니다. 이것의 진리성은 무엇으로 보장할 수 있겠습니까. 이 진리가 타당하다는 것은 진리의 입장에 올라서는 과정의 역사성에 근거합니다. 즉 신적 입장에 올라서서 진리에 이르렀다는 것은, 역사성과 보편적 타당성을 결합하는 것입니다. 이 역사성과 이 타당성을 결합한 것을 헤겔은 넓은 의미에서의 '이성성'(Vernünftigkeit)이라고 부릅니다. 이성성은 철저하게 몰역사적인 것처럼 여겨지기 쉽습니다. 그러나 헤겔에서 이성성은 철저하게 역사적 겪음에 근거합니다. 절대적 지는 신적 입장이기는 하지만, 그것은 인간의 삶의 모든 편력을 총체적으로 지양한 것입니다. 그런 까닭에 《정신현상학》은 정신의 서사적 편력의 역사라고 할 수도 있습니다. 그런데 이러한 이성성에는 선과 악이 해소되어 있습니다. 정확하게 말하면 선과 악의 구별이 없습니다. 모든 것이 최후의 귀결에 해소되어 들어 있기 때문입니다. 헤겔의 이러한 생각은 현존의 타당성을 역사로부터 길어올리는 근거가 됩니다. 지금 우리 눈앞에 놓여 있는 것은 수많은 겪음을 통하여 여기에 이른 것입니다. 그것은 역사성을 갖추었기 때문에 타당한 것입니다.

제39강

진리의 역사성, 진리주체론

지금까지 우리는 《정신현상학》의 목차를 보면서 그것의 내용을 살펴보았습니다. 이제 《정신현상학》 서문을 읽어나가야 하는데, 그 전에 '진리의 역사성'이라는 테제가 가진 함축을 철학사의 사례들을 통하여 한번 검토해보기로 합시다.

플라톤의 《국가》 제1권에서 트라쉬마코스는 소크라테스에게 당신이 옳다고 주장하는 근거를 대라고 다그칩니다. 《소피스트》 편에서도 철학자와 소피스트는 구별하기 어렵다는 논의가 등장합니다. 철학자는 '고귀한 소피스트'일 뿐입니다. 소피스트들은 자신의 주장에 대한 눈에 보이는 근거를 가지고 있습니다. 다수의 의견이나 강자의 이익 등이 그것입니다. 이것은 이른바 세속적 정당화입니다. 규범성의 원천이 '다수'나 '힘'에 있습니다. 규범성의 원천이 '혈통'에 있는 체제는 왕정입니다. 이것이 오늘날에는 아주 비합리적인 것처럼 보이지만 인류의 역사에서 '혈통'만큼 오랫동안 강력한 규범성의 원천이었던 것은 없습니다.

소크라테스와 플라톤은 규범성의 원천이 눈에 보이지 않는 것에 있다고 했습니다. 그것을 형상(eidos)이라고 합니다. 진리의 기준을 형상이라고 하는 눈에 보이지 않는 객관적 실재에 둡니다. 어쩌면 이것은 '거대한 거짓말'일지도 모릅니다. 철학자는 그 실재를 가장 정확하게 모방한 사람입니다. 얼마나 정확하게 모방하는지가 철학자의 능력을 측정하는 기준입니다. 이것의 진리성을 강화하기 위해 수학적 비례 등이 등장하기도 합니다.

데카르트는 진리가 신이라는 걸 알기는 하지만 과연 그러한지는 잘 모르는 상태에서 시작합니다. 자신이 그것을 알 수 있는지부터 검증합니다. 이것이 데카르트의 회의주의입니다. 무조건 의심하는 것이 아니라 진리의 규준으로서의 신을 잘 알기 위한 의심이므로 '방법론적 회의주의'입니다. 그리하여 그는 이른바 코기토 명제에 이르렀습니다. 데카르트에서는 무한자가 진리의 기준입니다. 그러나 그것은 우리 인간에게 곧바로 알려지지 않습니다. 유한자인 인간이 그것을 사유로써 확증해야만 합니다. 내가 원할 때에만 진리인 것입니다. 이것이 '주체의 철학'의 출발점입니다.

칸트는 우리가 확실한 앎을 알 수 있는지 없는지부터 검토해보자고 합니다. 그렇다면 확실한 앎을 만들어주는 장치는 무엇이겠습니까. 보편적 형식입니다. 다시 말해서 누구나 인정할 수 있는 투명한 절차를 거쳐서 등장한 것은 진리로서 간주할 수 있다는 것입니다. 이것은 자연과학의 진리론과 마찬가지입니다. 누구나 인정할 수 있으려면 그것이 확인 가능한 경험 데이터를 반드시 가지고 있어야만 합니다. 이것은 형식주의입니다. 또한 절차의 투명성을 진리의 규준으로 삼는 절차주의입니다. 누구나 다 인정할 수 있는 보편적 절차를 확보할 수 있으면 진리가 될 수 있다는 것입니다. 그런데 인간은 이러한 절차적 합리성, 과정의 필연성만을 가지고 만족할 수가 없습니다. 인간은 누구나 자유의지에 의한 결단을 요구합니다. 그것은 내면의 의지를 표현하는 것입니다. 이것은 자율(Autonomie)을 가지고 있습니다. 칸트는 비판을 통해 확보한 절차주의의 확실성을 포기할 수 없었을 것입니다. 그렇지만 그러한 절차적 필연성만으로는 인간의 모든 것을 아우를 수 없다고 생각한 것도 틀림없습니다. 그런 까닭에 그는 '판단력'으로써 자연의 영역과 자유의 영역을 매개해보려 하였습니다. 그러나 그것은 사실 어중간한 것이 되고 말았습니다.

인간이 가진 자율성을 계속해서 밀고나가면 인간은 진리를 스스로 형성할 수 있는 존재라는 주장까지 할 수 있습니다. 그것을 주체적 진리라는 이름으로 주장할 수 있는 것입니다. 그러한 경우 그 진리의 타당성은 어디에 근거할 것인가, 인간이 삶의 과정에서 겪은 것에 근거할 수밖에 없습니다. 이것은 진리를 역사에 정초하는 것, 즉 진리의 역사성입니다. 이것은 진리의 기준을 삶의 과정 이외의 것에 두고 있지 않은 것입니다. 자신이 겪은 것이 진리라는 태도입니다. 자신이 진리의 규준이 됩니다. 자신이 옳다고 주장하는 것입니다. 이것은 당파성(Parteilichkeit)입니다.

플라톤이 진리의 규준을 눈에 보이지 않는 것에 두었다는 것은 놀라운 발상입니다. 그가 제시한 초월적 형상은 단순한 자연의 법칙과 같은 것이 아니라 우리의 삶의 옳고 그름을 규정하는 것이었습니다. 그 점이 선행하는, 이른바 자연철학자들과 다른 점입니다. 소크라테스에 의해 수행된 인간학으로의 전환을 형상으로써 완성한 것입니다. 서구 중세에서 신학이 철학을 시녀로 거느렸다고 해도 신은 인격적인 측면을 가졌을 뿐 근본적인 성격은 초월적인 것입니다. 이것은 변함없는 것이었고, 인간은 항상 그 초월적인 것의 하위에 머물렀습니다. 그러한 세계에서 유한자인 인간이 초월적인 것을 생각할 때에야 그 초월적인 것이 진리의 규준일 수 있다고 주장한 데카르트의 초월론적 주체는 또다시 형이상학에 있어서 혁명적인 발상입니다. 데카르트에서 진리의 원천은 신이지만 이 신을 인식하는, 진리 인식의 원천은 인간, '자기 자신'입니다. 헤겔이 데카르트를 근대 형이상학의 출발점으로 간주하는 것은 바로 이것 때문입니다.

헤겔은 데카르트의 주체 개념을 가지고 시작합니다. 진리에 대한 절대적 기준을 가지고 싶어 하는 인간은 그 기준을 자신의 삶 전체, 자신의 인식 과정 전체에 세웁니다. 진리의 타당성과 역사성을 묶어서 이성성으로 규정합니다. 여기서 근대적 주체성의 형이상학이 생겨나는 것입니다. 이제는 자기(Selbst)가 진리의 최종 심급입니다. 헤겔과 같은 시대의 실존철학자 키르케고르Sören Kierkegaard는 바로 이러한 '자기의 역사성에 근거한 진리'를 철저하게 부정합니다. 키르케고르에게는 역사를 진리의 규준으로 삼는 것이 하찮은 것입니다. 지금까지의 삶에서 겪은 모든 것을 한순간에 무로 돌리는 결단을 내리고 신 앞에 단독자로 서는 것, 그것이 참다운 진리의 순간인 것입니다. 모든 역사적인 것이 무의미한 것이 되는 것입니다.

제40강

헤겔 철학의 목적, 역사와 이념의 통일

이제《정신현상학》서문에서 몇몇 단락을 읽어봅시다. 이 서문의 내용을 적시한 목차가 따로 있습니다. 이 서문은《정신현상학》의 서문이지만 일반적으로 '헤겔 철학의 서문'으로 여겨지기도 합니다. 철학에 관한 헤겔의 가장 기본적인 관점이 잘 드러나 있으며, 당대의 철학적 상황에 대한 헤겔의 판단, 그리고 진리는 무엇이고 어떻게 파악되어야만 하는가에 관한 논의 등이 함축적으로 담겨 있습니다. 헤겔이 청년기를 마무리하는 시점에서 쓴 것이므로 호기로운 비유도 있고, 해석이 거의 불가능할 정도로 난삽한 문장들도 들어 있습니다. 그렇지만 이 서문은 철학적 사색의 역사에서 하나의 중요한 계기가 되는 문헌임에는 틀림없습니다.

서문은 크게 넷으로 나뉘는데, "진리의 권역은 개념이며 그것의 참된 형태는 학적 체계이다"부터 "절대자는 주체이다, 그리고 이 주체는 무엇인가"까지가 첫째 부분입니다. 그런 다음, 그러한 절대자에 관한 "앎의 권역"과 "그러한 앎으로 올라섬이 정신현상학이다"까지가 둘째 부분의 첫 묶음입니다. 이어지는, "표상된 것과 익숙한 것의 사상으로의 전환, 그리고 사상의 개념으로 전환", "어느 정도까지 정신현상학은 부정적인 것 또는 거짓을 포함하는가"가 또 한 덩어리입니다. "표상된 것"과 "익숙한 것"은 우리가 일상적으로 잘 아는 것들을 가리킵니다. 그에 이어서 사상이 개념으로 전환되어야 한다는 것입니다. 둘째 부분의 마지막 묶음인 "어느 정도까지 정신현상학은 부정적인 것 또는 거짓을 포함하는가"는, 절대적인 앎에 올라가는 과정에서 정신현상학이 어쩔 수 없이 부정적인 것과 거짓을 다루어야 한다는 것을 말합니다.

다음 셋째 부분에는 진리에 관한 구체적인 논의들이 들어 있습니다. "역사적 진리", "수학적 진리", "철학적 진리와 그 방법의 본성"은 진리의 종류를 말합니다. "도식화하는 형식주의"는 칸트의 카테고리를 가리킵니다. "철학 연구에서의 필요조건", "논변적 사유의 부정적 태도, 그것의 긍정적 태도; 그것의 주제"에서는 사변적 인식에 이르지 못한 논변적 사유에 관하여 논의합니다. 마지막 넷째 부분에서는 철학에 관한 가장 흔한 두 가지 태도를 이야기하고, 서문을 맺기 위해 대중과 저자의 관계에 대해 이야기합니다.

서문: 학적 인식에 관하여

진리의 권역은 개념이며 그것의 참된 형태는 학적 체계이다 _ 정신의 현재 입장 _ 원리는 완성이 아니다; 형식주의에 반대하여 _ 절대자는 주체이다, 그리고 이 주체는 무엇인가 _ 앎의 권역 _ 그러한 앎으로 올라섬이 정신현상학이다 _ 표상된 것과 익숙한 것의 사상으로의 전환, 그리고 사상의 개념으로의 전환 _ 어느 정도까지 정신현상학은 부정적인 것 또는 거짓을 포함하는가 _ 역사적 진리와 수학적 진리 _ 철학적 진리와 그 방법의 본성, 도식화하는 형식주의에 반대하여 _ 철학 연구에서의 필요조건 _ 논변적 사유의 부정적 태도, 그것의 긍정적 태도; 그것의 주제 _ 상식과 천재성으로서의 자연적인 철학적 사색 _ 결어, 대중에 대한 저자의 관계

_《정신현상학》서문 목차

첫째 단락을 봅시다.

1. 한 저작의 서문에서 관례에 따라 미리 말해지는 설명 ― 저자가 그 저작에서 의도한 목적에 관한, 마찬가지로 저작의 동기에 관한 그리고 저자가 동일한 주제를 다룬 이전의 또는 동시대의 다른 논저들과 그 저작이 맺는다고 믿고 있는 관계에 관한 ― 은 철학적 저작의 경우 불필요하게 보일 뿐 아니라 문제의 본성상 부적절하고 목적에 반하는 일로도 보인다. 서문에서 철학에 관해 어떻게, 그리고 무엇을 ― 이를테면 경향과 입장·포괄적 내용과 성과에 관한 역사적 진술, 진리에 관하여 이것저것 말하는 주장과 단언의 엮음 ― 말하는 것이 적절할지는 철학적 진리가 서술되는 방식으로 간주될 수 없기 때문이다. 또한 철학은 본질적으로 특수자를 자기 안에 포함하는 보편성의 권역에 있기 때문에, 철학의 경우 다른 학들의 경우보다 더, 사상事象 그 자체가 목적 또는 최종 성과에서 그리고 더욱이나 완성된 본질에서 표명되는 듯하고 그것[그 본질]에 비해 상술詳述은 본래 비본질적인 것인 듯한 가상이 보다 더 많이 일어난다. 이와는 반대로 일반적 표상에서, 예를 들어 비생동적 정재의 측면에서 고찰된 신체의 부분들에 대한 지식이라 할 해부학이란 무엇인가에서, 사람들은 사상 그 자체를, 즉 이 학의 내용을 아직은 소유하고 있지는 않다는 것, 그 밖에도 특수자를 얻으려 노력해야만 한다는 것을 확

신한다—더 나아가 학의 명칭을 정당하게 수반하지 못하는 그러한 지식의 집적에 있어서 목적과 그러한 보편성에 관한 회화會話는, 그 속에서[그 회화 속에서] 내용 자체에 관해, 그리고 이러한 신경, 근육 등에 대해 말해지기는 하지만, 역사적이고 몰개념적인 방식과 다르지 않을 것이다. 이에 반해 철학의 경우, 일종의 그러한 방식을 이용한다 해도 이것[이러한 방식]이 진리를 파악할 수 없음이 철학 자체에 의해 지적되는 불일치가 일어날 것이다.

_《정신현상학》 서문

첫 문장은 이런 뜻입니다. 어떤 저작을 쓸 때 저작의 서문에서 이 책을 왜 썼는지, 그리고 이 책에 관한 동일한 주제를 가지고 있는 다른 책들과 이 책이 무슨 관계가 있는지를 쓰는데, 철학적 저작에서는 이런 것들을 쓸 필요가 없는 듯하다는 것입니다. 철학적 저작에서 철학적 진리를 드러내는 방식은 일반적인 저작과는 다르기 때문입니다. 철학적 진리에 관하여 뭔가 말할 때는 한두 마디로 요약 정리하는 방식으로 불가능하고, 그 진리가 시작하여 끝나는 지점까지 그 과정 전체를 상세하게 서술하여야 한다는 것입니다. 이를 강하게 주장하기 위해 해부학의 예를 듭니다. "비생동적 정재의 측면에서 고찰된 신체"는 '시체'입니다. 이러한 시체의 부분들에 대한 지식은 해부학입니다. 이 해부학을 아무리 열심히 연구하여 관련 데이터를 쌓아올려 둔다 해도 인간에 관한 본질적 지식은 얻을 수 없다는 것입니다. 다시 말해서 철학적 사색은 우리가 일반적으로 지식을 쌓아 올리는 방식으로 해서는 안 된다는 것입니다.

4. 교양의 단초, 그리고 실체적 생의 무매개성으로부터 탈각하려는 것의

단초는, 항상 보편적 법칙과 관점에 관한 지식을 획득하고, 비로소 사상(Sache) 일반의 사상(Gedanke)으로 스스로 애써 올라서고, 그에 못지않게 근거를 가지고 사상을 지지하거나 논박할 줄 알아야 하고, 구체적이고 풍부한 내용을 규정성에 따라 파악하며, 그것[구체적이고 풍부한 내용]에 관한 정연한 결정과 진지한 판단을 내릴 줄 아는 것으로써 만들어져야만 한다. 그러나 이러한 교양의 단초는 이윽고 충실한 생활의 진지함에게 자리를 내줄 것인데, [그 진지함은] 사상 그 자체의 경험으로 [우리를] 이끌어줄 것이고, 이것[개념의 진지함이 사상의 심원에 이르는 것]이 덧붙여진다고 해도, 회화에 있어서는 그러한 지식과 판단이 자신의 적절한 위치를 차지하게 될 것이다.

_《정신현상학》 서문

넷째 단락에서 헤겔은 자신이 주장하고자 하는 진리로 나아가는 과정에 대해 설명합니다. 그것은 "교양의 단초, 그리고 실체적 생의 무매개성으로부터 탈각하려는 것의 단초"입니다. "실체적 생"은 소박한 삶을 말합니다. 분별 있는 사유를 전혀 하지 않고 사는 삶입니다. "무매개성"은 의식의 자기분열이 일어나지 않은 상태를 가리킵니다. 대상과 자신을 직접적인 연관 속에서만 파악하는 태도입니다. 이것에서 벗어나는 것이 바로 교양의 시작인 것입니다. 플라톤의 동굴의 비유에서 벽을 바라보고 있는 죄수들과 비슷한 상태를 떠올릴 수 있습니다. 플라톤에서는 그 상태에서 벗어나기 위해 무엇을 하였는지가 설명되지 않았습니다. 그저 어떤 사람이 스스로 동굴을 기어올라 갔을 뿐이며, 동굴 밖에서 태양을 본 그 사람이 다시 동굴로 내려와 벽을 보고 있는 이들을 데리고 올라가려 했을 뿐입니다. 헤겔에서는 그렇지 않습니다. 해야 할 일이 하나하나 적혀 있습니다. 먼저 "보편적 법칙과 관점에 관한 지식을 획득"해야 합니다. "지식"은 철학적 사색을 거쳐 얻게 된 것은 아닙니다. 일반적인 공부를 통해서 가지게 된 것을 말합니다. 철학적 사색을 통한 것은 '인식'입니다. 보편적 법칙과 관점에 관한 지식은 '일반 상식'이라 해도 무방합니다.

일반 상식에 머물러서는 철학적 인식에 이를 수 없습니다. 거기에 이르려면 사태의 본질에 관한 사유로 애써서 올라가야만 합니다. 그런 다음에는 근거를 가지고 사상을 지지하거나 논박할 줄 알아야 합니다. 또한 구체적이고 풍부한 내용을 규정에 따라 파악할 줄 알아야 합니다. 이 정도에 이르면 "충실한 생활의 진지함"으로 나아가게 될 것입니다. 그렇지만 아무리 진지하게 개념적으로 이해한다 해도 거기에서 그치면 그것은 별다른 철학적 인식을 얻을 수 없습니다. 그렇다면 무엇을 해야 할까요.

5. 그 안에서 진리가 현존하는 참된 형태는 오로지 학적 체계일 수밖에 없다. 철학이 학의 형식에 더 접근하는 것 —지에 대한 사랑이라는 이름을 내려놓고 현실적 지가 되려는 목표—에 기여하는 것이 내가 의도하는 바이다. 지가 학이어야 한다는 내적 필연성은 자신의[지의] 본성에 놓여 있으며, 그리고 이에 관한 만족스런 설명은 철학 그 자체의 서술[역사]일 뿐이다. 그러나 외적 필연성은 개인과 개별적 동기들의 우연성은 별개로 하고, 하나의 보편적 방식으로 파악되는 한에서, 내적 필연성인 것이요, 다시 말해서 [그것은] 시대가 내적 필연성의 계기들의 정재를 어떻게 표상하는가 하는 형태 안에 놓여 있다. 철학을 학으로 고양시킬 때가 되었다는 것, 이것을 지적하는 것은 따라서 이러한 목적을 가진 시도에 관한 유일하게 참된 정당화일 것이다. 그것[시대]은 목적의 필연성을 명백히 입증할 것이기 때문이요, 아니, 시대가 동시에 목적을 실현

하기도 할 것이기 때문이다.

_《정신현상학》 서문

　다섯째 단락에서 볼 수 있듯이 철학적 인식에 이르려면 "학적 체계"를 형성해야만 합니다. 앞서 여러 차례 말했듯이 헤겔은 학적 체계만이 진리를 드러낼 수 있다고 합니다. 학적 체계를 형성해야만 철학은 "지에 대한 사랑이라는 이름"을 벗어버릴 수 있습니다. 지에 대한 사랑, 즉 애지愛知는 철학을 가리키는 말입니다. 이것은 지를 사랑하고 있기 때문에 종결에 이를 수 없습니다. 언제까지나 사랑만 하고 있는 것입니다. 그런 까닭에 헤겔은 이제 철학이 지에 대한 사랑을 종결지어야 한다고 말합니다. 그 지는 무한자에 관한 앎일 것입니다. 철학적 사색을 통하여 무한자에 대한 앎에 이르러야 한다는 것입니다. 그것이 바로 "현실적 지"가 된 상태입니다. 이 현실적 지는 《철학백과》에서 논의하였듯이 사변적 인식에 이른, 신적 입장에 올라선 인간의 앎을 가리킵니다. 그러나 이러한 현실적 지에 오르는 데에는 많은 노고가 요구되었습니다. 헤겔이 보기에 당대의 정신은 '실체적 생의 무매개적 상태'에 처해 있습니다. 이 상태에서 벗어나야 하는 것은 시급한 요구라고 헤겔은 생각합니다. 이에 대해 헤겔은 여덟째 단락에서 흥분된 어조로 서술하고 있습니다.

　8. 긴장된, 그리고 거의 열광적으로 흥분된 것처럼 보이는 노고가 이러한 요구에 상응하거니와, 이러한 노고는 인간을 감성적인 것, 조야한 것, 개별적인 것에 대한 탐색으로부터 구출하고 그들의 시선을 별로 향하게 하려는 것이다. 인간이 신적인 것을 전혀 잊어버리고 마치 벌레처럼, 먼지와 물[더러운 물]로 한순간에[순간순간에] 만족하며 연명하기라도 한 것

처럼. 예전에 사람들은 사상과 형상의 광대한 풍부함으로써 천계를 장식했었다. 존재하는 모든 것에 관한 의미는 그것[존재하는 것]을 천계에 연결시켜주는 빛의 실 가운데에 놓여 있다. 그 광선 속에서[빛의 실을 타고], 그 시선은 이 현재에 머무르는 대신에, 그것[현재]을 넘어서 신적 존재로, 이를테면 피안의 현재[지금]로 미끄러져 올라갔던 것이다. 정신의 시선이 억지로 세속적인 것을 향해야 했고, 그것에 고착되어야 했던 것이다. 그리고 오로지 초지상적인 것만이 가지고 있던 저 명석함을 이쪽[세속]의 감각이 놓여 있던 몽매함과 혼미함으로 이끌어오고[끄집어오고], 경험이라 불리는 현재적인 것 그 자체에 대한 주의에 관심을 갖게 하고 유용하게 만드는 데에는 오랜 시간이 필요했다. 지금은 반대되는 것의 필요가 현전하는 것처럼 보이는데, [사람들의] 심성이 너무 세속적인 것에 깊이 뿌리 박혀 있어서 심성을 그[세속적인 것] 위로 끌어올리는 데에는 똑같은 힘이 필요하다. 정신은 가련해 보여서, 사막에서 방랑자가 한 모금의 물을 갈구하듯이 자신의 청량제를 위해 신적인 것 일반에 관한 가련한 감정을 갈망하는 것처럼 보인다. 정신에게 만족스러운 후자[가련한 감정]에서 정신의 상실의 크기가 측정될 수 있겠다.

_《정신현상학》 서문

헤겔에 따르면 이러한 요구에 상응하여 "거의 열광적으로 흥분된 것처럼 보이는 노고"가 제시되고 있습니다. 여기서 헤겔은 과거에 사상의 세계가 어떠했는지를 설명합니다. "예전에 사람들은 사상과 형상의 광대한 풍부함으로써 천계를 장식했었다"는 것입니다. "예전"은 고대와 중세를 가리킵니다. 고대와 중세에는 천상의 세계에 사상의 본이 존재했었습니다. 따라서 지상에 "존재하는 모든 것에 관한 의미는 그것[존재하는 것]을 천계에 연결시켜주는 빛의 실 가운데" 놓여 있었습니다. 참다운 진리가 천상에 있었으므로 사람들은 하늘을 쳐다보았습니다. 천상과 지상을 연결하는 빛의 실을 타고 "신적 존재"로 올라갔었습니다. 그것은 "피안의 현재", 즉 현재가 저 피안에 있는 것이었습니다. '지금'의 의미가 저 높은 피안에서 왔기 때문입니다. 그러나 이제는 계몽주의 시대를 거쳐왔습니다. 피안으로 향하던 시선이 다시 "세속적인 것"을 향해야만 합니다. 고대와 중세의 관점을 벗어나는 데는 "오랜 시간이 필요"합니다. 그런데 사람들이 세속적인 것을 향하기는 하였으나 세속적인 것에 고착되어버렸습니다. 다시 말해서 이제 또다시 피안을 향하게 해야만 하는 상태가 된 것입니다. 이 상황에서 정신은 허겁지겁 신적인 것을 갈구합니다. 그것은 개념의 노고를 거치지 않은 열광일 뿐입니다.

정리해보겠습니다. 고대와 중세에 인간은 진리의 규준이 천상에 있다고 생각하였습니다. 그들의 시선은 하늘에 고착되어 있었습니다. 그런 까닭에 그들은 현세를 잊었습니다. 그렇지만 근대에 들어 현세에 탐닉하기 시작한 인간은 천상을 잊었습니다. 초월적인 것에 대한 인간의 갈망이 없어진 것입니다. 그러다 보니 이것에 대한 성급한 갈망이 열광적인 방식으로 추구되고 있습니다. 이제 철학이 해야 할 일은 천상의 초월적인 것을 탐색하되 개념적인 방식으로 탐색하는 것입니다.

열 번째 단락에서 열광적인 추구방식을 거듭 비판한 다음, 열한 번째 단락에서 헤겔은 자신이 시도하는 방식을 "새로운 탄생의 시대"에 걸맞는 것이라 주장합니다.

11. 더구나 우리의 시대가 탄생의 시대요, 새로운 시기로의 이행의 시대임을 알아차리는 것은 어렵지 않다. 정신은 지금까지의 자신의 정재와

표상의 세계와는 절연하고 그것을 과거 속으로 막 가라앉히려 하며, 자신을 변모시키는 일에 몰두하고 있다. 물론 정신은 결코 정지하는 일이 없고, 항상 전진하는 운동에 몰두해 있다. 그러나 어린 아이의 경우, 오랫 동안의 고요한 양육 이후 최초의 울음소리가 양적으로만 진행해온 점진성을 갑자기 중단시키면서 ─질적 비약─ 비로소 어린아이가 탄생하듯이, 자기를 스스로 형성하는 정신은 서서히 그리고 조용히 새로운 형태를 향하여 성숙해가며, 자신의 선행하는 세계라는 건물의 작은 부분들을 차례차례로 해체해나가는데, 이 세계의 동요는 오로지 하나하나의 징후를 통해서만 암시될 뿐이다. 존속하는 것에 만연해 있는 경박함 및 권태, 알려지지 않은 것에 대한 불확실한 예감은 뭔가 다른 것이 다가오고 있다는 전조이다. 전체의 면모를 변경하지 않는 이러한 점진적 와해는 떠오름으로 인해 중단되는데, 이 떠오름은 번개처럼 한 번에 새로운 세계의 모습을 세워놓는다.

_《정신현상학》 서문

여기서 헤겔은 자신에 의해, 이《정신현상학》에 의해 "새로운 시기로의 이행"이 시작된다고 선언합니다. 《정신현상학》의 탐구를 통하여 "정신은 서서히 그리고 조용히 새로운 형태를 향하여 성숙해가며, 자신의 선행하는 세계라는 건물의 작은 부분들을 차례차례로 해체"하고 철학적 사색의 새로운 시대를 열어젖힌다는 것입니다. 이제 헤겔은 그러한 철학적 사색의 특징을 설명합니다.

13. 한 편으로는 새로운 세계의 최초의 등장은 겨우 자신의 단순성 속에 덮여 싸여 있는 전체 또는 자신[전체]의 일반적 근거일 뿐이지만, 이에 반해 의식에게는 선행하는 정재의 풍부함이 여전히 기억 속에 현전한

다. 그것[의식]은 새로 등장하는 형태에서 내용의 전개와 특수화가 없음을 아쉬워한다; 그러나 의식은 형식의 완비가 없음을 더욱 아쉬워하는데, 그것[형식의 완비]을 통해서 구별이 확실하게 규정되고, 형식의 확고한 관계로 정돈되기 때문이다. 이러한 완비가 없으면, 학은 일반적 오성성을 결여하게 되고, 몇몇 개인들의 비교적秘敎的 소유물이라는 가상을 가지게 된다;─비교적 소유물: 학이 단지 겨우 자신의 개념 안에 현전하거나 또는 자신[학]의 내적인 것만이 현전하기 때문이다; 몇몇 개인들: 전개되지도 않은 채 등장하여 정재를 개인의 것으로 만들기 때문이다. 비로소 완전히 규정된 것이야말로 공교적公敎的이고, 개념파악될 수 있고, 배워서 모든 사람의 소유물이 될 수 있다. 학의 오성적 형식은 모든 사람에게 제시된, 그리고 모든 사람들을 위해 평탄하게 만들어진, 학에 이르는 길이며, 오성을 통해 이성적 지에로 도달하려는 것은, 학으로 향하는 의식의 정당한 요구이다; 오성은 사유, 즉 순수 자아 일반이기 때문이다; 그리고 오성적인 것은 이미 숙지된 것이고 학과 비학적 의식의 공통된 것이어서 이를 통해 후자[비학적 의식]는 직접 전자[학]로 들어갈 수 있기 때문이다.

_《정신현상학》 서문

새로운 철학적 사색에는 먼저 "형식의 완비"가 필요합니다. 그것은 단순한 형식주의가 아닙니다. 그것이 있어야만 무분별한 열광에서 벗어날 수가 있습니다. "그것[형식의 완비]을 통해서 구별이 확실하게 규정되고, 형식의 확고한 관계로 정돈되기 때문"입니다. "이러한 완비가 없으면, 학은 일반적 오성성을 결여"하게 됩니다. "일반적 오성성", 즉 누구나 알 수 있는 투명한 절차가 없으면 자신이 터득한 진리를 다른 사람에게 전달할 수가 없습니다. 전수되지 않는 학문이 되므로 그것은 "비교적 소유물", 즉 비밀스러운 가르침이 되어버립니다. 학문 전수의 형식적 절차를 완비할 때에야 비로소 학은 "공교적이고, 개념파악될 수 있고, 배워서 모든 사람의 소유물이 될 수 있다"는 것입니다.

헤겔은 철학적 사색은 모든 이가 접근할 수 있는 것이어야 한다고 주장합니다. 그의 철학적 저작들이 읽기에 난해한 것임을 고려한다면 터무니없는 주장으로 여겨질 수도 있습니다. 그러나 《정신현상학》이 등장한 시대적인 맥락을 염두에 두면 그의 이러한 주장에는 공감할 점이 있습니다. 우리가 거듭 유념하고 있듯이 칸트는 근대 자연과학의 성과 위에서 철학적 사색을 전개하였습니다. 그런 까닭에 칸트는 고대와 중세의 형이상학이 당연한 것으로 전제하였던 초월적인 것을 우리의 인식이 닿지 않는 것으로 간주하였습니다. 그의 비판은 초월적인 것을 학의 대상에서 폐기하는 성과를 낳아놓았던 것입니다. 그러나 인간은 초월적인 것을 결여한 채 살아갈 수가 없습니다. 곧바로 그것에 대한 요구가 등장하였습니다. 헤겔 시대에는 초월적인 것에 대한 요구가 무분별한 낭만주의적 열정으로 표출되었고, 헤겔은 이를 눈앞에서 지켜보았습니다. 그는 칸트의 비판을 의식하면서 동시에 낭만주의적 열정이 가진 무분별함도 보았습니다. 헤겔은 초월적인 것에 대한 학적 접근을 시도하면서도 섣부른 열광에 빠지지 않는 사다리를 《정신현상학》에서 제시하려는 것입니다. '서문' 마지막 부분인 예순여덟 번째 단락의 냉철한 언급은 이러한 상황과 시도를 잘 보여주는 것이라 할 수 있습니다.

68. 고유한 철학의 관점에서 보건대, 우리는 교양의 긴 도정 대신, 정신이 지에 이르는 풍부하고도 심오한 운동 대신, 신적인 것의 직접적 계시

와 다른 지를 가지고도 고유한 철학함을 가지고도 시도하지 않고 교양을 쌓지도 않는 건전한 상식이 곧바로 완전한 등가물로, 그리고 이를테면 치커리가 커피의 대용물로 호평을 받고 있듯이 훌륭한 대용물로 간주되는 것을 목격한다. 자신의 사유를 추상적 명제로, 더욱이나 더 많은 추상적 명제들의 연관으로 고정시키지도 못하는 무지와 형식도 없고 취미도 없는 조야함 자체가 한 편으로는 사유의 자유요 관용이라고, 그러나 한편으로는 천재성이라고 단언하는 것을 언급하는 것은 즐거운 일이 아니다. 후자[천재성]는 지금 철학에서 유행하고 있지만, 주지하듯이 전에는 시에서도 유행하였다; 그러나 이러한 천재성의 산출물이 의미를 가졌다면, 그것[천재성]이 시 대신에 낳아놓은 것은 진부한 산문이거니와, 후자[산문]를 넘어서면 착란적인 언사에 지나지 않는다. 그래서 개념이라 자만하고, 개념의 결여를 통하여 스스로를 직관적이고 시적 사유라고 자만하는 오늘날의 자연적 철학함은 사상을 통하여 해체되었을 뿐인 상상력의 자의적 구성물 ― 생선도 고기도 아닌, 시도 철학도 아닌 조형물 ― 을 시장에 내놓는다.

_《정신현상학》 서문

물론 《정신현상학》에서 헤겔이 주장하고자 하는 것은 무한자에 이르는 사변적 인식입니다. 그러한 인식에 이르는 도정을 제시하려는 것이 《정신현상학》의 시도인 것입니다. 그러나 그러한 시도임을 잠시 제쳐두고, 위 단락을 전체의 문맥에서 떼어내어 읽어보면, 철학적 사색이 처해 있는 상황, 철학적 사색에 대립되는 것들에 대한 적절한 통찰로 간주될 수도 있을 것입니다.

우리에게 요구되는 것은 교양을 쌓는 것입니다. 그것은 단번에 이루어지지 않습니다. "긴 도정"과 "풍부하고도 심오한 운동"이 요구됩니다. 세상을 살아가다 보면, 적당한 "상식"이 철학적 사색으로 간주되는 것을 목격할 수 있습니다. 더 나아가 섣부른 "천재성"이 횡행하는 시대에는 그것마저도 철학적 사색으로 여겨집니다. 우리는 "개념"이 무엇인지, "착란적 언사"가 무엇인지 분별하는 것조차 어려운 시대에 살고 있지만 적어도 "생선도 고기도 아닌, 시도 철학도 아닌 조형물" 정도는 식별할 줄 아는 힘을 가져야 합니다.

헤겔의 형이상학은 거대한 체계 속에서 역사와 이념을 통일하려는 시도입니다. 이러한 종류의 시도는 철학의 역사에서 마지막일지도 모릅니다. 그런 만큼 그의 형이상학을 읽는 것은 각별한 의의를 가짐과 동시에 약간의 아쉬운 소회를 남깁니다.

마지막 시간

지금까지 우리는 플라톤, 아리스토텔레스, 데카르트, 칸트, 헤겔 등의 고전 텍스트를 중심으로 서구의 형이상학을 공부하였습니다. 우리가 철학 고전들을 읽기 전에, 고전 공부를 시작하면서《인문 古典 강의》를 통해 서구의 고전 텍스트——마지막에《논어》論語가 있기는 합니다만——는 무엇이고, 어떻게 읽어야 하는지를 익혔다면,《역사 古典 강의》를 통해서는 서구인들의 오늘날이 어떤 과정을 거쳐서 형성된 것인지를 알게 되었습니다. 이제 형이상학을 공부함으로써 그러한 역사 속에서도 인간은 고도의 추상적 사유를 행했음을 깨닫게 되었습니다. 형이상학은 역사의 도저한 흐름과는 아주 무관한 사유처럼 보입니다. 그러나 찬찬히 살펴본다면 시대의 첨예한 문제들이 형이상학 속에 스며들어 있으며, 형이상학적 사유 원리의 전환이 시대의 큰 변화에 작용하고 있음을 짐작할 수 있습니다. 이러한 짐작을 확실한 앎으로 만들어내는 것은 앞으로 더 많은 독서와 공부를 통해서 이루어야 할 일일 것입니다.

예나 지금이나 철학, 특히 고도의 추상적 사유가 현실과 무관해 보이는 것은 어찌할 수 없는 사태인 듯합니다.《국가》에서 플라톤은 소크라테스의 입을 빌려 당시 철학자들이 어떻게 살아가고 있는지를 다음과 같이 말하고 있습니다.

"여보게 아데이만토스, 철학과 제대로 교류하는 자들 가운데서도 소수의 부류가 이제 남게 되네. 아마도 고귀하고 훌륭하게 양육된 성격의 소유자가 망명으로 인해서 남게 된 터에, 그를 파멸시키는 자들이 없는 상태에서 자신의 성향에 따라 철학에 머물게 되거나, 또는 위대한 혼을 지닌 자가 작은 나라에서 태어나서 국사國事를 경시하여 깔보게 되는 경우에 있어서일 걸세. 또한 어쩌면 아주 소수가 훌륭한 성향을 지니고 있어서 의당 다른 분야의 기술을 경시한 나머지 이에서 철학으로 옮겨감 직도 하이. […] 바로 이들 소수자의 일원이 되어 철학이 얼마나 즐겁고 축복받은 소유물인지를 맛보게 되는 한편으로, 다중의 광기(mania)마저 충분히 목격하게 되어서는 […] 마치 짐승들 속에 떨어진 사람의 경우처럼 […] 이 모두를 헤아려 본 다음에, 조용히 지내면서 자신의 일을 할 걸세. […] 그는 이를테면 폭풍우 속에서 바람에 몰려오는 먼지와 비를 피해 벽 아래에 대피한 꼴일세. 그는 다른 사람들[의 마음]이 무법(ano-mia)으로 꽉 차 있는 것을 보면서, 어떻게든 자신이 올바르지 못함과 신성하지 못한 짓들에서 벗어나 깨끗한 상태로 이승의 삶을 살게 된다면 만족할 것이며, 또한 이승의 삶에서 해방됨도, 밝은 희망과 함께, 심기가 좋은 상태로 그리고 상냥한 마음 상태로 맞게 될걸세."

_《국가》 496b~497a

우리는 소크라테스 시대와는 다른 상황에 처해 있기는 하지만, 철학에 대한 적대감은 역사 속에서 결코 낯선 것이 아닙니다. 시대는 급박하게 변하고 있는데 한가하게 철학책이나 읽으면서 세월을 보내고 있다는 질타는 항상 들려오는 것입니다. 그런데 우리는 그러한 것들을 일부러 외면하면서 철학에서도 가장 '고리타분한' 형이상학 고전들을 읽었습니다. 이러한 읽기를 통해서 깨닫게 된 것은 많이 있겠지만, 적어도 철학의 역사 속에서 다루어진 문제들은 아직도 해결되지 않은 것들이고, 앞으로도 해결될 전망이 밝지 않다는 것일 겁니다. 삶을 어떻게 살아야 할 것인지에 대한 답을 인류의 역사가 시작된 이래 얻지 못한 것과 마찬가지로 철학의 근본문제들은 앞으로도 계속해서 우리를 괴롭힐 것입니다. 그런 까닭에 철학이 이제는 물음을 제기하는 학문이기를 그치고 확실한 성과를 얻기 위해 노력할 것을 요구하면서 철학의 탐구 대상 자체를 바꾸어야 한다고 주장하는 이들도 있습니다. 그러나 인간은 앞으로도 변화된 상황 속에서 또 다른 문제들에 직면할 것이고, 그럴 때면 다시금 개인의 삶과 공동체의 역사를 되짚어보아야 할 것이니, '근본에서 의심하기'라는 철학적 사색 본래의 요구를 포기할 수는 없을 것입니다. 적극적인 탐구 대상이 모두 다 사라져버릴지라도 철학에게는 바로 이러한 '의심'은 남아 있으리라는 것입니다.

 의심하는 사유가 남아 있다는 것이 철학 고전 읽기가 가져다준 소극적인 각성이라면, 형이상학적 사유를 통하여 무한자와 유한자에 관하여 사유할 수 있게 된 것은 적극적인 성취라 하겠습니다. 형이상학은, 간단히 말하면 한정되지 않는 것들에 대한 탐구입니다. 인간은 스스로가 한정된 존재라는 것을 알면서도 동시에 무한한 것을 생각할 수 있습니다. 그러나 그처럼 무한한 것을 사유하는 과정에서 인간은 동시에 육체의 유한성 또는 차안성 등을 생각할 수밖에 없습니다. 그리고 그러한 유한성과 무한성의 대비가 자신을 괴롭히고 있는 한 인간은 불행한 의식을 가질 수밖에 없습니다. 인간이 초월적인 것에 대한 의식을 갖게 되는 순간부터 불행한 의식은 거의 당연하게 생겨나는 것이고 우리는 불행한 의식 속에 살아가게 되는 것입니다.

　불행한 의식을 가진 인간은 불행한 존재일 수밖에 없습니다. 무한한 것에 이르고 싶어하면서도 그것에 이르지 못함을 한탄하는 존재입니다. 착하게 살고 싶지만 끊임없이 악한 일을 저지르면서 살아가는 존재입니다. 날마다 잘못을 저지르고 날마다 반성하면서 일상을 쌓아올리는 것이 인간입니다. 그렇지만 인간에게 그러한 반성마저 없으면 인간은 악마가 될 것입니다. 그러한 반성을 하게 하는 근본적인 힘은 인간 내면에 있는 무한자에 대한 갈망에서 생겨날 것입니다. 이러한 갈망을 가지고 사는 사람, 그런 사람이 철학함을 실천하는 인간이요, 진정한 교양인이라 할 수 있겠습니다.

철학 古典 강의

초판 1쇄 2016년 8월 5일
초판 4쇄 2025년 2월 15일

지은이 | 강유원

펴낸곳 | 라티오 출판사
출판등록 | 제2021-000075호(2007.10.24)
전화 | (070) 7018-0059
팩스 | (0303) 3445-0059
웹사이트 | ratiopress.com
트위터 | twitter.com/ratiopress
인스타그램 | instagram.com/ratiopress
팟캐스트(라티오 책 해설) | ratiopress.podbean.com

ⓒ Yuwon Kang, 2016

이 책의 무단 전재 및 복제를 금합니다.

ISBN 978-89-960561-9-5   03110